世界大战丛书

丘吉尔
第二次世界大战回忆录 10

从德黑兰到罗马

〔英国〕温斯顿·丘吉尔 著
寿韶峰 译

北京时代华文书局

本书铭言

战争时：坚毅

失败时：不屈

胜利时：宽容

和平时：友善

致 谢

在各位好友帮助下，我得以完成前几卷的著述，这里要再一次表达对他们的感谢：陆军中将亨利·博纳尔爵士、海军准将艾伦、迪金上校、丹尼斯·凯利先生，以及伍德先生。还有很多其他人士也曾审阅过原稿，并提出了自己的意见，在这里也一并表示感谢。

有关空军方面的资料是由空军元帅盖伊·加罗德爵士提供的，为此我分外感激。

我依然得到了伊斯梅勋爵，还有其他朋友们的帮助。

在此要特地感谢英王陛下政府文书局局长。一些官方文件原文的版权为其所有，然而承蒙英王陛下政府批准，得以附加在内。出于保密，我对本卷所列的一些电文，谨遵英王陛下政府喻，做了改动。但是都是在本意基础上加以改动的，其原意或者实质并没有变动。

本卷引用了罗斯福总统的某些电文，经同意还附带了一些私人信函，在此，感谢罗斯福财物保管理事会和我的其他朋友。

温斯顿·斯宾塞·丘吉尔

序 言

我们的命运在1942年冬至1943年春出现具有决定意义的转机，这在第四卷《命运的关键》有所叙述。自1943年6月开始，以后一年里的战争情况，载于第五卷《紧缩包围圈》[①]中。西方盟国最终夺取西西里岛，这得益于我们取得了制海权并压制德国潜艇，空中优势也逐渐得到强化。之后，我们得以进攻意大利，结果墨索里尼垮台，意大利倒戈。然后，希特勒和他占据的卫星国家彻底被包围了。德国本已孤立，俄国又从东方猛烈进攻。日本曾侵占大片领土，如今它再也无力保有，而且不得不采取守势。

联盟国家现在面临的是僵持的局面，而不再是失败。攻进这两个侵略国家本土，使受压迫的人民摆脱它们的魔掌，是他们要面对的艰巨任务。他们都勇敢地承担起这个世界性的责任：夏季，英国在魁北克、美国在华盛顿开会；三个主要盟国又于11月在德黑兰开会。我们下定决心，一致为实现目标，为达成共同事业不遗余力，然而不可避免的是，在方法和侧重点上，会出现很大的分歧。因为，这三个盟友会不自主地站在不同的角度，考虑如何做出决定。我在本书中记述的，就是我们是怎样就一切重大问题达成协议的。罗马解放、英美两国渡过英吉利海峡登陆诺曼底半岛的前夜，讲述的都

① 英文版的原著名。——译注

是这些问题。

我在本书中采用的方法跟前几卷一样。我只是希望在为历史提供事实资料时，站在英国首相兼国防大臣的角度上而已。我可以实现上述目的，那些指令、电报和备忘录就是基石。因为它们是我当时写下的，而不是后来写的。有人建议，把大部分此类文件的回复记录也收录进来，但是我认为这一卷应该更紧凑、更精练。从目前情况来看，再撰写最后一卷，就可以写完全部历程了。所以，一些人士的见解本书并没有引述，我只有对他们说抱歉了。

从本卷所录事件的发生到今天，已经超过七年。国际关系发生了很大转变。当时的伙伴，现在有了深深的沟壑。新的阴云再次笼罩，还可能会更密集。当时敌对的双方，现在却很友好，甚至结盟了。在这样的背景下，其他国家的读者可能会耿耿于本卷引用的电文、备忘录和会议报告，它们中很多词句是带有感情色彩的。我只想跟他们说明一点：我们当时进行的战争是凶猛的、恐怖的，而这段历史都记录在这些文件中，可以想见它们的价值。人们不会对恨之切切的敌人好言好语，因为战争不是你死就是我亡。再说，所有针对敌人的话，本就难听，要再现当时真实的情景，就不能改成亲切宛转的表述。所有的伤痛只能交给时间和事实来处理。

温斯顿·斯宾塞·丘吉尔

写在肯特郡威斯特汉

恰特威尔庄园

1951 年 9 月 1 日

目　录

附录

孤立并围困纳粹德国的过程

第一章　开罗

登上“威望”，启航——淹留马耳他——无法在喀土穆开会——我们在金字塔附近汇集——罗斯福总统来临——我与蒋介石夫妇会面——我指责萨勒诺战役以来的军事指挥失误之处——划分地中海战场的兵力和职责的不合实际性——爱琴海东部落入德军手中——“霸王”作战计划的消极影响——11月23日，举行开罗会议第一次全体会议——蒋介石提出英国海军支援的请求——第二次会议于11月24日召开——艾登先生的行动：与土耳其人商谈，与我们会合——关于最高统帅的问题——对德作战方面，美国主张任命最高统帅——英国三军参谋长们提交备忘录，表示反对——我赞同他们——我们的盟友思虑起来——11月25日庆祝感恩节的家宴——11月27日出发前往德黑兰

11月12日下午，在普利茅斯，我同我的僚属登上“威望”号，开始了长达两个多月的离英旅行。美国大使怀南特先生、第一海务大臣坎宁安海军上将、伊斯梅将军以及其他几位国防部官员，都与我同行。之前我已经患了重伤风并伴有喉痛，为了预防伤寒和疟疾，做了皮下注射，不料病情反而加重，所以路上我的身体状况比较差。数天之内我都卧病在床。我的女儿萨拉也随我同行，因内阁同僚们关爱我而特邀了她，我欣然接受。之前她在空军就职，现在是我的副官。平安渡过比斯开湾后，在穿过直布罗陀海峡时，我还登上了甲板。11月16日，我们抵达阿尔及尔，因我和乔治将军对法国在非洲的局势会面讨论，就延滞了几个小时，时至傍晚，我们才驶向马耳他岛。17 日到达。

在马耳他我会见了几位重要人物，包括艾森豪威尔和亚历山大两位将军。亚历山大将军是可以荣膺“北非绶带勋章”的，我在突尼斯战役结束后，就向国王提过这个建议。北非战役中有两个获胜的英国集团军，绶带上的 1 和 8 两个数字就代表着他们。当然，作为最高统帅的艾森豪威尔，也堪此殊荣。我向国王请批，国王同意了。如此备具荣耀的绶带，由我亲手授予两位统帅，我深感荣幸。绶带别在制服衣襟上的一刻，两位将军露出了意外之情，并且异常兴奋。到达马耳他的时候，我又染上感冒，还发烧，确实病得不轻，所幸身体仍可以支持，就出席了马耳他总督举办的晚宴。晚宴设在他的战时官宅，因为他原有的宅院遭到轰炸，无法居住了。

虽然我在马耳他的这段时间，能接连处理各种大小事务，但都是在床上，唯一不是在床上，也就是参加了一次参谋会议，临行巡视了已被炸得满目疮痍的海军工厂。工厂职工们集合在一起，非常热情地迎接了我。我们出发去亚历山大港，是在 11 月 19 日的半夜。

罗斯福总统发来电报，建议把会议地点改在喀土穆。因为他的安全顾问团担心德军会从希腊和罗得岛方向来空袭，这样原定的开罗就太危险了。罗斯福是从来不考虑个人安危的，显然这并非他本人之意。此次我们携大批官员同行，总共近五百人，喀土穆尚没有条件来安置，所以我令伊斯梅去马耳他查看情况。他报告说，马耳他也不具备安置我们一行人众的条件，因为居住环境已遭空袭破坏，而且简陋不堪。因此，我决定，坚持在开罗是最好的，那里一切都已安排妥当。德国飞机如果来袭，驻在亚历山大的八队英国空军，一定会截击和消灭他们。在金字塔附近的隔离区——我们准备在那居住——有一个步兵旅以上的兵力可作保卫，而且五百多门高射炮在附近对空戒备。罗斯福总统正在乘着“依阿华”号横渡太平洋，于是，我向该舰发去无线电：

首相致罗斯福总统　　　　　　　　　　1943年11月21日

请读“约翰福音”第十四章一至四节[①]。

发完电报，我再次从头至尾细读了“约翰福音”中的这几节。我有些许忧虑，恐怕一者给人感觉我在无意间亵渎神明，二者令人觉得我太专断并因之不悦。最终我们维持了原计划，因为罗斯福总统驳回了所有反对意见。结果，金字塔附近几百英里以内，未见德国飞机。

* * *

11月21日清晨，“威望”号在亚历山大港抵岸，我立即登上飞机，在金字塔附近的沙漠机场降落。凯西先生在这里有舒适的自住别墅，他供我随意使用。辽阔的卡塞林森林包围了我们住所，各国富豪在开罗的豪华住宅和花园，也零零散散地嵌在森林中。在安全且舒适地方，距此至少半英里，蒋介石和他夫人也已住下。开罗方向的路上，大约三英里处，罗斯福总统将在美国大使柯克的宽敞别墅里住下。翌日清晨，途经奥兰的“圣牛”号飞机到达沙漠机场，我去迎接他，然后一起驶向他的别墅。

很快，随从的参谋们聚合了。金字塔的对面，距我下榻处只有半英里的米纳大旅馆，是此次会议的总部和英美联军参谋长们的集合地点。军队和高射炮密布在这一带，所有通道上的警戒极为严密。各级人员也立即着手大量事务，做出相应的决定和调整。

---

① 这几节内容是：一，你们心里不要忧愁，你们信神，也当信我。二，在我父的家里有许多住处；若是没有，我就早已告诉你们了；我去原是为你们预备地方去。三，我若去为你们预备了地方，就必再来接你们到我那里去，我在哪里，叫你们也在那里。四，我往哪里去，你们知道；那条路，你们也知道。这些是耶稣对门徒说的话，听起来像是命令。其实作者只是出于郑重单纯引用。作者接着会谈到他的担心。——译注

蒋介石一来，肯定会引起很多问题，我们本就担心这一点，现在终于发生了。英美参谋长们的会谈已经被严重打乱了——中国的情况冗长，复杂，又琐碎。接下来罗斯福总统和蒋介石进行了多次长时间密谈，因为他太过重视印度－中国战场了，下述也可印证这一点。我们曾力劝蒋介石夫妇去金字塔参观消遣,我们去德黑兰,回来再行讨论，但是这个愿望落空了。结果，本应放在开罗会议最后讨论的中国事务，反而一开始就讨论了。不顾我的强力争辩，罗斯福总统最后还是允诺中国人，未来数月将在孟加拉湾展开一次大规模的两栖战役。相比我的土耳其计划或爱琴海计划，这一计划会更多地占用“霸王”作战计划所需的登陆艇和坦克登陆艇。而目前这些舰艇尚且数量不足，全局作战行动已然颇感困难。此外，我们正在意大利进行大规模战役，孟加拉湾计划也一定会对其严重影响。我们了去德黑兰，直到返回开罗之后，我才说服罗斯福总统收回他的许诺。但是事实上，11 月 29 日，三军参谋长们就收到我的通知书，通知内容为:“蒋介石请求我们在缅甸陆战的同时，发动一次两栖作战，对此首相是明确拒绝的，他希望将这一事实记录在案。”尽管如此，许多错综复杂的情况还是发生了，这些不久就会谈到。

蒋介石就和妻子住在那舒适的别墅里，我当然会趁此机会拜访他。这是我和蒋介石第一次会面。他沉稳、严谨而敢作敢为，这一性格给我留下了深刻印象。此时，他正处于权威和名望的顶峰。在美国人看来，他是一个在世界上举足轻重的人物，也是来自“新亚洲”的“斗士”。这次战争结束后，他将成为世界第四大国的领袖，这一点是美国各界公认的。这些观点和预测，后来许多人都放弃了。过高地估计蒋介石的力量或其在中国未来的贡献，当时我是不以为然的。

我发现蒋介石夫人本人是非常出色而且很有吸引力的，和她的谈话非常愉快。我对她说，我们曾经同在美国时，竟然没有一面之缘，这令我非常遗憾。而且我们一致认为，今后我们的会谈不应拘束于那些繁文缛节。有一次，就在其别墅会谈时，罗斯福总统提议众人合影。

虽然许多蒋介石夫妇的过去崇拜者，现在视他们为腐败、邪恶的反动人物，作为纪念，我还是愿意保留这张照片。

* * *

我曾在前往开罗的航程中起草一份文件，文件控诉了我们在萨勒诺取胜之后的两个月里，对地中海战役指挥的失当之处。该文件呈给了参谋长委员会，他们原则上表示同意，同时也提出了一些详细的意见并作了修正，最终全文如下：

1. 阿拉曼战役打响、登陆西北非后的一年里，英美军在各个战场上接连获得了实质的胜利。毋庸置疑，战地司令官们能够获得巨大胜利，取得丰硕战果，都得益于我们指挥作战的方法，也就是由两国首脑来做上层指导、由联合参谋长委员会来指挥作战的方法。不仅在最高指挥部门，而且在战地司令官和部队之间，都能互相谅解、彼此协调，这种局面在以往所有同盟合作中，是从来没有过的。从阿拉曼战役起，截至那不勒斯战役以及到意大利的兵力分配，我们的联合作战都可以说是非常恰当、非常成功的。

2. 然而，接下来的情况就变了。某种程度上说，我们不能再与胜利的势头保持同步，甚至可以说难以望其项背。英美双方的参谋团队在应该偏重哪个问题上各执己见，在原则方面倒是没有差异。确实，我们有一些既得胜利，但是如果因此裹足不前，不再为了持续改进工作方式、提高工作质量而各自或者联合进行诚恳细微的自我审查，那就不应该了。

3. 地中海的战争，从9月份出色登陆意大利并配置好兵力后，其过程是难以差强人意的。虽然与恶劣天气的影响分不开，但实话实说，我们的部队在意大利是以很慢的速度集合和进军的。我们在前线并不具备明显的对敌优势。登陆后许多师团不断参加战斗，没有一次机会得到轮换，与此同时，先解除了两个英国最强悍的师团——驻在西西里岛、紧邻战场的第五十师和第五十一师——的装备，后来又把它们调回英国。对于我们军队的向前推进，如果从东海岸或西海岸进行两栖突袭，那将是很有益的，他们可能到达的地方，正是我们想要的，但是我们始终没有使用这一战术。一些急需的登陆艇却被调回本国，途中又蒙受重大损失，因为天气很差。我们也已经撤回许多其他的登陆艇，并且集中起来开始返回国内。这些命令会在12月15日执行，虽然已经推迟了，但是对于地中海战役的目标来说，该日期已经没有一点价值了。10月、11月期间，这些登陆艇只是协助把车辆运送到岸，除此未被使用。同时，在战略上建立的意大利空军，也对火线增援造成了妨碍。不用再指望着1943年攻克罗马了，因为整个陆地上的战力已经疲软松散了。

4. 与这些问题同时存在的是，南斯拉夫和阿尔巴尼亚的游击队和爱国者队伍，牵制着相当于英美军队总共牵制数量的敌人（德国）师团，一直以来，他们只依靠空投给养，而我们并没有采取任何实质的措施去支援他们。迄今已有两个多月，我们取得了亚得里亚海口的海空优势，但是没有派任何运送给养的船只进入游击队占领的港口。相反地，德国军队却有计划地将游击队从这些港口赶了出来，还控制了整个达尔马提亚海岸。要防止德国军队攻取科孚岛和阿戈斯托利昂，没这个可能性，他们现在已经取得了对这些岛屿的实际控制。所以说，虽然意大利已经崩溃并且倒向我们，但德国军队已经克服了由此造成的困难，而且他们正在对爱国者部队进行十分凶猛的大扫荡，同时切断他们的海上联系。

5. 为什么会形成这种局面？原因是我们在地中海臆想了一条的分界线，这条分界线把达尔马提亚海岸和巴尔干半岛划给了中东司令部的威尔逊将军，并使艾森豪威尔将军的部队对这些地区毫无责任。但是，威尔逊将军却没有掌握必需的军队。于是，一个有军队的司令部却分不到责任；另一个司令部有责任，却没有军队。这样的安排有负众望。

6. 多德卡尼斯群岛和爱琴海是最不幸的。经其同意，我们在意大利刚刚投降以后，立即收取了它之前控制的几个岛屿，其中最重要的是科斯岛和勒罗斯岛。我们计划攻取罗得岛——爱琴海的要害，但是失败了。我们轻易得到的、防范严密的勒罗斯岛，在海战和政治方面的都是非常重要的。希特勒很快就看到这一点，所以他要挽回爱琴海的战势，并已顽强地亲自履责。德国把本来用于意大利战争的一大部分空军，调到了爱琴海战场，并且伴有临时海上运输动作。[①]德军要在10月初向勒罗斯岛和科斯岛发动进攻，已然迫在眉睫。只有我们一个营驻守的科斯岛，10月4日就被德军重新占领了。勒罗斯岛进行了持久的防御战，这是出人意料的，但是终于在11月16日也被攻占了。德国取得阿拉曼战役以来的首次胜利，英国在这场战役中却损失了大约五千人。当然了，所有这些战斗都不在北非最高司令部的职权范围内。

7. 德国军队在意大利的天空战场已占下风，但他们还是毫不犹豫地抽调那里的空军力量，调到爱琴海战场从而足以支配爱琴海空战。美英两国在地中海的空军第一线飞机有四千多架，实际上这相当于德国空军的全部力量。虽然如此，在爱琴海战场上，德国人仍然会再次使用之前我们空军力量薄弱时他们已经用过的一切伎俩。这次，他们还用了“斯图卡”俯冲轰炸机来摧毁我们最精锐部队的抵抗，以及炸沉、炸毁我们的战船。现在，德国军队已经完全控制了爱琴海东部。

8. 之前已经说过了，掌握军队的西部司令部军官们原来对东部是负有责任的，这些责任是对应危险与之并存的非凡利益的，

① 据德国档案，在这段时间，爱琴海的德国空军部队将近增加了三百架飞机，而在意大利减少的飞机大概是二百架。——原注

但是，由于，那条人为划在地中海东西部之间的分界线，所有这些责任都被撤销了。再加上“霸王”作战计划产生的不利影响，这就是造成这些不幸的两个因素。直到两星期前，我们仍然在硬性地维持魁北克会议中的一些决定，并机械地保持不变，而这些决定是在意大利垮台所造成的后果显现以前做出的。决定做出之后，意大利舰队投降，我们成功地登上了欧洲大陆。一直以来，我们都没能早一点举行一次会议。地中海战役还会受到既定的“霸王”作战的日期的妨碍和削弱；巴尔干半岛上，我方形势将更加悲观；同时德国人还将一直牢牢控制住爱琴海。这是目前我们将要面临的前景，我们必须接受这一切。这一切是因为那场确定要在5月展开的战役，而这场战役是根据一个不大可能会实现的设想而确立的。而且一旦我们减弱了在地中海的压力，这一设想肯定不会实现。

9. 在目前的地中海战场，军队和登陆艇正被撤出，战地机构也将奉命回返。这些人力、物力被抽走，是因为春天将有一场战役在另一地方展开，此举是为了尽量满足其需要，这在军中是尽人皆知的。但是不容忽视，此类诸事本身是有害的，它会使士兵士气低迷丧失斗志，影响到地中海战役全局。我们过去能够从阿拉曼一路打到这里，并且在突尼斯战役中经久不败，是因为有一种集中力量打击敌人的强烈愿望，而现在这一愿望已然受损。今后数月里，我们可以任意付诸行动的只有地中海战场。在地中海我们可以与敌相抗，并且在数量上占据压倒性优势。然而我们的战斗被拖慢了，并且俄国人因此得到了帮助，这可是真是古怪。

* * *

在魁北克会议上，联合参谋长委员会拟订了东南亚作战计划的草案。该议案将郑重而又中肯地告知蒋介石以及中国代表们。于是，11

月 23 日，这天是星期二，在罗斯福总统的别墅里，我们召开开罗会议（密码代号“六分仪”）第一次全体会议。东南亚战场的军事计划将会在 1944 年执行，蒙巴顿海军上将已经收到该计划，现在他已经携其同僚从印度飞到，并且在会上首先做了相关陈述。接着我对海军的一般情况作了如下补充：很快我们就可以在印度洋建立一支英国舰队，这一舰队最后将拥有不下于五艘的现代化主力舰，四艘重型装甲巡洋舰和十二艘辅助运输舰，这些意大利舰队的投降和其他事态的发展都是于海军有益的。蒋介石插话说，他认为缅甸战役的胜利，不仅依靠我们驻在印度洋的海军部队力量，而且还要依靠海军行动与陆地作战同时配合。我指出陆地战役和孟加拉湾的舰队行动没有必要的联系。我们的主要舰队基地能够在距离陆军作战的战场两千至三千英里以外，发挥它在制海权方面的影响。因此，这些战役和西西里岛的战役不能相提并论，因为在西西里岛的战役中，英国舰队能够在密切地支援陆军的情况下作战。

由于时间仓促，会议决定相关细节将由蒋介石和联合参谋长委员会再行讨论。

* * *

联合参谋长委员会第二次会议是在第二天召开的，中国代表们没有出席，我们和罗斯福总统一起讨论了作战计划。我们必须在开赴德黑兰以前思考这两个战场之间的关系，并交换各自意见。会上罗斯福总统先做出发言，言及我们在如今的地中海所能采取的全部可能的行动，土耳其参战问题对“霸王”作战计划的影响也在其内。

虽然说当务之急仍是“霸王”作战计划，但是，地中海的任何其他行动，不应该因之被强硬否定，这是我发言时说的。比方说，我们在使用登陆艇时就应该灵活一些。登陆艇在 12 月中旬加入“霸王”战役，亚历山大将军曾提出要求，这一日期应该推后至 1 月中旬。英国和加拿大已经发出了再建八十艘坦克登陆艇的命令，甚至我们要想办法做到比这更好。毫无疑问，我们是保留相当的弹性空间的。也许我们会发现一点，美英两国参谋人员争论之处，仅仅涉及两国十分之一的人力、物力（不计太平洋的力量）。我希望任何类似我们已经减弱或冷淡了“霸王”计划的想法将不复存在，我们也未曾想过退出这场战役。恰恰相反,为此我们准备不遗余力。总结一下,我主张的方针如下：在1月占领罗马，2月占领罗得岛；恢复南斯拉夫的给养供应，解决司令部的安排问题，与此同时，根据与土耳其交涉的结果，打通爱琴海；在以上地中海政策的允许范围内，加速“霸王”作战计划的一切相关准备工作。

以上就是德黑兰会议前夕，本人所持立场的忠实记录。

* * *

举行会谈后，艾登先生和伊斯梅将军从莫斯科会议飞返英国，途经开罗，在那里会见了土耳其外交部长和其他土耳其人士。这时，他从英国前来和我们会合。他的到来对我帮助很大。艾登先生这些会谈中指出，我们对安纳托利亚西南部的空军基地是非常迫切需要的。在勒罗斯岛和萨摩斯岛，在德国空军优势之下，我方军事形势相当危险，他是这样解释的。后来此二岛都陷落了。同时，对土耳其参战带来的有利结果，艾登先生也做了详细的陈述。首先，在希腊和南斯拉夫境内的保加利亚军队将被迫往边境集结，德国就只能以十个师的相当兵力去代替他们。其次是可能进攻普洛耶什蒂，这一目标也许具有决定性意义。再次，由土耳其运到德国铬的供应线将被切断。最后，土耳其的参战可能会加速德国和它的卫星国的崩溃，这是道义上的利益了。以上诸论点，都没能打动土耳其代表团。最后，他们解释说，提供安纳托利亚的基地无异于干预战争，这样德国就会在君士坦丁堡、安哥拉和士麦拿进行报复，而且是无法预防和阻止的报复。德军在各处都有不小的兵力短缺，因此保证已无可用之兵来攻袭土耳其，同时，我们还曾保证，在德国人发动任何空袭时，我们都会提供他们足够的战斗机来与之抗衡。尽管如此，土耳其代表团还是不放心。对于他们的谨小慎微，我们无可指责。因为他们答应向政府报告，说土耳其人亲眼目睹了爱琴海战事的发展，这是会谈仅得的结果。

* * *

我以为为联合司令部接受了英国的意见，因为之后一直没有“霸王”战役和地中海战役的相关计划传出来。但是，美国参谋长联席会议建议成立一个最高统帅部，并于11月25日，我们在开罗逗留时，以正式备忘录的形式向我们提出。可见，罗斯福总统和美国最高司令部强烈认为，要指挥盟军在地中海和大西洋的对德作战，必须任命一个最高统帅。他们希望，仍有西北欧作战司令官和地中海盟军司令官，而在二者之上，还要有一个最高统帅，他不仅可以计划和指挥这两方面的战争，而且在其认为妥当时，可以把军队从这一战场调到另一个战场。必须知道，时下在陆海空各兵种方面，我们已经占据很大优势，在未来的多个月中，这种优势我们也肯定会持续拥有，我们的声望很高，还因为亚历山大和蒙哥马利在突尼斯和非洲沙漠取胜。

英国三军参谋长当即对美国的备忘录表示强烈反对，他们和我起写下了书面意见。英国三军参谋长答复如下：

英国参谋长委员会关于英美对战德国的

三军指挥问题的备忘录

1943年11月25日

美国参谋长联合会议提出，在地中海和大西洋，一切联军对德作战行动，应由一名最高统帅来指挥，并即刻任命这一统帅，英国参谋长委员会已经对此建议做了仔细的研究。这一建议涉及重大的政治问题，而且显然美英两国政府应对此问题进行认真考虑。尽管如此，从军事上说，他们根本不同意这一建议，对此，英国参谋长委员会必须立即做出声明。以下各节是他们的理由陈述：

综合战并不是单一的军事力量的问题，从“军事”这个词的最广泛意义上说，仍然是这样。几乎可以说，所有重大的战争问题，都和政治、经济、工业、内政有关系。所以，几乎每一个重要的问题，这个对德战事的最高统帅，都必须拿来与美英两国政府磋商，这是显而易见的。简单来说，如果不必请示最高当局，他实际只能对较小的、严格军事意义上的问题做出决定，比如在他的诸多战线中把一两个师，几个空军中队或几十艘登陆艇从一个战线调到另一个。因此，相对整个指挥链条来说，他将是一个额外的、多余的环节。

对德战事最高统帅将被赋予的地位，与上次大战中福煦元帅享有的地位相比，没有真正相同之处。福煦元帅的职权并没有覆盖萨洛尼卡战场、巴勒斯坦战场和美索不达米亚战场，他也只负责指挥西方战场和意大利战场。这一最高统帅，从正在拟议的安排来看，不仅有指挥“霸王”战役和意大利战场的权限，还有指挥巴尔干战场和土耳其战场（假设开辟了这个战场）的权限。盟国政府赋予一个军人的职权必须要受到某些限制，而目前正在拟议的职权范围，似乎已经过多地超出了这些限制。

美国参谋长联合会议的提议的附带条件是，“联合参谋长委员会可以撤销”这位最高统帅做出的决定。确保迅速做出决定，是这种新安排的主要目的，如果是这样，上述附带条件却会导致令人遗憾的后果。军队正在按照最高统帅发出的命令前进，但是很快联合参谋长委员会又撤销原来的命令，因此出现混乱，这种情况将来必然会发生的。还有，最高统帅的决定，英国参谋长委员会是同意的，但是美国参谋长联席会议完全不同意，这种事也是可能发生的。这样一来，何去何从？另一种情况，那就是对最高统帅的决定，有关的某一方政府不打算批准，然而联合参谋长委员会可以立足军事全力支持。在这种情况下，又该怎么办？

只有以超大规模，集中所有情报、计划和后勤各方面人员，这位最高统帅才能实现真正的指挥权，而在战区司令官和联合参谋长委员会之间，将会形成一个由这些人员构成的缓冲地带。

如果我们的机构在机能上小有问题的话，最好还是对它加以检查，找到提高其效率的路径进而做出调整，而不要付诸一个全新的尝试。它已历尽考验，使我们在前两年中安全度过。若仅仅在整条指挥链中加一个多余的、毫不必要的环节，在这种试验引导下，我们必将是走向灰心丧志。

*　　*　　*

这些论述，使美国三军参谋长有所触动。他们把这个议题划出了参谋团的讨论议程，并且觉得应该由政府首脑来解决这一问题。因为他们意识到，他们的建议，实际上是在让这一最高统帅相当程度地替代他们的权利，联合参谋长委员会的指挥权会因此结束。

*　　*　　*

第二天，我写下一个备忘录，表示对参谋长委员会文件的强烈赞许，并对这些论点做了更深层次的阐明。

首相兼国防大臣关于全面对战德国的
最高统帅的问题的备忘录

1943 年 11 月 26 日

1. 萨勒诺战役以后，两国参谋人员之间以及两国政府之间，在意见上出现分歧，并造成了我们在战争指挥中诸多困难和不足。在我们看来，这个最高统帅受联合参谋长委员会指挥，该委员可以撤销他的决定，因此任命这一统帅，是不会消除这些分歧的。必须还要通过现行办法，也就是联合参谋长委员会和两国政府首脑，依然要相互之间进行协商来做出调整，才能消除这些既是军事上的也是政治上军事上的分歧。既受限于现行方法——只能通过它来实施有关政策和战略上的主要决定，又被制约在两个主要地区司令官的职权范围内，事实上，这个最高统帅会发现自己的职权没有多少活动空间，除此之外，他只能作为世界大战的英雄受人称颂。

2. 上述情况显然可以证明：在宣布要任命一个“战胜德国的最高统帅”后，一切希望不一定因而萌发，各种机构没有必要随之建立。

3. 反过来想，赋予这位最高统帅实质性的最后决定权，实际上是取代联合参谋长委员会的职能，他和两国政府的关系也会立即非常紧张。在联合参谋长委员会协助下，当下两国政府首脑要处理相当繁琐的问题，这位统帅要在面对这些问题时做出决定。我十分怀疑找到任何一个这样将领的可能性，更不要说选谁了。

4. 一个同盟国已经在某一个战场配置或将要配置最大兵力时，他就拥有这个战场的指挥权，这是在地位相当的盟国之间应当竭力遵守的。在此原则下，英国当然有地中海战场的指挥权，美国则可以指挥“霸王”战役。

5. 1944年5月之前，美国对德作战的兵力显然比英国少，因此，如果要合并这两个司令部，交由一个最高统帅来指挥，那么这个统帅似乎应该由一个英国将领来担任。身为女王陛下英国政府的首要领导，把这么一个不讨好的职责分派给一个英国将领，我是很不情愿的。另一方面，如果由一个宣称自己坚持全力实行“霸王”战役的美国将领，来承担最高统帅的职务，居然不管哪一方在兵力配置上占有优势，而且对我们在地中海战役所受的损害置之不顾，那么国王陛下政府决不会同意。在全世界面前，这个最高统帅肩负起发布命令的责任，这个或那个政府，又取消他发布的命令，除了辞职，别无他法。因此，无论是英国人还是美国人，这个最高统帅的处境都难以适从。至今两国政府还保持着的，和睦愉悦的关系，会因此出现深重裂缝。

6. 依我看，如果能按建议所说，做一些非根本性的改动，现行的办法应当继续下去。现行的安排有：气势恢宏的横渡英吉利海峡的战役，将由一名美国司令官指挥，而一名英国司令官将指挥地中海战役，二者在行动上彼此配合，兵力的部署交由两国政府首脑下的联合参谋长委员会处理。这样的安排也应当同步进行：更加频繁地举行联合参谋长委员议，并且如果条件允许，每个月用一星期，双方的参谋长委员会主席，依次访问伦敦和华盛顿。

在德黑兰会议期间，我不知道罗斯福总统会对这份备忘录做出怎样的答复，我是在进发德黑兰前当面交到他手里的。我私下里听说，在考虑我们的论述以后，美国三军参谋长们不再坚持这个方案了，同时，对于可能会出现在联合参谋机构和新的最高统帅之间的权力冲突，他们也充分意识到了。不管是在正式场合的接触，还是非正式的，罗斯福总统以及他的来往人群，始终没有以任意一种方式，与我们谈起这个问题，而且我们彼此友好的关系一直保持下来。因此，我以为马歇尔将去“霸王”战役做指挥；返回华盛顿去接管的将是艾森豪威尔将军；而我代表国王陛下政府，肩负着选择地中海战场的司令官的任务。当时我认为，已经在意大利作战的亚历山大将军是这个司令官理所当然的人选。于是，在我们重新返回开罗以前，这个问题被暂时搁置。

*　　*　　*

到了11月25日，是感恩节，这在美国人生活中，是一件重要的事。按例，那天每一名美国士兵都要吃火鸡。1943年感恩节的火鸡，他们大多数也确实吃到了。载着罗斯福总统的军舰运来大批火鸡，供给开罗美国参谋人员吃。罗斯福总统在其别墅举办晚宴，邀请我去。他说："让我们来开一个家庭宴会吧。"所以，除了罗斯福总统十分中意的"汤米"（汤普森海军中校），萨拉也在受邀之列。客人们是：罗斯福总统的私人亲信；埃利奥特，罗斯福总统的儿子；伯蒂格少校，他的女婿；哈利·霍普金斯和其子罗伯特。在一片快乐和祥和中，我们吃了一顿丰盛的晚餐。两只大火鸡隆重地送上来了。罗斯福总统高坐在椅子上，乐此不疲地给大家切鸡肉，技巧非常了得。先分到肉的都吃完了，罗斯福总统自己那一份还没来得及切，因为我们总共有二十多人，切鸡肉要耗费很长时间。看大家的鸡肉，一盘一盘被他堆得满满的，我唯恐他自己一点也分不到。但是到最后我放下心了，当两个骨架子撤下去时，我看见他开始吃他自己的那一份，他的计算十分准确。"我们后面火鸡有的是。"哈利见我神色急切，就说道。我们在聚会上纷纷致辞，表达了诚恳又亲密的友谊。在那两个小时里，我们没有任何忧虑，罗斯福总统是那么开心，我还从来没看到过。晚餐以后，众人来到大厅，我们曾在那里多次开会。唱片机的舞乐声传奏开来。我和罗斯福的亲信、老友和副官——沃森"老爹"一起跳舞，因为萨拉早就被人抢先一步了，在场只有她一个女的。沃森"老爹"的首长在沙发上望着我们，心里非常高兴。我留在开罗这段时间，所有愉快的印象中，这个欢乐的夜晚和罗斯福总统切火鸡的画面，最为深刻。

*　　*　　*

所有困难终于都被排除了。现在第一要务是举行三国会议，除了飞往德黑兰，其他所有的替代性方案都已无效。美国宪法和罗斯福的病况，斯大林的固执导致的诸多困难，以及巴士拉之旅和横穿波斯的铁路的棘手问题，这些都不复存在了。经过长期研究，终于确定会议地点，于是，在11月27日黎明，我们乘飞机离开开罗，向目的地进发。一路上是大好的晴天，我们沿着各自的航线，于不同时间平安到达。[①]

① 为了使以上话题能够连续论述下来，没有讲到释放莫斯利夫妇的情节，其实我也关心这个国内问题。相关阅读在附录五中。——原注

第二章　开启德黑兰会议

保卫工作的部署——对我的观点一再说明——斯大林与罗斯福总统面谈——第一次全体会议于11月28日召开——罗斯福总统第一个讲话——斯大林对苏联前线形势做陈述——摆明英国的立场——土耳其的意见——三十五个师用于“霸王”作战计划——以进攻法国南部作为次要目标，斯大林表示同意——我认为必须占领罗马——罗斯福总统提出各个战役的时机问题——土耳其应该走上正途。

飞抵德黑兰后，对于有关接待的各种安排，我是不会赞扬的。乘车到机场接我的是英国公使。然后我们一道驱车去公使馆。他们明显是在晓示敌人，此处在欢迎一个重要人物，而且他会走这一条路：我们距德黑兰城区外三英里以上时，每五十码的路程就设有一岗波斯骑兵。骑马的卫兵为我们指路，却不能提供任何安全保障。一辆警卫车在一百码之前开道，提醒我们就快到了。车开得特别慢。不一会儿，骑兵的间隔中间就塞满了很多群众；我四下一看，只有几个警察在后面徒步跟着。快到德黑兰中心城区时，人群密密麻麻，足有四五层。他们充满友好却又相当的拘谨。人群逼近我的汽车，只有几尺之遥，身上有枪或炸弹的亡命徒可以这里进行袭击，而在这之前，任何防止措施，都没有采取。通往公使馆的路，已经被拥挤的、张着嘴傻傻观望的波斯人堵住，根本无法通过，我们在拐角处停留了三四分钟。如果事先做好的安排原本就是要我们承受最大的危险，既不能安全秘密突然地到达，又得不到有力的护送，那么我们现在遭遇的这种场面就是最完美的了。然而，一路上没有什么意外，我和群众互相报以微笑。英国公使馆周围的英印部队警备周密，我们终于到了。

英印部队保护我们的安全，同时更多的俄国军队在苏联大使馆周围警戒，二者已经建立直接的联系，因为英国公使馆及其花园几乎毗邻苏联大使馆。不久,两国军队会合在一起,以便把我们这里隔离出来，并且采取了一切措施作为战时警戒。大概距离我们一英里处是美国公使馆，由美国军队守卫着。这意味着，在开会的这段时间，斯大林和我,或者罗斯福总统,每天都必须三番两次往返穿过狭窄的德黑兰街道。苏联的秘密情报人员发现，有人计划暗杀“三巨头”（这是我们当时的称呼)之一或其中两个。因此,在我们二十四小时之前到达的莫洛托夫，对于我们中间的一两个人不断地往返于街道，非常焦虑。现在，他说明了这一情况。他说:“任何这样的事情一旦发生，后果将是非常不幸的。”这一点无可否认。苏联大使馆场地广阔，比英美两国使馆大两三倍，而且现在周围有苏联的军队和警察，莫洛托夫请罗斯福总统马上入住，这一点我强烈支持。我们一起说服罗斯福先生，让他接受这个好建议。敞亮又舒适的住所，已经为他准备好了。第二天下午，他搬进了俄国大使馆，还带来了他的同僚，以及他游艇上的几名很不错的菲律宾厨师。这样,住在同一个区域内,我们可以在毫无干扰的情况下，讨论世界大战的问题。我在英国公使馆里住得很舒适，只要步行二百码,就可以到达富丽堂皇的苏联大使馆,这里暂时称得上是世界的中心。我依旧是身体很差,有一段时间,感冒喉痛很严重,甚至不能开口说话。但是，终于有一天，我可以说出必须要说的话。不得不说的话可真是不在少数。这归功于莫兰勋爵，他把药水喷进我嗓子里，并且持续进行医治。

*　　*　　*

在这次会议上，英国三军参谋长充分肯定了我采取的方针。关于这一方针，有许多错误的看法。在“霸王”作战计划准备展开攻势横渡英吉利海峡时，有人认为我曾拼命阻止这一计划，同时又说我企图引诱盟军大规模抢驻巴尔干半岛，或者在地中海以东进行一场大战，实际上等同于废弃“霸王”作战计划。在美国，这种说法广为流传。我在以上章节中，已经指明并且反驳了大部分类似的谬论。但是，对于我实际追求的并且已经在很大程度上得到的东西，还是值得在此稍做说明。

“霸王”作战计划当时正在详密筹备中，1944 年 5 月（或者是 6 月,最晚 7 月)发动。仍然是参加这一计划的军队和的运送他们的战舰，享有最优待遇。其次，攻下罗马进而占领其北面的飞机场后，可以从这些机场空袭德国南部，为此，必须补充在意大利作战的英美军并提供给养。以上进展完成后，在意大利战场，我们不打算拉宽战线到半岛更宽阔的地带，也就是说，不越过比萨—里米尼线。在这些战役中，敌人一旦抵抗，大量德军就会被吸引过来，受到牵制，这样意大利军队就可以趁机“将功折罪”，而且在敌人的前线，战火将燃烧不止。

为了配合穿越英吉利海峡的主力进攻，同时应登陆法国南部的里维埃拉地区，然后沿着罗纳河谷向北，英美联军向马赛和土伦推进。对此我是不反对的。但是，我更愿意采取另一种方案，就是从意大利北部进行右侧进攻，在那可以利用伊斯的利亚半岛和卢布尔雅那峡谷，直指维也纳。这一方案是罗斯福总统提出的，对此我非常高兴，并试图劝他将这个计划付诸实施。下面是我当时说的：德军如果抵抗的话，许多在俄国或英吉利海峡前线的师团就会被我们吸引过来；如果他们不抵抗，我们就可以收复大面积的重要地区就，而代价是微乎其微的；“霸王”作战计划一定会得到决定性的支援，因为我知道他们一定会抵抗。

如果地中海东部战场，损害不到分配在横渡海峡进攻上的力量，那么我们就不应该忽视意大利的战役以及一切可能随之而来的重大收获，这是我的第三个要求。这些问题综合起来看，我坚持把五分之四的兵力分配在意大利，十分之一在科西嘉和亚得里亚海，剩下的十分之一在地中海东部，两个月前我向艾森豪威尔将军提到过的我的这一比例。这一年里，我一步都不肯退让，因为我从来没有改变这种主张。

前面两个战役上，英、俄、美三方不谋而合，这样我们十分之九现有兵力就被占去了。而我所力主的，只是一定要把十分之一的力量充分利用在地中海东部。只有傻瓜才会争论说："我看那只是在徒劳地分散兵力，放弃任何一个这样的机会，把兵力全部集中在具有决定意义的战役上，难道不是更好吗？"然而，这种说法把一些最基本的前提忽略了。所有西半球的现有船只，甚至是最后一吨位的空间，都安排满了任务，这是为了准备"霸王"战役和维持我们的意大利前线。就算能再找到更多的船只，也没有港口和营地可供使用了，因为它们已经被登陆计划最大限度地占去了。而在地中海东部的战场，则不需要调用任何其他地区的人力物力资源。如果集结好的空军，在更前面的放哨区起飞，同样也可以有效完成保卫埃及的任务，甚至能更有效地完成。包括外地的两三个师在内，所有的军队都在这个战场，当地的船只——也没有其他船只——能把他们运往更大的战场。要给敌人以重创，就应该积极全面地利用这些军队，不然他们只能看热闹了。想要我们的空军取得对爱琴海的控制，同时使我们与土耳其建立直接的海上联系，就必须占领罗得岛。还有一个办法同样也能够控制爱琴海，那就是借用土耳其的机场，两种方法都是行之有效的。这机场是我们为土耳其修建的，我们可以通过劝其参战，或者充分利用其中立立场，让土耳其把机场供给我们，那样就没有攻占罗得岛的必要了。

当然了，如果我们能够得到土耳其，就可以用潜水艇和轻量级海军部队来控制黑海，从而给俄国有力帮助，而不需要调用意义重大的主要战场上的士兵、战舰或者飞机。而且相比北冰洋或者波斯湾航线，黑海航线所需的耗费更小、航程更短、航次更频繁，我们可以经由它给俄国部队运送物资。所以，土耳其是我们要争取的目标。

每次在罗斯福总统和斯大林面前，我都极力地讲到这三大主题，而且果断地、义无反顾地三番五次陈述我的理由。在这场争论中，由于严重受到来自其军事顾问的偏见的影响，罗斯福总统犹豫不决，本来可以说服斯大林的，这些机会虽说是次要的，但是也是很有希望的，最后全部被搁置不提了。“我们到底还是阻止了丘吉尔，没有被他拉到巴尔干半岛去。”态度顽固的美国朋友们还为此乐在其中。其实我心中从来未曾有过这样的想法。对于那些在其他方面用不到的部队，我们不加以利用，也没有让土耳其参与战争，并且控制爱琴海。我认为这是犯了一个军事方针上的错误。虽然没有采取上述方案同样获得了胜利，但是这胜利不能辩驳这个错。

* * *

从霍普金斯的传记中可以知道，迁入苏联大使馆的新住处还没多久，斯大林就拜访罗斯福总统，他们进行了非常友好的会谈。而那天早晨，我十分坦然地躺在床上，治疗感冒的同时处理大量从伦敦发来的电报。缅甸会有积极的军事活动，这是罗斯福总统和蒋介石说好的，罗斯福总统告诉斯大林，斯大林认为中国军队的作战能力很差。“教育远东殖民地的人民，让他们学会自我管理的艺术。”这是罗斯福总统喜欢谈论的题目之一，在谈话中也提到了。对于印度问题，罗斯福总统提醒斯大林不能对丘吉尔说起，斯大林也认为，这无疑容易引起人的伤感。罗斯福说，应该从最基层开始，对印度进行改革，斯大林认为那就意味着革命。

* * *

11 月 28 日，这是一个星期天，下午四点，我们在苏联大使馆举行第一次全体会议。会议室既宽敞又精致，众人在一张大圆桌的四周落座。

艾登、迪尔和我一起来开会，还有三位参谋长和伊斯梅。和罗斯福总统有一起的有：哈利·霍普金斯；两名海军上将，莱希和金；其他两名军官。马歇尔将军和阿诺德将军未曾到场。据作者在霍普金斯的传记里所说，“由于弄错了会议时间，他们到德黑兰郊外游玩，已经出发了。”令人钦佩的伯尔斯少校译员，去年就替我翻译，这次又同我一起。苏联的翻译还是帕夫洛夫。作为新人的波伦先生担任美方译员。只有莫洛托夫和伏罗希洛夫元帅，同斯大林来一道而来。斯大林和我几乎是面对面坐着。我们在之前已经达成协议，他本人也同意，第一次会议由罗斯福总统来主持。会议从罗斯福总统的致辞开始，他的演讲非常恰如其分。他说：俄、英、美三方，第一次作为同一个家庭的成员在此聚会，赢得战争的胜利是我们的唯一目标。在这之前，我们没有拟定任何与这次会议相关的固定议程，任何人对于任何他关心的问题都可以尽情地讨论，同时对于不愿讨论的问题，也可以发言。本着友好的基础，所有人都可以踊跃发言，但是发言内容一概不予发表。以上是我们的记录。

对这次会议的重大意义，我也在开场致辞中做了强调。我说，也许这次会议，象征着人类有史以来的整个世界的力量，是空前的盛大聚会。我们手中所掌握的，也许是战争缩短，几乎肯定是战争的胜利，毋庸置疑完完全全是人类的幸福及命运。

我们曾提到的三大国之间的友谊，斯大林说很重视这份友谊。三个大国确实有一个重要的机会，他希望我们大家都努力抓住这个机会。

接下来这次讨论开始了。从美国角度出发，罗斯福总统对战争形势做了简单地描述。太平洋战场上，在澳大利亚、新西兰和中国的配合下的美国军队担负着主要责任。可以说太平洋战场对美国有重要的、特殊的意义，所以他先谈到了。那里集结着美国大部分海军和将近一百万士兵。一艘供给用的船舶，每年只能在这个战场上往返三次，从这一点就可以看出其范围之广阔。大量的日本船只被击沉——不管是军用还是商用，以致来不及补充新建船只。截止到目前，美国采用消耗敌人实力的策略，这毫无疑问是成功的。对于缅甸北部的再收复计划，罗斯福先生在接下来做了说明。海军上将路易斯·蒙巴顿勋爵将会指挥合作下的英美联军和中国军队。要从曼谷方向，对日本的交通线进行两栖进攻，他谈到这一计划，我们讨论了一番。为了实现我们的主要目标，要有必需的军队，虽然我们尽最大努力使其保持在最低限度上，但是兵力缺口依然很大。中国继续积极主动作战，是这些计划的目的所在，这样就可以打通滇缅公路，建立阵地。我们在德国崩溃以后，就可以从这些阵地出发，以最快的速度打败日本。同时我们希望能在中国获得基地，以便明年攻袭东京。

接下来罗斯福总统就欧洲的局势做了论述。为此英美两国曾经多次举行会议，也拟定了很多计划。比如一年半以前横渡英吉利海峡进行远征的决定，由于运输和其他方面有困难，战役开始的确定日期不可能定下来。这一决定要求必须在英国集结充足的兵力，不仅用于实际登陆,而且也要向内地延伸。但是英吉利海峡是一片非常麻烦的水域，要在1944年5月1日以前——魁北克会议上确定的日期——发动远征，这是不可能的。罗斯福总统解释说，以往每次登陆总要受到登陆艇这一因素的限制。如果我们计划在地中海展开大规模的远征作战，横渡英吉利海峡的战役就要因之完全放弃；如果只是小规模作战，那么后者也要耽误一两个月，甚至三个月。所以在这次军事会议上，罗斯福总统和我都想听听斯大林元帅和伏罗希洛夫元帅的意见，看我们采用哪个计划最有助于苏联。我们要增加在意大利、巴尔干半岛、爱琴海、土耳其等地的兵力用以进攻，这在之前许多计划中都曾经提到并且讨论过。英美军队要尽量减轻苏联军队的负担，采取某一方案来实现这一目标，是这次会议的重要任务。

* * *

接下来发言的是斯大林。他对美国在太平洋上的胜利表示热烈期待。但是他说，目前在远东，几乎全部的苏联军队都在对付德国，用于防御勉强足够，若要发起反击，则需要超过现在三倍以上的兵力，所以苏联还不能参与对日作战。只有在德军溃败的时候，苏联军队才能到太平洋战场上与友军会师，届时大家才能一同作战。

在谈论欧洲形势之前，斯大林先对苏联自身的作战经验做了简单说明。苏联要在 7 月发动攻势，他们发现，尽管德国人已经提前料到了，进攻起来还是比较容易的，因为早已集结了充足的部队和装备。斯大林坦然承认，对于 7、8、9 这三月间获得的胜利，他们没有预料到。德国军队没有人们想象的那么强大。

接下来，他详尽陈述了苏联前线的最新战势。某些战区的战斗已经被拖慢，其他一些战区，战斗已经完全中止。而在最近三周内，乌克兰以及基辅的西面和南面的战斗主动权，已经转入德国手中。重新占领日托米尔的德国人，也许还会争取科罗斯油田。他们的目标是重新占领基辅。不过总体上，主动权还在苏联军队手里。

他说，至于英美军队怎样才能最大限度帮助俄国的问题，会给出解答的。意大利战役打通了地中海，对同盟事业具有重要意义，一直以来苏联政府都是这么想的。但是，阿尔卑斯山脉隔开了德国和意大利，要进攻德国，不适合从意大利出发。因此，大批军队集结在意大利以求攻入德国，将会一无所获。相比意大利，土耳其倒是更适于进攻德国，但是它又远离德国的要害地区。他相信，英美军队展开进攻的最好的地方，是法国北部或西北部。当然了，那里会有德国军队的顽强抵抗。

* * *

直到现在，我都没有说话，之前已经有人请我发言了。现在，我要说说英国的立场。

我说，我们将横渡英吉利海峡，进入法国北部或西北部，这是早就和美国商量好的。我们集中资源，做了的准备工作，大部分是为了这个作战计划。这场战役不能在1943年进行，要说明其中原因，我们必须根据事实和数据长篇论述。然而我们已经决定，在1944年实施这个行动计划。1943年里，我们虽然没有穿过海峡展开进攻，但是却在地中海方面进行了一系列的战斗。我们在进行这些战役时，对其次要性已经有了足够的认识，但是，从实力和运输情况来看，我们在1943年能做的最大贡献，就是这些战役。在1944年的春末或夏季，要把横渡英吉利海峡展开进攻的计划付诸实践，这是目前英美两国政府为自己确定的任务。届时大约有十六个英国师、十九个美国师——总计三十五个师，会集结起来。和德国师团相比，这些师在数量和装备上更为强大。

这时，斯大林在争论说，他从未认为地中海的战役是次要的，如果不从进攻德国本土这一点来看，它们是第一重要的。

罗斯福总统和我认为，仍然具有决定意义的战役是横渡英吉利海峡，而这些战役是完成它的踏板，我回答说。英国人口有四千五百万，还有部队在地中海和印度作战，这样一个国家，准备为横渡英吉利海峡投入十六个师，这是它能提供的最大数量了。这些师的作战实力可以维持，但是人数却不能增加。美国有大量的后备师，要扩大战场，要让战争维持下去，就只能依赖美国。但是，现在到1944年的春末或夏季，还有六个月，以我们在地中海现有的人力和物力，要尽量减轻俄国的负担，同时又不能延迟“霸王”作战计划一两个月以上，罗斯福总统和我经常考虑，到底可以做些什么呢。最精锐的七个英美师和相当数量的登陆艇，正在从地中海开往英国，或者已经开往了。结果我们意大利前线的力量因而减弱了。天气一直很差，现在看，还没有攻下罗马的可能性，但是，我们希望能在1月将它拿下；第十五集团的各个军正在意大利作战，指挥他们的是艾森豪威尔将军属下的亚历山大将军。他的目标是：不但要攻下罗马，而且还要歼灭制服十个或十一个德国师。

我们没想过在意大利的靴形陆地宽筒地带[①]展开进攻，更不会翻过阿尔卑斯山进入德国境内，这一点我也做了说明。我们的总计划：先攻取罗马并占领其北面的飞机场，这样就可以空袭德国南部；在比萨—里米尼这条线附近，再开辟一条战线。以上计划完成后，就应该试图开辟第三战场，以便配合横渡英吉利海峡的战役，而不是代替它。开辟第三战场可能性有两个：一个攻入法国南部；另一个是从亚得里亚海一端开始，往东北方向向多瑙河挺进，这也是罗斯福总统的提议。

如罗斯福总统所言，我们在未来六个月里，又当做出怎样的举动呢？我们在援助铁托的问题上，有很多理由。和米海洛维奇的属下“采特尼克斯”相比，铁托对同盟事业的贡献要多得多，因为他牵制了大批德国师团。很明显，如果我们以物资和游击战援助他，就会获得不菲的利益。有些战场可以让我们把敌方力量拉到最远，巴尔干战场就是其中一个。这样一来，我们要面临的最大问题，就是怎样使土耳其加入战争，进而打通爱琴海—达达尼尔海峡—黑海交通线。军事人员必须研究这个问题，然后做出决定。我们在土耳其参战以后，可以使用两三个师的兵力，加上原来驻在这个战场的空军，利用它的空军基地，占领爱琴海诸岛。目前，护航舰必须用在“霸王”作战计划上，所以，我们的北方航线用于运输的只有四个船队；但是，如果达达尼尔海峡航线是畅通无阻的，我们在地中海的运输船只，就可以不断往返其间，顺利快捷地把供给送到苏联的黑海港口。

对于随后的很多问题，苏联都有独特的认识和解释。比如：怎样使土耳其加入战争？加入之后，我们希望它做什么？是只为我们提供基地，还是进攻保加利亚，并向德国宣战？是向前推进，还是在色雷斯边界上不动声色，它该选哪一个？保加利亚曾经在俄国帮助下摆脱土耳其的奴役，为此它深深感激，土耳其参战会给保加利亚带来什么影响？罗马尼亚已经进行了真正的免战试探，准备无条件投降，它们

---

① 读者可以从意大利版图上看出，其形状近似一只靴子。——译注

的反应又会是怎样？此外，匈牙利呢，它会做出什么选择？在这些相关的小国之间，政治局面很可能出现大转弯，希腊人可能会反抗，从而把德军从希腊赶出去。了解苏联的看法是很重要的。如果，苏联政府对我们在地中海东部的这些计划有很大兴趣，希望我们继续执行这些计划，那么，就算推迟“霸王”作战，在既定的5月1日之后的一个月或两个月再发动，也在所不惜？英美两国政府之所以不做任何决定，是出于有心，因为还不了解苏联对这些问题的看法。

这时候，罗斯福总统给我提了个醒，他说，我们会向亚得里亚海北部进军，然后进攻东北的多瑙河一带，并让我谈一谈这个更进一步的方案。我说可以，然后接着说，在意大利的狭窄带上、亚平宁山脉以南，驻着德国军队，如果我们能占领罗马，并且消灭了这股德军，英美军队就可以向更深更广的地带进军，并和敌人展开较量。然后，我们就可以把大部分的兵力用于进攻法国南部，或者如罗斯福总统所说，从亚得里亚海的东北推进，而在坚守我们自己的战线上分配最少的兵力。目前，我们还没有仔细研究这两步计划，但是如果斯大林认可的话，那就设立一个小组委员会，针对相关的事实数据和方式方法，进行专门研究，然后在会议上报告出来。

至此，我们的讨论已经涉及关键所在。下面是当时的记录：

斯大林元帅向首相发问：

问：“按照我的理解，执行进攻法国的任务的是三十五个师，对吗？”

答：“是的。而且他们相当强大。”

问：“计划是让意大利的驻军队来进行这次战役，是不是？”

答：“不是的。为了‘霸王’战役，在我们正在把意大利和北非的七个师撤走，或者已经撤走。你在第一问中提到的三十五个师，就包括这七个。它们撤走以后，地中海还有大概二十二个师。这二十二个师可以用在意大利战场或其他任务中。可以用其中一部分进攻法国南部，或者从亚得里亚海的顶端开始向多瑙河进军。在时间上，这两个战役是配合‘霸王’战役的。同时还可以留出两三个师，用来攻取爱琴海诸岛，这是可以轻松做到的。”

除了上面说到的七个师，不可能再从地中海调出几个师到英国去，而且航运条件不足。就这一点我做了说明。要发动初战进攻，必须在英国集结三十五个师的英美兵力。此后，英国只能在法国北部维持十六个师，除此再也出不了什么力了；但是如果此地的远征军总数达不到五六十个师，美国就会一直把更多兵力调进来。如果把英国和美国的通讯、军部直辖和高射炮的兵力也算在一起，每个师有四万人左右。在以后六个月中，美国还会增加一倍或两倍空军，尽管驻在英国境内英美空军部队，已经为数不少。可见，雄厚的空军力量将会在这个地区聚集起来，并且通过这个地区入主敌人境内的目标，也是比较容易实现的。依照先前定下的计划，我们正在分配所有的相关部队和装备。我们可以把这个计划给苏联政府做参考，前提是他们自己有这个意愿。

斯大林问我，关于进攻法国南部，你们的方案是怎样的。我说，我们想让它配合“霸王”作战计划，或者两个计划同时进行，但是目前我们还没有仔细讨论过。我附加说道，可以让目前驻扎在意大利的部队来展开攻势，罗斯福总的建议是从亚得里亚海的顶端向东北挺进，也有必要同时探讨一下。

斯大林又问，假使土耳其也加入战争，英美两国准备贡献多少部队。

我答道，我要说的只是我的个人意见：最多只用两三个师，就可以攻取爱琴海诸岛，另外，可能我们还会调兵力给土耳其以供它自卫，大概是二十个空军中队，以及若干高射炮团。但是，其他战役不会因为调出这些空军部队和高射炮队受到影响。

斯大林认为，我们的分派是错误的，即一部分部队分在土耳其和其他地方，另一部分在法国南部。他的意思是，最好将“霸王”当作1944年的基本作战计划，并且，所有意大利的驻军，在攻陷罗马以后，都要调到法国南部。这样，在“霸王”战役展开以后，这些部队就可以和进攻的队伍会师了。德国战线上最弱的一个环节是法国，土耳其愿不愿意参战，对此斯大林本人不抱希望。

对于设法让土耳其参战，我问斯大林，是不是苏联方认为不必着急。虽然之前的尝试失败了，现在我们是不是应该重新再尝试一次？

“对此我非常赞成，”斯大林说，“我们可以抓住它的脖子让它参战，如果必须要这样。”

接下来，我说道：完全同意斯大林元帅的观点，分散兵力是不恰当的。但是我的全部想法是，在与土耳其很好地建立直接联系时，少用几个师，比如两三个师，而保卫埃及的空军，可以让他们来参战，他们只是要把战线稍微向前推动而已。这样一来，大量意大利战场的兵力或“霸王”战役中的兵力，就不会被调出。

如果夺取这些岛屿，只用三四个师的兵力就可以了，对此，斯大林认为是很划得来的。

我说，进攻罗马和发起“霸王”战役，中间有六个月，战争可能会在这段时间中出现停顿，这是我最担心的。我们应当给敌人接连不断的打击。应当对我提出的作战方案进行仔细的研究，尽管可以肯定它是次要的。

启动“霸王”作战方案的战役是相当重要的，对此斯大林再次强调。进攻法国南部最好能支援这一战役。他甚至主张，如果可以抽出大约十个师来进攻法国南部，就可以在意大利先守而不攻，并且放弃对罗马的进攻。随后，“霸王”战役就可以在两个月后进行，进攻部队就可以从两个方向会合。

我回答他说，我们的力量不会因为放弃进攻罗马而变强。但是，攻下罗马城，就消灭了德国十个到十一个师，或者给了他们重棒一击，我们会因而处在一个更强大的地位。此外要空袭德国，我们还需要罗马北面的飞机场。我们不可能放弃攻占罗马，而且对这样的想法，英国议会片刻也无法容忍。从各方面来看，这种做法都是一种惨败。

*　　*　　*

现在，罗斯福总统建议说，对各个战役的时间问题，都要进行谨慎的思考。“霸王”战役计划，可能受到任何地中海东部战役的影响，被推后到6月或7月。他认为，如果有办法避免，这样的延误就不该出现。因此他说，应该在“霸王”战役两个月以前——这是斯大林提出的时间，在法国南部发起战役，建议在“霸王”战役计划必须如期执行思想的指导下，军事专家对这种可能性进行研究。

斯大林说，如果只从一个方向发动大规模进攻，是不会有什么收获的，苏联人从近两年的作战中获得了一些经验，这些经验可以证明这一点。从两个或更多方向，同时发起进攻，是更好的方法。这样一来，敌军兵力被迫分散，如果相隔不远，进攻的部队之间，就有机会取得联系，因而加大整体进攻力量。他提议说，目前讨论的问题可以多多借鉴这个原则。

我建议说，原则上我不反对这些观点，对南斯拉夫和土耳其提供的援助应该是少量的，很大程度上说，这和上述的观点是不矛盾的。同时，希望大会记录我的下列观点，即：5月1日发动“霸王”战役，如果对驻在地中海的、英国和英国控制下的、二十二个师的军事行动弃之不顾，单单是为了严格地遵守这个日期，对此我在任何情况都绝不同意。如果土耳其不加进来，那么我们也无可奈何。罗斯福总统说到了这些战役在时间上如何严格配合，我真心希望不要让我赞成这些问题。大家的意见都已经发表，让议会稍做思考，明天再议，这样是否可以？罗斯福总统说他同意，并且提出建议，参谋长们应该第二天早晨就开始工作。

斯大林这时说，虽然伏罗希洛夫元帅会竭尽全力，但是他没有带来他的军事专家团，因为没有考虑到会议会讨论军事问题，

我问大家，对于既属于政治又属于军事的土耳其问题，准备如何

讨论。大会应对下列问题进行研讨：(1)土耳其要满足我们什么要求；(2)我们以何代价要他参战；(3) 付出这些代价会带来什么后果？

斯大林表示赞成说，土耳其和英国联盟，和美国的关系也向来友好。劝土耳其做出正确选择的行为，应该交给英美两国。我说，如果既不接受俄国邀请加入获胜方，又无视英国的同情，那土耳其真是再糊涂不过了。斯大林说，许多人甘愿糊涂至极。在所有中立国家的眼中，有些人本可以置身事外，居然加入战争，真是傻瓜。

会议结束时，我说，虽然我们都是好朋友，盲目地说我们在任何问题上的意见是完全一致的，这是自欺欺人，也是空谈。必须要付出时间和耐心。

至此，我们的第一次会谈结束。

第三章 面谈和会议

我与斯大林谈论德国——波兰及其边界问题——罗斯福“四大警察”的计划——我遵照王命，赠授“列宁格勒荣誉宝剑”——第二次全体会议——斯大林问“霸王”战役最高指挥官——“霸王”战役和意大利战役，我阐明英国的观点——巴尔干半岛敌人三十个师——如何劝土耳其参战——保加利亚的地位——就横渡英吉利海峡的日期展开争论——不削弱意大利战役的重要性——土耳其问题——斯大林拿“霸王”战役的问题直接问我——我表明反对集体枪杀德国人的立场

罗斯福、斯大林和我，除了在正式会议上，在午餐和晚宴上也进行过谈论。大家在这种场合下的兴致很高。我们无所不谈，没有什么事是听不进去的。甚至可以说，这些谈论是更重要的。28 日，在这个星期天的晚上，罗斯福总统举小宴会款待我们。包括翻译员在内，到场的总共有十个人（或者是十一个）。不久，我们谈得越来越全面，越来越认真。

我们共进第一天晚餐之后，在大厅里信步走着。这时，我请斯大林来到一张沙发旁。我们战胜以后，事态将如何发展，我提议和他谈一谈。他表示赞成，我们就坐下来了。后来艾登也加入了。斯大林元帅说：“首先，在将来，可能出现的最坏的情况是什么？我们应该想一想。”令他担心的是，德国的国家主义会再次高涨。他认为，德国从战争中恢复过来的可能性很大，而且用不了多长时间，他们会再一次发动战争。凡尔赛会议以后，看似和平在望，但是不久，德国又挑起战端。因此，为了让德国不能再次发动战争，我们一定要成立一个强大的相关机构。德国会再惹战事，他对此深信不疑。我问他："多长时间之后？"他回答说："十五到二十年。"我说，如果我们只能维持战后和平十五到二十年，是愧对我们的士兵的，这个世界至少必须有五十年的和平。

德国是一个很强大的民族，他们不但勤劳过人，而且智慧超群，斯大林认为，他们很快就会恢复好，我们应该想办法束缚他们的制造能力。我回答说，必须采取措施来控制他们。我的想法是，不管军用还是民用，他们所有的航空事业都要禁止，还要禁止他们设立总参谋部制度。斯大林问我："在钟表厂和家具厂里，他们也能制造炮弹零件，你要不要也禁止呢？德国人曾经教会几十万人怎样射击，就是通过制造玩具步枪。"

我说："什么事都不能定于一役。我们在世界持续发展的过程中，收获了一些经验。至少五十年，世界没有战争，这是我们的任务。我们的办法有：解除德国人的武装，并且禁止他们重新武装；监察他们的工厂，禁用一切航空行为；在长久而又深层意义上，变更他们的领土。为了彼此之间的利益，英美苏三方能否保持密切的友谊关系，同时监督德国。只要我们能看到事情的危险性，就不害怕发出命令。"一切又把我们带回这个问题。

斯大林说："上次大战以后就实行过管制，但结果是失败的。"

我回答说："上次是因为我们经验不足，上次的战争和今天战争一样，都是在民族范围上的。当时的会议，俄国并没有参加。这次就不一样了。"我总是想，应该把巴伐利亚、奥地利和匈牙利组在一起，变成一个更大的、非战争性的和平的联邦，这样就可以孤立并制约普鲁士。与德国其他部分相比，我认为对待普鲁士要更严厉，这样受此影响的前者就不敢再和后者一起贸然滋事。但这都是战争年代的心情，这一点不能忽视。

斯大林作的评价是："你说的这些已经很好了，但是还不够好。"

我接着说，我们三个国家都必须拥有强大的武装力量，绝对没有任何义务减少战争储备。俄国要有俄国的陆军，英国和美国要有各自的海军和空军，此外，三个国家还要有其他的军事作为。“我们的失败，可能会导致一百年的混乱局面；如果我们强大了，我们就能履行捍卫世界的任务。我们是世界和平的维护者。”我接着说，“当然了，不仅仅只是维持护和平，三个国家也将指引世界的发展方向。我的意愿绝对不是把任何制度强加给别的国家使其接受，我要的是自由的权利，并且要求各个国家按照自己的愿望发展下去。我们要维持友好关系，三个国家一定要从一而终，如此一来，所有国家的人民才能保证安居乐业。”

该如何对待德国，斯大林又问起来。

我答道，我反对的只是德国的领导人物，他们组成的团体是危险，而不是反对德国劳动者。也有许多劳动者，就在德国师的队伍里，他们听从命令，参与战斗，斯大林说。德国战俘中有一些是来自劳动阶级(也许他指的是“共产党”,但记录就是这样)。为什么为希特勒而战？他问他们,他们回答说:“我们是在执行命令。”这些战俘就被他枪决了。

*　　*　　*

我建议就波兰进行探讨。他表示赞同，并且请我先说说自己的看法。我说，对我们而言，波兰是重要的，因为我们曾经为了波兰而开战。虽然在疆界问题上，我没有做出过任何承诺，但是我想和俄国人真诚地讨论这个最重要问题,也就是俄国西部的边疆的安全。对于这个问题，如果斯大林元帅可以把他的意见告诉我们，我们就能够一起研讨并达成相关协议。而且要保卫俄国的西部边疆，必须要做的是什么，斯大林元帅应该告诉我们。可能是在 1944 年，这一次在欧洲的战役都会结束，战后的苏联将会空前强大，不管俄国会在波兰问题上做出什么决定，都要承担很大的责任。如同士兵会“向左对齐”挪动两步，波兰可以往西延伸，我个人是这么想的。德国的脚趾如果让波兰踩了一脚，那也无可奈何。但是波兰，一定要是一个强大的波兰。欧洲好比一个管弦乐队，波兰则是一件不可或缺的乐器。

必须使波兰人民保持他们自己的文化和语言，而不应该使其消失，斯大林说。

“我们尝试划一下边界，可以吗？”我问。

“可以。”

“我不能划定边界线，议会没有给我这个权力，相信也没有给罗斯福总统。但是，在给波兰人提出建议，并劝其接受之前，三国首要是不是可以一起努力，为此确定一种相关政策。我们目前都在德黑兰，倒是可以讨论一下。”

我们赞同对此进行研究，斯大林问我，那就不必请波兰人加入了，是吧。我说“是的”，与波兰人交涉之前，我们要就此问题达成口头协议。就在这时，艾登先生过来插话。他说，就在当天下午，斯大林已经表示同意，波兰人可以向西发展到达奥德河。对于这种见识，他颇为意外，并且从中得到很大鼓励，因为前途一片光明。“你们是不是以为我打算吃掉波兰？”斯大林问。俄国人会吃多少我不知道，你们消化不了的有多少我也不知道。这是艾登的回答。说斯大林说，虽然德国可能会被他们咬下来一块，但是如果是任何别人的东西，俄国人不会强夺。波兰可以在西边弥补在东方丢失土地的损失，艾登说。波兰人可能会在西方找补，但是他不知道会是什么结果，斯大林说。后来，我把我对波兰往西扩张的想法，用三根火柴棍做了形象的说明，对此，斯大林很开心。就在这种氛围里，我们大家短暂分别了。

*　　*　　*

三个国家的军事统领会议是在29日的早晨召开的。第二次全体会议是在下午，以我向罗斯福总统提出建议，在这之前我和他一起吃午餐。因为我知道，斯大林曾经和他有过私密会谈。这是自然的，现在他们在同一个大使馆里。但是遭到罗斯福的婉拒。他派哈里曼向我解释，说不想让斯大林听到我们俩私下谈话的消息，为此我很纳闷，因为我觉得，我们三个人应该同样地相信对方。对于建立战后世界政府，罗斯福总统有他的计划，他在午餐后又和斯大林以及莫洛托夫会了面，并且特别对此进行了讨论，当然还有许多其他的重要问题。此类计划的执行者应该是“四大警察”：苏联、美国、英国和中国。对此斯大林不是完全同意。他说，欧洲各个小国是不会欢迎“四大警察”的。如果使中国有权对欧洲国家发号施令，即使战后的中国会变强，欧洲各国也会反感，更何况中国不会变强。苏联的首脑在这个问题上，确实比罗斯福总统看得更远，判断得更符合实际。斯大林当时有另外一个建议，是这样的：在欧洲和远东各成立一个委员会，英国、俄国、美国以及另外一个可能的欧洲国家一起组成欧洲委员会。罗斯福总统的回复是：我的建议是，分别在欧洲、远东和美洲成立区域性委员会，两者是相类似的。好像他说得不够详细，我的计划是：就由这三个区域委员会组成，再建立一个联合国家的最高委员会。但是我不可能去纠正这种错误的想法，因为很久以后我才知道会谈经过。

* * *

第二次全体会议开始时间是四点，在这之前，我奉国王命令赠送宝剑。为了纪念伟大的斯大林格勒保卫战，国王陛下采用特殊设计铸就了这把宝剑。外面大厅里，俄国的官兵济济一堂。我言简意赅地说明经过，就开始传递这把金光灿烂的宝剑。宝剑首先交到斯大林元帅手里，被他以着实动人的姿态捧到唇边，轻吻其鞘，然后，传给了伏罗希洛夫，又被他放下来。俄国仪仗队护送着宝剑，庄重地向外面捧出去。我看见，在队伍朝着大厅外行进的时刻，罗斯福总统在大厅角落里坐着，很明显，他被这个典礼触动了。然后我们转入会议室，在圆桌周围落座。这次参谋长们都入席了，他们经过上午辛勤的讨论，现在前来报告结果。

我们应该从现在到“霸王”战役开始的这段时间内，在地中海有所作为，不然的话，德国人有可能会把意大利的军队调到俄国或法国北部，这是我们对各种作战计划进行研究之后认识到的，帝国总参谋长说。他们还设想过，为了牵制巴尔干半岛上的德国师团，并加速使土耳其参战，可以把意大利半岛中部的警戒线继续向上推进，并强化南斯拉夫的游击部队。他们还研究了在法国南部的、配合“霸王”作战的登陆计划。波特尔已经对我方的空战兵力做了重新检查，马歇尔对集结在英国的美国兵力做了检查。

在欧洲战场上，西方同盟国家要面对的问题是船舶、登陆艇及机场，而不是部队或物资。这些马歇尔将军也谈到了。比方说“霸王”作战计划，军队和物资都会按计划运送。然而，机场却要离战场很近，方便获得战斗机；登陆艇数量严重不足，而急需的登陆艇还要每艘能够运载四十辆坦克。登陆艇几乎总是变动不定，并且在同盟国面临的所有问题中，突显出来。要加大“霸王”计划初期进攻的规模，要在地中海打响我们认为正确的战役，为了这两个目的，英国和美国都在加速造舰计划。

* * *

接下来是关键所在：“‘霸王’作战计划由谁来指挥？”罗斯福总统对斯大林提出的这个问题的回应是：目前还没有决定。一切相关准备必须由一个指定的人选来负责，不然这个作战计划肯定一无所获，斯大林说得直接又坦率。我们已经对此采取措施了。一个英美联合参谋部在英国军官摩根将军领导下，已经为这场战役准备了很长一段时间，事实上，就是这个最高司令官的人选一直还定不下来，其他所有事宜都定好了，这是罗斯福的回答。斯大林的意见是：我们任命的这位最高统帅，可能会因为与摩根将军见解完全不同，而一切重头来过，所以必须马上指定这个人选，他不仅要负责筹备，还要负责执行。

我说，联合参谋长委员会任命摩根将军为未来最高统帅的总参谋长，是在几个月以前，罗斯福总统和我对此是同意的。美国在兵力上占据优势，而且他们还有组织进攻队伍的责任，所以，如果由美国统帅来指挥，国王陛下政府是可以接受的。但是另一方面，我们认为地中海战场统帅一职，理应由英国人担任，因为几乎全部海军都是英国的，同时我们陆军方面的优势也是很明显的。所以我的建议是，与其在大型会议上讨论最高统帅的任命问题，不如由三国政府首脑来讨论，这样更合适。斯大林说，苏联政府不需要对任命问题发言，最重要的是及早确定这一人选，他们只是想知道谁是这一人选；而且选定的那位将军不仅有责任筹备作战计划，还要负责执行安排。决定指挥“霸王”战役的人选，是一个是最重要的、有待解决问题，我认为也是这样。而且我说，最迟要在两周内，解决这个问题。

*　　*　　*

然后我代表英国发表了意见。我说，我有些忧虑，因为许多复杂的问题在我们面前。此次议会，我们代表着全球人口中的十二到十四亿人民，我们能否做出正确的结论，将会决定他们的命运。所以说，很重要的一点是，重大军事问题、政治问题和道义问题，都摆在我们面前，如果没有彻底解决这些问题，我们的会议就不能结束；军事小组委员会要对它们进行讨论，我只是要对这个问题专门说一说。

集结在地中海的大批部队，对“霸王”作战计划有何种帮助？尤其要说到驻在意大利的军队，他们能使在法国南部发动的进攻达到怎样的规模？这是第一个重要的问题。对于这个计划，罗斯福总统和斯大林都提及了，但是，在我们进行详细研究之前，谁也不能发表最终意见。钳形攻势有其重要性，斯大林的强调也非常正确，虽然如此，如果在主力部队到达以前，就使用少量兵力发动进攻，无疑是效果甚微的，因为它会先被敌人消灭。我说，应该保留地中海的登陆艇，使其运输力量达到两个师的兵力。我们获得这些登陆艇以后，就可以不必采取既缓慢又相当困难的正面进攻，而用海上包围战术，从意大利的中部把警戒线向前推进，这完全是我的个人意见。再有一点，在土耳其战斗的同时,这些登陆艇能帮我们夺取罗得岛,使爱琴海畅通无阻。五六个月以后，我们还可以用这批登陆艇从海上进攻法国南部，以协助“霸王”战役。

很明显，我们要非常仔细地研究这些作战计划，还要想好作战时机。但是如果上面说的都能实现，我们是很有希望成功。反过来说，如果这些可以运送两个师的登陆艇真的留在地中海，必然产生两个结果：启动“霸王”作战计划的日期，被推到六到八个星期以后；或者已经调去东方准备袭击日本的战舰，再被调回来，以至于我们进退维谷。因此，我们要分析、衡量这些问题的重要性和迫切程度。我说，苏联在战场上的成功,使英国同盟欢欣鼓舞,并且他们深深折服、油然起敬。我也将怀着感激之心，聆听斯大林元帅和伏罗希洛夫元帅在这些问题上的主张。

第二个重要问题是关于斯拉夫和达尔马提亚海岸的。总计下来，敌军有三十个师团被英勇的游击队牵制着：在巴尔干半岛上至少二十一个德国师团,在希腊和南斯拉夫也驻着九个保加利亚师团。因此，在巴尔干战场，我们确实可以尽力分散敌军的力量，我们在未来和敌人苦战时，也能因此少些压力。在巴尔干身上，我们是没有一点非分之想的，都是为了完成牢牢困住这三十个德国师的总目标。对于尚未处理的政治问题，应该由莫洛托夫先生、艾登先生和罗斯福总统的代表进行会谈,并在会议上做报告,我们一定会在工作上理解支持他们的。在政治方面，我们的苏联朋友以及盟国政府，对以上看法有没有困难？如果有，是什么样的困难？我只是举例说明。军事上说，在这个地区，提供物资装备，发起突击战斗，就可以援助游击队伍，不需要大肆调动军队。

最后就是土耳其，我要说的第三个问题。在圣诞节以前，作为土耳其盟国的英国，要说服或劝导土耳其加入战争。目前，这是我们已经接受的任务，如果罗斯福总统有心插手并且领导此事，那么英国政府很乐意交给他。为了促使土耳其加入，英国会全力以赴，对此我愿代表英王陛下的政府做保证。从军事上说，土耳其加入进来后，同盟国顶多会有两三个师被占去。

然后我问苏联政府是怎么看待保加利亚的。“土耳其对德宣战以后，如果保加利亚要进攻土耳其，就会立马变成苏联的敌人。”我问他们会不会这样通告保加利亚。最能促使土耳其参战的方法是什么？我建议莫洛托夫、艾登和罗斯福总统的代表对此进行探讨，然后就这一点在会上提出方案。这一旦变成现实，德国就会深受打击，保加利亚也会被削弱，也会给匈牙利造成很大影响。至于罗马尼亚，它为了不计条件投降已经想尽办法。减轻俄国所受到的压力，使“霸王”作战计划获得成功的希望最大化，是我思考地中海各方面战役的目的所在。

*　　*　　*

大约十分钟，会上只有我一个人发言。然后，斯大林做出保证说：“苏联政府会向保加利亚宣战的，如果它在土耳其参战后发动战事的话。”我对此表示感谢，并问：可不可以这样告知土耳其。当然可以，斯大林说。接下来，他对巴尔干半岛各国家谈了自己的看法。他完全同意援助游击队伍，认为我们不存在意见分歧。但是接下来，他坦率地补充说，在俄国人看来，如果要在此次会议上谈论军事，必须首重“霸王”作战计划。而土耳其参战，援助南斯拉夫和夺取罗马，都是相对次要的。

如果如建议所说，成立一个军事委员会，那么它应该完成什么任务，必须确切地指明。在抵抗德军的战争中，俄国是迫切需要援助的。

要尽早全面实施“霸王”作战计划，这是对俄国最有力的援助。要在以下三个主要方面做出决定。第一，要确定在5月执行计划，这个日期不能延迟。第二，登陆法国南部的时机。为了支援“霸王”战役，最好是在之前两三个月实现登陆；如果不能，也可以同时进行；如果同时进行也不行，稍微晚点登陆也是好的。在支援“霸王”战役上说，进攻法国南部是有益的，而在地中海的攻占罗马以及其他作战行动，只能起到牵制作用。

第三，要决定任命谁为“霸王”作战计划的最高统帅。“霸王”作战计划的筹备安排，只有在最高统帅决定以后才能顺利开展。希望各位能在会议结束之前做出决定，最晚也要在会后一周内决定，斯大林说，苏联方的愿望是知晓谁当选这个最高司令官，至于决定选谁，是英美两国政府的问题。

* * *

罗斯福总统说，在“霸王”作战计划问题上，我们都已经认识到了它的重要性，只是还不能在日期上达成共识。如果地中海保留这些登陆艇和相关装备，“霸王”战役会被推迟到6月或7月；最起码要放弃一场地中海的战役，才能保证“霸王”战役在5月发动。显然，延迟“霸王”，会引发危险情况。如果在地中海东部进行的远征，就算我们只用三个师的力量，这种远征，也很有可能演变成大规模的战役，需要我们调动更多的军队，我们也无法阻止。一旦出现这种场面，就算“霸王”作战计划能在7月启动，也将受到妨碍。

巴尔干半岛牵制着德国和保加利亚三十个师团，我谈过这个问题，接下来罗斯福先生也提到了。他的建议是，我们应该利用突击部队来加强对他们的围困。重要的是，不能让他们威胁到其他战场，把他们辖制在这个地区就可以了。很明显，大家的一致意见是，支援铁托不能占用“霸王”作战计划的兵力。

斯大林说，南斯拉夫有德国八个师，希腊有五个，保加利亚有三个，法国有二十五个。这是他获得的情报。他不希望“霸王”作战计划推迟到5月以后，也不会同意。

我的回答是，综合大家的意见，我们不存在根本上的矛盾，我也愿意代表英国政府倾尽全力，尽早实施“霸王”战役，但是如果要我做出保证，我不同意。我认为，我们在地中海的发展是有重大意义的，不能只为了早一两个月进行“霸王”战役，就狠心割舍或者放弃它，好像这种前景不值一提似的。驻在地中海的强大的英国陆军，应当与美国盟军合力，竭力与敌人作战。如果要他们在接近六个月的时间里没有战斗，我不同意。我期望的是，意大利的大批德国军队被英美联军合力击溃，我们向罗马北部挺进，并且在意大利前线拖住大批德国部队。如果我们在六个月左右的时间里，停止在意大利作战，不图进取，无异于是对我们军队的错误安排。而且这么一来，陆地作战的重任几乎由俄国人来承担，我们会因此受到谴责。

斯大林说，他的意思根本不是在冬季停止所有在意大利的战役。

把登陆艇从地中海调出去，无异于让我们在那里少进行几次战役，我解释说。第一，从现在开始，在欧洲西北部，充分削弱德国战斗机组的力量，直到我们发起进攻；第二，必须在法国和低海拔国家，牵制德国的后备军兵力，使其在我们发起进攻的时候，最多有十二个善战的满员机动师；第三，在战斗打响的前六十天，德国人从其他战场调回的兵力不能多于十五个善战师。这是“霸王”战役的三个先决条件，我提醒斯大林。我们想尽办法在意大利和南斯拉夫牵制德国人，就是为了满足这些条件。我们的力量当然也会因土耳其参战而更强大，但是土耳其并不是必要条件。德国人大多是从法国调出军队，驻扎在意大利的德军。为了防止他们再把军队调回法国，我们要在意大利对德国持续施加压力。目前，我们能够与敌人作战的战场只有一个，必须在这里和敌人相持下去。我们要成功创造“霸王”战役的前提条件，冬天在地中海尽量与之进行激烈的战斗，将是非常理想的。

斯大林问，还会出现这样的局面：德国在法国有十三四个机动师，还能从其他战场调过来十五个师以上的兵力，那时又当如何？“霸王”战役还要不要进行呢？

我说：“要，当然要进行。”

* * *

接着，话题又转到了土耳其。要促使它在今年年底加入，对此我们已经通过。我们在它参战之后，唯一的军事行为就是，在其安纳托利亚机场上部署我们的飞机，并取得罗得岛。应对这样的场面，一个突击师和一些护卫队就足够了。至于爱琴海的其他岛屿，如果罗得岛和土耳其的空军基地在我们手里，可以随时让他们丧失战斗能力。可以认为，我们在很小的程度上有义务采取这些军事行动，而不会背上无比沉重的包袱。如果力促土耳其加入的计划落空，那么我们只好就此打住。但是，德国人却可以因为土耳其不参战而得到缓解。土耳其参战，拿下罗得岛，爱琴海其他诸岛的德国军队被迫撤走——如果我们能够完成这些，目前在埃及驻防的部队和空军，就不必只是防守，他们可以全部向北移动去参加战斗。我们在土耳其身上，还有这一个深层用意。

不能认为土耳其问题是一个普通问题。恰如罗斯福总统所言和马歇尔将军所言，能不能获得登陆艇、能不能运送部队部队穿过大海，将决定我们各项战役的规模、性质和时机。我说，在地中海区域，如果不能保留必需的少量登陆艇，也不能从其他战场调来，那么任何规模的作战行动，包括进攻法国南部在内，都将无法进行，尽管我会随时耐心地、详尽地研究这个问题。我们只有在仔细考虑过这些因素以后，才能做出决定。斯大林建议明确给出军事技术委员会任务范围，我说我对此表示同意。并且我建议，应该由三国政府领袖，分别拟定任务的全部内容。

对此再次考虑之后，斯大林觉得没有成立军事委员会的必要，也不必在仔细研究各个细节之后再做决定。发动“霸王”战役的日期、任命总司令、在法国南部能否配合发动战役，这几个是关键性问题，都要由全体会议做出决定。同时他认为，完全没有必要成立外长委员会。在德黑兰他不能延迟到12月1日再结束访问，最晚也不能比12月2日晚。所以对他来说，给委员会任命委员只会延迟会议结束的时间。

如果决定成立军事委员会开展工作，则这个机构的工作任务，罗斯福总统说，他已经简单地拟定好了，内容一共两句话：第一，1944年的主要战役是“霸王”战役，三国参谋长委员会要认识这一点并确定下来；第二，对于辅助“霸王”的战役，会不会耽误“霸王作战计划，委员会要经过十分谨慎的考虑之后，对于如何实行这些战役给出建议。对此我们都同意。

斯大林说，尤其是“霸王”战役需要与俄方战场的战役互相配合，为此苏联政府对其实行日期特别关心。罗斯福总统说，其实“霸王”战役的日期，已经在魁北克会议做了决定，只是某些改变我们不得不考虑，因为从那以后发生了重要变化。

斯大林坐在桌子对面，望着我，快要散会的时候，他问我：“关于‘霸王’战役，我想直接问首相一个问题：首相和英国官方对‘霸王’战役真的有信心？”我回答他说：“我们一定会全心全力横渡海峡和德国人激烈战斗，这是我们的责任，不容推脱，前提是时机正确，上述进行‘霸王’战役的条件都得到满足。”讨论到这，我们就散会了。

* * *

斯大林设晚宴招待我们。参加的人数是被严格限制的——斯大林和莫洛托夫、罗斯福总统、霍普金斯、哈里曼、克拉克·克尔、我和艾登以及我们的翻译员。在大会的辛劳之后，大家兴高采烈，一再干杯。我们受斯大林之邀参加晚宴。出席的有:斯大林、莫洛托夫、罗斯福总统、霍普金斯、哈里曼、克拉克·科尔、我、艾登和我们的翻译员，这些人都是严格筛选的。大会开得有点累，现在大家兴致很高,喝了一杯又一杯。埃利奥特·罗斯福飞到这来和他父亲相聚,不久,他就出现在门口了。于是，他被请进来，在桌子旁边坐下。他造成了不小的误解，因为他老是在我们谈话时插嘴，听到我们后来谈话时又添油加醋。斯大林元帅语气平静，谈到一个严肃甚至可畏的问题，那就是惩罚德国人。而在这之前，他和我开了许多玩笑，我一点也没有放在心上，这是霍普金斯传记上说的。斯大林说，依靠将近五万的军官和技术人员，希特勒的陆军实力才会如此强大，必须要消灭德国的总参谋部。要瓦解德国的军事力量,就要在战争结束时,抓住这些人并把他们枪决。一听到这句话，当时我就想这样回答:“对于集体枪决的行为，英国议会和人民是永远不能坐视不管的。就算他们是在战争中,意气用事允许这样,但是只要这种残忍行为一出现,他们就会对责任人强烈声讨。在这个问题上，苏联人不应该想得太过分。”

但是，斯大林接着说:“这五万人一定要处死。”也许是玩笑话，他还在说这个问题。我听了很生气，就说:“这种行为是一种耻辱，让它玷污我和我国家的荣誉，我可不愿意，我宁肯现在被押到花园里一枪打死。”

罗斯福总统这时插嘴说，不应该枪毙五万人，而是四万九千人。如此调和，他当然是希望博大家开怀一笑，忘了这个问题。为了使我相信这只不过是玩笑话，艾登也向用身体和语言频频向我暗示。但是，坐在餐桌另一头的埃利奥特·罗斯福，对斯大林元帅的想法，是真心赞同，并且确信美国军队会支持这种做法。这时，他站起来对此发表演说。我不胜其扰,站起来向隔壁房间走去。屋里灯光昏暗,我刚到那里，肩膀就被人从后面拍了一下。是斯大林，他和莫洛托夫站在一起，两个人面带笑容。原来问题的严肃性他们压根就没有意识到，不过是在开玩笑而已，对此他们诚恳地向我解释，并请我回到原来的房间，我同意了。除了这一节，我们整个晚上都很愉快。无论当时还是现在，我都觉得这背后有一些认真的意味，要我完全相信这只是玩笑，不大可能。但是，当时斯大林表现出的神态是那么有魅力，我之前一直都没有见到过；他的风度是很吸引人的，前提是他愿意拿出这种风度。

第四章　在德黑兰的难题

我六十九岁生日——我与斯大林单独会谈——我们谨慎准备“霸王”战役——对地中海的作用——最高统帅的问题——登陆艇是关键——为“霸王”战役调集的兵力——意大利大战一触即发——斯大林指出必须进行“霸王”战役——斯大林建议俄国在5月或6月展开进攻——罗斯福总统邀请“仅三人”参加午餐——俄国希望拥有不冻港——第三次全体会议11月30日举行——会上，主要军事决定确立——三国都赞同发表的公报——英国公使馆的宴会——纷纷祝贺，众人都发言——布鲁克将军对答斯大林

11月30日是我六十九岁的生日。几乎全部的时间我都在处理事务，这些事我一直很关心，而且很重要。这天，我十分忙碌，却有纪念价值。以前，罗斯福总统和我来往比较多，我们之间的重要问题也有交集。然而，从开罗到这以来，住在苏联大使馆中的罗斯福总统和斯大林元帅私下往来，而避免和我单独见面。出于这些情况，我要想办法私下直接和斯大林见一次面。我认为，俄国领导人对英国方并没有真正了解，而且在他的脑袋里还有一种误解。这误解用一句话来说就是：“丘吉尔和英国参谋团一心要废止‘霸王’作战计划，并且，他们打算以进攻巴尔干半岛来代替这个计划。”我有责任化解这两个错误的想法。

调集了少量的登陆艇，才能明确指定执行“霸王”作战计划的日期。无论在巴尔干半岛发动任何战役，都不需要这些登陆艇。我们两个师的士兵，要在敌人的抵抗之下，在意大利或者法国南部的海岸登陆，或者一起登陆，并且还要在5月如期进行“霸王”战役，这就需要足够数量的登陆艇。如果没有罗斯福总统曾经要我们发动的孟加拉湾战役，我拥有的两栖登陆的能力，就可以满足这些要求。我已经获得了所需要的时间，因为我已经答应罗斯福总统把“霸王”的日期定在5月，而罗斯福总统也已放弃了原定日期即5月1日。罗斯福总统是曾经答应蒋介石孟加拉湾战役发动一场战役，但是从来没有在会议上提过这一计划，如果我能说服他先放下这个诺言，或者放弃孟加拉湾计划，那么，我们既可以在地中海登陆进攻，又可以如期实行“霸王”战役。可是，后来很晚才决定出这些重要登陆的日期，而且是根据月光和天气，而不是我的需要决定的，它们都在6月6日开始。在我看来，必须要解决的问题都已经办好了，因为回到开罗的时候，罗斯福总统被我说服，放弃了孟加拉湾计划，这一点我在后面也会讲到。但是当时，在德黑兰11月的早晨，我决定告诉斯大林大致的情况，因为我心里一点把握也没有。当时我认为我是没有这个权利的，因为既然罗斯福总统和我已经商定在5月进行“霸王”战役，他会把这点亲自告诉斯大林的。我知道那将是在我和斯大林元帅会面之后的午宴上。

我信任的翻译员伯尔斯少校，记录了我和斯大林进行的秘密谈话，下述情况就是源于这些记录。

* * *

我先给斯大林元帅提醒说，不应该把我要说的当成是背后对美国人的毁谤，我是非常忠实于他们的。我对美国人的感情是很深的，因为我是半个美国人。但是，尽管如此，我们两人之间的沟通，有些事情还是直接说比较好。

在地中海，英国的军队比美国多两三倍，我们在兵力上相对美国人是占据优势的。正因为这个原因，我要在尽可能的条件下，持续使用他们，生怕这些部队在地中海陷入瘫痪状态。在意大利，有十三四个师，其中的九个或十个师都是英国的。还有英美第五、第八两个集团军，第八集团军全部都是英国人。我并不热衷于美国人提出的要求，即我们 3 月在孟加拉湾发动两栖作战进攻日本人。如果我们要在地中海开展所有必需性工作，并尽早发动“霸王”作战，就需要把孟加拉湾战役所需要的登陆艇调往地中海。是如期进行“霸王”战役，还是全力发动地中海战役，二者之间可以做出选择，但是现在的情况不是这样了。现在的情形是要在孟加拉湾战役和“霸王”战役的日期之间牺牲一个。地中海战役在最近两个月里已经出现窘状，因为美国人坚持要我们确定“霸王”战役的日期。在意大利，我们的士兵情绪比较低落，因为有七个师为了准备“霸王”战役被调走了：我们把三个调回国，美国人又调走四个。也因为如此，在意大利溃败的时候，我们也没有抓住机会。不过，我们是在认真筹划着“霸王”战役，这一点倒是得到了证明。

尽早确定总司令人选也是十分重要的。“霸王”战役最高统帅的职位，可以选英国人担任，但这是在 8 月以前。美国人做“霸王”战役最高统帅，我们没有意见，但是在地中海方面，最高指挥应由我们担任，这一点我在魁北克会议上向罗斯福总统提过，他也接受了。虽然在登陆的时候，英美两国人数相当，但是过不了多久美国人就会占上风，开始几个月过去以后，他们的地位将更加突出，因此我觉得我的安排是很不错的。再者，在地中海战场，最高统帅由我们来担任，在我看来也是恰当的，不仅因为英国人在那里有优势，而且我对那里的战争有自己的计划。现在，罗斯福总统负责任命“霸王”战役的最高统帅。我会在确定人选之后，紧接着委任地中海最高司令和其他司令。但是，他一直没有决定人选，这与其国内高级领导有关。我一再催促，他才答应在我们离开德黑兰之前给出结果。斯大林说应该这样。

接着我再次谈到登陆艇，这个问题已然成为绊脚石，我做了说明并给出原因。在地中海，即便调走了七个师，我们的部队仍然不在少数，而且大批英美的远征军也将集结到英国境内。只有依靠登陆艇，才能解决所有问题。“希特勒投降后，俄国将会对日本宣战，”这是两天前斯大林元帅发表的宣言中的一条重要信息。我听到后，当即给美国人提出建议，目的是使各方面都有足够的登陆艇可供使用：我们应美国人要求在印度洋发起战役，请调更多的登陆艇以支援我们；或者为了帮助“霸王”战役初期的运输工作，从太平洋派一批登陆艇过去。如果俄国也对战日本，日本会加速溃败，这样一来，美国是可以再多给我们一些援助的，我知道美国对太平洋问题很敏感，就给他们指明了这一点。

我并不想搁置“霸王”战役，事实也绝对不是这样。我只是想要在如期实施“霸王”战役的同时，满足地中海方面战役的所有必须条件。所以说，事实上我是在就一个微小的问题和美国人争论。我原想，在开罗我就可以让我们的参谋长，计划好如何处理有关细节。然而不巧的是，蒋介石也在现场，几乎全部时间都花在中国的某些问题上。然而，为了满足各方面的需要，最终还是可以调集足量登陆艇的，我对此很有信心。现在就“霸王”作战计划来进行讨论。指定日期为5月或6月间，届时，英国已经为大战准备好了十六个师的兵力，其总数会比五十万人稍多，因为除精锐部队外，还要算上军直属部队、登陆艇部队、防空部队和后勤人员。从地中海调来的历经沙场士兵也属于这一部分精锐部队。另外，为完成运输与保护陆军的任务，皇家海军还需要为英国提供任何可能的舰艇。此外，英国有约四千架第一线飞机，它们可以完成连续作战，属本土空军部队所辖。我认为，截至5月，美国总计会运来七八十万人，这种军事调度，在击毁敌人在大西洋的潜艇之后，是很可能完成的。虽然目前来看，他们运送的主要是空军部队和陆军物资，但是他们已经开始运送部队，而且会以每月十五万人（或者更多)的速度持续运送四五个月。我有一个想法，就是进攻法国南部。时机方面，大概与展开“霸王”战役的同时，只要适宜，其他任何时间也可。我们要尽量把现驻地中海的二十二个或二十三个师调往法国南部，剩下的依然驻守意大利，这样一来，我们就可以在意大利敌方驻军。

意大利之战势在必行。德国在这里有九十个师，我们有亚历山大将军麾下的约五十万人和盟国的十三四个师。我们准备在12月间，使第八集团军将在蒙哥马利将军带领下，在天气极差，桥梁被毁的条件下，向前进军，在托雷河一带实行两栖登陆。与此同时，第五集团军也将英勇作战，以拖住敌军。也许可以用小型的斯大林格勒战役类比这场战役。我们只想在靴形意大利的狭长地带坚守，而不做向纵深内陆挺进的准备。

红军希望我们在法国北部展开攻势并取得胜利，斯大林说，这一点要提前说明。红军会认为，如果我们不在1944年5月作战，彻底意味着这一年内不会再有什么战事。运输将会因天气恶化而出现困难。如果欧洲不能在1944年出现大好战势，俄国人就难以为继。他恐怕红军心中认为他们是单方作战而不会有援助。红军早已没有战争的激情了。失望只会使人陷入沮丧，一旦出现战争真空，红军就会失望，这不是斯大林希望看到的。必须在行动上预防红军产生坏情绪，这是相当重要的。除非“霸王”战役会在约定的时间进行，这就是他为什么坚持要弄清这一点的原因。

我说，当然要进行“霸王”战役，不过前提是美国和英国会向法国调动军队，而敌人纠合的部队不比我们多。我不怕登陆，但是我认为渡过海峡的部队必须有持续作战的能力。如果法国有德国人三四十个师，我恐怕在第三十天、四十天或五十天的时候，情况就难以预料。但是，假设是这种情况，我认为我们可以取得胜利。那就是在红军牵制敌人的同时，我们又在意大利拖住敌人，然后土耳其应该会加入进来。

斯大林说，只要他能确认“霸王”战役会在5月或6月发动，他现在就可以做好准备以攻击德国人，因为这场战役的初步动作，就会给红军带来好的结果。最佳时机就在春季。在3月和4月里，少有战事，他可以借此调集部队和物资，紧接着5月和6月发动进攻。在东方战线方面，我们不必穿越海峡，也不必经过法国，德国人没有这两项拖延我们，他们很为此担心。目前德国正在把师团持续调往东方。他们已经没有兵力进攻法国了。盟国一旦援助了红军，正是德军害怕他们前进，他们偏偏向前挺进。他问道，什么时候才会发起“霸王”战役。

我说，对于“霸王”战役的日期，罗斯福总统会在午餐时给他解答，而我未经我的许可，无法告诉他。我认为他是满足于这个回答的。

* * *

没过多久，斯大林元帅和我，应罗斯福总统“三人足矣”之邀，分别向他的住处而去。我们的翻译员也出席午宴。“霸王”战役5月进行，我们二人都答应，此时，罗斯福这样告诉斯大林。我们郑重而公开允诺斯大林元帅，他明显为此而感到愉快。接下来谈的是一些轻松的话题。而其中只有关于俄国海洋出口问题的谈话被记录下来。一个陆地国家，幅员辽阔，人口接近两亿，在数月寒冬中，竟有一个如此泱泱的俄罗斯帝国，无法与浩瀚的海洋成功往来。一直以来，我都认为这是失当之举，而且会带来很大麻烦。

关于俄国不冻港，当斯大林元帅提起时，我没有指出什么难处。在达达尼尔海峡以及更改《塞夫勒条约》的问题上，当他提及时，我说现在还不是谈论它的时候，我的计划是敦促土耳其加入我们。那我们将来再寻机宜说说这个问题，斯大林回道。俄国海军和船队在海洋上畅行，是我愿意看到的，而当它们造访时，我们也会热情迎接，我如是说。听到这里，斯大林指出寇松勋爵不是这样想的。彼时英俄两国的意见还没有得到统一。

罗斯福总统说，关于波罗的海，应在港口设自由区，交付托管基尔运河，各国商船应均可使用波罗的海。而世界贸易也可使用达达尼尔海峡。斯大林问起，我们也做出保证，这点同样适用于俄国贸易。

接下来，斯大林问，考虑到俄国，在远东方面怎样安排。我的回答是，海参崴已属于俄国。斯大林说，目前摩尔曼斯克是俄国人仅有的出海口，海参崴港口依赖着对马海峡，而且它处在冰封期。我回答说，愿望得到满足的国家，他们守着自己的一切而别无他求，只有这样才可以执掌世界政治，所以我希望排除俄国的困难。汲汲于私利的国家不能掌握世界政府，不然最终会导致危险。我们拥有实力，地位才会高于其余各国，但是，我们这几个国家没有理由过多要求什么，应效仿富豪，守护着自己家园，怡然自得。一些国家，他的人民有自己的生活，而且没有一点野心，应由他们来维持和平。

* * *

短时间的间隔之后，下午四时，我们在苏联大使馆里召开第三次全体会议，这和往常是一样的。全部出席，约有三十人。

罗斯福总统说，很高兴告诉在场各位，我们已经就重大的军事问题取得一致意见。

阿兰·布鲁克爵士说，在5月进行“霸王”战役，“同时在法国南部，届时只要登陆艇允许，发起尽可能大规模的支援性战役，以配合它。”这是英美两国的三军参谋长举行完联席会议给我们的建议。

我接下来强调说，为使东方战役、西方战役以及地中海各地的战役达到全面配合，英美联合参谋长委员会与苏联军事当局最密切的联系要一直维持下去。也就是说，为使这只野兽在各个方向都没有出路，我们三大国要收紧包围圈。纵览我们举行的联合战役，“霸王”战役是最大的一次，为了发动这场战役，必须做好详细的参谋工作。

斯大林说，参谋们作出这个决定意义的重大，执行这项决定也存在困难，这些他都了解。登陆不久，兵力要疏散开来，这个时候是“霸王”战役的危险期。德国人为了达到给“霸王”战役制造最大困难的目的，可能会在这个关键时机从东方增调部队。他会在5月领导俄国进行一次大规模的进攻[①]，不让任何一支强大的德国部队从东方调来。

罗斯福总统对所有战场配合作战时机的重要性做了说明。他建议，既然三国参谋人员已经长时间合作过了，就应该维持下去。他已经告知斯大林元帅，委派“霸王”战役的统帅工作接下来就会完成。可能会三四天内选定，他会同自己的参谋人员和我磋商。斯大林和我都赞成这一点。英美两国参谋人员应该迅速回到开罗，以商定各项细节，因为主要的军事问题已经确定下来。

重大决议既然已经通过，那么就应竭尽全力，想尽办法得到更多登陆艇，我补充说，应该可以实现这点，因为现在还有五个月才会进行“霸王”战役，而我们又可以运用美国和英国的一切资源。既然决定进行“霸王”战役，那就要在实行它时赋予它压倒其他一切的优先力量。参谋人员如果可以尽力增加最初进攻的力量，这将是我的愿望。

配合掩护的计划有没有什么困难？我问三国参谋人员。斯大林解释说，俄国人把坦克、飞机和机场都伪装下来，出色使用了蒙蔽敌人的策略，事实证明，要成功蒙蔽敌人，也可以利用无线电。为了拟定有关策略来实现联合掩护和蒙蔽敌人，参谋人员应进行合作，他对此完全同意。我说了下面一句话，经过翻译是这样的：斯大林和他的战友们非常同意“战争期间，必须经常用谎言来保护真理，因为真理是如此珍贵”。在这种气氛中，我们十分愉快的结束了这次正式会议。

当时，我提议，参谋人员应为罗斯福总统、斯大林元帅和我本人拟定并提交一份有关军事会谈的简短公告。内容应当精简、含蓄，还要暗示德国不久就会灭亡。所以下列公报就拟定出来了，而且获得大家一致同意：

① 6月23日，俄国才发动主要进攻。——原注

我们的圆桌会议也有我们的军事参谋人员参与。为了摧毁德国的实力，我们已经使各自计划互相配合。关于未来东方、西方和南方战役的规模及时机的圆满协议，已经达成了。

我要求第三次宴会由我来做主，在英国公使馆举行，因为我们之前都是在苏联大使馆中聚会或者聚餐。这个问题是没有必要争论的：按年龄，我岁数比罗斯福或斯大林大四五岁，按字母顺序，“英国”和我的名字都是靠前的；三个政府中，英国比其余两国成立早几百年，是成立最久的一个政府；有一点我没有说，虽然我可以说，那就是我们的参战时间最长；最后一点，我的生日 11 月 30 日。这些理由是他们无法辩驳的，尤其是最后一点。宴会各项准备工作由我们的公使主持，除了军政领导人，还有他们的某些高级官员，差不多四十位客人受到款待。斯大林到达以前，苏联内务人民委员会的政治警察非要彻底搜查英国公使馆不可，他们不会忽略一扇门，不会错过一个坐垫；在所有的门窗旁边，大约守着五十个俄国武装警察，当然还有他们的将军在指挥。美国的保安人员随处可见。然而，一切都进展得很顺利。兴高采烈的斯大林在卫队的周密防护下来到公使馆；罗斯福总统坐着轮椅前来，表情愉悦又亲和，我们渐渐露出笑脸。

值得纪念的是，我一生中有这样的时光。美国总统坐在我的右边，俄国的领袖坐在我的左边。我们正在进行一场令人恐惧的战争，这在人类历史上是罕见的。大约两千万军队联合在一起，而我们有幸能够指挥他们。这些军队包括了全世界绝大部分的海军和四分之三的空军。1940 年夏天，我们势单力薄，因为除了海军和空军，德国和意大利几乎控制了整个欧洲及其资源，他们的力量无坚不摧、无法抵挡，而我们可以说是手无寸铁。我们不能不感到欣慰的是，从那时以来，我们已经在成功的漫长征程中坚持了很久。罗斯福先生送给我一个漂亮的波斯瓷瓶，这是他给我的寿礼。虽然在我归国途中这个瓶子被打得粉碎，但后来经过巧妙修理，被我珍藏起来。

在宴会中，我和两位尊贵的客人进行交谈，那是十分愉快的。“将由谁来指挥‘霸王’战役？”斯大林两次提起他在会议上的问题。我说，目前总统还没有做最后决定，但是我几乎可以肯定，在我们对面不远处坐着的马歇尔将军会荣膺此任的，至少截止到目前将是这种情况。对于这点，斯大林明显非常高兴。布鲁克在我们1942年8月莫斯科召开的第一次会议中，对俄国人的态度非常冷漠和粗鲁。所以，他后来谈到布鲁克将军，认为布鲁克不待见俄国人。我说，军人的粗鲁和坚忍，很容易在和他们的军事同僚讨论战争问题时表现出来，这一点我可以保证。斯大林凝望着房间那边的布鲁克，说，如果是这样，他就更喜欢他们了。

“为了我们两位重要贵宾的健康，干杯。”我在适当的时间提了这个建议。总统建议为我的健康一饮而尽，并祝我长寿。接着，斯大林也向我祝贺，用了一样的贺词。

* * *

接着还有许多非正式的祝酒，是按照俄国的习俗进行的，这对如此性质的宴会显然是很恰当的。霍普金斯高兴地讲了一句话，引起了全场捧腹大笑。他说，“英国没有成文的宪法，而战时内阁的权力和组织也没有具体规定下来，对此我进行长期根本性研究”，从结果来看，“我发现，温斯顿·丘吉尔在任何时候按自己的意愿左右它们，这就在英国宪法的规定和战时内阁的权力”。这个玩笑开得多么毫无依据，本书读者应该是了解的。不得不说，国会和我的内阁同僚，忠心地支持我对战争的各种，这在以前是从来没有过的，而且遇到重大问题，我也很少不被认可。在我们三个人中，只有我随时会被下院解除职权，而下院是根据普选原则自由选举出来的；而且，每天受到代表国内各政党的战时内阁舆论监督的情况，也只在我身上有。然而，我多次提醒我两位伟大的战友时，都是怀着骄傲的心情。罗斯福总统的任期是有规定的，根据美国宪法，他不仅是绝对的总统，而且几乎绝对拥有总司令的职权。而斯大林，在以前的俄国，似乎他就总揽最高权力，而现在这一点可以确认无疑。我不得不通过说服和劝导，而他们可以以下命令的方式来处理事情。我也欣然接受我的工作方式。虽然程序比较繁琐，但是却没有理由对这样的工作方式抱怨什么。

* * *

很多人在宴会过程中致词。包括莫洛托夫和马歇尔将军在内的许多重要人物，都发言了。但是，我对布鲁克将军的讲话有明显深刻的印象。我曾请他撰写记录，现在我要引用在此。布鲁克写道：

“罗斯福总统在宴会进行到一半的时候，提议为我的健康干杯，他太客气了，并且谈到我父亲当年到海德公园拜会他父亲的情况。当他就要说完时，斯大林站了起来，说他也要祝酒，而当时我正在想，罗斯福总统的话多么平和，我要回答是很容易的。斯大林就接着往下说。但是话里有话，是在说我没有对红军表示真诚的友谊，没有完全真正了解到红军的优秀卓越品质，他希望，对红军的士兵，我以后会有更深厚的战友情谊！

“我想不出他为什么会对我有这些指责，所以在听到这些指责时颇为吃惊。但是，当时我已经相当了解斯大林，我知道，可能他过去对我有一些尊敬，如果我无言以对坐下来，那么任何这种尊敬都会荡然无存，而且以后他还会继续攻击我。

“所以我立起来，表达了对总统亲切话语的莫大感激，之后转向斯大林，对他说了一段话，内容大概如下：

“‘斯大林元帅，请允许我对你的祝酒词谈论一下。令我万分惊讶的是，你会认为必须对我毫无根据的指责一通。你肯定不会忘记，丘吉尔先生在今天早晨讨论掩护计划时说的话，他说，“在战争期间，只有谎言可以保护真理。”你在发动重要进攻时，也向来是对外界遮掩真实目的的，这你肯定记得，因为是你本人亲口告诉我们的。你在那些关系重大的战场上，会把真正的目的一再隐藏，却把所有伪装坦克和伪装飞机都集中过去，这也是你对我们说的话。

“‘那么，你之所以看不到我对红军的真挚友情，也看不到我对所有红军中成员真挚的战友之情，是因为，伪装的坦克和伪装的飞机把斯大林元帅你蒙蔽。’”

帕夫洛夫把布鲁克上面的话一字不落地翻译给斯大林，而我当时就在注视着他的表情。他的表情深不可测。但是，布鲁克说完以后，他对我说：“这个人，我喜欢。他的话像是肺腑之言。我想过后和他聊聊。”他明显对此有很大兴趣。我们最后都向前厅走去，在这里，随便找到谁，就和他边走边聊。我感觉，这里有一种战友情谊，这种战友情谊体现的是我们伟大同盟中前所未有的团结和亲切。伦道夫和萨拉在客人为我祝寿敬酒时进来了，事实上我没有邀请他们。罗斯福总统自然是熟悉他们的，现在，斯大林专门把他们从人群中找出来，非常亲切地问候他们。

我正在周围闲走，在一小群人中，我看见斯大林和布鲁克（我称他为“布鲁基”）正对面而坐。在布鲁克将军记录里，继续写道：

“首相在我离开房间的时候，对我说，当我说起‘真理’和‘谎言’的时候，他觉得一丝担心，不知道我接下来还会说什么。但是他安慰我说，斯大林对我敬酒时的回敬有很好的反应。所以，我决定去接待室，关于他这次对我的攻讦，要再和他谈论一下。我走到斯大林面前，对他说，我很惊异，也十分难过，因为他觉得有必要在祝酒的时候那样指责我。‘最好的友谊往往因为误会而产生。’帕夫洛夫翻译后，他立即这样回复我，并和我热情地握手。现在我发现，似乎所有不快都不存在了。斯大林实际上是信任我这位朋友的，而这种信任是建立在尊重和友好的基础之上的，在共同工作以来，这种基础从来没有动摇过的。”

过了凌晨二时，我们才做最后道别。警卫队护送着斯大林元帅离开了，也有人护送罗斯福总统去了他在苏联大使馆的住处。上床的时候，我已经没有气力了，但是，我觉得非常满足，深深感到今天所有的事相当成功。对我来说，这一天真正是一个非常开心的生日。

第五章　在德黑兰的结论

12 月 1 日午餐上的会谈——怎样使土耳其加入——俄国要求把意大利船舰分给他们——波兰的疆界问题——“寇松线”与奥得河线——直率的会谈——芬兰方面——“既不割地,也不赔款”——最后的妥协——德国问题——是否分割德国——罗斯福总统的计划——我表明个人主张——斯大林元帅的意见——重谈波兰——关于军事策略的普遍协议——政治局面会在未来有变——战争高潮阶段时，畏惧德国的实力——今天的划分 :“很快就会结束”

明显地，有几个非常重要的政治问题，在我们决议重大战略问题这段时间，一直存在着。三国首脑于 12 月 1 日共享午宴，午宴还是在苏联大使馆内，由罗斯福总统举办。莫洛托夫、霍普金斯、艾登、克拉克 · 科尔和哈里曼出席了这场午宴。我们首先就劝土耳其参战的问题进行讨论。

霍普金斯问我们：要给土耳其提供什么样的必要支持，如果它参战的话？至于我们能给他们（土耳其人民）些什么，伊诺努也一定会自己问，这是罗斯福的回答。我们还没有对登陆艇的情况进行探讨，在这之前，做任何事都要小心谨慎，不要轻易答应什么。我说，我们已应允土耳其有：空军上将特德以及三个额外的空军中队，我们在埃及的十七个英国空军中队（他们不是由英美统帅部指挥的），这些大都是战斗机，用来保护土耳其是合适的；除此之外，还有我们的三个高射炮团；至于派一些军队前去支援的事，我们没有向土耳其保证过，派军队过去是没有必要的，因为它已经自备五十个师了。

斯大林说，土耳其应在加入我们之后，将其一部分领土提供给我们使用。我赞成这样，还补充说，这样就可以轻易攻下普洛耶什蒂。为了把空军中队的数目从十七个凑到二十个，只需要把三个空军中队从地中海中部调拨过来，所有我们提供给土耳其的，都不是英国人借他人之物表示自己大方。至于轰炸机中队，也许可以由美国补充一些。我们最多提供空中支援，调派陆军是做不到的，这一点我们早就说过了。3 月间，我们要袭击罗得岛，而那些意大利战役和“霸王”战役间隔时期的登陆艇，可以用来供罗得岛之战用。关于这一点，罗斯福总统说，他希望可以实现，但是，我们需要做到一点，那就是“霸王”战役要把我们一切可能的登陆艇全部用上，因为登陆艇损失得特别厉害。我说，在我看来，这是不存在什么困难的。而且，对土耳其，我们不知道伊诺努会不会接受任何建议，所以就没有提出。至于罗斯福总统的参谋们观点是怎样的，因为他将前往开罗，届时就会知道。二十个空军中队是我们英国人仅能提供的。土耳其人只需要空中保护，而不需要陆军。还有一点，可能伊诺努不会去开罗。

斯大林插进来说：“他也许会生病。”

我提议，在罗斯福总统要离开，而他又不愿意来的情况下，我们可以去阿达纳和他会面，而阿达纳是伊诺努愿意去的地方，我们可以坐在一艘巡洋舰上前去。所有作战问题的关键，是登陆艇。其中的一部分，也许可以从印度洋或太平洋调过来，同时再建造剩下的一大部分。这一点如果我们办不到的话，那么，有一部分计划就不得不取消。然而，不能削弱“霸王”战役，这是我们的共同意见。

接下来，罗斯福指明，美军天天在吉尔伯特群岛和马绍尔群岛向北挺进，他们一切手中现有登陆艇都要用上；再加上路途遥远，我的这个把登陆艇从太平洋调来使用的提议，是不可行的。

用多少登陆艇来攻打罗得岛？霍普金斯再次提问。我回答说，进攻罗得岛或其他任何一个岛屿，并非我们应对土耳其承担的义务，而且我们也没有义务提供登陆艇。"如果我是伊诺努，我就会提出攻打克里特岛和其他岛屿的要求。"罗斯福说如是说。

我说："士麦拿和巴德朗地区空军基地的那些机场，都是我们建好的，那才是我想要的。我们可以令空军中队在得到这些基地之后立即进驻，这样一来，空中的德国飞机就会被我们全部铲除。就算我们以自己的一架飞机被毁的代价击落一架德国飞机，那无论如何也是值得的。我们非要把德国的岛上防守部队的粮饷和弹药消耗完不可。这些岛屿都会在土耳其主动加入的情况下，乖乖投降，甚至罗得岛也没有必要再去攻打了。这些岛不得不依靠德国供应物资。如果可以的话，我们的驱逐舰可以在土耳其的空中掩护下，把德国的护航队击垮，但是，因为制空权目前还在德国手里，这一点还不能实现。得到土耳其的基地将会使我们为'霸王'战役做出一步准备动作，那就是持续给德军造成压力。"

对这一点，斯大林表示赞成。在二十个空军中队以及一些轰炸机的基础上进行谈判，罗斯福总统也没有意见，但是他没有准备两栖作战的想法。

我接着对众人的意见做了总结。土耳其的空中保护和高射炮，由我们来提供，但是数量不多。不过土耳其不会遭到德国的入侵，因为冬天到了。武器方面，我们还是会供应给它。对土耳其来说，未来和我们一起参加和平会议，这样的机会是十分难得的，它应该欢迎苏联的邀请。还有一件事是之前从来没有发生过的，那就是我们可以如此做出保证：在土耳其向德国宣战后，如果保加利亚因之对它发动进攻，将会面临苏联的惩罚。我们还有其他一些提议，那就是土耳其与战胜国合作，我们既要友善相待它，还要大力帮助它。

斯大林问："如果保加利亚因为土耳其对战德国而攻打土耳其，那么丘吉尔先生希望苏联怎样在具体行动上向保加利亚宣战？"

我说，任何具体的要求，不是我能提出来的，但是，保加利亚人民会因为苏联军队经过敖德萨向前挺进而蒙受严重影响。土耳其军队拥有的是：步枪、英勇的步兵和强干的炮兵。但是它们不具备的是高射炮和飞机，还缺少坦克。土耳其人不能很快学会东西，因为他们不怎么来上课，尽管我们建立了军事学校。土耳其的军队没有现代化的特点，尽管他们战斗起来很英勇。他们已经花两千五百万英镑来购买武器，而这些武器主要是美国的，运输由我们来承担。

很有可能土耳其不会加入战争，斯大林说，他们只会提供他们的空军基地给我们，可能未来就会发生这样的事，但是这样挺好的。

接着，关于在开罗的谈话，罗斯福总统请艾登先生说说土耳其人都说了些什么。艾登先生说，他已经告诉土耳其外交部长，土耳其不会遭到德国的进攻，并要求提供他们的空军基地给我们。但是，土耳其外交部长说，看到土耳其的挑战，德国肯定会有所行动的。他这是在回绝艾登。对土耳其来说，要加入战争，与其依照以上建议行动而间接卷入，还不如根据协定参战。

“什么？要我们扮演一个被动角色，那可不行。”我发现，总是在我们向土耳其人提出尽可能利用自己的中立地位，提供我们空军基地的要求时，他们才会有这样的惯常答复：“那也不行啊！我们的武器装备还不够充足。”我们一旦真的要求他们参战，他们又会这样说。所以我提议道，不得已只好另辟他径了。如果土耳其不参加战争，也就是拒绝加入和会。它得到的地位将无异于其他中立国家。并且我们要对土耳其声明，不再为它提供武器，英国也无意再参与他们的事务。

艾登先生说，土耳其的要求将是怎样的，他希望非常清楚地知道。土耳其只是对德国作战，而不是任何其他国家，这一点我们有没有疑义？德国对战土耳其，如果它让保加利亚也加入进来，保加利亚会不会收到苏联政府的宣战？以上两点，斯大林都表示同意。我说，从我自己的观点出发，能令我满意的，就是土耳其尽可能利用它中立的地位。在很大程度上，我们在一个重要目标就可以达成一致意见，那就是我要求的以有限的行动来促使土耳其参战。我们还决定，为了使伊诺努可以与我和罗斯福总统会谈，邀请他去开罗。我们没有攻下罗得岛，还丢失了科斯岛和勒罗斯岛，爱琴海制空权也因此被德国人占有，为此土耳其人心中有些悲痛。虽然我了解这个问题，但是没有谈起，因为乐观地说，我觉得我已经得到了我想要的东西，而要满足需要，这些东西就足够了。

* * *

关于意大利战舰的问题，可不可以给苏联一个回答？莫洛托夫在此时问。罗斯福给了十分简短的回答。战后按权利分配大部分的商船和少数的战舰，而在战时，三个国家都可以使用。最好的办法是，把这些战舰交给可以更好利用它们的一方，直到战争结束。莫洛托夫说，俄国可以有效使用它们。我问道，苏联政府希望这些舰只在什么地方移交？斯大林说，接管手续可以在黑海办理。如果土耳其不参战，就无法在黑海交接，这些舰只仍然可以用在北海，就改在北海。

我说，之后这将只是一件小事，因为苏联已经，或者正在进行各方面努力。这个问题需要用一点时间来与意大利人商量，这是我们仅有的要求。这些舰只开往黑海，是我愿意看到的，说不定我可以同时派几艘英王陛下的军舰，与之同行。罗斯福总统和我会与意大利人处理这个问题，但是需要一些时间。巡逻工作已经在他们的一些小舰艇帮助下展开，重要物资的运输也正在用到一些潜艇。意大利舰队出现兵变的情况，我们一定要避免，同时保护船舰不被他们凿沉。我和罗斯福总统与意大利人安排好工作，只需一两个月就足够了。那时,俄国人就可以支配这些经过改装舰只了。我附加说道，如果土耳其只接受关于“尽力利用中立地位”的要求，那么我计划派四五艘英国潜艇进入黑海，这也是我们能够向它提出的一个要求。但是，任何对黑海的不轨企图，在我们这里是不存在的，斯大林元帅的愿望我们会尊重的。

斯大林答复说，他非常感谢任何帮助。

* * *

中午，经过短暂的餐后休息，我们走向另一个房间。一整个下午，我们都坐在会议桌旁边继续讨论。接下来就是波兰这个重要问题。

首先，罗斯福总统发言，为了使我们做出的决定被波兰政府接受，他希望波兰和苏联两国政府应恢复外交，但是，困难是存在的，这一点他也知道。斯大林问，波兰政府及其在波兰国内的朋友一直与德国人有来往，他们杀害游击队员，到底应该和什么样的政府商谈？现在发生在那里的情况，罗斯福总统和我无从知道。

我说，德国入侵波兰时，我们曾对德国宣战，所以对我们英国人而言，波兰问题是很重要的。德国一侵犯波兰，我们就立即参战了，而我们先前没有做过准备。我两次把德国、波兰和苏联比喻成三根火柴。保证苏联西部边疆未来的安全，以防德国进犯，是盟国的一个主要目标。说到这里，我用斯大林提过的西面的奥得河界线提醒他。

斯大林被我的话打断了，他说，以前只提到确定波兰的边界，至于和波兰政府恢复关系，却没有提及。今天用一个迥然不同的方式提出了这个问题。要论与波兰保持友好邦交的强烈愿望，俄国比起其他各个国家更甚。因为，这个问题关系到俄国的边境安全。基本通过牺牲德国利益的方式，来振兴、发展并增强波兰，俄国没有意见。但是，他要求把波兰和流亡的波兰政府区别开来。他不是一时意气用事，才与波兰流亡政府中止外交，而是因为它发布传言污辱俄国，它是和希特勒站在一边的。怎样才可以充分避免上述情况再发生呢？波兰流亡政府应停止对游击队员的迫害，反而它还鼓励波兰人对战德国人，同时，对于任何阴谋也都不插手。这样的保证，是斯大林期待的。他会欢迎任何一个有如此积极作为的波兰政府，而且乐意重新和他们建立关系。但是，对于流亡的波兰政府能不能变成这样一个希望的政府，他没有一丁点把握。

我这里说道：关于俄国人对边界的想法，如果你们可以使我们在这个会议桌上清楚地知道，那将是十分有帮助的。如此，我就可以把这个问题向波兰人说明，而且我认为这些条件公道与否，也会直接向他们说出来。我说的话仅仅代表国王陛下政府：这个计划是完全可以实现的，他们能得到的最优惠的条件大概也就是这样了，而且对于这些条件，国王陛下政府不打算在和平会议上提出不同意见。国王陛下政府希望我可以把这些告知波兰人。罗斯福总统已经提出重建关系的问题，我们就可以接着再谈了。一个强大的、自由的、一直与俄友善相处的波兰，才是我们需要的。

这样就对了，斯大林说，但是，乌克兰和白俄罗斯的领土在波兰人手中，这有失公道，俄国人对此不会答应。乌克兰和白俄罗斯重新拥有乌克兰和白俄罗斯的领土才对，这是1939年划分的边界。从人种学角度出发，这些划分是正确的，所以苏俄也主张使用1939年的疆界。

你指的是不是宾特洛甫—莫洛托夫线？艾登问道。

斯大林说："你怎么称呼它都可以。"

"寇松线"是这条线的普遍叫法，莫洛托夫说。

艾登说："不，它俩的区别是明显的。"

莫洛托夫说，一模一样。

我因此取出一张地图，把"寇松线"、1939年的分界线以及奥得河线都指出来了。一直以来，都没有正式规定出"寇松线"的南端，艾登说。

这时，与会人员给笔录翻译员带来了很大困难，因为他们为了观看我和美国人取来的地图，两三个人一组地聚在四周。

艾登指出，利沃夫以东的地区，是原来的"寇松线"计划延伸到的地方。

我地图上的边界线划错了，斯大林回答说，利沃夫应该属于俄国这边，所以疆界线应该向再往西划，划到普热米什尔附近。一张"寇松线"的地图，还有它的说明，由莫洛托夫取来了。斯大林说，随便哪一个地区，只要他发现有波兰人的居住地，他就乐意放弃，因为任何波兰人口他都不要。

我提示他，普里皮亚特沼泽地的价值远远不如德国的土地。波兰会得益于它而变得更好，因为那是工业区。有一点要明确指出，就是我的话只代表英国人。我想这样告诉波兰人：俄国人是正确的，波兰人得到的待遇已经非常公正了，波兰人若是还不接受，我们还能怎么办呢？我附加说道，美国有许多波兰人，他们都是罗斯福总统的同胞。

斯大林再次指出，只要可以证明哪些地区是波兰人居住的，他就不会提出要求。这时，他用笔在地图上画了一些阴影线，覆盖住了“寇松线”西面和维尔纳南面地区，他承认住在这些地区的大都是波兰人。

此时，对于地图上的奥得河线，大家再一次三两成组，进行了长久的思考。我在讨论结束时说，如此划分，我表示赞赏，而且我会告诉波兰人，如果他们不认同，那真是冥顽不灵。多亏了苏联红军，他们才免于灭族。关于这一点，我也会提醒他们。我要告诉他们的是，他们现有的居住地是一个纵横都超过三百英里的非常完美的地区。

“确实，这一地带会成为一个工业大国。”斯大林说。

我打断说：“并且它会善待俄国。”

一个友好的波兰是俄国希望看到的，斯大林回答说。

我对艾登先生强调说，我不想再讨论德国把一部分土地割让给波兰以及利沃夫的问题，它已经花费了我太多心思（根据记载，我当时是以极重的强调语气说的这话）。艾登说，我们可以开始新的讨论，前提是斯大林元帅承认“寇松线”或奥得河线这个前提。

此时，莫洛托夫取出一张俄国的“寇松线”地图以及寇松勋爵的、附有全部地名的无线电报正文。波兰人取得奥伯雷地区，你是不是反对？我问莫洛托夫。他说他没有这样想过。

我说，对波兰人而言，聪明的办法就是听我们忠心的劝告。我不打算拼命去争论利沃夫的问题。我转过来，对斯大林说，原则上说，我们之间没有特别大差异。你觉得有没有可能按照自愿的原则来移民？罗斯福问斯大林。也许可以，斯大林元帅答道。

我们关于波兰问题的探讨，就这样结束了。

*　　*　　*

你打算讨论芬兰的问题吗？罗斯福总统接着这样问斯大林，为了支援芬兰，使其退出战争，美国政府是不是采取一些行动？

斯大林说，芬兰人唯恐俄国把芬兰变成它的一个省，瑞典外交副大臣近来曾这样告诉苏联大使科隆泰夫人。苏联政府的回答是，除非芬兰人强迫俄国人，否则他们不会把芬兰变成俄国一个省的。苏联政府可以在莫斯科接待芬兰代表团，科隆泰夫人奉命这样告诉芬兰人，不过芬兰人对于退出战争有什么意见，还希望他们说清楚。博希曼先生在德黑兰把芬兰人的回信转交给斯大林还没有多久，回信中包含了荷兰人的主要意思。关于准备与德国断绝关系的问题，芬兰人在回信中丝毫没有提及，相反地，提出了边界的问题。芬兰人的意思是，把1939年的边界线向着有利于苏联的方向做某些更改，然后以此为基础进行讨论。斯大林确认，芬兰人对于认真的谈判根本就不着急。芬兰人自己也明白，他们提出的要求是不能被接受的。他们依旧希望德国人胜利；而且他们认为，德国人就要取胜，至少有一部分人是深信不疑的。

如果美国政府劝芬兰人去莫斯科，那样会不会有什么帮助？罗斯福问道。斯大林回答，他们已经有去莫斯科的打算了，但是他们必须放弃目前的计划，否则去也不会有什么帮助。

我说，俄芬战争时期，我同情过芬兰，但是紧接着我就反对它了，因为它成了对苏作战的一方。一定要保证俄国掌握列宁格勒及其通道。在波罗的海，苏联永久的海军和空军强国的地位也一定要得到保证。然而，会令英国人民愤懑的是，芬兰人被违心地被并入苏联。所以，我很高兴听到斯大林元帅刚才的一番话。我认为索求赔款无益。可能芬兰人会砍一些树，但是这种做法的用处不大。

俄国不要芬兰人赔钱，他们如果要相当地弥补给俄国带来的损失，可以在五年到八年的时间内，提供俄国纸张、木材和许多其他的东西，斯大林说，他已决定索要赔偿，就应该让芬兰人接受一次教训。

“我估计啊，攻打俄国是个错误，芬兰如此贫穷，芬兰人远远不能弥补他们给俄国带来的损失。”说完，我又补充道，“可能斯大林元帅不乐意听我这样说，那个有名的口号——既不割地、也不赔款——我还是能够时常听到。”

“我现在是一个保守党员。这点我没有告诉过你吗？”斯大林笑嘻嘻地回答说。

我接着问道：“你到底想要什么？”“霸王”战役就在我们眼前。我希望春季一到，芬兰会会退出战争，而瑞典加入我们。这样非常好，斯大林说。

接下来，维堡、卡累利阿地峡以及汉戈——这些领土的细节，变成了我们的话题。斯大林说：“比特萨摩我可以接受，如果汉戈难以转交,那么它可以作为一种替代办法。”罗斯福说：“这样的交易是公平的。”斯大林还说：“肯定没有办法和维堡谈判。”

我说，首先，要使俄国满意于它的疆界；再者，我们希望在不压迫俄国的情况下，使芬兰人独立和自由，还要设法使条件很差的地区的生活好转起来：这就是英国人的两个要求。斯大林说，如果都没有意见，盟国之间一两次的相互倾轧，也是允许的嘛。但是必须要让芬兰人活下去。只要他们可以弥补我们一半的损失，也说得过去。罗斯福问，芬兰人去莫斯科而没有任何要求，会有什么帮助呢？斯大林说，如果荷兰派人一路辛苦到达莫斯科，却没有携带任何促成协议的保证，那么谈判就不会成功，这样只会使德国赚取筹码，而且芬兰国内的侵略分子也可以从中获利，他们会说，真正的和平不是俄国人想要的。

“这是在撒谎”，我说，“对此我们大家都会有力声明的。”

斯大林说：“好吧，如果你们执意如此，只管让他们来就是了。”罗斯福说，芬兰的在朝领袖是亲近德国的；我们想要取得一些收获，这一批人中就还需要有其他人。按照斯大林说的，更好的是有其他人来，他甚至可以欢迎赖蒂。他不惧魔鬼，所以魔鬼在内任何人都可以来。

我说，我们在 5 月发动总攻时，瑞典可能会及时参加战斗，我盼斯大林元帅在处理芬兰问题时，可以想到这一点。

对此斯大林表示同意，但是，说他不能放弃如下几点：(1) 1940 年的条约要恢复。(2) 汉戈或比特萨摩。(3) 对于苏联所受损失，应该用实物赔偿其一半，具体数量以后再说。(4) 与德国断绝外交。(5) 把全部德国人都驱逐出去。(6)军队复员。芬兰必须接受以上全部条件。他对 (2) 做了补充，现在汉戈由苏联租借，但是他想要得到比特萨摩。

"不管哪一个国家，只要它承担了赔偿另一个国家的责任，就都不会轻松，因为毁坏容易，修补难。"这是我对于赔偿问题的看法。我说："巨额赔款是难以实现的，这已经被经验证明了。"斯大林说，俄国可以在他们赔偿的当年就撤离，但是，如果芬兰人不交付赔款，芬兰的一部分国土就要被俄国占据。

我说："更重要的问题我们还没有考虑呢！我现在是没有当选，如果我当选为苏联人民委员，我非要劝谏不可——这样做是不行的。"我们和俄国人是站在一边的，任何时候我们都应帮助他们，尽管如此，5 月间的战役，我们不得不顾及到。罗斯福总统说，他也不赞成巨额赔款，对我刚才所说，他都表示支持。

* * *

"所有问题都解决了吗？"斯大林在此时问。罗斯福总统说："德国的问题还没有谈呢。"斯大林说，一个四分五裂的德国，是他理想的结果的。斯大林觉得我不同意。罗斯福总统是赞成的。

"原则上我没有意见。"我说道。罗斯福说，大概三个月之前，他和他的顾问们曾试着初步形成一个计划，以供我们讨论。按照这个计划，德国要分成五部分。"丘吉尔无心听这样的话，因为他不想分割德国。”斯大林轻快地笑着说。我说，我觉得普鲁士、普鲁士军队以及总参谋部才是罪魁祸首。

接下来，罗斯福说明了将德国分为五部分的草案：

（1）普鲁士。

（2）汉诺威和德国西北部。

（3）萨克森和莱比锡地区。

（4）黑森—达姆施塔特、黑森—卡塞尔和莱茵河南面构成的地区。

（5）巴伐利亚、巴登和符腾堡。

自治制度都要在这五个区实行开来，但是还有两个盟国掌握的地区：

（1）基尔及其基尔运河与汉堡。

（2）鲁尔和萨尔。

盟国以托管地的形式控制这些地方。以上提出的各部分，只是一个想法而已，我们可以进行研究。

我说：“我想说罗斯福总统‘字字中肯’，如果允许我引用美国成语，我就会这么说。对我而言，罗斯福先生的方案颇为新奇。从我的观点来看，要么破坏，要么建设，结果只有这两种。在我心中，有两点十分清晰：第一就是孤立普鲁士，至于把它孤立出来之后的行动，并不作重要考虑；再者，我想应该使巴伐利亚、符腾堡、帕拉蒂纳特、萨克森和巴登独立出来。我觉得必须对普鲁士严惩不贷。但是，德国这些地区的人民并非罪大恶极，应该给他们说得过去的生活。他们的想法在二三十年之后会全然不同，所以我打算把慈善的待遇给这第二组地区，并且，我也说过多瑙河联邦，希望它们可以加入。德国南部的人民不会再一次挑起战争，我们应该让他们内心里认为，忘掉普鲁士是有意义的。我并不会在到底有一组还是两组地区上计较。”

我问斯大林元帅，他有没有打算在这一方面上有所行动。斯大林说他有这样的想法，但是看起来罗斯福总统的方案对德国好像更有抑制作用，他更愿意采用那样分割德国的方案。第一个德国士兵都会以命相搏，这一点在我们与众多德军作战时就体会到了，英美军队日后也有所了解。所有德国人都一样。而正是普鲁士的军官把他们密切团结在一起。所有的德国人都会像猛兽一样战斗，所以本质上说，北部的德国人和南部的德国人彼此不存在任何差异。斯大林陈述了奥地利军队投降的情景，他们本身具有很大的不同。任何一个此类群组都不应包含奥地利，这一点我们要注意到。奥地利已经单独生存下来，未来它依旧有维持独立生活的能力。这样独立的生存也必须还给匈牙利。叫多瑙河联邦也好，任何其他称呼也罢，既然已经分裂德国，如果再创造新群体出来，是极不聪明的。

德国人没有任何区别，对这一点罗斯福总统强烈赞同。美国军队也已察觉，如果没有军官阶层，巴伐利亚人就是另一个普鲁士民族。

我说，可以把德国被分割成几个地区，但是如果这些地区又没有其他的群体归属，恰如罗斯福总统的提议，那么它们迟早会再次统一。在分裂德国时，要注意，这些地区被独立出来时，一定要同时具有生命力。而且，不能让他们再从德意志帝国中获得满足，这是更重要的。就算我们花费五十年来实现这一点，那也算是巨大胜利。

斯大林说，德国人会利用多瑙河联邦，他们会为这个骨架填充血液和肌肉，一个新的强国就这样建起来，所以，不能让它继续存在。他问，不管是哪一个，这样的联邦会使匈牙利和罗马尼亚加盟吗？接着，关于德国可以从此类联邦如何获利，他又一再解释。分割各个德国部族，并使它们远远独立，这是最好的办法。当然了，不管他们在何种程度上被分裂，他们肯定会要求统一。再次统一是他们永远的愿望，他从这一点看到重大的危机。要维护和平，就要降低这种危险，就必须在经济上采取各种各样的措施，最后，如果不得已，还要借助武力，这是唯一的办法。我们一定要谨慎地把他们分裂开，而且匈牙利不能挨着德国。如果我们允许德国人建成一个大的联合区，一定会有危险。他们活动的目标就是获得新的统一，这是任何措施都无法制止的。再次统一，报仇雪恨，是德国人一直以来的愿望。我们为了在他们再次挑起战争时有能力打败他们，一定要保证自己绝对强大的实力。

这样欧洲不存在任何一个大国，而由没有从属关系的小国组成。我问斯大林，这一点他有没有想到。

不是欧洲，我说的是德国，他回答说，波兰和法国都是大国，罗马尼亚和保加利亚都是小国。然而，为了使德国不能再次统一，我们一定要分裂它，付出任何代价也在所不惜。罗斯福总统指出，要实现这一目标，他的方案就可以。我说，现在我们不过是在初步研究一个重大的历史问题，这一点我必须强调清楚。斯大林说，当然了，我们的研究是相当初步的。

* * *

我接着又把话题转回波兰。我认为还是应该以书面形式记录某些问题，虽然我不要求达成任何协议，况且我自己对这个问题也没有信心。所以，我有如下办法："原则上承认，在所谓的"寇松线"和"奥得河线"[①]之间，应该是波兰国家和民族的领土，按规定还包括东普鲁士和奥伯雷；但是，可能要解决某些地区的人口问题，所以实际的疆界线走向还需详加讨论。"不能说这个办法是差劲的。我可以据此告诉波兰人："俄国人会不会通过这一方案，我不清楚，但是我认为，为了你们，我有可能去争取到他们的同意。你们得到的境遇已经很不错啦，难道你们还看不到吗？"我附加说道，让波兰人承认他们内心满足了，是我们永远做不到的。波兰人无法满足于任何东西。

接下来，斯大林在地图上划了一条可以存在的分界线，他说，科尼希斯贝克这个不冻港是俄国人非常希望得到的。这样一来，德国就可以在俄国操控之下。关于我对波兰的提议，如果让他占有这个港口，他就会十分情愿地答应。我问，利沃夫怎么看，斯大林说他会承认"寇松线"的。

---

① 到底是东尼斯河还是西尼斯河的疑问当时还没有出现。——原注

*　　*　　*

关于三国首脑会议在军事上的决议，在罗斯福、斯大林和我当晚初步签署有下列文件中，有详细说明。

会议决定：

1. 只要有可能，最大限度通过物资、装备以及突袭部队的战斗支援南斯拉夫游击队伍。这一点已经一致通过。

2. 从军事上说，迫切需要使土耳其在本年结束前加入同盟国一方，共同战斗。这一点已经一致通过。

3. 斯大林元帅已经宣布，保加利亚如果因为土耳其对战德国，而对战土耳其，或者侵犯土耳其，那么苏联就会马上向保加利亚宣战。还有，为使土耳其参战加入，谈判将不日进行，届时要将这一事实将明确指出。

4.1944 年 5 月是“霸王”作战计划实行日期，为与之配合，同时在法国南部发动一场战役。根据彼时登陆艇的情况，此战要调动所有可能的登陆艇，全力发动。还要考虑到斯大林元帅的声明，可能与之同时，苏联将会展开以阻击由东线调往西线德军的攻势。

5. 从今以后，为了欧洲和启动在即的战役，三国军事参谋人员彼此要维持紧密联系，这一点已经一致通过。尤其达成一致的一点是，为了使敌人对上述战役模糊不清，或者使他们计算错误，有关参谋人员互相配合初定一个掩护计划。

*　　*　　*

接下来，我们就要完成长期在德黑兰进行的艰难而伟大的会谈。未来的战争怎样发展差不多从军事方面的结论中可以看出来。预定将在5月横渡英吉利海峡发动袭击，当然了，潮汐和月光的条件可能使它出现变化。为了配合这次进攻，俄国会再次展开大规模进攻。我早先就非常认可把驻扎在意大利的一部分盟军派去法国南部并突击海岸的建议。美国人和俄国人也全部同意，所以，虽然未曾深入探讨这个计划，但是如此一来，我们取得意大利战役的胜利和攻克罗马所必需的登陆艇，轻松就得到了保证。以上战役在这些登陆艇不参战的情况下不会成功。为了最终穿过卢布尔雅那峡谷到达维也纳，就要沿着意大利——伊斯的利亚半岛和里雅斯特向右挺进，这是罗斯福总统的另一个建议，我自然是更被它吸引。当然了，再过五六个月，所有这些事情才会发生。我们的意大利军队的登陆艇，为数不多但是不可或缺，战争的全局是在一直变化的，但是，只要我们控制行动力度，确保它们不会因为调走而失去功用，那么做出最终选择的时间还是足够的。很多个两栖作战计划,都有完成的可能,半两栖作战计划也是如此。下一章会讲到，我希望在孟加拉湾改动海上进攻的计划被撤销，这样才是正确的。可以从留下来的几个重要方案中再做筛选，我发现这一点时很欣慰。为敦促土耳其参战，我们要再次花费很大力气，而爱琴海方面会在土耳其参战后产生各种变化，继而黑海的形势将因为这些变化有所进展。后来，我们在这一点上的希望破灭了。整体的军事形势使我本人甚为欣慰，此时，我们之间的友情浓厚，我们为了眼下的目标会聚在一起，在这种氛围里，我们互相告别了。

* * *

看不清、摸不透的是政治形势。尚未展开的大战的结果，以及各个盟国在胜利之后的情绪，明显都会使政局发生变化。在德黑兰会议上，西方民主国家可能会根据某种怀疑和畏惧而错误地制定他们的计划，他们怀疑和畏惧的是俄国人获胜后的态度，以及它在一切危险排除后的态度。有一件事的意义极其重大，那就是斯大林承诺即刻加入对日战争，当然这是在推翻打倒希特勒并瓦解其军队之后。以最快的速度结束战争，这在未来是有希望的，不过要建立在三大国力量结合的基础之上。同样是在此基础上，还可以成立一个世界机构，以避免大战再次发生。为了表示友好，在会议桌旁，这三大国的首脑们已经几度握手了。

我们曾为缓解芬兰的赔款压力想到办法，直到今天，这一办法还在大致实施。差不多已经划好了新波兰的东方和西方界线。波兰民族从苦难煎熬中过来，对他们而言，貌似这片东至“寇松线”西至奥得河线的土地，将成为真正意义上永远的祖国。当时，汇成奥得河的东尼斯河和西尼斯河的问题，还没有出现。1945 年 7 月召开波茨坦会议，那里的情况发生彻底转变，有人奋激地提出这个问题。我当场做的声明是，英国只会持续承认东部支流。今天，我们还是这个主张。

* * *

在这个历史意义非凡的会议上，战胜国将怎样处理德国，是第一重要的问题。然而我们只能“初步研究一个重大的历史问题”，而且正如斯大林所言，变种研究是“相当初步”的。我们此时正在从事的，是与凶悍的纳粹国家之间可怕的战争，这才是我们要记住的。所有战争的风险都围绕着我们，我们被什么思想占据着？是同盟国之间的战友情谊，是誓死剿灭共同敌人的情绪。在斯大林元帅看来，接受我的提议，孤立普鲁士并成立一个多瑙河联邦，或者组建一个南部德国和一个多瑙河联邦，倒不如接受罗斯福总统拟订的方案，把德国分割成五个自治国家，并由盟国托管最重要的两个地区，更为轻松。我仅仅是发表个人意见，然而，即使在那种情况下，我对自己在德黑兰提出这一问题，丝毫没有后悔。

我们对统一的德国的力量，都不放心。普鲁士自身的历史是伟大的。我觉得，和它签订一个具有惩罚性而又基本保全它的和约，同时大致按照奥匈帝国的外形建立一个现代化的国家，是有可能实现的。有句关于奥匈帝国的话：“它即使不存在，也会被创造出来。”要想尽早实现和平，互相友善，那么其他任何一条路，都不如使这里变成辽阔地带来得好。成千上万的人民已经受尽煎熬，一个因此发展起来的联合的欧洲，可以使他们的生活和自由牢牢扎根于此，而这要由所有的战胜国和战败国共同奠基。

在如此广泛的范围内，要说我的观点不太具有连贯性，我是不会同意的。然而，说到事实，巨大的、毁灭性的变化已经发生了。俄国和共产党严格控制着波兰的疆界，波兰现在只有一个虚名，好像一天也存在不下去了。德国只是真正被分裂成几个军事占领区，这是令人讨厌的。我们只能说，这是一个悲剧，很快就会结束。

第六章　再访开罗和最高统帅

英美两国的开罗会谈——安达曼群岛作战计划——12 月 4 日，我们召开第一次全体会议，没有取得任何协议——罗斯福总统不再坚持安达曼群岛作战计划——12 月 6 日共同给斯大林元帅去电——蒙巴顿需要多少数量的部队——参谋部研究对日作战策略——土耳其人来开罗，我们与之面谈——支援土耳其的大致安排——土耳其人不打算做任何承诺——罗斯福总统选定艾森豪威尔将军为“霸王”战役最高统帅——我与罗斯福总统一起游览“狮身人面”圣地

离开德黑兰以后，我在 12 月 2 日回到开罗，还是住在金字塔旁边的别墅里。第二天会对联合参谋长们的重要任务再行讨论。他们现在有精力工作，因为从德黑兰回开罗路上，他们曾在耶路撒冷游玩并休息。同时，当天晚上罗斯福总统到达开罗。我们继续友好地谈论了战争的形势以及会见斯大林的收获。蒙巴顿海军上将曾负责安达曼群岛进行水陆两栖作战（即“海盗”作战计划）的修订，他现在已经回到印度，从印度交来了这一计划。我们已经从地中海调过去的一些急需的登陆艇，会完全被这个计划占用。我还有另一个作战计划，就是进攻罗得岛，我想做最后尝试，让美国人同意这一计划。

第二天晚上，我、罗斯福总统和艾登一起吃晚餐。由于一直在讨论我们意见上的分歧，半夜以后才互相告别。在德黑兰会议之前，罗斯福总统曾经答应蒋介石，会在加拉湾发动进攻，英国三军参谋长对此颇为忧虑，我表示同样的担忧。但是在军事会议上，当我们的参谋长们提出这个问题时，美国参谋人员以“总统已经作出决定，他们只能服从命令”毫不客气地不予讨论。我要夺取罗得岛，是因为我认为它的成败决定土耳其是否会加入。但是罗斯福先生已经决定要发动孟加拉湾战役，我的愿望和计划都会因为这个承诺而落空。

从德黑兰回来以后，我们在12月4日下午举行了第一次全体会议。会议一开始总统就宣布，为了双方达成最后协议，要在12月5日晚上，也就是星期天晚上，准备好所有的各项报告，因为他必须在12月6日离开德黑兰。我们的进展微乎其微。土耳其参战的问题依然没有解决。另外，一个貌似不太重要的问题也没有答案，就是对一二十艘登陆艇和相关装备的利用问题。总统也发现，如果我们在这样一个无关痛痒的问题上绊住脚，实在有些莫名其妙，所以强调要处理好所有的细节。

我说，早期的方法会分散我们的实力，英国代表对此十分担心，希望大会可以清醒认识到这一点。亟待处理的问题还有很多呢。就在这几天，发生了两件具有重大意义的事：第一件就是斯大林元帅的宣言——苏联会在德国战败以后旋即转战日本。这会赋予我们全心全意要完成的“霸王”战役更加重大的意义，因为将要得到的基地比在中国所能找到的更好。太平洋和东南亚的战役会受到这种新情况怎样的影响，对此必须由参谋人员做进一步研究；第二就是在5月横渡海峡，这也是关系重大的事。这个任务高于一切，为了使它彻底成功地在5月完成，我决心全力以赴，尽管我个人认为最好的日期是在7月。我们预料战争将会非常激烈，规模也是空前的，因为总共将会调用一百万美国军队和近五六十万英国军队。我们认为，要尽可能加强里维埃拉登陆战（属于“铁砧”作战计划）的兵力，以确保“霸王”战役成功的希望最大。预计登陆部队危险的时候是在登陆三十天左右，沙滩阵地会遭到德军精锐部队的集中攻击，所以必须尽可能在其他地方采取行动以防危险情况。如果参与“霸王”

战役的部队和“铁砧”战役的部队在同一地区汇合，指挥作战的将领就应该统一。

讨论至此，罗斯福总统总结说：(1) 保证“霸王”作战计划的顺利进行。(2)保证“铁砧”作战计划的顺利进行。(3)土耳其一旦加入，我们要竭力设法集结登陆艇，满足在地中海东部作战。(4) 命令蒙巴顿海军上将，利用一切已经拨给他的物资，尽力实行孟加拉湾计划。总结完，他说以上各点大家已经一致通过，并问这么说是否正确。

我说，在最后一点上，为了保障“霸王”计划和“铁砧”计划，我建议可以部分减少拨给蒙巴顿的物资。罗斯福总统说，他不赞成这种做法。他认为我们有义务援助中国，对于这个两栖战役，他没有打算放弃，除非有非常充分又明显合理的理由。我回答说，目前准备进行的“霸王”战役，一次登陆也就用三个师的兵力，而我们第一天就用了九个师来登陆西西里岛。我们在法国承担的风险，就算得上是非常充分又明显合理的理由。目前在这个主要作战计划中，没有多少伸缩空间。

我再次谈及进攻里维埃拉的计划，指出如果要从两侧包围意大利，最起码双方要把突击师的部队合在一起，才能保证有足够的登陆艇。而且如果土耳其也参战，还可以拿下罗得岛。我接着说，“霸王”作战计划的重要性是首先要考虑的，判断东南亚的战斗情况，必须先清楚二者的关系。在东南亚指挥战役已经没有多少意义了，因为斯大林元帅已经公开承诺俄国将会加入，从另一方面说，不能轻易发起这些战役，因为它们的代价太高了。所以，我对于蒙巴顿海军上将提出的关于攻下安达曼群岛的要求，十分惊讶。

还要不要坚持安达曼战役，我们继续绕着这个问题争论着。英国希望放弃这个计划，但是罗斯福总统反对：讨论没有结果，我们决定让两国参谋人员来详细研究。

*　　*　　*

我们在 12 月 5 日再次召开大会议事。关于欧洲战场上各方面的战役，联合参谋长委员会做出报告，由罗斯福总统来宣读，大家一致通过。除了远东战役，各个问题都解决了。我只能在“铁砧”战役和地中海战役所需的登陆艇上努力了，因为罗得岛战役被放弃了。这时，关于猛攻安达曼群岛所需部队，东南亚指挥部提出一个数字，这个数字是出人意料的。这是一个新出现的因素。关于这个数字，他们提出的是五万人，而总统预想的是一万四千人足够。如果在接下来几个星期里，东南亚的大半登陆艇和袭击用的战舰都被调走，在规模较小的情况下，蒙巴顿可以发动什么样的两栖战役。会议这时同意如此询问蒙巴顿。很明显，这个建议的提出，意味着远征安达曼群岛的计划就无法实现。大会就这样结束了。罗斯福先生对这次会议的结果非常郁闷。

解决了开罗的尴尬局面，我们就可以采取进一步计划。下午，罗斯福总统给我一封个人信件，经过和他的顾问团沟通，他决定放弃安达曼群岛作战计划，他在信上简洁说道：“我放弃‘海盗’战役。”我暗地里电话通知伊斯梅将军，说总统已经改变主意，并且已经通知了蒋介石这个令人称道的决定。我还说了：“一心若自治，胜得千万城。”这还是伊斯梅帮我记起的。第二天晚上七点半，众人在柯克的别墅里聚会。我们对会议的最终报告进行了研究。罗斯福总统通知宣读他关于取消安达曼计划的电报，并通知了蒋介石元帅。进攻法国南部的战役正式得到通过。

*　　*　　*

接着，我同罗斯福总统一起，总结出我们双方共同的决议，以此告知斯大林。

首相和罗斯福总统致斯大林元帅　　　　　　1943年12月6日

开罗会议刚刚闭幕，关于1944年对德战争的问题，之前我们三人在德黑兰已获得若干协议，除此，又达成下列几项：

必须解除德国的空军力量、军事事业、工业和经济体系，并为横渡海峡的战役做好铺垫，这是空袭德国的目的所在，在战略上这一点最优先。

3月在孟加拉湾的战役是原定计划，进攻法国南部需要两栖舰艇，为了援助后者，决定缩小前者规模。

我们已下令，在英国和美国倾尽全力加大登陆艇的生产量，同时从太平洋调回一些登陆艇。二者目的均在于保证"霸王"战役的足够力量。

* * *

对于蒙巴顿和他的顾问团共同提出，并由他本人签署的报告，我大为惊异，在给东南亚指挥部的通知中，我并没有掩饰我的惊异。

首相致蒙巴顿海军上将（在德里）　　　　　　1943年12月9日

我们在德黑兰已经决定，全力实行"霸王"战役，并进攻法国南部，为此罗斯福总统致电蒋介石，通知放弃"海盗"战役，想必你也看到该电报，对此我是相当赞同的。

你已经给众人带来了坏影响。对付五千名日军，你却请求使用高达五万人的英国和帝国部队（其中包括三万三千七百名士兵）。美国攻击日军的岛屿，在兵力上也只是2.5:1，而你手下众将领提出的要求竟然是6.5:1。听到这种要求我很震惊，并怀疑你所听取军事参谋的意见是否可靠。因此你已造成很坏的印象，这种印象即使是你给我的详细的计算清单也抹不去。

如果按照现在给你的标准，你还要取安达曼群岛，不管是怎样的两栖作战，都没有胜利的希望。雨季以后可以进攻苏门答腊，我希望你现在做好准备工作。

* * *

蒙巴顿的回答是，在最近的登陆中，美国使用的都是对敌优势兵力，其比例是 3∶1 到 6∶1。他举例说，美国人在登陆芒达时，使用了更高比例的优势兵力，但是一直没有什么进展。攻取安达曼群岛，只有航空母舰可以做掩护，而飞机是做不到的。飞机以海岸为基地，其战斗储备大约在四天以后几乎就会耗尽，如果要用飞机进行掩护，必须在四天以内取得安达曼机场。如果没有飞机从海岸进行掩护，在兵力上就应使用后面那种较大比例。而且他建议五万人作战，我们提供给他的物资也是足够的。尽管如此，他在前两次登陆中，只使用了九千人。所以，他认为，用优势兵力保证快速成功并不过分。

对此我不完全相信。但是出于公正，让人看到我们争论所在，现将国防部的战后评论引述在此：

要攻占安达曼群岛，先进行“海盗”战役。这场战役中大约有一万六千人是非战员。为这场战役提供军事设施、建筑机场和跑道以及在码头上工作的各种士兵，需要将我们的“战斗”部队从最近的基地送到一千英里以外；总部人员、工程人员和防空人员，估计也被列入“战斗”部队。我们的主力部队多于日本人的护卫军，估计其比例是 4∶1。但是，当时要进行快速登陆，都要有理想的兵力优势，与其普遍承认的优势相比，4∶1 不算太大。在这个区域里，敌人明显地在空中占据优势。我们在过去一年里对日本作战，从来没有胜利过，这一点是不能忽视的。蒙巴顿勋爵当然是想首战告捷的，就算只考虑战场上士兵的士气，也应该这样。

*　*　*

在对日作战中，英国应该承担怎样的战略责任，对此联合参谋长委员会也进行了研究，并且在开罗会议的最终报告会上，罗斯福总统和我收到了他们的建议。简单来说就是，缅甸应该成为东南亚指挥部作战的主力地区。一批空军以澳大利亚为根据地，其人力、物力，应该在德国兵败以后，与麦克阿瑟将军汇合，还应派遣陆军部队和空军先遣队与之合作。在缅甸北部进行的战役，耗费军资又不见成效，英国的参谋长们对它没有好感。我也这么认为，这场战役到头来只是修筑了一条直达中国的公路，而且其价值堪疑。他们认为，英国的海上实力，不应该在孟加拉湾，应该集结在太平洋。另外，只有在德国溃败六个月以后，蒙巴顿海军上将才能任意发动大规模的两栖战役。所以，他们同意美国方面的意见，认为可以更早为太平洋战场的计划做扎实准备。最终报告中，两国参谋人员说，把攻克日本的整体计划“作为下一步调查和准备的出发点”，他们“在原则上通过”。按照这个计划，英国应派一支分遣舰队，并且命令它在 1944 年 6 月参加太平洋的战斗。罗斯福总统不得不回到美国去，因为他还有更紧急的事务要处理。虽然他和我都草签了这份文件，但是我们二人之间，或同顾问们，无暇讨论更长远的计划。但是，将来还是有机会探讨大局的，我们对此没有疑虑。

*　*　*

我提议伊诺努总统来开罗，与罗斯福总统和我当面会谈，因为我们参加开罗会议，重新和土耳其领导人会谈，也是一个主要目的。艾登先生在 11 月初离开莫斯科回国，途经开罗，与土耳其外交部长进行沟通，约好了这些会谈。12 月 1 日，我在德黑兰向伊诺努总统发去电报。

我们还指定要维辛斯基参加。12 月 4 日，土耳其人再次来到开罗。第二天，我举办晚宴，欢迎土耳其总统。他们的言谈举止特别谨慎。他的顾问团对德国军事实力的印象是相当深刻的，这在以后的会谈中会突显出来。现在土耳其如果参战,会享有更多好处,而不必冒多大风险,因为意大利已经战败，所以我一心劝土耳其参战。

如果土耳其最后加入我们，我们必须采取怎样的政策和行动，为此我拟好了一份备忘录，并在 12 月 6 日，交给英国参谋长委员会。

首相致伊斯梅将军转参谋长委员会　　　　1943 年 12 月 6 日

“土星”作战计划

1. 土耳其将维持其原来政策，其政府会在开罗会议后作出声明。而且土耳其也会尽力采取预防措施打消敌人猜疑。

2. 但是，应准备修建并保护土耳其机场，这项工作要尽快实行，为此所有相关军事人员要穿便衣，和所有相关物资一起被运过去，最多在六七个星期内，完成这项工作，一天也不能延误。英国空军中队要在 2 月 1 日以后，随时可以飞往土耳其机场。可以在两个星期范围内，观察敌人的行动，调整这个日期，确切的还要与土耳其政府商定。可以在这段时间运送更多人力物力过去。

3. 我军有望在 1 月夺取罗马，此后会有一段军事空闲期。为了掩护英国战斗机大队的调入，要对敌人的机场和航运进行“损耗式”的轰炸，建议调给中东空军总指挥官三个中型轰炸大机队，并使其驻在昔兰尼加。不必关心调入问题，轰炸机大队可以随时出战轰炸。但是，为了掩护调入以及接下来的变化，如果敌人不迎战，最好放弃轰炸。总司令可以决定如何使用这些空军部队，以及何时可以、应该怎样部署，各个小节都可以自己定夺。

4. 调入行动应在最晚 2 月 15 日完成。此后，应能在很大程度上保证，土耳其可以抵御空袭。

5. 一旦英国空军中队在机场完成布置，就要开始在爱琴海有所行动，但是要同土耳其政府商定。地中海东部的英国海军必须有所强化。之后，加上昔兰尼加的中型轰炸机大队，在强大的空中掩护之下，对向各岛运输物资的敌方船只和护航队发动攻击。

6. 同时，做好相关准备以后，用一个最精良的英国师团突击罗得岛，一旦攻陷，换一个次等师团来保卫该岛，使前一师团有时间转战意大利。必须在 2 月底以前，发动进攻。当然了，能获得多少登陆艇，决定我们能否攻克罗得岛。所有登陆艇在罗得岛战役以后，都会被调往“铁砧”战役中。

7. 敌人下一步的举动会是什么？必须尽力拖延敌人的行为，以利同盟大业。所以，不到最后一刻，土耳其政府不能终止与德国和保加利亚的外交关系，期间他们可能会提出反对意见，对于任何这样的反对都要准备好如何答复。德国人命令保加利亚进攻土耳其，保加利亚一旦从命，苏联就立即视保加利亚为敌人。只要保加利亚威胁土耳其，俄国人就应该这样通知它。还可以考虑要不要这样通知保加利亚：如果君士坦丁堡或士麦拿吃了德国或保加利亚一吨炸弹，索非亚就会吃我们两吨或三吨。如果土耳其不会遭到保加利亚的入侵，那么可能在俄国南部俄军会节节取胜，罗马战役中的英美军队也会一帆风顺。但是，也许保加利亚会把希腊和南斯拉夫的九个师撤回来，在色雷斯虎视土耳其前线。

8. 同时，保加利亚可能会尽力分别与英美苏三国私下立约，因为形势所迫，压力倍增。但是建议土耳其继续进行充实军备以供自卫，观察敌人动静，而在任何期间都不要与其开战。

9. 与此同时，英国应将供给和支援兵力全力运送到士麦拿，当然这是在埃及到土耳其的海上通道被打通，并且爱琴海制海权在我们手中之后的事。条件允许的话，两项工作都要加速，那就是穿过达达尼尔海峡，使土耳其军队更加充实，使君士坦丁堡得到食粮供应。

10. 完成了空军中队“调入”行动，英国会在土耳其政府协助之下，立即秘密地往黑海调入六艘或八艘英国潜艇以及相应军需品。我们只好在伊斯梅特安排基地设备，因为母舰供应已经不可能，就这还要看能不能行。为了重创撤离克里米亚的罗马尼亚人和德国人，要使这些潜艇具备足够实力。同时，我们要观察罗马尼亚人的政治态度，听从俄国人的意愿，适时协助俄国人袭击罗马尼亚海岸。

土耳其人回国了，这个问题得到了处理。国会听取他们的报告，认可“土星”作战计划，在这段时间内调集英国专家实现第一阶段进展。

* * *

对于“霸王”战役最高统帅这个重要而迫切的问题，我印象中一直以为我们之前商定的安排和协议依然成立，因为我们在开罗多次会谈，罗斯福总统却从来没有提起此事。但是，他在离开开罗的前一天，我们正坐着他的汽车向金字塔驶去，他告诉了我他最后的决定。他建议由艾森豪威尔指挥“霸王”战役。因为在罗斯福总统领导下、作为有关军事和指挥作战首长的马歇尔将军，能产生很有价值的重大影响；而且要使战争顺利进行，马歇尔将军也是无可替代的，所以他不能离开总统。他当时近乎随便说说，并问我什么意见。我说，我们是非常乐意接受艾森豪威尔将军的，并且真心希望在他的指挥下完成我们的命运，但是，做最终决定的应该是总统。我以前一直以为“霸王”战役会由马歇尔来指挥，而艾森豪威尔会回华盛顿做陆军参谋长。之前艾森豪威尔也曾心中不快，因为他也听到这个消息，以为不久自己就要离开地中海回到华盛顿。现在，留在华盛顿的仍是马歇尔，艾森豪威尔指挥“霸王”战役，一位英国指挥官也将调往地中海，一切都定下来了。

当时，“霍普金斯和史汀生近乎激烈地高声劝告总统；斯大林和丘吉尔偏爱马歇尔将军，这是人所共知的；他已经公布了自己的打算。然而，这些总统全都不考虑了”。12 月 5 日的星期天，总统作出决定。这是为霍普金斯作传的人说的，他提到：从始至终，罗斯福总统经过长期拖延和徘徊，终于做出最后决定。后来，舍伍德先生又引用了马歇尔的话：“我还记得，谈话结束时罗斯福总统对我说，‘一想到你要离开华盛顿，我就夜不成寐’[①]”。这是马歇尔将军写的记录中的摘要，这份记录在战后被舍伍德得到了。在罗斯福总统看来，让马歇尔将军离开华盛顿，不单单是因为指挥“霸王”战役的问题，这是显而易见的。

* * *

圆满完成任务。所有三军参谋长、艾登先生、凯西先生以及一两个其他人士应邀来我的别墅中赴宴。令我印象深刻的是，高级军官们都表现出乐观的精神。类似我们在春季的攻势将使希特勒无力招架，也许等不到我们发动夏季的“霸王”战役，他就崩溃了，众人都持这样的观点。一时间，我也深受这种看法的感染，就按顺序请圆桌周围人的各抒已见。除了三位政治家的意见相背，在场所有的军事专员都更愿意相信德国即将溃败。这么重要的问题，关系到无数人的生命，又有太多事情是无法预知无法估量的，所以有多少猜想都是在所难免的。不知耻的敌人戴着面具，前面还有滚滚硝烟遮挡着，他有多么虚弱？他心理还能承受住多少打击？他到底何时才会败阵？这些问题，没有谁能给出答案。

---

① 详见舍伍德《罗斯福与霍普金斯》一书第 802、803 页。——原注

*　*　*

总统临行，我要让他参观一下古老的“狮身人面”像。一直以来，他都没有空暇在当地游览一下。一天，喝过下午茶，我对他说：“这次你非去不可。”之后我们乘车前往。这一世界胜迹被我们从各个方向看了个遍。时至傍晚，在几分钟长的时间内，总统和我伫立着与它对视，它无言的笑容没有改变，不可捉摸。再待下去，也是徒然了。

12 月 7 日，我目送我伟大的朋友在金字塔旁边的机场登机起行。

第七章　迦太基遗址和安齐奥

我们飞往突尼斯的旅途——患肺炎——一些“霸王”战役和地中海战区的司令官确定下来——关于我的任命，罗斯福总统表示赞同——我妻子从英国赶到这里——战争的高潮——打破意大利之战僵局的方法——安齐奥战役的开始和发展——英国三军参谋长们赞同这次战役——登陆艇的问题——圣诞节上我们开会议事——国内忧患——我给罗斯福总统的总结报告

我在马耳他岛时，大半时间是躺在床上的，后来，哑着嗓子就到德黑兰了。其实在马耳他之前，动身前往这次旅行和会议没多久，就感觉身体发烧，过了几天就感冒了，嗓子也痛，所以我在此期间，能明显察觉身体不适。但是我还是能撑的，因为这种痛苦很快就过去了。所有的症状在我返回开罗时都没有了。但是会议一结束，我发现自己洗完澡以后就把自己裹在毛巾里躺在床上，而会不去擦身子，让它自己干——身体疲乏，不想动。

艾森豪威尔将军在当地有一套别墅，本来我计划在这里待一晚，第二天再飞往亚历山大的总部和蒙哥马利的总部，但是听说糟糕的意大利的天气可能会让所有的飞行随时中止，而两个总部都在意大利。于是，我及随从我的一行人在 12 月 11 日夜半时分，登上了突尼斯方向的飞机。

我们没有在原定地点降落，因为翌日一早，我们在达突尼斯机场上空听到了不许降落的信号，只能到另一机场降落，于是又转了大约四十英里。我们全部走出机舱，有人开始往下搬行李。我在飞机旁的公文箱上坐着，因为汽车还要等一个小时。之后还要坐一段相当长时间的汽车。这时我着实没有一点精力了。但是我们只能再忙碌一次，登上“约克”式飞机，因为艾森豪威尔将军打来电话，说前一个机场可以降落，之前他们告诉我们的降落地点是错的。他一直在那边等着。我们十分钟后见面了。他的别墅离这里特别近。向来热情的艾克带着愉悦的尽情，在那里稳稳地等了我们两个小时。“我现在精神涣散，体力不支，不能按原计划去前线了，只能等我身体好转一些。所以恐怕我要在这里待上更长的时间了。”进了他的汽车，还没开一会儿，我这样告诉他。

我在床上过了整整一天。第二天，我发烧了。在古迦太基的遗址中，我躺在床上无事可做，因为诊断结果是，肺叶下部发炎。而现在这个时候却是有重大意义的。

* * *

莫兰勋爵已经诊断并预见过我的病情，现在看来是丝毫不差的，因为可以在我的 X 光片上看到一个阴影。贝德福德医生从地中海战场赶过来，其他负责医务的高层人员和优秀护士也来了：他们好像会变化似的，瞬间来到我这。一个星期以后我就退烧了，患病开始阶段就用上特效药“M 和 B”，用的时候也没有什么副作用。我没有同意莫兰勋爵看法，他说一段时间内我的病情将很难说清楚。虽然他是根据记录推断出来的，但是这次没有 2 月那次病得严重。我也用 M 和 B 来称呼莫兰和贝德福德[1]。“M 和 B”治病的功用也高效地发挥出来了。同样是肺炎，发现这种特效药以前和如今的情况相比，已经迥然不同了，这一点是毋庸置疑的。我还有国事在肩，对此我从未放下，也一刻未曾拖延应该做出的决定。

---

① 莫兰，Moran；贝德福德，Bedford。作者以首字母代称二人。——译注

首相致外交大臣　　　　　　　　　　　　　　　　1943年12月13日

我必须留在这座古城的废墟之中，等待身体恢复。因为猝然染病，身体发热。目前还不能确定以后会去哪。

对于我们在2月15日提出的条件，如安哥拉不能答应，就代表我们的联盟画上句号；如果他们提出的条件，我们无法接受，这和他们变相拒绝无异。以上两点必须使安哥拉毫不含糊地认识到。

如若分兵进犯土耳其，德国人还能不能调动足够的兵力，虽然我知道这没有依据，务必让参谋长委员会提交相关报告。

首相致罗斯福总统　　　　　　　　　　　　　　　1943年12月15日

你曾来过古老的迦太基遗址，如今我也延误在此。因为患了病，先是感冒，现是肺炎。就我个人而言，恢复得不是很好，尽管你们的相关人士都已竭尽全力。我会物色新司令官，希望过后可以把相关建议给你。祝旅途愉快，身体健康。请代我问候哈利。

罗斯福总统致首相　　　　　　　　　　　　　　　1943年12月17日

你得了肺炎，哈利和我听到后很是着急，都盼你顾全自己，早早康复。我正在波托马克河逆流而上，几天前离开了“依阿华”舰。虽然我不能指出是哪一节，但是圣经上说，你一定要照莫兰说的做。目前看来你的身体是最紧急、最重要的。务必要听萨拉的话，请代我问候她。望息心养病。

提出由谁来担任英国在地中海战场的最高统帅的建议，是我的责任。因为在对敌作战时期，内阁直辖英国国防，而我是国防大臣。我们决定，地中海战场最高统帅一职，由威尔逊将军担任，而美军的德弗斯将军为其副手。亚历山大将军曾经配合艾森豪威尔将军指挥战役，按照这种方式，同时由亚历山大将军指挥全部的意大利战役。艾森豪威尔将军将指挥“霸王”战役，而做其副手的，是空军上将特德。未来的最高统帅会把总部移往法国，以便直接指挥战事，在这之前，横渡海峡的进攻部队由蒙哥马利元帅实际指挥。这些安排，罗斯福总统和我都十分赞成，内阁也已批准，并且相关部门也本着友好合作的精神展开工作，一切都进行得极其顺利。

1944年12月，亚历山大将军继威尔逊将军之后，担任地中海最高统帅。在意大利方面，英国部队和（帝国或）英国辖下的部队，占了全部军队的四分之三左右。这时，我曾亲自以国王陛下政府名义，建议由美国马克·克拉克将军配合亚历山大将军，指挥在意大利的全部军队。他再一次以不凡的表现成功地完成了这项任务。这是我要补充的一点。

以下电文记载了各项相关布置：

首相致罗斯福总统　　1943年12月18日

1.我已经收到你的回信，心中很是感激。我的身体恢复得很快，因为只要是莫兰所言，我无所不从，不过一星期后才能离开这里。

2.对于重组统帅结构的问题，我们已经互相沟通过了。我对此左思右想，又多方沟通，终于有了一些建议。这些沟通包括：与艾森豪威尔、亚历山大和特德的讨论；与国内同僚们的磋商；与帝国总参谋长的长谈，他今天出访了意大利，回国时刚好路过这里。所以，我的建议如下，如果你没有意见，我坚信大家会认可这些安排。

3.我一直觉得应该由亚历山大担任最高统帅，而不是艾森豪威尔。但是如此一来，夺取罗马以后，亚历山大（或蒙哥马利）无法同时指挥意大利的战役。这是帝国总参谋长、艾森豪威尔和其他人的意思，亚历山大本人也看出确实如此，对此我已信服。

4.所以，我的建议是，艾森豪威尔最高统帅的职位由威尔逊将军接任。下列人员将在威尔逊麾下：(1）一名美国将军，可以是德弗斯将军，听说你调动他的灵活性很大，由他来指挥阿尔及尔战役。(2) 亚历山大，各个现驻意大利集团军的总司令官。(3) 克拉克将军，负责“铁砧”作战计划。据说你和马歇尔将军有意任用此人，如果真是这样，我们没有意见。(4) 一名英国陆军少将，援助南斯拉夫、铁托以及希腊人的事务，由他来负责。(5) 中东总司令帕吉特，目前英国当地部队在其指挥下，他将指挥土耳其战役并统筹地中海的战事。

5. 应该由一名美国人来担任空军总司令，具体听你安排。阿诺德推荐布里尔顿或艾克，他之前路过这里时说起。我们也觉得二人均可，但是艾克既要负责轰炸又要准备“霸王”作战计划，恐怕到时不能兼顾。空军副总司令一职由肖尔托·道格拉斯担任，同时任地中海战区皇家空军总司令。

6. 由下列三方面人士来做最高统帅的政治顾问：(1) 墨菲先生和麦克米伦先生，二人互相配合；(2) 达夫·库伯及威尔逊，干系法国方面的事务；(3) 国务大臣或者他的接班人，干系到中东地区。

7. 艾森豪威尔和比德尔·史密斯为驻英部队的参谋长，几个星期后，二人一道赴任。若人数不足，由另一英国参谋长补上。如果我们建议另有一名最高副统帅，从美国人当中任命，不知意下如何。

8. 重要的配合作战任务由亨利·梅特兰·威尔逊爵士负责。你会了解到，我是再三考虑才决定的。一切相关条件和必需精力他都具足，我对此颇为满意，帝国总参谋长也这么认为。好像在开罗时，我们说到这件事，你也表示高度认可。

9. 至于艾森豪威尔的最高副统帅一职，我提议你应任命特德，艾森豪威尔也赞同这样。因为“霸王”战役中，空军的分量是不容忽视的。战时内阁的意见是第一批远征部队由蒙哥马利指挥。英国人民的信心会因此高涨，因为蒙哥马利是一个尽人皆知的英雄人物，想必美国人民也是这么认为的。所以，我觉得内阁是对的。

10.“霸王”作战计划的司令官尽快就职是我们的愿望，所以我由衷希望你会尽快回复这些问题，至少可以回复几个关键的问题。一旦有职位调动，细节事务随后而生，为了能够及时处理，我会努力让威尔逊早日替换艾森豪威尔，甚至会让他提前就职。

罗斯福总统致首相　　1943年12月20日

1. 我认为可以任命艾森豪威尔为“霸王”战役最高指挥；当艾森豪威尔以报告形式说意大利方面条件允许时，再由威尔逊接替艾森豪威尔，任地中海最高统帅；特德为艾森豪威尔的最高副统帅：地中海战区的联合空军由艾克指挥。以上可以在1月1日公布。

2. 至于次要指挥人员的变动问题，我想找机会和马歇尔研究一下，几天后他就会到达华盛顿。所以，暂定明年1月以前不宣布这一问题。

3. 得知你身体康复在望，我不胜欣喜。我们有可能在马拉喀什见面。希望到时你已经准备好你的画笔。

* * *

近来身体一会烧上来，一会退下去，有些难受。为了打发时间，我就思考怎样计划战争，觉得自己好像没有生病。我决心要读一本小说，因为医生们想尽办法阻止我在床上带病工作，虽然我不予理会，但他们一直没完没了地说：“放下工作，心安勿躁。”我想看简·奥斯丁的《傲慢与偏见》，它的姊妹篇《理智与情感》我之前早就读过了。萨拉在我床上另一头坐着为我朗读，读得相当好。我总觉得这一本写得更好。书里的那些人，只会在意何种风度能让自然感情尽量平复下来，在意面对不幸遭遇时应该怎样优雅地劝慰，而对于法国革命啊，拿破仑战争中的钩心斗角什么的，他们根本不关心：他们的日子多么祥和啊！好像 M 和 B 应该与书中所描绘的结合起来，这样就更有趣味了。

一天早上，萨拉的母亲忽然出现在我面前。今天萨拉没来我床边，就在这个不允我工作而我却要我的电报盒时，母女俩走进房间来。妻子会从英国飞来看我，我没有想到过。天气不佳，她却仓促地赶到机场。幸好谨慎的比弗布鲁克勋爵先赶到机场，才没让她登上两引擎的“达科他”式飞机。后来他调了一架四引擎的飞机（长时间在海上飞行最好是用四引擎飞机，我一直是这么认为的），这才让她启程。飞机一路震颤而来，而且在这隆冬之季，并没有装备暖气，现在她到了这里。我们欢迎乔克 · 科尔维尔，因为目前工作正缺人手，他来了刚好可以填补上空位（没有他们很多工作是不能完成的）。他是护送我妻子过来的。“请向克莱米问好。她是你的领导，有她陪着你，我就不必担心了。”罗斯福总统来电如是说。

* * *

我们的战争进入巅峰阶段了，现在世界上最恢宏的壮举、最光荣任务就是，全面实施“霸王”作战计划。卧病在床时，我想到了这里。然而，意大利集结着英国的海外主力，难道他们在那里的全部行动，非要被放弃不可吗？在那里，所有我们想要的鱼类，我们曾经放手去捕，难道现在不能再激起一点波浪了吗？我对这个问题的回答是：对于跨过海峡的主要战役来说，意大利战役占用了一百多万军队（这一百多万是英国的、英国控制下的和盟国的军队），它与之遥相呼应，绝对不容忽视。美国人生活的指导思想确实很伟大：有条不紊、逻辑清晰、规模宏大、生产量化。一个人，要走出混乱告别蒙昧，第一步无疑就是学会并且做到“重要的事情着重做”。但这仅仅是第一步。配合调动所有力量，并努力使各方面的战役协调一致，这是我们战争的第二个阶段，不管什么时候，都充分利用每一份战斗资源。重要的横渡海峡的战役是我们的全部思想和行动的中心。在1944年上半年，我们会在意大利激烈作战，我深信这是有助于上述的主要战役的。然而，必须对意大利战役方面的“必要性”或“重要性”（原谅我老生常谈）再三阐释，才能使我们的参谋人员达成共识，好像这一方面能决定我们能否实现主要目标一样。还有那一二十艘装载车辆的登陆艇，仿佛它们就是主要项目的核心所在，弄得我们不花大力气就争取不过来。

美国会支援给我们的全部装备和部队，我们都将运到英国来，就要用上所有的船只。叫我说，问题再简单不过了。所以，意大利战场的大批部队，从海上调走是不行的。再者，他们可以在那儿轻易攻克意大利，进而直插德国内线；或者，我们渡过海峡之后将进入德国战场，他们就可以在意大利牵制大量德军，使其不能回援。他们将会在意大利战场发挥不小的作用呢。我们会在5月底，或者6月初，观察月色和潮水情况，确定进击日期。

* * *

艾森豪威尔将军想发动两栖的侧翼进攻已经很久了，因为在德国东西海岸之间八十英里长的前线上，敌人拼命抵抗我们在意大利的军队，战争双方胶着不下。他曾计划主力部队进攻的同时，在托雷河南面登陆直逼罗马，二者遥相呼应。美国人称此为“侧攻”（“end run”），而我个人则称它“包抄”（“cat-claw”）。他建议后者用一个师的兵力，大家则认为要多于一个师，因为主力军已经前进受阻，而他们又远离登陆地点。我们多次在沙漠中进军，我从来没有成功运用过这种战术，对于一个拥有制海权的国家来说，这是可以使用的。但是，巴顿将军曾经两次利用这种海上包抄的主动权，并且颇有成效——那是他沿着西西岛的北岸进军时的事了。我在迦太基和马拉喀什时，就把所有重要司令和军官会聚在一起开会，因为离前沿阵地很近。

对于这一作战计划，大多军事人员都表示支持。艾森豪威尔刚刚得到指挥“霸王”战役的命令，所以他会重新做利害评估，并有了新的见解，但是他在原则上认可这一方案。亚历山大肯定这一战役，并认为有必要，他现在是意大利军队的最高副统帅。比德尔·史密斯热衷于每一个问题，也愿意配合。海军上将约翰·坎宁安也是一样的看法，一切海军实力都掌握在他手上，空军上将特德的态度也是如此。可以看出，在地中海问题上，一批力量强大的专家和我同路。此外，这一方案也会获得英国参谋长们的支持，我对此是有信心。而他们一旦同意，战时内阁也就会批准。这种时候不能以下命令的形式加快工作，只能做好艰苦不懈、倾力付出的打算了。

只要是阻碍我们履行最高义务问题，一概不应考虑。这是我们在德黑兰做出的保证，才刚刚过去一个月。所以，随意改变的5月的“霸王”战役，是绝对不可以的。陆军、空军或海军方面，都不会阻碍它，关键问题出在坦克登陆艇上。把坦克送到陆地上的工作是必需的，但这只占它们工作的一小部分——坦克登陆艇也是“车辆登陆艇”。所以，我用密码函电和英国政府及华盛顿进行了大量往返交流。其中的辩论细节是严肃精简的，将来军事研究者们可能会饶有兴趣地去阅读，但是在此我只把骨架内容发表出来：必须在展开“霸王”作战计划以前，使坦克登陆艇按规定日期到达英国。必须相当严密地推算这些日期。为了应对意外情况，应该为军事计划的各个阶段保留弹性空间。必须自上而下控制这种弹性，否则所有战役将无法展开。如果在各个阶段中，事事都要保留弹性，其结果往往会是“事事难办”。

我12月19日恢复工作。按原计划，我应该和帝国总参谋长蒙哥马利一起的，但是我因病不能离开。这天他从意大利总部回国，途经迦太基，就特意来看望我。我们谈得很到位。我们竟然得到了毫无二致的结论，虽然我发现布鲁克将军的思路有别于我。对于现行政策的看法，我们达成一致以后决定：所有国内的困难由他尽力去解决，而我就在这里和所有的司令长官展开讨论。于是，布鲁克飞往伦敦，我发出如下电报：

首相致三军参谋长　　1943年12月19日

对于现驻地中海的所有各式登陆艇的全部清单，我一直在焦急中等待着。在这份清单中，必须对它们目前的状况和用途做出说明。据传，有一大批登陆艇只用来完成供应任务，而不执行两栖任务，是不是真有其事，这尤其要在清单里说明。意大利前线的各个战役都已经停滞不前了，人们渐渐会把这当成一种耻辱和玩笑。下面是我预料到的最糟糕的局面：亚得里亚海岸的两栖战役，根本没有得到重视，而西线的敌人也没有受到同样的打击。这后果是相当严重的。帝国总参谋长来这里访问时，证实了我的猜测。

三个月以来，根本就没有利用地中海战区的登陆艇突击进攻。如此宝贵的部队竟然完全被弃置不用，既不因为准备“霸王”战役而被调遣回国，也不用来进攻爱琴海诸岛，也没有参加意大利战役。就算是在当前这场战役中，这样的事例恐怕也是独一无二的。

布鲁克将军也做出报告，三军参谋长们听取之后，于22日回复了我。由此可见，他们明显也在按这个路线思考问题。回复如下：

确实应当打破目前的胶着状态，对你的这一看法，我们完全认同。从任何一方面想，都要竭力使工作尽快进行。很明显，我们要改变现状，使军队顺利进攻罗马，就要在敌人侧翼发动两栖进攻战役，也就是你指明的办法。

艾森豪威尔将军手中的登陆艇，虽然在1月15日被调走一批去准备“霸王”战役了，但是剩余部分的运输能力，仍然足够运载一个师以上的兵力，使其进行两栖登陆。他已经为罗马正南进行的敌后登陆制订计划。但是，上述一个师以上的兵力，必须要等待第五集团军，等其行进到与登陆部队的距离足够近，近到来得及支援的时候，才可以在海岸突击。这是这一计划的不足之处。但是，如果能扩大运送登陆（部队）的能力，使一支更加强大的部队可以借其登陆，那就不必等主力部队到达足够近，近到足可以支援的距离了。另外，对于整个战役来讲，这种登陆的影响将是十分深远的，更可能会为迅速进军提供有利条件。至少要准备足可以运载两个登陆师的运输工具，这是我们的标准。

至于你要求提供登陆艇情况的清单，我们已经向地中海总司令电话申请了。运输工具要满足艾森豪威尔将军两个师的登陆，虽然在这方面我们非常想节省出一些来，但是还是不得不另想他法。

正由东南亚回到地中海的登陆艇可能会是这样一个供应源。东南亚还是要保留少量登陆艇的。

关于这一计划，他们解释说，有两个战役必须因之放弃。一个是攻取罗得岛的战役，另一个是攻取缅甸海岸的诸多战役中的、一个小规模的两栖战役。

我们上述的办法如果你也认可，为了立即据此行动起来，建议向联合参谋长委员会来提交这一问题。

*　　*　　*

因此，我们要细致地核查自己的全部资源。有一批登陆艇已经跨过印度洋，正在返回地中海，这是它们取消了进攻安达曼群岛的计划而得到的。即将回国用在“霸王”战役上的还有一些。这些都是我们急需的。

放弃进攻罗得岛并非我愿，我曾对伊诺努总统谈起这一计划。对土耳其，我们必须付出更多努力，与此同时，为了“铁砧”作战计划——也就是袭击法国南部的战役——要尽快对罗得岛发起进攻，并在战后调回登陆艇。可是，到了12月23日，对于土耳其保持中立，我已经做好听之任之的准备了。我在迦太基回复说：

> 艾克的注意力已经集中在“铁砧”作战计划上了。你们在思考的是意大利战场该怎样抉择而他正对“铁砧”满心期望，你们会看到这一点的。我已经意识到，爱琴海计划本身就代价昂贵，执行起来又浪费时间，如果再少了土耳其的加入，可能我们只能作罢了。但是我想在做出这种决定之前，再整体局势充分研究一下。亚历山大就在此处，他是看我来的；今天我会和艾森豪威尔会面；威尔逊将军（我称他“琼博”）将要回国，我过后会请他半路来这里看我：三四天之内，我会把这些问题都摆出来共同讨论。我们一定要两处下手，坚决不能因为里维埃拉战役而停止进军罗马。我们在罗马，一定要发动大型两栖战役，前提是土耳其摇摆不定，罗得岛也攻不下；同时要对达尔马提亚海岸，尤其在阿戈斯托利和科孚岛这两个地方，施行一些扫荡。

*　*　*

人们对亚历山大忽视安齐奥登陆战颇有议论，对此亚历山大有不同见解。我和他已经谈了很长时间了。他要求用两个师的兵力来登陆，可是到哪里去凑登陆用的运输工具，这是个难题。这时，比德尔·史密斯来了。他的意见是，要大概凑齐两个师的登陆兵力，可以把空降部队也划进来。亚历山大可以在1月的最后一个星期进行袭击。只要运输工具一到位，明天或后天就可以做出这个决定。困难的是到哪去找登陆艇。要解决与“霸王”战役的登陆艇有关的诸多问题，可以推到2月15日以后。我问比德尔·史密斯为什么不这样。他的回答是，这样就是第三次申请延期，他不想去。我反而没有想到这里。

据说，八十八艘登陆艇才能运送两个师的兵力。地中海现有的坦克登陆艇现共计一百零四艘，而其中大部分将用于“霸王”作战计划。大约到1月中旬，它们已经被调遣回国，我们只剩下三十六艘，此外还会从印度洋调十五艘过来。4月以前，不会有登陆艇再过来了。延长三周使用地中海的大多数登陆艇，要解决问题，只有这个办法了。在不减弱“霸王”作战计划或登陆里维埃拉的前提下，实现这个办法是我们莫大的心愿。

* * *

三军参谋长把自己的意见做成一份详细的报告，于24日送来。他们希望他们的美国同僚也看看，就附带了一份草稿。他们认为，虽然他们认可这一计划，但是，在美国那边是不可能通过的。

他们的结论是：

> (1) 下令，一些船只和舰艇是在安达曼群岛攻击战中剩余的，把它们调往地中海。(2) 为了使部队能够完成占领罗马的目标，并向比萨—里米尼一线前进，应在地中海地区，由盟国最高统帅，把一切能够准时驶达地中海中部的登陆艇利用起来，配备两个师的兵力，发动一次两栖战役。以上各条指令应即刻下达。以后进攻法国南部时，可以再调回这些登陆艇，时间是充足的。(3) 取消爱琴海的两栖战役计划，以当前基础，维持和土耳其的谈判。(4) 使海军上将蒙巴顿知悉以上决定，并令他提出最后建议，说明目前的登陆艇应如何在该战区进行战斗。我们希望，这些联合参谋长委员务必同意。

* * *

这个阶段令人感到紧张，只有国防部的霍利斯将军一人伴我左右。

然而，我却看出他精力旺盛的一面。约翰 · 坎宁安海军上将的副参谋长——英国皇家海军舰长鲍尔，在其麾下执掌计划工作，这次也给了我很多帮助。我们做出决定，因为存在争议就没有执行，但是，这些争议都被他排除了。坎宁安海军上将完全赞同他拟定的那份报告，那是一份优秀的报告，其中说道：

现驻地中海的那些坦克登陆艇，至少在两次突袭性的战役中参加战斗，而且，许多诸如往返式运输，海岸、船坞或码头的装卸一类的额外工作，它们也都已经从事过了。可以说它们是训练有素的。这都配备了适当的人员，一些饱经——以密集队形出海或进行演习——训练的人员在些舰艇上，二者的搭配是非常合适的。他们还不熟悉潮汐问题，对涨潮时海滩上装卸过程中的技术问题也不甚了了，除此之外，任何"霸王"作战计划以前的海军训练，对他们而言是没有必要的了。然而，只需对他们进行短时间教育和训练，他们就可以处理新的问题，因为他们都是优秀的海员。他们只用三天就可以完成初步装载，演习耗用六天，最后装载会再用去两天，这是我们从地中海战场上得到的经验，所以，要把登陆艇和有关的部队结合起来，只需比真正的战役打响那天提前十一天即可。

这些舰艇都是训练有素的，如果用额外七天的时间对它们进行潮汐训练，我估计那也是有足够剩余的。

这些训练时间加在一起大概是三个星期。在"霸王"战役发动之前，要他们每一个人都即刻装备起来，可能无法办到，但是，时间肯定是富裕的。

*　　*　　*

24 日半夜以后，我向国内提出下列意见。之前，司令官们聚在一块，我和他们进行了细致的研究。

首相致三军参谋长及第一海务大臣

1943 年 12 月 25 日（于午夜十二时半）

在今天晚间，我、威尔逊将军、亚历山大将军、特德空军元帅以及他们的部下，我们已经就安齐奥的问题谈论。

我们的一致意见是，至少要用两个师进行突击，这种规模才能保证这一战役的胜利。在 1 月 20 日上下，发动进攻。我们预测战斗应该打不到罗得岛。按原定计划，在 1 月间和 2 月 1 日，总共有五十六艘英国坦克登陆艇要驶离地中海，而我们坚持认为，以一个月为期限，延缓调走它们，这是目前唯一正确的方法。安齐奥战役已然等不到那十五艘登陆艇从孟加拉湾调过来了，但是它们还大有用武之地，在安齐奥战役不久之后的“霸王”战役就是一个机会。

我要求鲍尔舰长出具报告，希望三军参谋长们尽早就此报告进行探讨。在筹备登陆艇以进行“霸王”战役这个问题上，这个报告给出了一个可行的节省时间的方法。鲍尔对形势是有深刻认识的，这在报告中有所体现，所以他的观点应该是可以投入实践的，这是今晚与会人员的一致意见。

一开始，三军参谋长们不相信这一点。他们提出很多具有作用的细节。他们还希望向联合参谋长委员阐明局势，“真诚地期盼”我同意。不管哪一个重大问题，我认为我们要先在意见上达成一致。所以，我的回答如下：

首相致三军参谋长　　1943 年 12 月 26 日

各种实际情况，我已经和海军上将和盖尔将军以及他们的部下讨论过了，而且是十分细致的讨论。不可能在 2 月 5 日前，以两个师的兵力来展开安齐奥战役，除非以三个星期为限，继续留用这全部五十六艘登陆艇。地中海的许多突击登陆训练，这些登陆艇都已参与过。留用一个月有什么好处？又有什么坏处？留用三星期又怎样？每天怎样使用调回的舰艇？这些请让我确切知道。我还希望你们可以整理好每月对二十五艘登陆艇进行改造用的船坞。

一开始登陆的兵力，完全决定了安齐奥战役能否首战告捷。要切断与第五集团军对抗的整个敌军的交通线，必须用到两个足额师，还要配合伞兵部队，所以如果一开始用他们登陆，是有决定意义的。如此一来，敌人为了扫清登陆部队，必须把第五集团军前线的部队撤走，不然只能立即失败并撤退。要想取得成功，离不开两个师的部队。登陆部队必须配备不少于四天的给养，因为天气实在捉摸不透。我们的计划是在一周或十天内使战争到达高潮，而不是使这些师团长期待在海滩上。

在我们对保留五十六艘坦克登陆艇三个星期这个问题没有达成一致意见之前，你们给联合参谋长委员会去电，毫无意义。意大利战役是胜是败，在此一举。

三军参谋长们有很多理由为此担忧，他们在12月27日的回复中，对这些理由做了有力的演说。他们还附加说道："美国三军参谋长们如知悉到我们真诚提供的实情，肯定会为我们带来很多难题。对这一点，我们认为必须使你清楚知道。"

* * *

我们一直在迦太基圣诞节的早晨举行会议。到场人员为：艾森豪威尔、亚历山大、比德尔·史密斯、威尔逊将军、特德、约翰·坎宁安海军上将以及其他高级将领。唯独第五集团军的马克·克拉克将军未曾与会。他的集团军是负责进行最后一战的，所以他思想中应该存在这个样的想法，即目前背景下，将有会议举行。然而他忽略了，我为此深为可惜。必须使两师部队登陆是我们一致的意见。我此时想的是，突击任务应交给蒙哥马利的第八集团军的两个英国师，不过利斯将军将接任他。我认为，我对英国负有责任，宁可由英国部队进行登陆，去承担两栖作战带来死伤的风险。再者，如此一来，不再是英美各占一半的突袭力量，而是清一色英军。

在许多个星期里，我们所有的战略都受到登陆艇的严重制约，任何方面不得不因它改变。一切计划都受到很大限制：首先因为，“霸王”作战计划的日期是严格规定的；再者，这些小型舰艇本来就不到一百艘，还要不断调派、修整和重装。尽管我们忙得死去活来，但是我们解决了这一难题，这在我们来往的电文中都有体现。我们未能完全具备——事实上不能如此奢求——“包抄”必需的足够实力，这一点我也不能否认，因为我正在原则方面全力斗争。我们实际上可以具备足以完成战役计划的登陆艇。而且，我们还可以用更多兵力在托雷河南面一次性成功登陆，同时还能保持相当的机动性，我们的军事机构缺乏节制地提出各种要求，只要这些要求降低一些，就可以实现上述登陆，而且也不会削弱其他责任或承诺。当然，至于比斯开湾冬季的气候条件会迫使我们回国的问题，以及这些舰艇重新装配起来最多会花费多少时间的问题，我们都思考过了。尽管如此，我们在解决上面的问题时，还是满足了军队的常规需求，还有为参加“霸王”战役定期匀出登陆艇。幸好我当初没有提出运输工具要一次运载三个师兵力的要求，不然我肯定不会有什么收获。生活中这样的事例数不胜数：对于自己想得到的东西，人们总会渴望得到足够多！但是，我认为该收手的时候就要收手，那才是最好的。

* * *

事实很残酷，五十六艘登陆艇返回英国的日期推迟三周，我们要面对它。而5月就要展开“霸王”战役，二者的对比是多么强烈啊！在以下电文中，读者会第一次看到一个日期——6月6日。

首相致三军参谋长　　　　　　　　　　1943年12月26日

我所做的工作根本就是以“霸王”战役在5月展开为基础的。只要我们一直努力、永不放弃，就可以实现这个目标，困难也可以克服，我对此没有疑虑。然而，我听说艾森豪威尔和蒙哥马利两个人要求第一批穿过海峡进攻的兵力要远远超出我们现在准备的“霸王”计划（的相关兵力）。所以，他们一听到我们的计划情况——我可以私下告诉你们——极为失望。我觉得他们极有可能要求延期，只要他们对这一计划加以研究。负责的将领中有充足的理由说明，直到到6月6日附近或者6月有月光的夜晚再发动战役的是一个更佳时机，但是我们商定的是“5月间”，这就后推了一个星期，到时我们要不要妥协？不管怎样，一定要在5月间让空军开始进行预备性轰炸。

所以，如果不得不延期，不管其理由多么重要，都要避免以放弃我们在意大利的重在责任来向这样的延期妥协。甚至艾森豪威尔说，他本人会在第一时间致电斯大林，提出适当延期要求，只要他掌握了实际指挥权并一手处理这件事。根据德黑兰协议的原则，我会在这件事上全力争取，所以对于以上行为，我一点也不同意，如果你们可以协助我，那将是我更加期望的。不过，只有你们自己以及艾德礼先生、艾登先生和利特尔顿先生这三位在战时内阁国防委员会工作的大臣，可以知晓此事。

这次圣诞节期间、在迦太基举行的会议，是有其决定意义的，不过就要收尾了。我同时给罗斯福总统和国内发去一样的电报，把基本情况谨慎地、开诚布公地告诉他们。电报如下：

1943年12月25日

今天，我已和艾森豪威尔及其麾下高级将领们举行会议。会议有以下报告：

初步确定，如果亚历山大将军具备运送两个师兵力的运输工具，就会在1月20日上下登陆安齐奥。罗马战役能否把一大部分敌军消灭，就要看这次登陆了。考虑到在那一天第五集团军和第八集团军可能到达的阵地，必须保证突袭兵力至少是两个师，否则祸事就会发生。

使用八十八艘坦克登陆艇才能实现这个目标。开出地中海的五十六艘坦克登陆艇原定在1月15日后调回国内，只有把这一日期往后推，2月5日再开始由护航队护送回去，我们才能拥有这些数量的登陆艇。如果这个数量不能满足，登陆艇肯定不够用。尽管从印度调来的十五艘坦克登陆艇的用处非常大，它们填补受损的舰艇，并且也在组织“铁砧”作战计划，但是，它们无法及时驶达。

我相信，在三个星期内，所有的损失还可以补救，我们已经用上各种暂缓之计。现在来看，不必改变规定用在“霸王”作战计划上的兵力。

我们已经把这五十六艘登陆艇留在地中海这么长时间了，而这一个星期内它们会做出决定性贡献，如果反而调走它们，那看起来是没有道理的。有一种再危险不过的情况，那就是如果再有三个月意大利的战局僵持不下，就会一天比一天麻烦。如果有一个重大的任务，我们只完成了一半，就无法同时保持前进。所以，要竭尽全力使两个师的兵力在1月20日左右进攻安齐奥，这是与会人员的一致意见，同时我们向亚历山大将军下达依此计划做准备工作的命令。这个机会一旦被我们错过，1944年的地中海战役完全落败的消息迟早会传到我们这里。所以，延迟这五十六艘坦克登陆艇回国的日期是由衷的期望，盼你能够答应，并告诫一切负责人员，5月间的“霸王”作战计划绝对不能因此受到影响。

我发现，不得不延缓实施罗得岛和爱琴海的策略，因为其他的利益比它更为重大，此举我认为实在有些可惜。更有可能，突击缅甸西部若干海岸的“打野猪”计划不得不改成“不打野猪”计划，这是为了在法国南部集结三个师的登陆兵力。虽然我为此扼腕，但我更不想看到另一种情况，那就是不采取此举的后果——意大利战局役停滞不前，严重的话还会产生灾难。

此时，我要从迦太基飞往马拉喀什，但是内心极为不安，因为所有的问题都摆在那里，得不到解决。

第八章　马拉喀什养病阶段

飞往马拉喀什——罗斯福总统12月28日来电中的喜讯——比较5月5日与6月3日，这是“霸王”战役开始的日期——美国伞兵团——蒙哥马利的到来——与罗斯福总统在新年时通信——1月7日及8日在马拉喀什开会，对远征安齐奥的事务进行探讨——关于开始“霸王”战役的日期，艾森豪威尔和蒙哥马利两位将军更愿意在6月3日月圆之时进行——罗斯福总统的看法——波兰问题再上议程——贝奈斯总统前来访问——肯定贝奈斯——与戴高乐将军见面时互相表示友好——俄国提出获得一部分意大利船舰的要求——一个稳妥的办法——安齐奥战斗尚未打响时返回本国

我想用三周时间去一个地方养病，莫兰勋爵说圣诞节过后我就可以离开迦太基，但我还是坚持要去。这个地方就是马拉喀什的一座别致的别墅，它是最佳的选择。罗斯福总统和我在一年前的卡萨布兰卡会议结束后，曾住在此处。各项事宜在几天前就安排好了。我将做客美军在马拉喀什时的总部。为了防止有潜艇猛然偷袭此处，人们在别墅前安排了来回巡察的小型舰艇，因为他们认为我待在迦太基过久，很容易被人发现。敌人也可能会从远处的空中袭击这里。承担保护我人身安全的是康斯特瑞姆警备队的一个营。这些安排都没有与我商量，因为我不是病情过于严重，就是太过繁忙。然而我觉得我会在马拉喀什重拾健康，因为这个美丽的地方极适合休养。此次飞行是由特德安排的，他做得十分细致：根据医生们的建议，我不可以在六千英尺以上的高空飞行，所以他计划这次飞行时就绕过阿特拉斯山脉。我在12月27日清晨十分开心，因为我终于重着军装了，这还是第一次。我在刚要出门时接到一封电报。里面说道：(俄军）已经击沉“沙恩霍斯特”号[①]。这个消息是有其决定意义的！于是，我先不出行，口述如下电报，发给了斯大林：

首相致斯大林元帅　　　　1943年12月27日

昨天，敌人的战斗巡洋舰“沙恩霍斯特”号图谋阻击驶向俄国的北极运输舰队，然而，在舰队总司令弗雷泽海军上将指挥下，敌舰的退路被三万五千吨的战列舰——“约克公爵”号斩断了。一场战斗之后，“沙恩霍斯特”号被击沉。我们将因北极运输舰队而带来好运。

2. 至于病况，初步决定去南方休养，现在有了不小改善。

“你我双手互握，密不可分。”这是我几天后收到的、富有热情的回电的结尾所言。

一支康斯特瑞姆警备队站在别墅外守卫着，气宇轩昂的样子。这场病已经把我削弱到了什么程度？一直以来我都没有察觉到，其实自己从警卫队旁边进入汽车都很困难。这天我们决定以六千英尺的高度在空中飞行，因为天气预报显示是晴天。飞着飞着，我们眼前出现了突尼斯的高原，就在这时，一群群羊羔似的云朵开始“围攻”起我们来，不一会，我又看见云朵出现轻微黑色，又过了几个小时，我们的航程几乎就不见阳光，大半是在云里雾里。那种里面有高山的层被称之为“实心云层”，而我一直都讨厌它们；他们采取了一个对这架飞机上的其他乘客来说不公平的做法（我是这样认为的），那就是为了使飞行高度维持在六千英尺或者以下，同时又避开前面的那些山谷，

① 详见本卷第244—245页。——原注

只好在一条复杂的航线上飞行。如果山峰在一百英里的航程出现，就应把飞行高度提高到最高山峰高度的两千英尺以上，这一点莫兰勋爵也赞成，所以我把驾驶员叫来，如此叮嘱他。一个有经验的管理员之前特地备下了氧气[①]，现在取来了。所以我们飞到了上方晴朗的天空。我们安全降落在马拉喀什机场是四点时分，一路上我觉得很舒服。一个小时后，另一架飞机才安全降落。因为它严格根据指令飞行，极其困难穿过许多峡谷和山口，而且刹那间，不见其顶的高大山峰又在它要飞出峡谷和山口时突兀现身。天气糟糕，它还在这么低的空中飞行。大风已经把它的一扇门掠走，差不多所有乘客都得了重病。他们原本可以以一万两千英尺或一万一千英尺的高度，一直舒服地飞翔在晴空蓝天之下。而现在他们为了我居然经受如此巨大的痛苦和险境，我非常痛惜。

我的新住所十分舒适，说豪华也不过分。在这里什么都是最棒的，有关人员也很和气，但是，对于我的电报，罗斯福总统会如何答复呢？我心系的是这个。一想到所有我地中海方面的计划，在完全没有考虑时机配合或轻重缓急的情况下都被机械生硬地排斥了，我在等待答复时的心情就焦灼到了极点。我所希望的是：意大利海岸的一次冒险军事行动；把可能在 5 月 1 日横渡海峡发动进攻的日期延迟三个星期或四个星期（把月亮的阴晴圆缺也考虑进来就是四个星期）。在现场指挥的司令官已经答应了我的要求。对于所有的细节，英国三军参谋长们已经认可，而且他们向来都是在原则上同意的。但是，我无法猜测，对延迟四个星期执行“霸王”作战计划这个问题，美国人会有何反应。然而一个确已身心俱疲的人，常常会美美地睡上一觉。

---

① 以此为目的，英国皇家空军首席医官凯利空军准将强烈主张一起乘坐飞机，他做得非常对。——原注

*　　*　　*

第二天收到下面的电报时，我心里十分高兴。然而又不得不说，惊讶之情也随之而来。

罗斯福总统致首相　　1943年12月28日

如果为了使安齐奥战役在1月20日进行，而推迟调回原来用于“霸王”战役的五十六艘坦克登陆艇，那么我们是同意的，但是，还是要按照先前在开罗和德黑兰确定的日期实施“霸王”作战计划，它依然具有优先的重要性。应使原计划投入“霸王”战役的其他十二艘坦克登陆艇，根据目前的规定启航；同时还有十五艘坦克登陆艇，按照之前商定的，它们应在1月14日经过安达曼群岛到达地中海，现在应该使它们径直返回英国。包括这些在内的所有可能的权宜办法，其目的都是避免影响到“霸王”战役的准备工作。暂缓罗得岛计划和爱琴海计划的想法可以通过，而且何时再发动罗得岛战役，可以在发动“铁砧”战役（里维埃拉）之后再作考虑。为了不使“霸王”战役或“铁砧”战役的胜利延迟甚至无法实现，未经斯大林同意，我不同意在其他地区使用兵力和装备，这是考虑到苏、英、美三国已经在德黑兰取得了协议。

我的回答是：

首相致罗斯福总统　　1943年12月28日

我会对抱以感激之情，因为这个决定可以两次把我们的心聚焦在这个伟大事业中，我对它感到满意。

我从英国三军参谋长委员会那里知道，海军部遵照这些条件从安齐奥计划中调用登陆艇，只要它们的数目和商定的一致。联合参谋长委员会今天会收到三军参谋长委员电告的全部情况。我们这边在这段时期的口号是：全速前进！

昨天，我已经飞过一万三千英尺的高空到达我们的别墅，中间没有受到一点影响。我过得舒服极了，因为美国人热情周到的款待了我。比弗布鲁克即马克斯，从伦敦飞来还没多久。我计划在我身体康复以前，一直留在这里，沐浴阳光。

在国内，为了准备“包抄”，参谋长们确实已经做了很多，海军部更是如此。所以我赶紧把好消息告诉他们。亚历山大将军要求登陆艇的数目是八十八艘，而他们答应提供给他的是八十七艘。人人都惊讶于罗斯福总统的来电。是什么使他有这样的来电呢？我坚持认为其中原因是：罗斯福总统出于好心；马歇尔沉稳面对；艾森豪威尔的表现说明他忠实于他马上要放手的事业；比德尔·史密斯主动施展外交技巧时擅长衡量问题的轻重，并且从事实出发。

我们在同一天收到了亚历山大的计划。经过马克·克拉克将军、第一次世界大战帝国总参谋长的儿子——军需长布赖恩·罗伯逊将军的讨论，他决定英国和美国各出一个师——二者之中都有一半是装甲部队、伞兵和突击队——来组成一个完整的部队，指挥它的是一名美国军长。大概在1月20日发动这次进攻。为了防止德军增援，他会在十天以前大举进攻卡西诺，随后主力军的先遣部队向前跟进。截止到现在，各方面都能够顺利进行，我甚是欣慰。

但是，我还有一定的弹性空间。我给三军参谋长去电：

关于何日进行“霸王”战役的问题，我正在根据德黑兰会议的决定做斗争。5月5日根本就是一个新日期，而德黑兰会议上决定的5月20日，不是它。只要确定是在5月31日之前，不管是哪一天，都可以说履行了我们同斯大林取得的协议。听了艾森豪威尔对情况的描述，我觉得6月3日也完全可以，这天的月光情况和5月5日是一样的；特别考虑到，目前我们已经内部商定这次战役的指挥官，而他又有这样的要求，所以更可以完全使用这个日期了。我们只是在一定的弹性空间内来变更计划，但是这些问题还不必拿来商讨。

在5月5日集结兵力和6月3日集结兵力，情况会有什么不一样吗？请回答我。我只是这样想想而已，不能和无关的人提起，也不能把它当成一个延期的决定，这些是我要重申的。

三军参谋长的回答是：

只有在5月5日左右完成“霸王”计划的突袭行动，才能满足现任司令官制定计划的条件。可是，不能把这个日期当成最终日期；如果所有的登陆艇无法在4月13日全部加入突击部队，那么可能是因为延期调回，或者没有如期完成改装计划，尽管如此，还是要把执行“霸王”突击计划的日期选定在5月间某一个日期。

突击行动在5月发起的可能性不会因为你提出的办法而排除，然而，这依然是个紧急计划。不过，这与我们违不违背德黑兰达成的协议无关，我们觉得，在目前阶段，与俄国人进行商量的必要性是不存在的。

对这些观点，我有如下评论：

1943年12月30日

我们要执行协议，只要把日期确定在5月31日之前即可。我自己的意见是，最好是尽力定在5月5日，如此一来，就富余出一个月。不过，要如实执行这个协议，只要6月3日这天月亮的盈缺情况和5月5日的一样，那么实际的突击行动也可以在那天发动。

*　　*　　*

一个全新的重要情况又出现了。

首相致迪尔陆军元帅（在华盛顿）　　1944年1月3日

(1) 安齐奥战役正在克拉克的计划之中，现在出现了一些常理之中的困难。这是亚历山大发来的电文所说的。我们以美国第五〇四伞兵团为例，看起来艾森豪威尔不会主动提出让他们留下来的要求，而我们做不到。英国伞兵团正在前线作战。我目前没有可以调遣的部队去接替他们，同时又不能耽误时间而不把他们调出来并派往那不勒斯地区。此外，他们没有作战经验，迫切地需要进行训练。

(2) 此时马歇尔正在会见艾森豪威尔。美国第五〇四团即将调到英国投入"霸王"战役，这个非凡的、巨大的任务应由他们来承担。你可否如此呼吁他们？伞兵部队很少有机会参加具有决定意义的空中战斗，如果把它们调离这种场合，人们视这种做法为目光短浅，因为他们有可能会做出典型的、优秀的贡献。在国内，我们的伞兵和空运部队的人数已经达到运载飞机承载能力一倍左右，我注意到这一点以后，认为可以在事成之后立马将伞兵部队遣回英国，以准时参加"霸王"战役。请把具体情况告诉我。

马歇尔答应了。可是，做出这种牺牲的结果是，它却在后来被浪费掉了。这一点我们会在以后看到的。

*　　*　　*

蒙哥马利还担任着"霸王"战役中新的指挥职务，他要从意大利返回，我曾经让他路过此地时来会见我。这个任务是风险四起的，而我已经交给了他。一个将军，对于国家委派给他的任何职责，只要不是特殊原因，他当然应全部接受。这种法则没有形成文字，但对它而言，人们绝对没有必要热情接受。我曾经有荣幸加入近卫步兵第一团，它只会用一个“是”字来接受任何一条命令，但是可以用许多种不同的声调来说出这一个字。这项命令是崇高的，责无旁贷的，又是可怕的，然而，令我满意的是，在蒙哥马利接受这个任务时，我看到了他的愉快和热情，我认为我可以放松一下了。他一到马拉喀什，就登上了我们的汽车，经过两个小时的行程，我们来到阿特拉斯山脚斜坡上，我们在那里进行了野餐。天一亮他就收到了我给他的计划，这是摩根将军和伦敦的英美联合参谋人员用几个月的时间制定出来的。“不能这样，必须给我更多兵力，我才能发动最初阶段的袭击。”他在浏览一遍之后立刻这样说。我们经过充分争论，最后参考他的看法确定了其正确性后来得到证明的一系列办法。我非常欣慰的是，对这次战役，他坚定的信念溢于言表。

夫人们全都在这个时候来了，在波光潋滟的小溪边，我们一起随意吃了点东西。清爽的空气和明媚的阳光充满了山间。我们正在艰难进行的，是人类的斗争，那种场景和这里相比，简直就是无边无际的沙漠，而这里就是绿洲。我没多久就把车子开往山里了。我们知道有一个地方可以欣赏风景，我们的汽车正在公路上曲折宛转、不急不忙地开着。但是，这样的做法蒙哥马利同意，根据他的“自我锻炼”的方法，他离开汽车径直往山上走过去。可别把精力白白消耗了。体能旺盛不等于脑力旺盛；锻炼精力可以，但是耗尽精力就不行了；身体锻炼和战争策略是两码事。这些道理我都对他重点说明了。可是如此诚恳劝说，根本没有作用。仿佛一只羚羊，他从这块石头跳到那一块石头。看到他饱满的情致，我从心底得到了一种未来所有事情都会顺利的保证。

* * *

我正在和罗斯福总统高兴地通信的时候，新年到了。

首相（在马拉喀什）致罗斯福总统　　　　　　1943年12月30日

我兄弟杰克的信已经送到我手里。对于那时在契克斯栽种圣诞树的情形[1]，他有详细的描述。那里有我的孙子以及其他许多孩子，众人在一起高兴的玩耍着。同样在场的怀南特承诺会写信给你，好使你了解当时的情况。你能送给我这个节日礼物，我非常感激。你送我的那个地图盒子已经到达了，它是如此可爱，我迫不及待想一看究竟，同样对你表示感谢。我们极其惬意地在这座漂亮的别墅里居住着，我的健康也有了很好的恢复。今天的太阳很好。从你的电报中，我看出，在现在这场声势浩大的战争中，我们通常能够轻易一致看待一些极为细小的问题。这封电报对我的帮助，比任何其他的东西都要大。亚历山大发来报告，人们认可安齐奥战役的初步计划，这是他和克拉克一起制定的。英国第一师、美国第三师以及伞兵和装甲部队，都被他使用上了。我非常赞赏这样。所有的痛苦、危险和光荣，由我们平均分担，这样是特别合适的。

佛朗哥和铁托恭喜我康复的电报也在同一天到了我这里。请你想想，这会是什么情况呢？

对于你的问候，萨拉表示感谢，也问候你。

不幸的是，罗斯福总统卧病在床，因为他感冒了。

罗斯福总统致首相　　　　　　1943年12月31日

我已经卧病三天了，是感冒，不过不是很重。现在，全国逐渐开始流行这种轻度流感了。

---

① 罗斯福先生颇为自豪，因他在海德公园种下圣诞树，并把其中一棵赠送给我。——原注

令我愉快的是，你平安地住在别墅里。至于恭喜你身体康复的两位先生，我有一个办法，那就是请他们在元旦那天到你那里，然后呢，我们不是曾经在那个塔顶上看夕阳下的云朵吗？就把他们锁在那，你对他们说：是黑方把红方从塔顶墙垛上推下来，还是红方把黑方推下来？你非要在下面看看不可。

首相致罗斯福总统　　1944年1月1日

你染上感冒的消息使我非常焦虑。记得你当初苦口婆心劝我说，要对医务人员采取服从的态度，我真心希望你也这样，还要谨遵麦金太尔医生的嘱咐。

医生要求我继续在这座别墅待三周。这是一座十分完美的别墅。天有点凉，不过是个晴天。厨师的技艺真的很高超。我们经常去山里野餐。昨晚我曾长时间和艾森豪威尔谈论，因为他在回国见你时途经此处。蒙哥马利在回英国时也路过此处，现在还在这里呢。他们合作起来自然是乐意竭尽全力的，所以我觉得我们这个团队是很优秀的。

红方要比黑方更训练有素一些，所以目前还不能安排他们在塔顶进行角力赛。

我们的胜利将由这一年开启，将来更宽阔的我们共同合作的道路，也会由这一年开辟。对新的一年，我有太多美好的祝福，希望你通通接受。

克莱米和萨拉也问候你。

* * *

我们已经解决了主要问题，即安齐奥战役所需登陆艇的问题。但是，怎么利用这些登陆艇呢？我们开始认真研究其中诸多细节。

亚历山大将军致首相　　　　　　　　　　　　1944年1月4日

我从突尼斯回到这里还没有多久，在路上已经和克拉克将军见过面了。我不得不请你提供给我一些帮助，因为现在我对新察觉的一些因素深感焦虑。我们不能把两师人及其所有必需战斗装备都运到岸上，因为只有六艘坦克登陆艇会在最初登陆后留下来，其余的都会被遣回。事实就是这样。根据我联合作战的经验，我们登陆后敌人必然会反击，能不能为了压制反击而及时把远征军的所有战斗力集中起来，将决定战役会不会成功，尽管以展开登陆为目的的初步突袭可以完成。从安齐奥战役角度来看，只要所有部队都可以及时集结在岸上，那么我们基本认可两个师这个数字——他们是为了对付德军可能的抵抗战斗而投入的最少兵力。很明显，如果德国包围了这两师人，我们肯定不会放弃他们，特别是数量充足的登陆艇可以从地中海一带调过来，我们更要给他们支援。我们甘冒一切风险以实现我们的目标。只要我们能够得到实现这个目标的工具，克拉克和我都深深相信，就有取得重大胜利的可能。我们要求的这些工具是十四艘登陆艇。这些舰艇会一直用在维持交通运输方面，直到突击安齐奥的部队和第五集团军会合。要使用两个师，并且拥有足够的力量，好与敌军进行同等条件的对战，就要在登陆后十五天内，另外用十艘登陆艇来给这两个师运送大炮、坦克和其他支援武器。考虑到这种做法的结果是取得成功，尽管“铁砧”战役的准备工作将会受到它一定程度的影响，但是仍然是有其真实价值的。

因此，为了在1月7日和8日进行两个会议，我把所有相关负责人员召至马拉喀什。比弗布鲁克勋爵、威尔逊将军、海军上将约翰·坎宁安、亚历山大将军、德弗斯将军和比德尔·史密斯将军，他们都到场了。诸多登陆艇方面的扑朔迷离的情况都是鲍尔海军上校在伦敦时向三军参谋长解释清楚的，现在他从伦敦回来还不久，他给予我们很大的支持，因为他上峰的将领也全面支持他。8日，我给罗斯福总统发去报告：

对于（前面）提议应采取的办法，我们进行了两次会议，两国负责官员和三军将领已经取得共同协议。与会人员的精神都比较高昂，而且可以看出，我们有足够的人力物力。在两次会议中间，小组委员会极深入、全方位地讨论了这个问题。我们的计划是：一支军队（由两师兵力组成）进行登岸突袭，然后就要切断敌方交通线，我们会另派一个突击部队去完成，这个部队的基本兵力规模有一个师。

如果不出意外，我们可以在不与“霸王”或“铁砧”战役要求矛盾的情况下，实现这一点。同时，在2月底之前，这些部队都会有数量充足的登陆艇来维持。但愿天公作美，上帝保佑我们。

威尔逊将军已经把上述几项决定告诉了联合参谋长委员会，也已经给他属下的将领下发指令。他今天正式接任了地中海盟军最高统帅一职。

使“霸王”战役维持在原定X日——也就是5月那日进行，是我们做出这些计划的基础；然而考虑到月亮的盈缺条件，6月3日——也就是Y日——这个日期，更为合适，这是我一直以来的个人主张。按照现行建议，蒙哥马利要为初期突击配置更大规模的兵力，而我的这个解决办法，可以使他有更多的准备时间。艾森豪威尔将军路过马拉喀什时，说他也宁愿这样，我知道以后十分高兴。为了把一切问题说明白，并拿我们在德黑兰的会谈和协议来提醒罗斯福总统，我向他去电。

首相致罗斯福总统　　1944年1月6日

比德尔·史密斯和德弗斯在5日早上经过我这。他和蒙哥马利共同认为，最好是用更多兵力，以更大规模实行“霸王”战役，而不应扩大我们登陆里维埃拉的规模，以至于超过德黑兰会议之前我们的设想，这是比德尔告诉我的。他说他打算使艾森豪威尔和你方三军参谋长们知道这个意见。司令官们在亲自处理这个问题时，肯定会有修改计划，我向来都是这么预测的。不过，这些修改还是相当值得的，如果未来作决定时以它为基础的话。我总是希望，投入比以前我们谈到的更雄厚的兵力来发动“霸王”战役的初步突击。这你是知道的。

从我了解的情况来看，我觉得真正可行的最早的日期可能就是6月月圆期了。令我不解的是，既然认为那时的把握更大些，为什么司令官们还不答应。你我都同意，把三军参谋长们在德黑兰会议上提议的6月1日或前面的一天,称之为“5月里”更为婉转。我们和约大叔谈论时，说的都是20日左右，而5月5日甚至5月8日这样的日期，我们从没有提起过。而且，战役在一个特殊日期发展到某个具体阶段这一点，我们在任何场合也没有提到过。我认为，从任何一方面说，我们现在不会丢掉对他的信用，认可6月的日期，并把它当作最终决定是可以的。不管怎样，5月里都要开始战役，最初假装进攻的同时狂轰滥炸。我不认为约大叔会不近情理到四十八个小时也要精心计算。

还有，如果约大叔在6月再发动辉煌的战役，那时的基础会更好一些。我们会迅猛进攻敌人，而且有更大的机会取得成功。我正在通过莱瑟斯把多派一次北极运输船队的建议传达给你，实际上，如果船只和货物由你们来供应，我们已经准备好了可以提供的、一定数量的护航的舰只。

我认为，等几个星期之后收到艾森豪威尔的最后结论，我们自然就可以把全部问题——任何我们对“铁砧”作战计划进行修改的方案也算在内——一五一十地告诉约大叔，还要附带上相关负责将领对我们的支持意见。不过，现在没有联系他的必要。

对于这封要紧的电报，罗斯福总统一周后才有回应。我们彼此并没有对电报中提到的事实进行辩论。对于那个为“霸王”战役规定的更早的日期，可以在必要时维持不变。以此为基础，我们在安齐奥战役的会议上做出了一些结论。而此时，他也通过全面的报告知道了这些结论。

罗斯福总统致首相　　1944 年 1 月 14 日

我对在德黑兰时与约大叔达成的协定的理解是：他承诺，开始实施俄国军队在东线展开攻势计划的时间，差不多就是与 5 月进行“霸王”战役的日期；而支援“霸王”的登陆法国南部的战役也是在这个时候，可以调集的最精悍的部队都会用来作战。

我觉得，在这个时候，任何延迟进行战役的决定都是不合适的。艾森豪威尔和威尔逊两个将领负责此战，他们应该对所有的可能性进行研究，并根据事实做出报告，只是现在时机不完备。我们肯定不能在这样的研究和报告出来之前这样做。同时，绝不能让约大叔知道有关这个问题的情况。

我认为，距我们三人在德黑兰声称同意这个问题到现在，也不过一个多月，现在再重新进行讨论，会造成很坏的心理影响。

16 日，我回答他说：“看到我们拥有如出一辙的观点，我很高兴。”

*　*　*

我在马拉喀什，整天觉得没有精神，从迦太基染病到转徙至此，并没有使我的身体从极度虚弱中恢复过来。所有绘画用得到的东西都在这了，然而我却用不了他们，我连走路都显得极为困难。即使我们在一个大晴天，在阿特拉斯山下野餐，从下车开始，我也只能颤颤巍巍向目的地走个八十到一百码的距离。一天二十四小时，而卧在床上的时间就有十八个小时。如今我身体疲惫不堪，虚弱难支，我什么时候也有这样的情况吗？我想不起来了。还有，他们常常想到所有最有趣的方式来引诱、敦促、警告、强迫（某种程度上）我躺在床上休息。如果要找一个休养胜地，泰勒的别墅就可以；这里可以满足所有以舒服或奢靡享受为目的要求。我的精力所剩无几，但是，友善亲和的主人提供出，而且莫兰勋爵、罗斯福总统和战时内阁也叮嘱我享用，这里的最吸引人的休养环境。然而，我的注意力不可避免地被形势发展吸引过去。

*　　*　　*

我在迦太基想到德黑兰会议上的一个重要问题——波兰，于是给艾登去电：

首相致外交大臣　　1943年12月20日

关于波兰的边界问题，我认为有必要和波兰人进行一次会谈。只恨我目前无力参加，但是，现在应该由你和他们商议，并告诉他们这是我本人的意愿。我们初定的方式、我们在地图上粗略划定的东部界线，包括奥伯雷地区在内的西部的奥得河界线，你应当把这些都告诉他们。他们将得到的领土东西南北都有三四百英里，这是令人十分满意的，而且，尽管海岸线只从科尼希斯贝克西面开始，那也超过了一百五十英里。虽然我们只是尝试着提出一些很梗概上的建议，但是他们不应极不明智地做出反对这些建议的行为，他们自然应该明白这些。我坚持要说服他们，让他们接受这些建议，并且在他们的英美朋友实行这个计划时，表示充分的信任，虽然说他们得不到利沃夫，也就如此。你应该晓谕他们，他们的目标是在政策上对俄国表示友好，并且紧密联系捷克斯洛伐克，为完成这一目标，他们只需接管并坚守现在的奥得河以东的德国领土。如此一来，他们就会对整个欧洲有所贡献，同时还会把新的生命力注入波兰民族，使他们拥有空前辉煌灿烂的未来。

我们和俄国人的谈判，会在获知他们听从这些建议后，即刻进行，而且对这些问题也可以做出明确决定。相反，我不知道国王陛下政府怎样在他们全然不顾这个问题的情况下再去额外提要求。我们已经确定处理战后边界问题的方式，现在看起来，极为重要的是，使俄国友好地认可波兰政府，并使它大致接受这个方式，因为俄国军队跨过波兰战前边界可能就在几月之间。他们会有什么反应？我特别期待。

* * *

我曾长时间地与贝奈斯总统往来，这一点在本书各卷中都有显现。现在，他正在从莫斯科去伦敦的路上。他先前在这个问题上发挥的作用是有其决定意义的[①]，那就是他在1936年告诫斯大林，苏联的亲德分子正在搞阴谋诡计来推翻他，这一点我们应该还没有忘记。任何情况下，他都会十分友善、极其亲密地对待苏联人。他回国正好路过马拉喀什，我就请他来看看我。他在波兰问题上的观点、在俄国人会如何对付波兰问题上的观点，是非常重要的，因为他对东欧政局的认识是十分透彻的。在长于二十年的时间里，贝奈斯任职捷克斯洛伐克外交部长和总统，和斯大林有着特殊往来，而且也从来都是一位忠实于法国的同盟者和西方国家的朋友。有一段时期，贝奈斯十分孤独寂寞，那就是英法两国抛弃捷克斯洛伐克，后来里宾特洛甫和莫洛托夫又在大战前夕订立协议的时候。不过，在那之后的很长时间，都是间歇期，直到希特勒进攻俄国，人们才再次完全认识到，贝奈斯是和苏联人福

① 详见第一卷第258页。——原注

祸与共的。本来在1938年时，俄国有充分理由和能力保卫捷克斯洛伐克。现在不管怎么说，这两国都被重创。

我与这位政界同僚和老练的欧洲政治家，相交已久；现在，在我马拉喀什的住所，阳光明媚，花草丛生，我很高兴地在和他谈着话。1918年，他正和巨人马萨里克一起，那时我第一次见到他。马萨里克缔造了捷克斯洛伐克，他的儿子也为祖国的事业殉职了。现在的贝奈斯自然是非常积极的。

我把我们谈论的过程告诉罗斯福总统。

1944年1月6日

贝奈斯认为俄国的形势是十分乐观的，他现在这里。长期以来，俄国人都是信任他的，也许他能提供很大的帮助，来尽力使波兰人通情达理，进而与俄国人和解。从他带来的新地图看：从科尼希斯贝克到“寇松线”，是为东部疆界；波兰人可以得到北面的沃姆蒽和比亚威斯托克，但是没有南面顶部的伦贝格（利沃夫）。这些分界线是约大叔用铅笔划的。约大叔提议采用奥得河线，使绝大部分的奥伯雷成为波兰的西部疆界。如此一来，波兰人就可以获得，至少三百平方英里的适宜的居住地和绵延波罗的海二百五十英里的海岸线。我会不遗余力促使波兰政府答应这一个或类似的方案。一回国我就会办理此事。防止德国人再次进犯俄国的办法就是波兰在奥得河外围固守，如果波兰人认为可以依此行事，他们就必须宣布承担上述责任，并竭尽全力完成任务。欧洲各大国曾两次挽救波兰，所以波兰对他们有这样的义务。此事如果能在2月初处理好，他们接着就会安排人去你那里，这个问题也就可以解决了。

除了出于军事原因要调整北面山脉的某些顶峰，和东面的一小块连属俄国的领土，俄国人允许贝奈斯恢复以前的慕尼黑边界。他们特别关照贝奈斯。

我要对贝奈斯总统表达敬意，因为这是我最后一次见他了。对筑建西方文明的基础这一主要原则表示支持，一如既往效忠于祖国事业，这是他一直以来的思想和目标。二十多年里，他一直在领导着这个国家。在行政和外交事务方面，他是一个英才。他懂得如何在艰难的环境中用怎样的耐心和毅力坚持下去。在最关键的时候，他未能当机立断，所以都会导致失败，而且也严重损害到了他自己和他的国家。他无法准确分辨时机，在面对胜利或灭亡时往往倾力一搏，这是由他过度丰富的外交经验和天长日久形成的过度政治应激能力造成的。在慕尼黑时期，希特勒配置好军队和装甲车辆还需要很长时间，如果贝奈斯总统那时进行突袭，那希特勒就会在对自己极度不利的情况下挑起第二次世界大战了。

* * *

我决定，努力在回国前重新和戴高乐将军建立友好关系。虽然我们和他的关系已经由于“自由法国”负责人在 12 月间抓捕佩卢东、布瓦松和弗朗丹而变得比较严峻。我在元旦邀请他 1 月 3 日来我别墅这里晚餐，并且留宿。“如此，我们就可以当面谈谈了，我觉得早就有必要谈谈了。我妻子也在这，如果戴高乐夫人愿意的话，我和她将十分欢迎你们共同到来。”很明显，戴高乐将军觉得时间来不及。除了法国官邸，他在北非期间是不喜欢留宿别处的。这一点我本来应该想到的。以后的机会还有很多，他这样推辞说。事情因此就被搁下来。但是，到了 1 月 12 日，我再次相邀，因为他在同一天会到达马拉喀什，他答应来吃午餐。其他客人是：达夫 · 库伯先生、黛安娜夫人、比弗布鲁克勋爵、奈恩先生和奈恩太太。其中奈恩先生是我国在当地的领事。戴高乐将军来的时候十分欢喜，问候我妻子时说了英语，而且用餐时也都用英语。作为回礼，我就用法语交谈。

女士们用完午餐就到外面逛市场去了，戴高乐，我，还有其他男士全部都在花园里谈话，时间持续了很久。应该使话题更轻松一点，我可以说法语。我是这样想的。我要与他交涉的问题还真是不少。事后，奈恩先生做了回想并做了记录，里面说到：“我听到丘吉尔先生用英语凑到达夫·库伯先生耳边说：‘我的法语是不是说得很好？而且戴高乐将军肯定能听懂，因为他能说漂亮的英语。’他在说这话时的声调使其他人都可以听清他在说什么。”众人听罢，戴高乐将军先笑出声来，然后哄堂大笑。戴高乐将军本来是比较警戒的，然而在接下来的谈话中，他全无戒心，并且在主动听取丘吉尔先生的议论时，态度是友好合作的，因为丘吉尔先生一直在用法语交谈。”

我做了广泛而又严肃的评论。对于那些他势力所能触及的法国著名人士，他为什么报复他们？在美国那边，他已经给自己带来了很多困难，这些他会不知道吗？罗斯福总统对他气愤至极。美国的支援，还有他友善对待我们的态度，这些都是我们要仰仗的。他自己的任务已经因为这种摩擦——其他还有一些，而变得更加复杂，这些都是不必要的，可是他为什么要这样呢？他为什么会一而再再而三地招惹这些大国政府？要知道他们若不予援助，他是不能存活下去的。还有一个小问题：乔治将军是我特地从法国请来的，这样事情就好办一些了，可是他把他逐出委员会去，这又是为何？戴高乐在此时说，他已向乔治将军发出出任荣誉退伍军人委员会主席的邀请。我问他收到了什么答复。他说：“没有任何答复。”我说这属于正常现象。像这样的职位，戴高乐到底有没有给人家，我真不知道。不过，谈话结束时，大家都很高兴。我欣然接受了戴高乐将军结束时的邀请，第二天早晨去参加阅兵式，这是他特地为我举办的。于是，第二天，戴高乐和我看着大批法国部队和摩洛哥部队，从我俩所处的小型检阅台前迈过。在马拉喀什这个绿洲上，在一小时长的时间内，居民们一直在为这次阅兵式欢呼着。

* * *

众多困难也围绕德黑兰会议上的另一问题而出现了。斯大林曾提出占有一部分意大利舰队的要求，这过程我们都是清楚的。在谈话中，罗斯福总统提到了三分之一这个数字，这是大家对他的记忆。对于这种提议，英国三军参谋长们是不认可的，而且他们也一直根据其他的说法与他们的俄国同僚们进行谈论。罗斯福总统把全部情况都直接告诉我了，因为“三分之一”这个数字使他心里很不踏实。

罗斯福总统致首相　　1944年1月9日

我们已答应苏联在2月1日交接意大利舰只，哈里曼说，如果莫洛托夫问他，我们将怎样实现这个承诺，他需要同莫洛托夫进行讨论，所以他要求我们就这个问题给予答复。这些我都已经告诉你了。我告诉他，我心里是这样想的，为了增强苏联的作战能力，可以把三分之一俘获的意大利舰只交给它；只要是可以分配的舰只，尽快从2月1日起开始交付。

后来，哈里曼提醒我，最初在10月的莫斯科会议上，斯大林提出的要求是:在俄国北部沿海地区使用一艘战列舰、一艘巡洋舰、八艘驱逐舰、四艘潜艇；在黑海使用四万吨商船。而在德黑兰会议上，他只是再次说明莫斯科会议上的要求。额外给俄国人分配船只，使其总数达到我们缴获舰只的三分之一——这样的要求，无论在莫斯科还是德黑兰，都未曾提到。所以，关于“三分之一”的问题。哈里曼并没有与莫洛托夫讨论，因为他认为，我在12月21日，只是想把情况告诉他，才给他去了那样的电报。

哈里曼重点说到，最重要的是，我们要兑现提供这些舰只的承诺。他的意见是，我们不兑现承诺或故意耽误的行为，只会使斯大林和他的同僚对我们是否会果断履行在德黑兰承担的其他义务表示怀疑。

相反地，三军参谋长们的意见是：计划发动的战役可能会受到这种交接行为的影响，所以不能答应。他们害怕的是，意大利海军和陆军会因此不再与我们合作，而且还会砸沉我们的许多在“铁砧”和“霸王”战役中必需的、重要的舰只，或者搞破坏。目前，北方的海洋十分不适合这些军舰出航，而且黑海也不允许商船通行，这些他们都看到了，所以他们推测说，对俄国的战斗实力而言，这样做并没有多少实际上的助益。

对于这些意大利舰只的一部分或者全部，盟国有权力在它们认为合适的情况下加以处理，而修改过的协定中就规定了这一点，所以这样的修改是明智的。届时会由海军上将坎宁安负责谈判。但是，我们盟国取得（人们）的信任，并维护这种信任，这才是重点。同时，我认为，为了索求一个方法来解决苏联要求2月1日前后开始交接意大利舰只的问题，我们应该竭尽全力付诸实际行动。

既然我们的参谋长们认为，“霸王”和“铁砧”战役可能会因此受到影响，那么你认为这样做是明智之举吗：我们把这种影响解释给约大叔，并提议延迟提交意大利舰只的日期，直到开始“霸王”和“铁砧”战役以后。考虑到现在地中海战场由英国指挥，我非常期待听到你的想法，而且，看待即将采取的行动时，我们也要完全达成一致。很明显，不管我们哪一方，都不能就这个问题单独有所行动。但是，我们不应违背已经承诺给约大叔的话，这一点我认为你会认同的。

这封电报要表达的意思很含糊。对于我们在10月协定中讲到的舰只，我是认可的，但是对“三分之一”这种泛泛之辞，我不同意。于是，我答复说：

首相致罗斯福总统　　　　1944年1月9日

对于你在舰只问题上的意见，我完全赞同，如果我们丧失对斯大林的信用，那是不合适的。希望在一到两天内，能给你一个建议，因为我已经和艾登用信件交流一个星期了，就是谈论这个问题，到时你和我再联名发出电报。

对于大西洋两岸三军参谋长们的意见，我个人是完全赞成的。这些意大利舰只曾经毅然决然地开赴马耳他岛，并主动任凭我们调遣，所以我认为，即刻使它们易主，将会损害到意大利与盟国之间的合作。不能仅仅让意大利投降，而且还要让它一直站在我们的阵营，参与战争，将来还要处理欧洲问题，这是我们在 1943 年全年中的目标。依我看，在现在这个时刻，伤害意大利人的感情，后果将是糟糕的，为了不至于达到那个地步，英国可以付出巨大牺牲，提供俄国一些英国舰只。我打算如此力劝战时内阁和海军部。我频繁和国内交换函电，而且发现，我的国内同僚和三军参谋长们十分赞成我的意见，这真的令我格外欣慰。我们不能再希望美国付出很多了，因为太平洋战争的全部重任已经交给它了；而且，此时我们已经击沉"沙恩霍斯特"号，所以在国内和北极的海域，海军实力都是充足的，在地中海也是如此。我和我的国内朋友们达成一致了意见，紧接着就对总统提出以下建议：

首相致罗斯福总统　　1944 年 1 月 16 日

1. 俄国人在莫斯科会议上提出的要求是：分配给他们一艘战列舰、一艘巡洋舰、八艘驱逐舰、四艘潜艇和四万吨商船，而我们在德黑兰时，仅仅是答应他们而已，根本没有说什么"三分之一"。我的这些记忆还是很清晰的。

2. 再者，三军参谋长们也确实是有理有据提出那些主要困难的。我认为，斯大林如果信任我们的意向和真诚，他极有可能会立即让我们解决这一问题，而且要采取最成功、最迅捷的方法。

3. 所以我提议，对以下事实，你我联名向他解释：

"(1) 联合三军参谋长委员会的意见是，我们三国的利益会因为现在就进行实际交接而受到危害，对意大利人泄露此事也有同样影响。但是，如果你三思之后，还是希望我们兑现承诺，我们将会进行必要的准备，这要与巴多格里奥私下联系。现在，开放的港口只有盟国港口和俄国北方的港口，而且必要的装备只能在那里进行，所以，我们决定，先让这些意大利舰只到达合适的盟国港，俄国船员在那里接管，然后再向俄国北方港口驶去。这是进行准备工作时要遵循的原则。

“(2) 可是，我们还有下面的变通之计，因为我们深深知道以上做法是危险的。

“最近，美国已经完成英国战列舰‘皇家君主’的装备工作，雷达也装备在上面，可供各种大炮使用；英国还可以提供一艘巡洋舰。这些舰只可由苏联船员在2月时于英国港口接管，然后开到俄国北部港口，这是国王陛下政府答应下的。不过，为了使它们适应北极的环境，如有必要，你们可以改装。在军事行动不受影响、意大利舰只的转交工作可以进行之前，苏联政府可以接管这些舰只，也可以撑起苏联旗帜，不过这只是临时租借。

“如有需要，也可在黑海行驶这些舰只，不过前提是，我们与土耳其人的关系因形势发展出现缓和，同时达达尼尔海峡开放。从任何一方面说，这个方法比第一个都要好，所以我们希望你们可以对此斟酌再三。”

4. 在巡洋舰方面，如果你们自行提供，而不用我们出主意，那么我们的压力就小多了。我们无力提供八艘驱逐舰。若你们不能自我填补，我们只能说，我们肯定不能在展开“霸王”和“铁砧”战役之前提供。我认为，你们应该可以自行达到四万吨商船的要求，因为你们的储备是丰富的，而且船舶被击沉的情况已经大大改善了，尽管如此，我们还是乐意分担一半。

5. 这些都是有可能的，希望我亲爱的朋友会有所思考，同时，请把你的想法告诉我们。据我分析，我们提出如此大方的建议，斯大林应该会有好感。不管怎样，信用和友善已经由此表达出来了。尽管我们提供了这个变通的方法，但是，我怀疑他依然会坚持意大利舰只的要求，尽管现在条件不充分。不过，我们此行此举，到底是正确的。

* * *

这个变通之计，罗斯福总统采纳了。其中一艘巡洋舰由美国人提供。所以，1月23日，根据我建议的方法，由罗斯福总统和我共同给斯大林发电报，告诉他全部的问题。后来，我们收到了斯大林的如下回电：

斯大林元帅致首相和罗斯福总统　　　　1944年1月29日

关于交接意大利舰只供苏联使用的问题，我已于1月23日收到首相先生和总统先生你们题名的联合电文。

有一点我必须指出，在德黑兰时，我提出在1944年1月底把意大利舰只交付于苏联的要求，你们二人共同答应，我们三人也做出决定，至此，我以为这一问题已经得到解决，但是我从来没想过，后来还会有另一番斟酌。更令我深信不疑的是，那时我们都认为只和意大利人商定这个问题就可以了。然而，事实却不是这样的，甚至这个问题也根本没有跟意大利人提起，这一点我今天才知道。

苏联政府的打算是接受你们的建议，这是因为对抗德国人是我们的共同事业，不使问题变得复杂是非常重要的。在英国的港口把“皇家君主”号战列舰和一艘巡洋舰调到苏联；在可以把合适的意大利舰只交给苏联之前，苏联海军最高指挥部会一直暂用这些舰只。同样，四万吨位的意大利船只转交给我们之前，我们也会计划一直使用从美、英两国接管的商船供。最重要的是，请不要再耽搁这件事，并在2月份把上述舰只全部交付我们。

关于1月末交接意大利的八艘驱逐舰和四艘潜艇的问题，首相和总统两位先生已经在德黑兰答应了，但是你们并没有回复。目前，不提供驱逐舰和潜艇，一艘战列舰和一艘巡洋舰对苏联来说是几乎没有意义的，此二者是再重要不过的。你们自己也很清楚，巡洋舰和战列舰如果得不到驱逐舰的护卫，它们发挥不了作用。从所有的意大利舰队中挑选八艘驱逐舰和四艘潜艇给苏联用，以实现在德黑兰的决定，应该是很轻松的，因为它们现在都由你们控制着。如果苏联交管英美驱逐舰和潜艇，来代替同样数目的意大利驱逐舰和潜艇，我们也答应。而且，交付驱逐舰和潜艇，与交付战列舰和巡洋舰一样不可耽误，二者应同时进行，我们在德黑兰也对这个问题做了具体决定。

虽然在我们和苏联盟国进行的电文沟通中有一些令人不怎么愉快的内容，但是正如我所期待的那样，这个问题最终还是解决了。根据原来的建议，苏联交接了“皇家君主”号和美国巡洋舰。而不得已的是，只能在“霸王”战役完成后，才能转交驱逐舰。海军部调出了四艘我们的现代化潜艇，借给苏联使用，这是为了使俄国人对上述安排轻易接受。战争结束后，苏联人又把这些舰只还给了我们，他们体现了众所周知的恪守信用；接着我们再次安排完毕，使苏联接管了部分意大利舰队的舰只，而且使用的方式是各方面都可以接受的。

* * *

我决定，在突袭安齐奥的战役开始之前，返回国内，尽管众人力劝，而我也非常希望再在这个休养所待两个星期，这是很愉悦的。“英王乔治五世”号在直布罗陀等着我，1月14日，这天气候特别适宜飞行，我飞到了那里。我又去了女修道院，因为当天下午到达时，天还很早。同样飞往那里的，还有威尔逊将军，他已任职地中海最高统帅；还有约翰·坎宁安海军上将，也就是海军总司令，他们都是从阿尔及尔出发的。我们共同谈论了大家共同奋斗的重要军事计划，这种谈话是急迫的，却也是十分乐观的。与我同行的其他人士已经在“英王乔治五世”号上了，我于15日会合他们。这艘军舰从阿尔赫西拉斯湾出发，驶入宽广的大西洋，接着直奔普利茅斯。航行结束，还是很舒适的。战时内阁阁员和三军参谋长们对我们的回归进行了热情迎接，他们的确十分欢喜。两个月以来，我都不在英国，对于我的病情和行动，他们常常担惊受怕、焦灼不安。今天终于回家了。我特别感谢我的每一个朋友和同事，他们都是忠实的、可以依赖的。

第九章　铁托元帅与南斯拉夫

米海洛维奇与铁托——巴尔干半岛战役的重要意义——迪金和麦克莱恩的代表团——意大利失败后游击队提升实力——我在 1943 年 10 月 23 日发给罗斯福的电文——米海洛维奇和铁托互相进行激烈对抗——我们政策的三个因素——麦克莱恩的代表团迎来伦道夫——国王彼得的尴尬境地——我于 1944 年 1 月 8 日给铁托的信函——他的回信——一度来往通信——我们把联络员从米海洛维奇方面遣回——1944 年 2 月 22 日我向议会提出报告——布里奇政府被国王彼得撤销

有一个壮烈而悲惨的故事，在这本书之前的大多章节中一直没有谈起，现在请读者稍做回溯。1941 年 4 月，希特勒入侵南斯拉夫，并且夺取了它，此后恐怖事件就常在那里发生。保罗亲王曾经正面抵御德国，后来被南斯拉夫幼主带来英国避难，他也血气方刚的，同来还有他们其他的政府成员。声势浩大的游击战斗又一次在南斯拉夫山区打响了。土耳其人遭到塞尔维亚人这种游击式抵抗，几个世纪都是这样。游击战争的统帅就是米海洛维奇将军，他的麾下是南斯拉夫的社会知名人士，他们都是侥幸活下来的。然而，他们的抗争几乎没有受到重视，因为世界的战事太纷杂了。“人类最深沉的悲苦”就包括他们所承受的。米海洛维奇作为游击队的领袖，也因一个事实而大大受损，这个事实就是：在塞尔维亚，他的很多部下——也就是那些知名人士，有他们的亲人朋友；同时，他们的家产在别的地方，还有一些可以认为和他们有明显关系的人。德军对此采取的恐吓手段是凶残的：优秀领导在贝尔格莱德被一批批地枪毙，每一批足有四五百人，这是在对游击队的斗争进行报复。这种压力使米海洛维奇不得不慢慢让步；他们可以在某些山区生存，不会遭受袭击；作为回报，抗击敌人的战斗将会很少进行，甚至不再进行。这是他的一些将领和德、意军队的约定，也是妥协。米海洛维奇的声誉可能会受到污辱，因为有一些人会面对严峻的考验成功坚持到最后。但是，他还是塞尔维亚的爱国者之一，是非曲直历史自有公论。塞尔维亚人反抗德国纳粹行径的斗争，在 1941 年秋季就不复存在了。只有普通民众骨子里的大无畏的情怀才能使这种民族斗争继续下去，事实上有这种情怀的是大有人在的。

在游击队伍中，以挽救民族危亡、打击德国人为目的的，一场气势汹涌、排山倒海的战争，如火如荼的蔓延开了。铁托是一个非同一般的人，他是游击队的领头兵，没过多久他就成了统帅。他是一个共产主义者，曾在苏联受过训练，自称铁托；他曾一直围绕着达尔马提亚海岸，尊奉共产国际的总政策，引导政治性的罢工，在这段时间里，希特勒还没有入侵俄国，南斯拉夫已经遭到袭击。然而，他会成为一个领袖，只需要他胸膛之中和脑海里流动着的共产主义学说，和他救国救亡之心喷射出的万丈豪情，二者合二为一；而他的拥护者，是只剩下生命可以抛弃的人；他们准备随时抛弃生命，但是就算要牺牲他们也会死在敌人之后。这样一来，德军面对的是一批“此生无所畏”的人，不能再成批地枪杀名士或重要人物以求解决问题，只有杀光他们才有效果。铁托指挥着这些游击队员抢了德军的武器，他们快速地扩张了队伍。要么战死沙场,要么收复国土,他们眼里只有这两个选项，所以无论德军对人质或村庄的报复是多么凶残，他们都不会停止下来。接下来，德军开始受到严重的损失，大片土地也丢失了。

对敌意志不坚决的南斯拉夫人（或者勾结敌人以求免于祸患的），肯定会和游击队之间产生剧烈的冲突，这是在所难免的。人们称米海洛维奇的部属为“采特尼克斯（Cetniks)”。采特尼克斯把游击队的行动计划报告给了德军，因为不管游击队撕毁他们和敌人的哪一条约定，德军都会杀死他们的人质。这种场面时常出现在偏远的山区，而且得不到制止。没有什么比这再悲惨了。

* * *

我会对这些事态尽力多关注一点，同时还要处理其他的事。我们唯一能帮助他们的，就是空投一些物资接济他们。这个战场的全部军事活动都在我们中东总部的控制之下，并且为了维持和米海洛维奇部属的联系，还成立了一个由情报员和联络官组成的机构。1943 年夏，西西里岛和意大利被我们攻破，即便在此时，我也从来没有忘记过巴尔干半岛的国家，尤其是南斯拉夫。米海洛维奇的下属部队代表着反抗德国的正式组织，也代表在开罗的南斯拉夫政府，所以我们派去的人员，到此时为止，只和他们有联系。1943 年 5 月，尽管南斯拉夫的游击队和“采特尼克斯”之间的斗争十分激烈，尽管作为一个共产主义者的铁托，不但进行着抵御德军侵略的斗争，而且还反对塞尔维亚王朝和米海洛维奇，我们还是改变策略，决定派少数英国军官和士兵取得和他们的联系。5 月底，迪金上尉建成一个代表团，与铁托保持联系。迪金上尉曾在牛津大学做特别研究员，并且一直在战前帮我记述，足有五年时间，这次他是被空运过去，跳伞降落到目的地的。紧接着英国派去的其他人员也到了。时至 6 月，三军参谋长已经得到了不少情报，他们 6 月 6 日报告说：“‘采特尼克斯’一心妥协黑塞哥维那和门的内哥罗的轴心军队，很明显我们无力挽回了，这是情报显示的结果。在后一地区，最近一次和轴心国军队作战并打垮他们的是组织性良好的游击队，而不是‘采特尼克斯’。”

南斯拉夫对轴心军队进行的抗战是地方性的，怎样才能使这种抗战的效果最大化，我几乎是在月底才开始关注这一点。6 月 23 日，我已经综合了所有的情报。于是在我的主持下，我们在唐宁街开了一个三军参谋长会议。我在讨论中强调，在南斯拉夫，反轴心军队的运动牵制着将近三十三个轴心师，其意义是极为重大的，所以要想方设法予以支援。必须加大对南斯拉夫的援助力度，如果有必要，宁愿减轻对德国的轰炸，或者削弱反潜艇战争，也要给他们增加少量飞机，这也算是支援：我认识到这个问题的迫切严重性，做出指示。

我在7月7日夜里，让亚历山大将军考虑这些支援行动。第二天我们就会登陆西西里岛。

首相致亚历山大将军　　　　1943年7月7日

最近，猛烈的战斗在南斯拉夫燃起了，在希腊也有游击战争，开始出现多行业罢工，这些我猜你都已经知道了。我们也可以在阿尔巴尼亚这个地方大有作为。英国为了提供援助，只是把少量接济物资空投下去，就引发了全部这些行动。要尽可能在整个巴尔干半岛西部点燃战争之火，这影响是深远的。我们只需要派几艘船进入达尔马提亚或希腊的港口，前提是取得亚得里亚海的出口权。当然，我们在其他地区所做的，也全是为了这些目标。

如何看待意大利战场和巴尔干两个战场的重要关系，对此我在两周后的一份重要电报中有所表述：

首相致亚历山大将军　　　　1943年7月22日

我会带着参谋人员去加拿大，与罗斯福总统见面，届时我们大家再相会。时间是在8月15日以前，很有可能那时西西里岛的敌人已被全数消灭。

在波斯尼亚，以铁托为名的游击部队进行了卓越的抗战，在塞尔维亚，米海洛维奇也有高效的、残忍的行为，我亲手整理了一份报告，其中对这些都一一说明了。我已经让一个军官转交给你。另外，游击队也在阿尔巴尼亚进行抗战，近来在希腊也有。巴尔干半岛的德军不仅有新派去的师团做增援，而且他们的质量和灵活性都得到持续提高，与此同时，当地的意大利军队也正得到强化。我们在巴尔干战场上，将会取得丰硕战果：敌人的这些部队不能抽调出来用在其他战场上；意大利一旦垮台，德军自己也承担不了这些压力。

与攻占罗马相比，任何其他目标都不值一提。我们希望解放巴尔干半岛，而我们可能会因它获得的各种利益，在攻陷罗马之后的阶段中也会获得。有这样一些情况：意大利的垮台；德国的其他卫星国家对意大利垮台的反响；德国因以上情况完全被离弃。很容易想象得到，特别是考虑到俄国军队展现出来的惊人实力，这些给欧洲带来的结果将是有决定意义的。

我相信，我的这些想法和三军参谋长们的意见是互相契合的，我在这一电文中把它们全部告诉你了。

* * *

在巴尔干半岛采取进一步的行动之前，要为其做好铺垫。必须有一个更大的代表团维持与前线游击队伍的联系。为此我决定任命一位高级军官，来带领这一代表团。而且，对于我们将来对游击队应该如何行动，我赋予他直接向我提议的权力。之后我就出发去了魁北克。

首相致外交大臣　　　　1943 年 7 月 28 日

我们计划派一名准将去南斯拉夫和铁托一起工作，并在那里指挥。同这些坚强的、一直受到追击的游击队员同台工作，就需要这名准将具备外交才能和领导才能，还要性格勇敢过人。下院议员菲茨罗伊·麦克莱恩先生，不但地位崇高，还在外交部受过训练。他胆略过人，我觉得应该大力保举他，不管我们打算成立怎样的代表团，都应该让他做团长。而且还要给他调一名得力的陆军参谋过去。

1943年9月，南斯拉夫当地的形势已经大大改变，这还是上述代表团在跳伞降落后才发现的。我们事先并没有发出任何关于意大利投降的通知，南斯拉夫要收到这一消息只能通过官方电台，尽管如此，铁托的反应是快速而高效的。游击队在几个星期内，就收缴了意大利六个师的武器，还有另外两个师倒戈，帮助游击队反击德军。有意大利的枪械，现在可以武装起来的南斯拉夫人有八万多，而且，现在大部分亚得里亚海岸线上的地区都可以攻占。在亚得里亚海方面，有一些阵地关系到意大利前线，大好机会就在眼前，我们现在就可以强化它们。虽然大多还是游击作战，但是现在的南斯拉夫游击队总共有二十万人，他们对于德军一天比一天凶残的报复，却可以普遍地进行反击。

有一个结果是，铁托和米海洛维奇，因为南斯拉夫的战斗一天比一天激烈，二者之间的摩擦越来越剧烈。流亡的南斯拉夫政府的地位，还有它的君主政体，会因为铁托不断扩充军事实力，而越来越受到严重威胁。在战争结束以前，为了促使双方达成某种可行性妥协，我们在伦敦和南斯拉夫境内，都曾经长期付出了真诚的努力。艾登先生1943年10月到莫斯科赴会，因我曾寄希望于俄国人，希望他们从中调节，就把南斯拉夫的问题也列入议事程序中。10月23日，艾登在会上真诚又客观地论述了我们的想法，但是俄国不但不乐意互换情报，也无心探讨行动方案。虽然我们希望盟国对南斯拉夫有一条共同政策，但是我看出，要在南斯拉夫敌对党派之间得到任何一种可能性的协议，希望都是渺茫的。即使是在很多星期以后，也是如此。

前海军人员致罗斯福总统　　　　　　1943年10月23日

南斯拉夫的铁托和米海洛维奇双方之间的纠纷让人难以解

决，在希腊的两派游击队也是如此。然而，在长九百英里、宽约三百英里的无边山区，大概分布着八十个英国派出的独立单位，它们在威尔逊将军指挥下，与游击队以及爱国部队互相合作。当地驻着我们派来的一些具有准将军阶的将领，有不少已经驻了两年了，他们非常老练精干：巴尔干半岛的形势，是使敌人不好受的。

目前，至少二十五个德国师和八个保加利亚师的敌方兵力在这个战区。但是，主要城市以外的地区他们还无法掌控，而且持续疏通铁路也一天难似一天。敌人受到的这些损失是巨大的，尽管战争本身凶残至极血流成河，而德国鬼子又在疯狂报复并杀死人质。铁托的游击队和米海洛维奇的塞尔维亚人之间的矛盾由来已久，是无法斩除的，但是，对于希腊方面的冲突，希望我们过些日子能解决掉。

事实有力佐证了我对前途的悲观推测。关于自己领导下的运动，11 月末，铁托在波斯尼亚的亚伊策召开政治代表大会。会议当众夺取了的南斯拉夫王国政府（当时在开罗）的一切权利，并成立了一个临时政府，宣称是“唯一可以行使南斯拉夫民族权力的”政府。不准国王回南斯拉夫，直到他们解放国家。毋庸置疑，在游击队的努力下，南斯拉夫的主要抗战力量，逐步变成了他们自己，意大利投降以来，这一点尤其明显。然而，现在的南斯拉夫被别人占据着，存在内战，政府又流亡在外。关于未来政权，无论做出怎样的政治决定，它都不应使其无力补救，这一点是相当重要的。目前，最大的阻碍是以悲剧收场的米海洛维奇，而我们和游击队密切的军事往来不能中断，只好剥夺米海洛维奇陆军大臣的职衔，我们这样建议南斯拉夫国王。在米海洛维奇所辖地区内活动的英国代表团，在 12 月初被调遣回来，与此同时，不再提供他正式援助。

*　　*　　*

上述情况就是我们在德黑兰议会的时候，讨论南斯拉夫问题的依据。最大程度支援游击队是我们三个盟国的决定。但是，对于南斯拉夫在战争中发挥的重要作用，斯大林不以为然。巴尔干半岛的轴心师的数量是我们统计的，俄国人甚至也对此发表了不同意见。然而，苏联政府赞同安排去铁托那里的代表团，这还是艾登先生鼓动的结果。他们也有心联络米海洛维奇。

我和南斯拉夫的国王彼得会晤，是离开德黑兰回到开罗之后。把米海洛维奇从内阁罢免出去，也许是有必要的，我提醒他游击运动的浩大声势和重要性时说，游击队会逐渐取得对国家的控制，在这之前，要尽快与铁托达成某种暂缓性协议，这是南斯拉夫国王重返国家仅剩的希望，我们会从中调解的。俄国人也表示，如能达成某种一致协议，他们愿意尽一份力。艾登先生在 12 月 21 日收到苏联大使的信函如下：

> 一方是铁托元帅和南斯拉夫民族解放委员会，一方是南斯拉夫国王彼得及其政府，两者目前剑拔弩张，这一点苏联政府是知道的。解放南斯拉夫的战争目标，已经受到双方公然对战的妨碍了。这是因为他们一直在攻击对方，并且激烈声讨，特别是源于最近诸多事端。英国政府认为必须努力创造双方合作的条件，南斯拉夫人民正在进行的抗击德国入侵者的行为可以从中获得利益，对此苏联政府是认可的。苏联政府对完成这一任务过程中存在的棘手问题非常清楚，尽管如此，我们还是会为了双方的妥协用尽全力。为了使盟国能够完成共同作战，必须集中全部南斯拉夫人民的力量，这就是我们的目标。

眼下形势不好，我们的指导思想是什么，就这这一点征求意见：

曾奉命前往米海洛维奇处代表团的负责军官，和与铁托合作过的军官，他们看法几乎相同；史蒂文森先生也这么看，他作为英国的大使在南斯拉夫王国政府处。这些人的意见如出一辙。史蒂文森先生在12月25日与外交部通电时说："第一，南斯拉夫的领导权将落在游击队员身上；第二，我们尽可能支持他们，因为他们对我们有重要的军事价值，而政治必须为军事服务；第三，如果我们还认为，对南斯拉夫起主导作用的因素，是君主政权，恐怕连自己也根本不相信。这是我们出台政策的三条新依据。"

* * *

南斯拉夫的事使其自身暗藏危机，我在马拉喀什生病这段时间，对此非常担心。在这个时候，曾和我同在开罗的麦克莱恩，非常希望我的儿子和他一起，回到南斯拉夫。所以，我们商定，伦道夫将跳伞降落到代表团处。

首相致外交大臣　　　　1943年12月29日

伦道夫曾经在这个月25日把下面的备忘录交给我。他现在正伺机跳伞到南斯拉夫，不日即将动身。依我看，他备忘录里的意见大部分也是你我的想法，是可以付诸实践的。

"1. 必须先解除米海洛维奇将军的职务，只有这样，我们在南斯拉夫的政治作为才会产生效果，这是麦克莱恩和迪金的论点。史蒂文森曾经为此与他们激烈辩论，然而，他三周前在开罗时，却没有再提出反对意见。由于南斯拉夫国王耽搁时间，如果我们今天再迈出这一步，可能只会获得军事利益而非政治上的，虽然如此，和三周前一样，走这一步是正确的。

"2. 在某种程度上说，尽管受到现今形势的影响，麦克莱恩在开罗的见解至今还是正确的。他曾经指出，高调地罢免米海洛维奇，会营造一种气氛，在这种气氛中，南斯拉夫国王的前途可能会好转，虽然国王不会获得什么回报。

“3. 所以，南斯拉夫国王彼得应撤除米海洛维奇的职务，国王陛下政府也应立即对他表示否定，这是其一；其二，为了使这种局面带给我们的军事利益最大化，并调查南斯拉夫国王从罢免米海洛维奇以后的新局面中，会获得怎样的利益，麦克莱恩应即刻返回铁托的总部。以上两点确实有必要做到。”

我的个人意见和回复铁托的草稿信也引述在此：

首相致外交大臣　　1943 年 12 月 30 日

目前来看，如果罢免米海洛维奇，就要铁托承认彼得的王位，对于这种条件交换，铁托是肯定不会答应。米海洛维奇确实曾经主动投靠德军，我想起在开罗的时候，迪金和麦克莱恩口述的所有情报，我听到的各项汇报，都证实了这一点。米海洛维奇一旦被罢免，国王将会大有转机，我们也可以从铁托的总部为其争取利益。应该在今年岁末以前罢免米海洛维奇，大家全部认为应该这样劝说彼得，要使双方互相妥协，无论是我们，还是南斯拉夫国王，都必须停止与他的联系。

请告诉我你的选择，是发出下列电报，还是单纯致谢以示友好。眼下可以和这个关键人物搭建友谊桥梁，如果采用后者，我怕错过机会。

我认为，国王应该采取和你一样的方式，终止与米海洛维奇的联系。彼得只有这一次机会。希望你会把你的方式告诉国王。

美国和斯大林见到这份私电，会感觉惊异，而且那样也浪费时间，这都不是我希望的。不日，麦克莱恩和伦道夫将会跳伞至南斯拉夫。如果你没有意见，我会以信函形式空邮给麦克莱恩，由他转交。

1月2日，我又给外交大臣发电报说：

年轻的国王脖颈上挂着米海洛维奇这块石头，如果不把他驱逐出境，就寸步难行：这是我认识并信任的人的说法，而今我深信不疑。

外交大臣赞成我给铁托去信，于是成行。他曾经也来过信函，恭贺我身体康复。

非洲：1944年1月8日

阁下，南斯拉夫英勇的爱国游击队，承蒙你们真挚关心我的身体，感激不尽。所有你们的勇敢义举，我是通过我的朋友迪金少校知道的。只要人力可以达到，我们都会尽力支援你们，这是我最由衷的期望。跨海供应，空降支援，调动远征队协助你们岛上作战，这些措施我们都会采取。在你们的总部，我的朋友麦克莱恩准将是一名下院议员；伦道夫·丘吉尔少校，我的儿子，也是一名议员，过些日子就会和你们共同行动。

必须完全铲除纳粹—法西斯留在欧洲大陆上的余毒，这是我们目前最伟大的目标。对于南斯拉夫的未来政府问题，英国人绝对不会专制擅断，对此你可以放心。同时，为了战胜共有的敌人，我们的愿望是，尽可能使任何一种力量都团结在一起。在这以后，听从人民的意愿，决定政府的形式。

我决意只支援你们，而米海洛维奇则再不会得到英国政府任何军事支援；我们也乐意的是，他在南斯拉夫各委员会中的职权被王国政府剥夺。然而，代表着南斯拉夫的国王彼得二世，年少时摆脱保罗亲王的铁拳摄政，作为一个罹难的年轻王子来到大不列颠。对我们而言，把王子弃置不顾，并非仁义之举，也不是什么光荣。让他割断所有与祖国现有的联系，我们也做不到。所以，无论出现什么情况，我们尽可能军事上支援你的同时，和他的正式关系都会维持下去，对此期待你的理解。另外，你们双方的冲突只会让德军获利，所以双方化解矛盾也是我的期望。

在工作中，我会与斯大林元帅和罗斯福总统一直亲密来往下去，他们是我的朋友；目前，苏联政府已派遣军事代表团到你的总部，他们会和麦克莱恩准将所指挥的英美代表团一样，相互配合、和谐工作，这是强烈的期盼。无论何事，只要对你有力，你又认为我有能力办到，请全部告诉我，我必定全力去实现。如有来信，请交予麦克莱恩准将，他会转交给我。

期盼着你们远离危难，全部的欧洲人民摆脱专制，获得自由。

大约在一个月以后，我才收到复信：

铁托元帅致首相（1944年2月3日收到）

阁下：

1. 麦克莱恩准将已经把你信转交给我。你已表明：为了自由和独立，我国人民正在异乎寻常的艰苦条件下进行斗争，我们需要什么，渴望什么，你都真切地了解了，你作为一个真实的友人和同盟者站在我们身边。这是值得仰视的。你在来信中，对我们的斗争和民族解放军的战斗评价很高，于我而言，这是一份荣誉。把自己在德黑兰会议上的相片馈赠给我，还题上了字，我对此由衷感激。我们民族今天到了最危难的时期，却得到了你这种珍贵至极的友情，请阁下相信，我们会一直努力保持这份友情。不仅仅是战争时期，而且在将来的和平年代，我们都需要伟大盟友伸出援手，救助我们。因为无耻的法西斯侵略者给我们的创伤是沉痛的：国家被破坏，人民处于水深火热之中，已经无力自支。面对共同的敌人，在做出共同军事努力中，作为一个同盟者，尽力承担起应负的责任，这是我们的愿望。目前，我们的战争局势得到了极大缓和，这有赖于盟国的支援。在现阶段的战争中，坦克和飞机对我们而言是必不可少的，因为民族解放军的实力有限。希望在你帮助下，我们能够获得这些重武器。

2．关于你对国王彼得二世和王国政府的责任，我是非常理解的。在这个问题上，我不该妨碍到我们的盟国，只要我们民族利益允许，我会尽力减少无谓的政治斗争。然而，南斯拉夫的人民把重担扛在自己肩上，我们的使命就是完成任务，恐怕我要明确告诉阁下，国内的政治局势，是在艰苦的斗争过程中产生的，这些斗争是为了争取民族的解放。一些个人或政治集团，利用这个局势来进行斗争。然而，不仅如此，所有爱国的人，所有参与战斗的人，所有长期以来身系这场战争的人，都期待这一局势，南斯拉夫各族人民中的绝大多数都是这样的人。对于他们的愿望，我们难以抗拒。

3．为了使反击侵略者的斗争更加有效，我们团结每一名爱国和正义之士；战前南斯拉夫各民族之间不会互帮互助，才使国家陷入危机，现在我们要使他们团结友爱；要使南斯拉夫真正民主起来，建立联邦制度，使南斯拉夫的各个民族在这片土地上收获幸福，所以我们要为此准备条件。以上就是我们现在努力的方向。你深知我们，也会支援我国人民的斗争，对此我深信不疑。

南斯拉夫元帅铁托谨启

我马上回答他：

首相致铁托元帅（在南斯拉夫） 1944年2月5日

1．很高兴你顺利收到了之前的信函，收到你的回信，也很欣慰。你没有说会怎样对待国王，我是可以理解的。我同意促使他罢黜米海洛维奇，现任顾问人员可能因之请辞，他也应该正确对待。在过去几个月，我一直是这个意见，然而现在，我举棋不定了。你是知道的，对他我自有一种个人负担。有这样的观点，就是他如此一来，无异于抛弃为数寥寥的跟随他的人。如果你能给出对以下问题的答案，我不胜感激：他和你的关系，以及与你们的运动之间的关系，会不会在他罢免米海洛维奇之后，变得友好，而且他将来可以参与你们的运动？在南斯拉夫彻底解放之后，再讨论未来的君主政体问题也不迟。有很多方面的力量，尤其是现在仍远离中心的塞尔维亚分子，都会在你和国王达成一致的可行性协议以后，自然团结起来，如此一来，你们的政府和运动，不但威望升高，还能获得大量资源。在如今的初立阶段，变化无常，南斯拉夫在盟国的会议上发言时，想要统一声音，只能如此。你认为我期待的答复是怎样的，希望你能告知。

2. 国王陛下政府一定会在以下方面支持你：团结一切爱国力量和正义之士，持续成功地进行反击侵略者的斗争；使各个南斯拉夫民族的人民互帮互助；改善现状以建立一个真正民主的南斯拉夫，一个联邦制的南斯拉夫。

3. 地中海最高盟军司令将奉我之命即刻组成一支突击队伍，在达尔马提亚海岸进行两栖进攻。这些兵力不日就会调过来，剿灭诸岛上的德国守军，是没有可能不成功的。因为在这一带，会有空军和小型舰队的支援，还会有你们的配合。再者，尽管我们必须时刻准备改变其路线，我们还是一定要全力打造一条海上交通线，直达你们那里。你们队伍需要坦克、反坦克炮和其他的重武器，还缺少其他不可或缺的物资。就算我们只有一条交通线，也可以如数提供给你们。麦克莱恩准将可以直接联系我和最高司令，我完全信得过他。与此有关的全部问题，你可与他接洽。

铁托的复信：

1944年2月9日

对于你在来信中提出的所有问题，经过我与南斯拉夫民族解放委员会以及反法西斯民族解放委员会的分析讨论，有如下回复：

1.1943年11月29日，在南斯拉夫反法西斯民族解放委员会第二次会议中，如你所知，他们确实是强烈拥护南斯拉夫民族联盟的，这你是知道的。然而，开罗的政府必须解散；德拉扎·米海洛维奇的行为也必须压制，因为真正的团结，不可能让南斯拉夫和开罗同时存在两个政府。所以说，该政府大量耗费国家钱财，它必须就此向南斯拉夫反法西斯民族解放委员会的政府做出书面报告。

2.应当由盟国出面，宣布唯有南斯拉夫民族解放委员会才是南斯拉夫的政府，国王彼得二世也应当受南斯拉夫反法西斯民族解放委员会法律的约束。当然，前提是他支持这个政府。

3.反法西斯民族解放委员会将会考虑与彼得国王合作，前提是：他认可以上各个条件，而且答应，在南斯拉夫解放后，听从人民的自由意志，决定南斯拉夫的君主政体问题。

4.战后由人民按照自由意愿来决定自己的政府形式；在这完成以前，国王彼得二世将倾尽他所有力量拥护南斯拉夫各族人民的不懈努力。国王应就此公示，还应声明，只有祖国的利益才是他在意的，他的愿望是祖国走向自由。

首相致铁托元帅 1944年2月25日

谢谢你理解我的难处。你的困难，我完全了解，对于你解决这些困难的思路也表示赞赏。可能几个星期以后才会奏效，但是我们的第一步行动已经实施下去，那就是下令安全调回米海洛维奇处我们的联络官。以下假设成立的话，现在你能不能向我保证一点，就是邀请国王彼得和他祖国的人民一起参与战斗？这些假设是：他摆脱了米海洛维奇，抛开了其他奸佞顾问，而且战后的南斯拉夫各族人民可以自由决定他们自己的基本法，这一点永久有效。对这个青年来说，与抗击共同敌人的所有南斯拉夫各族人民站在一起，是他再真挚不过的愿望了，我想我的判断是正确的。然而，目前我还不能促使他撤掉米海洛维奇，令他放弃他的政府，并与塞尔维亚人终止所有联系，只因为我还不确定他能否仰仗你的支持和合作，这一节我想你是知道的。

对于你的这些要求，我希望再考虑一番，做出改进。因为我已经对国王彼得提议，让他来伦敦和我一起研究这些问题。如此，我们双方才能就南斯拉夫的统一达成一致，进而回击共同的敌人。如果有什么要求，请不要犹疑，只管确切清楚地提出来。请你相信，并不是因为你不够热爱你的国家，你现在的要求才不能全部得到满足。

* * *

我在 1944 年 2 月，把所有相关情况告诉国会。内容如下：

“游击队的组织原则就是游击战的原则。在精当得近乎神明的指挥下，他们神龙见首不见尾，还可以忽然击毙敌人。他们行踪莫测，他们无处不在。在德军对游击队疯狂扫荡时，他们几度被全面包围，但是都能痛击、扰乱敌人，最后逃之夭夭。没过多久，米海洛维奇将军部队的人数就比不上游击队了。除克罗地亚族和斯洛文尼亚族人，还有众多塞尔维亚族人，都已投靠铁托元帅。目前铁托掌握着不少的师和军，这些包括二十五万人和大批武器。武器是从敌人或意大利部队那里缴获的。

“游击风格很好体现在组织运动的全过程中。如果没有游击风格，就算运动已经成形也没有成功的可能。一个民族运动得到扩大并普遍发挥作用，它的中心点和根本点是这些英雄的军队。能够开创这样的运动，共产党是幸运的。然而，一旦在实力和数量方面强大起来后，运动就要经历一种整合和统一，民族偏见随之增强。铁托元帅被游击队奉为卓越的领导者，在为自由而战的过程中，他也名声大噪。但是，似乎是出于必然，这些部队与米海洛维奇将军麾下部队产生了纠纷，这是不幸的。米海洛维奇的下属对敌人让步，而被士兵们的行为扰乱了，米海洛维奇设法制止他们。于是，他们面对着共同的敌人，几番激烈的斗争，多少深仇大恨，不幸地在同一种族、同一国籍的人群中产生了。

“我曾经尽我一切努力在行动上支援铁托元帅的运动，而且现在也在努力。我十分关注他的运动，过去很长一段时间都是如此。迪金是牛津大学的特别研究员，是我的一个青年朋友。大概在一年前，他空降到南斯拉夫境内铁托元帅的总部工作了八个月。之前他是上尉，如今他已获得功勋勋章，拜为中校。一次，他和铁托被同一枚炸弹炸伤，于是成了朋友。我相信这种友谊，无法建立在我们的个人来往之中，它是人民和人民之间的友谊。关于斗争全过程以及相关人物，迪金中校都在报告中为我们做了生动的描绘。”

*　　*　　*

两个月以来，关于南斯拉夫的情况，政治斗争一直存在于客居伦敦的南斯拉夫人士之间。双方本着利益对等达成妥协的可能性，会随着时间逐渐的消逝，变得越来越小。

首相致外交大臣　　　　　　　　1944年4月1日

我的意见是，那些南斯拉夫国王的顾问人员，已经在拖累国王并给他带来祸患，所以我们应竭尽全力劝他远离他们。这事早就该办好了，过去我预测的是去年岁末以前，你也知道。如今，我们还在搁置着它，我看不到其中有利的地方。自始至终，我都认为：布里奇政府如果请辞，国王可以答应他们，也可以主动辞退他们，他就是应该远离米海洛维奇；在几个星期内，他失去政府也没有多少损失。我们眼下唯一能做的，就是对彼得国王适当发表声明表示支持。

我得到情报，为压制匈牙利，德国已经下令从南斯拉夫调出三个师团；匈牙利北部出现新局面，铁托部队应该尽可能利用好这一点，最要紧的是，联络匈牙利当地的游击队。

这一切变化，对南斯拉夫国王来说，对他名声败坏的政府来说，是没有好处的。然而铁托却可以从中获利。你在备忘录中，也对我的意见表示赞同：如果不趁早有所作为的话，国王将错过重获王位的时机，也已表明了这种见解。这些问题，我们在开罗谈论过，之后俄国在铁托总部派驻了一个大型代表团，这是我们已经目睹的。在当地，俄国人会直接成立一个南斯拉夫，一个铁托统治下的共产党的南斯拉夫，并且他们会指责一切违背这个组织的行为，说那是“不民主的”，这些是毋庸置疑的。

为促使南斯拉夫国王罢撤布里奇及其朋党，使他不再与米海洛维奇有任何联系，进而使他成立一个不惹铁托反感的临时政府，他需要一份合适的公告。我希望公告由你来起草，而且速度要快。只有这样，我们才会在后来的五六个星期里，抓住一丝机会，为他们的沟通搭建桥梁。对于愿意（或者经我们的劝导愿意）与游击队共同作战的军事力量，我们不能放弃，即使复杂的塞尔维亚政治也不能成为理由。

米海洛维奇被罢免大概在 5 月底。有人邀请舒巴西奇博士建立新政府。舒巴西奇是一位干练的政治家，是马切克博士的农民党党员，曾经担任克罗地亚总督。

首相致铁托元帅（在南斯拉夫）　　　　1944年5月17日

今天早晨，在英方劝导下，国王彼得二世解除了布里奇内阁。米海洛维奇将军在内阁中任陆军大臣。英王陛下政府肯定会强烈支持国王的计划，他目前正打算组建一个以克罗地亚总督为中心的内阁，或者会成立一个国务会议。克罗地亚总督也就是伊凡·舒巴西奇博士。

作为总司令的米海洛维奇，对南斯拉夫的塞尔维亚地区来说，分量必定是相当重的，我们还不知道当地人会有何种反应。撤销米海洛维奇陆军大臣的职务，并不能扫除他的势力。他会有什么行动，我们无法猜测。在塞尔维亚，大概有二十万之众的有产农民。虽然他们也敌视德国人，但也有很重的塞尔维亚民族情结；农民有产社会的观念和卡尔·马克思理论，二者是背道而驰的，而他们却自然被前者占据。我的任务是帮助你团结这些力量，建立一个统一而独立的南斯拉夫，在南斯拉夫的土地上，荡尽侵略者，扫除罪恶的希特勒的杀手。

为了我们共同的事业，为了你我双方之间的关系，面对这些变故时，我们应该为其创造有利条件，使其向着我们的总目标发展，这是相当重要的。不要贸然急切地正面反对这些事变，否则我会觉得特别可惜。在我们可以就这次事变电文沟通之前，请你收住任何有伤这种新变化的议论，至少几周内不能发表。因为：欧洲将会出现决定性的事变；意大利战场的发展势头也有利于我们；威尔逊将军已经做出保证，他一定会全力支援你。正是这些，赋予我如此要求你的权利。

麦克莱恩准将现还在我处，希望你最少要等到他返回你处。三个星期内，他会集中所有意见，然后奔赴你处。

与此同时，我要再次恭喜你，因为你用几条战线就束缚住了许多敌方师团。过不了多久，英美军和俄国军队将会狂暴进击我们共同的敌人，战争会达到空前的高潮，铁托元帅，这一点请你拭目以待。你务必要在这个高潮中使出杀手锏。虽然无法保证，但是肯定有这种可能，那就是敌人力量会被快速瓦解。

我又在24日去信：

我预测，前总督克罗地亚，会在布里奇及其朋党业已被国王驱散的局面下，为自己拉拢某种力量。这个政府应该旁观事态，不必过问，这是我的意见。相较你在我们初期沟通的电文中的意见，依我看，二者是相符的。至于俄国人和美国人，所有我们沟通过程中的想法，他们都会收到。

麦克莱恩很快就会返回。如果他到达你处的话，请代我慰问伦道夫。我上了年纪，自身体重也不允许跳伞，不然我也会过去。

可以先结束这方面的谈论了。其他方面的情况一样富于变化，而涉及更多更大，后面将会讲到。

第十章　突袭安齐奥

在卡西诺前线上的猛烈战斗——突击登陆安齐奥——停顿带来重大损失——凯塞林要处理的危险形势——在滩头堡错过进攻时机——再次进攻卡西诺——在安齐奥遭遇打击——2月6日，我问威尔逊将军几个问题——2月8日，我给迪尔元帅去电——滩头堡的众多车辆——伤心和伤亡——2月16日，德军尝试全力把我们赶回大海——拼命战斗，取得胜利——3月1日，凯塞林宣布失败——2月22日，我将战况报告议会——2月23日，史末资来电——我的回电——法国的强悍德军调往意大利

在1月份前两个星期里，我们紧锣密鼓地准备“海滩沙石”工作，与此同时，第五集团军展开初步行动，目的是引开敌军的注意，并从滩头堡引开其后备军。“海滩沙石”是我们给安齐奥战役起的密码代号。第五集团军的行动就是连番攻击敌人，以求穿过加里利亚诺河和拉皮多河，而法国军团则绕到敌人右侧，直逼卡西诺以北高地。很明显，德军不会让我们越过以卡西诺为中心的古斯塔夫防线，所以双方激战不下。敌人纵深地带的最后一道屏障就是这条防线。他们在崇山峻岭之间的防御体系，是用无数的钢筋水泥铸成的，看上去无懈可击。监视哨设在制高点，下面山谷中的一切行动都在其炮火范围内。

深冬之季，酷寒之中，从北部侧击的法国军团前进了十英里，第五集团军也完成了初步进攻，继而在1月12日发起主要进攻。美国第二军在三天以后攻下特罗基奥山，渡过利里河，建了一个桥头堡，但是又失守了（特罗基奥山是利里河的最后屏障）。与此同时，在加里利亚诺河下半段，英国第十军跨江而过，夺取了明图尔诺和卡斯特尔福特外围一带，然而未能成功向北继续进军。圣安布罗吉奥也没有被它的右翼部队攻克。

我们如此一来对敌军靠海的一侧形成威胁，然而敌军并没有意识到其脆弱性。全部这些行动还是达到了我们预期的目的。敌人为了挽回局势，从后备部队中调用了三个精锐师。英国第十军承受住了敌军的攻击，没有败退。在飞机的掩护下，我方船队于 21 日下午成功进发安齐奥。此时的天气刚好对船队形成遮掩，使其秘密前进。我们狂轰滥炸敌人机场，许多敌机丧失飞行能力，在佩鲁贾，德国空军侦查机基地受到尤其惨重的破坏。关于当时的德军总部方面，维斯特法尔将军（凯塞林的参谋长）做了形象的说明：

> 卡纳里斯海军上将于 1 月 21 日到了众集团军的总部，他是德国情报署署长，手上可能有关于敌军登陆计划的一些情报，尤其是敌军航空母舰、战列舰和登陆艇的情况，我们都想知道，所以极力请他说一说。卡纳里斯说，未来一段时间里应该不会有新的登陆，我们没有必要为此担心，但是详细的情况他也说不上来。事实也如他所言：德军空中侦查和反间谍行动，几乎在这时毫无动静。卡纳里斯离开了总部。过了几个小时，敌军就登上了安齐奥[①]。

* * *

这次进攻的结果是很重要的。虽然我相信我已经努力使自己不激动，但是我还是紧张地等待着。

---

① 详见维斯特法尔《被围困的军队》一书第 240 页。——原注

我给斯大林去电：

1944 年 1 月 21 日

在德黑兰时，我对你说过，我们会大举进攻守在罗马的德军。现在进攻已经发动。好像天公也有意成全我们。希望日后报你佳讯。

没过多久，我获悉：22 日凌晨两点，在卢卡斯将军指挥下，美国第六军登上安齐奥海滩；美国第三师在安齐奥城南登陆，而在北面英国第一师也已登陆。时至半夜，三万六千人和三千多车辆全部登陆。事实是他们没有伤亡，因为敌人几乎没有反击。“敌人差不多根本就没有预测到我们的袭击。至于如何继续进军，我认为应该派出流动巡逻队探路并与敌人接触，他们可以给敌人强有力的打击。我已对以上安排的重要性做出强调，然而，如何安排他们工作，截至目前，我没有收到相关报告。”现场的亚历山大发来这样的电报，我非常赞同他的意见，回电说：“谢谢你传达的几条消息。格外令我欣慰的是，你没有握住滩头堡不放，而是设法进攻。”

* * *

但是，袭击的主要目标完全被破坏了，不幸的事发生了。为了使装备和车辆跟进，卢卡斯将军一心攻占滩头堡。指挥着英军第一师的彭尼将军，也是远征军的司令，他在后备旅和第六军团还没有跟上的情况下，急不可耐地想向内地挺进。他又没有完整的进攻方案，22 日和 23 日向奇斯泰尔纳和康博利奥尼两地发起进攻，然而规模都很小，纯属试探。两个完整的师和它们的附属部队（包括两个英国突击队、美国突击队和伞兵部队在内），包括大批辎重在内，于 23 日晚全部登陆了。但是，之前我们竭尽全力创造的有利形势，不复存在了，然而，他们还在加强滩头堡的防御。

凯塞林在四十八小时内集结了两个师左右的兵力，阻止我军持续向前。他的大部分后备军被他调往卡西诺战前线，与我军相抗。这两个师是他所有可能抽调起来的队伍。面对危险形势，他已经快速做出了反应。

对于做出以上部署的举动，德国维斯特法尔将军有精彩的评论：

> 敌人登上罗马南面时，我们仅剩两个营的兵力和附近的一些海岸炮兵。在敌军登上岸的当天，我们再也不能从附近调兵与之相抗。罗马没有遭遇敌军英勇的先锋进攻，倘若真发生了，他们将一往无前，因为去这座伟大古城的路没有任何障碍。敌人登陆后，前两天的形势简直危如累卵。我军布置了反击，其功效在两天后才发挥出来。为何会这样？敌人可能在什么位置登陆？他们会走

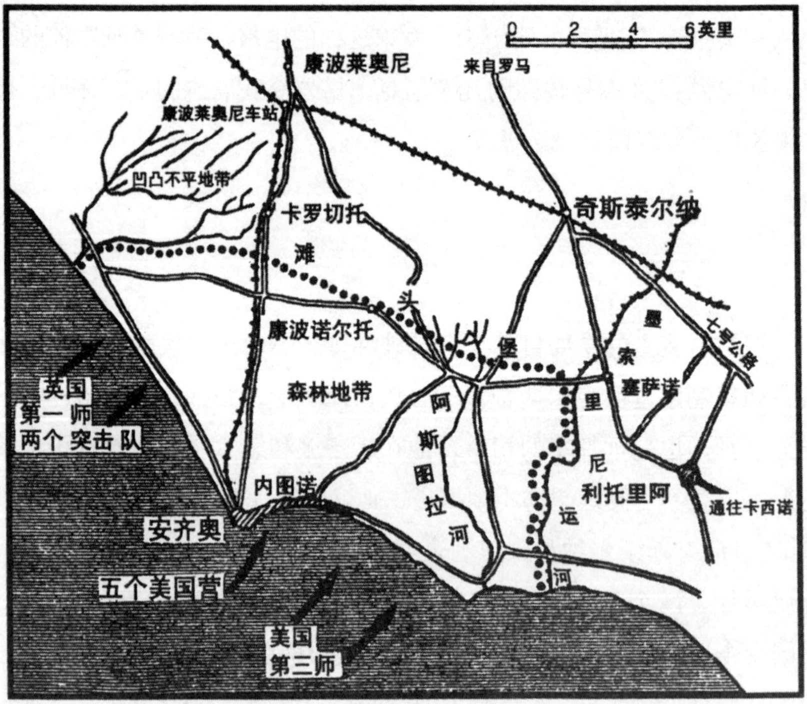

安齐奥

哪一条道？他们的调兵时间是什么时候？他们承担什么任务？我们要安排什么部队和纵队来阻止敌人前进？为此，德国集团军群在1943年12月，公布了一个紧急预案，对以上问题做了全面的预测和规定，而且这一预案适用于全意大利。这些预定的计划会在“理查德案件”的代号发出以后，即刻得到实施。实际上，大部分军队面临的情况是，在通往规定地点的亚平宁山脉道路上，当时已经出现冰冻，然而，相比规定日期，他们还是提前到达了。在法国、南斯拉夫和本国，也有救援部队赶过来，这是德国最高统帅部调动的。然而，敌人没有发动进攻，他们明显在为建立桥头堡而忙碌着，这真是出人意料。如此一来，我们就有机会建立一条新战线与敌人对峙。之前一直在意大利北部驻着的冯·马肯森将军麾下的第十四集团军，来这条战线进行指挥①。

我们进攻卡西诺，凯塞林决然进行反抗，丝毫不会示弱，尽管我们也威胁到他的侧翼。德军的想法是再明白不过的，在24日缴获的希特勒的命令中可以看出：

无论付出任何代价，都要坚守古斯塔夫防线。彻底成功保住这条防线，将会影响到政治。最高领导希望你们最顽强地作战，保卫每一寸土地。

他的命令被切实执行下去了。

* * *

亚历山大25日在报告上说，滩头堡难以攻破。27日，消息传来，

---

① 详见维斯特法尔《被围困的军队》一书第242页。——原注

情况严重：在整个战线上，距奇斯泰尔纳四英里的是美国第三师，距康博利奥尼两英里的是英国第一师，两处部队与敌人几经交手，最后都没有成功。美军一直在奇斯泰尔纳南面；虽然警卫旅已将步兵和坦克队的反击压制下去，得以前进，但仍有一英里半左右才能到达康博利奥尼。克拉克将军计划即刻去滩头堡。亚历山大说,这样的进军速度，他和克拉克都表示失望。我回电说：

首相致亚历山大将军　　1944 年 1 月 28 日

很高兴知悉克拉克去滩头堡查看。有一种悲观局面：在那里你们的军队被围堵起来，同时主力部队也无法从南面进军。

但是，事情真就这样发展了。

* * *

在卡西诺阵地上，在对德军持续进攻的同时，我们把他们的主力增援部队也引到前线，为了占领高地对卡西诺形成俯冲之势，从那里包围这个阵地，我们决定接着进攻更北的地区。前进顺畅：在卡西诺的上方，美国第二军穿过拉皮多河，与之同步的法国军团则靠右前进，占领了卡斯特隆山和科勒马约拉。支援修道院山的德军已到。我军向南攻占此山时，遭到敌人拼命持久的抵抗。为了填补攻势，亚历山大将军决定再调来新的战斗力,因为第二军在 2 月初时战力穷尽了。把第八集团军的三个师从亚得里亚海岸抽出来，成立一个新西兰军，听命于弗雷伯格将军，他的命令已经发出。按原计划，第八集团军是用来反攻敌军，并在前线抱死敌人的。它在未来的几个月中只能采取守势，因为实际上至少五个师的兵力被迫调出来，参加西海岸的激战。

很明显，更加激烈的战役随时会在两条战线上蓄势而发。因此，更多的兵力需要补充进来。按规定，主要战线上会在2月初迎来波兰的第三喀尔巴阡师。驻在北非的第十八步兵旅和第一警卫旅随时听候威尔逊将军调遣。正在前往此地路上的是美国第四十五师，而美国第一装甲师已于1月30日登陆安齐奥。他们都需要从小渔港经过，或在海滩上克服多重路障。“在马拉喀什时的预定是，用两三个师以迅雷不及掩耳之势进军，而就目前的情况来看，差距特别大。但是，为了给胜利铺好道路，海军将会竭尽全力，这一点你可以相信。”这是海军上将约翰·坎宁安来电所言，其中的承诺彻底实现了，这一点以后的事实会证明的。

* * *

1月30日，第六军第一次对安齐奥进行了强悍的攻击，并有所收获，而同时卡西诺的战斗也达到顶峰。然而，康博利奥尼还是没有被英国第一师拿下，奇斯泰尔纳也没有攻落在美国第三师手中。四个师的人众已经到达滩头堡。但是，德军依然能在交通线遭到我方空军轰炸的情况下，大力增兵驰援。他们已经有机会加强阵地，所以现在那里集中了八个师的主力部队，与我军相持不下。我方占领的营地，狭小得不能再狭小，拥挤得不能再拥挤。敌人只在夜里对我们停靠在海滩的船只进行轰炸，我们却颇有损失，因为同时还被敌人的炮火打乱了阵脚。德军已经加大了抵抗力，这是亚历山大在2月2日给我的详细报告中显示的，他已经重新查看战场。在以下两方面，即奇斯泰尔纳和康博利奥尼，美军第三师和英国第一师遭到敌人异常凶猛的抵御。进一步的进攻无法展开，除非这些据点被我们拿下。为了攻下奇斯泰尔纳，第三师在之前两三天里拼命战斗，现在与这座城市还有一英里上下的距离，然而士兵们都已劳累不堪。目前，康博利奥尼火车站被第一师的一个旅据守着，但是，“三个方向都有射击”奔他们而来——他们的阵地是一个突出的细长地带。“我已下令去准备一个计划，就是为了斩断敌人的主要供给线路，接下来我们要进行全方位突击，突击中要充分配合。”亚历山大在结尾说。

2月3日，敌军发起反击，插进了英国第一师的突出阵地，而亚历山大的命令还没有来得及执行下去。这预示着未来的战斗将会十分壮烈。威尔逊将军在报告中说道：“在突出阵地，我们的军队无法继续前进了，因为敌人封住了沿线。”

对安齐奥战役，我有几点甚是担心，在以下电文中显示出来：

首相致威尔逊将军（在阿尔及尔）
和地中海总司令 1944年2月6日

1. 我一点也不惊异于美国三军参谋长们的质问。而现在战争正值激烈阶段，再给亚历山大将军施加更多精神上的压力吗？那不是我愿意的。关于以下三方面的问题，你应做出解释：其一，第五〇四团伞兵按规定要用在安齐奥，为什么没有遵守这个规定，前方普通步兵之中却有一部分是现有的英军伞兵旅，这又是为什么？其二，登陆后的十二或二十四小时之内，并没有遭到抵抗，为什么不趁机占领至少包括韦莱特里、康博利奥尼和奇斯泰尔纳几城在内的高地？第三个问题是美国三军参谋长提出的，那就是，在主要战线上，为什么没有火速展开进攻？要知道，我们登陆后德军没有抵抗反而撤退了。

2. 关于上述各点，我在给亚历山大将军的电文中，早就提出来过，并让他考虑。我不同意持续采取小型进攻，尤其是使用营兵力，或连，甚至是排。然而，时下大战正酣，亚历山大将军不容分心，我不希望他再回答或者解释这些陈年旧事，对此我要再次强调。

威尔逊将军做了回答，他说，把第五〇四伞兵团从海上运过来，没有采用空运，是克拉克将军在临战之时决定的，而在前线使英国伞兵参加战斗，是因为步兵不足。他回答我的第二个问题时说，亚历山大和克拉克确实曾催促及早发动进攻，而且曾经在前四十八小时内亲赴滩头堡。卢卡斯将军心中藏着“萨勒诺心理”的怪胎——敌人势必会反击，务必先要做好还击准备，这样才会预示胜利——所以，即使他完成袭击任务，却丧失大好形势。他不敢大举进攻，因为美国第一装甲师战斗队还没有赶过来。威尔逊说，向前进击的速度确实很慢。关于在拉皮多河上和卡西诺一带突破，他也说明了主要战线上存在的困难。

对于我担心的问题，马歇尔也有同感，所以我在转送华盛顿的报告中，附上以下意见：

首相致迪尔元帅（在华盛顿） 1944年2月8日

你可在斟酌之后决定是否转递马歇尔将军这份报告。作为一个上级司令，不能“敦促”，而要“命令”，我是这样认为的。

凡此种种，我并不满意。如果敌军能够大批撤离其他战场，而前往遥远的意大利南部作战，这样也是很好的。同时，就算只为了消磨敌人，我们也要持续和他们战斗下去，这是非常必要的。这种情况也比旁观俄军作战强得多。在避免上述情况时，我们要大量总结教训，这有利于“霸王”作战计划。

* * *

坎宁安海军上将曾就登陆艇立下承诺。而他的所作所为已经兑现甚至超出其承诺。现在我有一个问题想真诚地问他。

首相致地中海总司令 1944年2月8日

请分别统计已经登陆安齐奥的车辆，包括卡车、大炮和坦克。如果有可能，还请分别告知七天之内和十四天之内的数目。

回应是相当快的，也是令人吃惊的。七天之内登陆的车辆总共是一万二千三百五十辆，其中有三百五十六辆坦克；车辆总数是二万一千九百四十，其中有三百八十辆坦克。从数字中可以看出来，为完成运输，坦克登陆艇总共行船三百一十五次。有四千辆卡车是和坦克登陆艇一同往返的，不把它们计算在内，截至第十四天，为了服务七万人的军队（驾驶员、修理和保养车辆的人员自然也算在其内），一万八千辆左右的车辆登上了安齐奥的滩头堡登，这一点是需要留意的。

我 2 月 10 日回电：

十分感谢你交予我以上材料。

在这个狭窄区域，我们驾驶或保养这一万八千辆卡车的人员到底有多少？我们的驾驶员肯定不在少数。我格外吃惊的是，敌方步兵的人数多于我方。关于我军运往桥头堡的给养情况，请予我知。

也是在这一天，我在晚些时候接到更多报告。我们的空袭受天气影响未能发动，威尔逊将军说，亚历山大正在努力救援重压之下撤退的英国第一师。

国内对这一切极为失望，在美国也是。我们的基本原则自然是勇敢向前与敌人战斗，然而，卢卡斯将军从一开始就与我背道而驰，我不知道他遵奉的是什么命令。我们到达岸上的好比一只鲸鱼，可惜已经搁浅，而我们当初期望的是一只野猫。在第十四天里，我们有一万八千辆车辆聚在岸边，即使把驾驶员和修理保养人员也算进来，每辆车辆也不足四人，而它们前进的距离连十二或十四英里都没有，可能它们只是为这七万人员提供服务的——这种情况令人吃惊。我们战斗力依然明显强于德军，但叫人难以忘记的是，现场的敌军不慌不忙地调动军队，而且把他们在南战场无奈留下的致命缺口快速补好了。

这一切都给我们以教训，成为“霸王”作战计划的消极案例。

我给亚历山大去电：

首相致亚历山大将军　　1944年2月10日

你之所以没有命令前进，而只是督促，在我看来，可能是因为与你往来的普遍美方人员。然而，美国最高当局希望他们的军队直接听从你的命令，这是他们向我保证的。所以你的权力完全允许你命令他们。美国最高当局方面说的是，美国司令们希望接受并会立即照办的是明确的可行的命令。他们组织陆军的原则是普鲁士的原则，并不像英国的原则那样温和。所以，你不该犹豫，应该像面对自己的士兵一样，对他们发号施令。美国人对环境是否顺利不太在意，他们是很好相处的。

2月11日，亚历山大回复我说：

目前，第一阶段的战役已经过去，其实在一开始还是比较乐观的。面对岌岌可危的局面，敌人快速调来足够的兵力加以挽救，情况才会变成这样。在第二阶段的战役中，我们要重整军队，再次造成攻势，然后向纵深挺进，敌人从罗马通往南部的交通线也要斩断，当然在这之前要不惜代价摧毁敌人的反扑。这个目标，我应该尽一切力量去完成。第六军统计伤亡如下：二百八十五人牺牲；一千三百七十一人受伤；一千零四十八人没有下落，这是2月6日英军的结果。截至2月9日，美军有五百九十七人牺牲；两千五百零六人受伤；一千一百十六人下落不明。第六军共三十五个营。其中九个突击营的伤亡情况也在其内。共计折损六千九百二十三人。我十分清楚你和国内所有人士的失望之情。你在电报结尾真诚指示我，我很感激。对于我们要实现的目标，我很希望可以达到，这也是我个人意愿。

*　　*　　*

不出所料，敌人在 2 月 16 日大举反攻，希望把我们赶出安齐奥，赶回海洋里。在康博利奥尼，敌军当时配备的兵力超过了四个师，还有四百五十门大炮，他们迅速南下。希特勒特别下令，敌人在滩头堡是个“脓疮”，务必在三天内切除它。发起进攻前，德国人在部队面前宣读了这一命令。我们英勇的第一师过后才能全面参加战斗。美国第四十五师已经从卡西诺前线赶来，正在和英国第五十六师援救它。所以，敌人在这个时候进攻，时机于我们不利。我们不得不把战线拉回原来的滩头堡，因为敌人在战线上切开了一个口子，这个口子很深，这极其危险。在滩头堡，敌人正用最猛烈的炮火攻击它。其实自我方防守兵员全部上岸以来，炮火从未停止过。正是生死攸关的时刻，我们又退无可退。我们的趸船和船舶，可能会遭到敌人远程大炮的轰炸而无法动弹，如果敌人用野战炮组成一个名副其实的火力网，恐怕所有往返的运输线都要被它堵死。然而这一切，敌人只需再前进一丁点，就可以实现。对于这样的局面，我不期待奇迹。仅此一战，决定生死存亡。

然而出现了转机，因为退无可退，英美军队以哀兵之勇奋起一战。之前可是天不我与啊。这时，我军从侧面攻击敌军的突出阵地；继而用上了所有大炮和可以起飞的全数飞机，一起对突出阵地轰炸，终于把它拔除。德军不得不放弃进攻，而希特勒规定的三天期限还没有到。虽然双方由于凶猛的战斗都损失巨大，但是在这关乎生死的一战中获胜的一方是我们。

希特勒在其顽强意志力的促使下，谋划在 2 月底再次反击。德军用三个师攻击东侧战场的美国第三师。美军死守阵地，加上这三个师经上次大败而元气大伤，所以他们的进攻一天之内就被我们击退了，兵力折损两千五百有余。凯塞林确实挫伤了我方安齐奥的远征，但是没有将它彻底瓦解。他于 3 月 1 日承认战败。我致电罗斯福总统：

在此，请允许我以最真挚之情祝贺你，祝贺你们的部队在安齐奥滩头堡一战中取得的卓越战绩，尤其要祝贺美国第三师。在若干激烈的战役中，我们的军队同进同退。而这些伟大的成就，会在我们的历史上，绘成激荡人心的一页。每每想到这里，我总会激动不已。当我们在滩头堡几乎无路可退时，我自然也曾紧张不已。在这里，在卡西诺，我们定将获得胜利。虽然双方目前都在全力投入，长期内会僵持不下，但我深信这一点。

*　　*　　*

对安齐奥战局，我在1944年2月22日做了报告[①]，在里面做了精当叙述，并把报告交给下院。所有可能谈到的情况，都在其中。“这是一支庞大的队伍，单单第一批就有四五万人，要把它派到海上，确实不易，因为冬季的气候根本无法推测，敌人的防空实力也无从知道。要论联合作战，这次战役就是一个典型。我们实际是在敌人毫不抵抗的情况下完成登陆的。然而，接下来的形势发展偏离了我们的愿望和计划。这支大军及其配置——即数目巨大的大炮、坦克，几千辆有余的车辆——终于全部登上岸头；我们的部队在进攻内陆时，遭遇敌军。

“对于这次袭击，德军做出令人震惊的反应。很明显，希特勒决计顽强守卫罗马。这种顽强与他在斯大林格勒和突尼斯时表现出来的顽强如出一辙，最近在第聂伯河弯曲一带也是如此。他们一心扫平桥头堡，把我赶回海上，为此火速从法国、意大利北部和南斯拉夫调遣部队，集结了至少七个师的数量。双方的战斗持久，悲壮，甚为激烈。南面的美英第五集团军也在此时拼命挺进。一场激烈的战斗又将在那

① 详见本卷第420页。——原注

边展开。

“希特勒决定以意大利为第二战场拉开阵势，在其南部，他已经下令派去十八个师之众、五十万人左右（其保养部队也在内）的德军。他的这一决定对盟军也是具有广泛的战略意义的，可以表示欢迎。我们至少要在某些地方与德军战斗，不能坐视俄国人单独作战。其他大型战役中，有一批敌军是无法参与的，这不失为好的前奏。因为他们在意大利消耗战中被我们拖着。”

* * *

史末资将军的见识颇为丰富，从他第二天给我的电报中，完全可以看出这点：

史末资将军致首相 1944年2月23日

世界舆论将无法忘记的是，你对英国在大战中的努力所做的精辟分析。就好像俄国的重大收获一样，你揭示了很多全新事实，而它们还没有被人们广泛认识到。我们自己在缅甸和安齐奥取得的胜利，相较俄国势如破竹的胜利，显得微乎其微：我们之前自我宣传出来的假象因而被淡化。我的意见是，为了在意大利南部山区摧毁德军的反抗，我们的阵地应与卡西诺战线联系起来，然而，我对安齐奥滩头堡的战略是不清楚的。现在，我们在南方所受到的压力无法得到释放。因为我们与敌人在南部的主要战线还没有碰撞过，而自己却在一个袋形地带上显得孤立，所以四面受敌。

我们需要派空军破坏德国战争资源根据地，对于未来的西方战场，我们也要为它打好最坚实的基础。如此一来，这个战场的分量又会重新上升。所以你强调要在以上两方面下力气。但是我个人认为，过分彰显这个战场可能会带来意外的结果，所以我不打算这么做。俄军的奋勇作战；德国空军从东线被我们牵引过来；

也可能是这样，我们在西方威胁到德军，所以他们调回了大批战略后备军。以上是东线德军后退的原因。在这个战场，我们无疑会受到顽强的阻碍，甚至会遭受挫败，也一定会出现出乎我们意料的事件。因为敌人在这里的防范是很充分的。敌人最担心的肯定是俄军挺进德国，所以他们的计划可能是，即刻赶回东方防止俄军攻入德国，当然也会在西方全力阻止我们。如果德军不是这样计划的，那么他们为什么会在意大利拼命作战保卫土地，却让俄国在东线取得这么大的成功，这种战略有点难以理解。

我们不能对西方战场大肆宣传，而应对我方空中威胁德国多多报道，这样带来的深远影响可能甚于俄国在陆上获得的胜利，我对此有相当的信心。

现驻埃及的第六南非装甲师是训练有素的，如果要筹划后备兵力，不应忽视他们。要使他们有不凡表现，只需配给他们一些运输工具，到达合适的战场即可。

我回复了此电，其中所表达的想法，到今天也是成立的：

首相致史末资元帅　　　　1944 年 2 月 27 日

多谢你的来电。这次在安齐奥大举进行两栖作战，之所以能完整地组织起来，确实与我在迦太基和马拉喀什会议上全力排除困难有关。然而，作战的指挥在我力所能及的范围之外。实际上这些事项应当全部由司令们处理，这是理所当然的，但前提是他们在预定位置安全登陆。尽管当时的第五〇四伞兵团将奉命撤回，进行“霸王”作战计划，但我仍然可以把他们从美国调到这个战场，因为我和亚历山大认为，全速拿下阿尔本山是这次战役的关键所在，在我们举行的多次会谈中，都是这个结论。但是克拉克将军在最后关头，决定放弃使用这个团的伞兵。而五十五岁的美国将军卢卡斯，认为就算付出任何代价，也一定应对敌人反击，他似乎胜券在握。在萨勒诺时，他指挥过一个军，一战成名。结果是使计划全部停滞下来。其实当时虽然我在收到顺利登陆通知的一瞬间，就向亚历山大指明，应该继续进攻，而坚守桥头堡是不明智的。在后勤方面，无需多说，我们对所需数量估计过高，提供的也有富余。原计划满足五万人，结果其供应能力远超十七万人。这真是我们的好运气，谁也不能否认这一点。

我自然是大失所望的：我们处心积虑又幸得天时，总算有一个好的开始，却轻易被弃而不用。但是，对于这些既成事实，我不表示任何后悔。经此环节，在意大利南部，德方已将至少八个师的人调过去，现在那里共有十八个师。在“霸王”计划的战场，我们会使更多德国师团撤离到其他地方，然后牵制住他们。这样一来，主要战役的序幕和伴奏，就会由意大利战场上贯穿今春的艰苦奋斗上演起来。这对“霸王”作战计划能否胜利，是有很大干系的。

我们确实有过这种计划，就是从卡西诺前线向北发动规模攻势，以协助登陆；但是，通过卡西顺着利里河河谷北上，明显存在严重困难，所以没有成行。下一场戏不日将拉开序幕，在我们竭力运筹之下，这两支部队将很快会师。现在继任卢卡斯职位的，是年轻的美国师长特拉斯科特，他享有极高声望。我对亚历山大依然矢信不渝。

尽管国内小人物的活动加盛，但是震天的炮声将吞噬他们的蜂鸣般私议，总之说得上一切都好。我真心希望与你谋面。令我欣慰的是，你会在未来的关键时刻，来我身边。

* * *

安齐奥战役的全程就是这样。时机绝佳，希望归零；我们处心积虑得以开端，敌人快速反应收回失地；还有双方的英勇精神，都在这个故事上演了。在1月上旬，德军最高统帅部曾计划从意大利抽出五个最精悍师团调到欧洲的西北部，这一点我们现在才知道。凯塞林说，种情境下只能撤退，他提出抗议，认为在罗马南面作战命令不该执行下去。争论正酣时，我们登陆了安齐奥。德军最高统帅部废弃原计划，而恰恰采取了相反的措施，从欧洲西北部抽调军队前往意大利前线。德国第十四集团军将盟军赶进大海的任务失败，希特勒对此表示震怒。他们是在2月16日发起反击的，之后希特勒下令，关于前线情况，特选的一个代表团当面报告给他，这一代表团从作战意大利的各军种、各军阶的二十名军官中选出。在这次大战中，第一次发生这样的事，也就发生了这一次。“在飞机大炮方面，盟军确实占据优势，他最好是亲临前线，才能使自己信服。”维斯特法尔将军如是评论。

他们曾改变方案，而我们是一无所知的。但是，它证明了一点，就是我军在意大利——尤其是在安齐奥——所采取的攻势，极有利于成功实施“霸王”作战计划。它在解放罗马中所起的作用，我们也会在本卷看到。

第十一章　意大利：卡西诺

墨索里尼和齐亚诺——巴多格里奥元帅的政府陷入窘境——我和罗斯福总统关于此事的来往电文——2月22日我在下院发表关于意大利局势的演说——轰炸卡西诺的修道院——恶劣的天气造成了敌我僵持局面——和罗斯福总统讨论意大利政局——俄国人承认巴多格里奥政府——意大利战役停滞不前——亚历山大令人信服的解释——英美关于“霸王”、“铁砧”两个计划和意大利战役的争执——艾森豪威尔将军和威尔逊将军的意见——4月16日我给马歇尔将军关于军事形势的电文——翁伯托太子担任摄政——盟军新攻势的前奏

在新的一年里，原本已艰难混乱的意大利政局却更加厉害了。德国方面的情况给墨索里尼阴影之下共和国的负担使其愈加难以支撑。以巴多格里奥为中心的意大利南部统治集团，本就遭到英美舆论的藐视，又逢国内阴谋的迫害。墨索里尼第一个做出反抗。

他的女儿埃达和女婿齐亚诺伯爵流亡在罗马之外，他逃出罗马后，三人在慕尼黑会合。那次法西斯党大委员会的会议是命运攸关的，齐亚诺在会上投了他岳父的反对票，然而，他仍希望在妻子的作用下，和他重归于好。齐亚诺一家到达慕尼黑时，就被希特勒软禁了，所以当他这个愿望真就在慕尼黑得到满足时，希特勒对此大发雷霆。在这个要害时节，希特勒对他的同伙表示鄙夷，也许是因为墨索里尼一直没有惩处法西斯的叛徒，尤其齐亚诺。

一次，墨索里尼终于赞同了疯狂的计划性报复行为，因为逐渐损耗的“萨罗共和国”实力出现急剧下滑，它的德国主子表示不愿再忍。一些旧法西斯政权领袖们曾在7月间投票反对他，现在，只要还在德军占领的意大利土地范围之内的，其中有齐亚诺，他们都被逮捕，于1943年底在维罗纳的中世纪城堡中面临审判。他们无一幸免地被判死刑。墨索里尼没有宽容（齐亚诺），任由埃达哀求或威胁。这批身负叛徒罪名的人，都在1944年1月被处死。捆在椅子上，他们从背后被枪决，壮烈牺牲了。其中除了齐亚诺，还有七十八岁的德·邦诺元帅，他曾是墨索里尼的伙伴，与之共同进军罗马。

文艺复兴时期悲剧的特色，从齐亚诺的结局完全可以体现出来。希特勒要求复仇，墨索里尼唯命是从，这只会惹人冷笑。在加尔达湖畔，新法西斯共和国就是轴心支离破碎的延续，在凄凉无助中苟延残喘。

* * *

巴多格里奥的反对党是站在早期法西斯主义对立面的，如今在意大利南部，其残余势力仍在困扰着巴多格里奥。从去年夏天开始，他们组织了一些政治团伙，不但急不可耐地要成立一个新政府，以便他们可以普遍参与进来，而且他们宣称，长期以来，君主制度默许墨索里尼篡权，早已背离民心。显然，他们要颠覆君主制度。他们的行径日益受到美英两国民众的拥护。六个意大利政党的代表大会1月在巴里举行，会上通过的一项决定就有此意味。

所以，我给罗斯福总统发去电文：

首相致罗斯福总统　　　　　　　　　　1944年2月3日

我深深希望维持现在的意大利政权，目前我们两国军队处在大战之中，至少在我们攻下罗马以前，允许它执政。如果现在从人微力薄的政党中重组一个新政权，来代替意大利的现存政权，我们将因此面临更大困难，我对此坚信。而且，如果让这些党派入主政府，它们会认为有必要维护好意大利的利益，以争取意大利人民的信任，而与意大利国王和巴多格里奥相比，它们会勇于采取更为强硬的手段。我觉得巴多格里奥涉足会使结果更糟糕。你在考虑这个问题时应偏重于军事方面，因为我们的情报显示，英美军队正出现大量伤亡，意大利海军已经严重受到反意大利国王行动的影响。

他在回信中再次做出保证。

罗斯福总统致首相　　1944年2月11日

我对国务院做出指示，为了防止任何突变情况，目前千万不要对意大利现存政府有任何作为。这些意大利人可能会反叛（意大利），然而我们在意大利战役中尚未出现良好的军事形势，我们还没有能力度过这一危险，暂且等待吧。

然而，这样做是在给这两个老伙计一个机会，让他们勉力维持。你我只能这么看待此举了。接下来我会进一步说明我的意见。

我更深入阐述了我的见解：

首相致罗斯福总统　　1944年2月13日

我非常赞成攻下罗马再观全局。现在我们与那里尚有距离。我想到，关于渡河问题还是不要在到达福克斯河以前讨论，因为纪念林肯诞辰的庆祝活动将至。

现存政权曾与我们签订停战和约，在意大利，它是合法政府。意大利海军按和约规定转向我方，和我们共同战斗的还有意大利陆军和空军的一部分。任何一个我们大费周章起用的其他意大利政府，都远远不如现存的这个，它听从我们指挥。再者，与那些不堪一击的政党群体相比，现在政府对舰队、陆军军官以及其他武装更能有力控制。上述政党连选举或任命的一席之地也没有。为了建立新政府对意大利人民的威信，他们必然会在行为上与我们对着干。停战协定的条款很可能被它毁弃。它的命令在意大利海军中是无效的。我认为，很难有这种可能，就是要它在不引起叛变的情况下，把部分意大利舰队交给俄国，而且就算是它下令了，也无法完成。所以，我希望我们以后再共同探讨。虽然国务院人士好像现在后悔了，但是我完全支持他们解决达尔朗问题的办法。数千名英美士兵多亏此事才能活到现在。当时我们调不出大量军队去攻打达喀尔，而我们却因此得到了它。追溯一下，我觉得当时恰当处理了此事。

霍普金斯的来信我收到了。他是一个精神极其顽强的人。令我担心不已的是，听说他身体极度虚弱，还要再做一次手术。我认为，在十二武士中[①]，他的地位非同一般。如果能告诉我任何关于他的消息，我将感激不尽。在马绍尔群岛战役中，他的儿子牺牲了，讣闻传来还没有多久。还是请你转述吧，因为我不知道，以他的身体状况，能不能承受得住这个噩耗。

关于意大利的政局，因为总统和我在主要问题上的观点已经达成一致，所以2月22日我给下院演讲时，做了说明：

“一场旷日持久的苦战将会在意大利进行下去。目前，要我相信意大利的武装部队，会同样听命于任何一个能在意大利组织起来的其他政府，我没有那个胆量。我深信的是，我们只有取得目前战役的胜利，开进罗马，才可以对全面的意大利政治形势放开言论。而且，很多目前不具备的良好条件，到时候也都会获得。一个基础更广泛的意大利

① 这里是用八九世纪时期法兰克王查理大帝的十二个武士类比。——译注

政府只能在罗马顺利组成。然而我摸不准的是，一个这样组成的政府，是不是像目前的政府一样有利于盟国。当盟国提出有利于自己的要求时，它为了使自己对意大利人民的地位更加牢固，只要胆量允许它尝试，这一政府可能会竭力表示拒绝，这一点我很难摸准。然而，如今战争正激烈进行，谁胜谁败没有预兆，我实在不愿意做出变革却定不下来。我们手里的咖啡虽然烫手，但却不能折断壶把换另一个，因为它还没有和现有的一样适合我们，而且我们手边确实连一块抹布也没有。

“尽管意大利各个政党的代表们，两周以前汇聚巴里，迫切希望自己组成意大利政府，但是，他们的权利不是选举得来的，更不是宪法赋予的。在当今意大利的国王让位以前，或者其继承人发出邀请以前，都将是这样。同样难以确定的是，在与我们并肩而战的意大利武装部队面前，他们的权力能不能发挥一点作用。贫穷和灾难双重负担下的意大利早已羸弱入危。他们短缺粮食，由于我们持续扩大军事行动，运粮船只也被全部征收。我推算，由于重大的军事计划，今年盟国的运输用船会有欠缺，运粮存在压力，尽管已经添加一千二百万吨位的船只，调来的全部船用上了。

“有的国家没有经历过战败，有的国家没有受到战争的破坏，或者并非长时间受到法西斯势力的压迫，这两种国家的政治环境或政治势力是健全的，可以发挥其作用，如果认为意大利的情况和他们一样，则是错误的。我们更加清楚地知道怎样处理这种局面，并且拥有更多的办法顺势而为，只能是在夺取这座城市以后。所以要努力在罗马战役中取胜，等拿下罗马，再采取新计划，这一政策是国王陛下政府和美国政府临时确定的。”

* * *

我军于 2 月 15 日轰击修道院，开始第二次对卡西诺的大举进攻。德军整个防线的中心是修道院所在的制高点，从那里俯视，可以看到拉皮多河与利里河合流的地方。经验证，这里已经加固设防，确实是一道难以攻破的障碍。那座颇负盛名的建筑，就坐落在峭壁的顶上，峭壁两边遍布炮火的痕迹。修道院是重修的，因为在过去的战争中被多次抢劫一空、破坏殆尽。不少议论集中在它应不应该再次遭到毁坏。虽然德国没有往修道院驻兵，但是修道院自身的建筑与他们的堡垒联在一起。整个阵地都在修道院的监控之下。应该在步兵进军之前，先让空军狂轰滥炸，弗雷伯格将军是坐镇指挥那里的军长，他当然希望这样。负责此事的是亚历山大将军，而向他请批的是集团军司令马克·克拉克将军，他勉力而为，得到了同意。因此，该修道院在 2 月 15 日遭到严重毁坏：警告僧侣的工作到位以后，四百五十多吨炸弹向它投来。轰炸的效果不是很好：高大的外围垣墙和正门还是岿然未倒，而破砖烂瓦上的断壁残垣，德军随意找个借口就可以利用起来，他们得到的防御机会甚至比建筑物完好时的还要好。

负责进攻的是第四印度师，他们不久前在修道院的北面山梁替换美军。他们试图攻下自己阵地和修道院山地之间的小山，为此两天两夜全力作战，但是没有成功。第三次进攻于 2 月 18 日夜展开。战斗打得非常猛烈：攻上小山的我方士兵全数殒命；一个旅遭到重大损失，不得不停止进军，他们本想在当天深夜，绕过小山从小路直取修道院，结果发现自已到了一个地雷密布、敌人机枪的射程极短的深谷。与此同时，新西兰师顺利穿过在西诺镇下方的拉皮多河，而这个师就在进行修道院激战的高地的后方；但是，在德军用坦克反击时，他们还没有稳固桥头阵地，只好退回来。没有获得正面进攻卡西诺的胜利。

战争在 3 月初受气候影响而暂时中止。双方由于泥泞的道路无法前进——拿破仑失败的第五个诱因。把我们从安齐奥逐回大海，德军不用指望；冲破卡西诺的主要阵地，我们办不到。参战双方的人数大致相等。在意大利，美军和法军损失惨重，我们到现在为止有二十个师。十八或十九个敌师在罗马南面，多于五个德国师在意大利北部，然而他们已身心难支。

我们实际上被包围了，为突出包围并积攒实力最终出击，目前第一要务就是切实加固滩头阵地，使部队休养并得到增援，储藏物资。因为现在越过安齐奥滩头阵地继续向前，已经不可能了，而两支独立的队伍在突破卡西诺敌方战线以前提早会师，也没有指望了。真的没有多少时间了："霸王"作战计划会在本月中旬占用大量登陆艇，这是必须的，虽然适当地推迟调拨日期，但是不能一再拖延了。值得称赞的是，海军全力以赴，成绩显著。我在密切关注这种进步：船只的日平均靠岸吨位以前有三千吨，其数字在 3 月上旬又上涨一倍有余。

我 3 月 12 日问道："桥头阵地上粮饷如今总共可以供多少人领用？从登陆第一天算起，已有多少车辆上岸？储备粮食和弹药可供多长时间使用，根据什么基础算的？"

亚历山大将军回答，总共有九万零二百名美军和三万五千五百名英军领口粮。各种已登岸的车辆约有两万五千辆。关于粮食、弹药和汽油供给量的明细，他也列出数字。剩余较少，但是正在好转。

没过几天，维苏威火山暴然喷发。港口运输工作没有停止，只是那不勒斯机场的部分对外交通中止了几天。"我们只能歌颂上帝的这种作为。估计维苏威火山一天能喷出三千万吨岩浆，而那不勒斯那边全部港口的每年运输量也有一千三百万吨。"海军总司令 3 月 24 日接到报告时如是说。

*　　*　　*

巴多格里奥遭受了政治围攻，而同时，我讲到的战斗正在进行。对于意大利政府的重要事变，迫于激烈舆论，罗斯福不得不出面支持。舆论重压下我们可以有所妥协，他如此提议道。

我给他发去电报：

首相致罗斯福总统　　　　　　　　　　　　　1944年3月8日

我对你的来电很是忧心。电文各节内容彻底违背了你已在2月11日赞同的我的意见；你再次“事情确不变更”的真诚保证就在后一份电报中。我已就那时的保证，向议会做出声明。

如今的情况真的新出现了重大变化吗？“意大利无条件投降”，盟军据此占领了一些地区，难道没有办法维持这些地区内的秩序吗？我反复思考，到底还是不能相信。这是一个重大错误，即妥协于区域性骚动，尤其是在贪恋官爵的政客群体强行涉足并加以威逼时做出妥协。那样只会使我们建立一个自己的武装部队不会听命、为尽量赢取人民信任而和盟国对着干的意大利政府。我们实际上将要遭遇的政府类似戴高乐委员会，是我们难以操控的。而且，意大利国王和巴多格里奥政府正在努力戴罪立功，并且全力帮助我们，他们对我们是有利的，而我们却要在一场气势恢宏的大战正在进行之机，放弃他们。

人们会更能接受你所提出的方针，最起码它可以获得短暂成功，这一点我在心里认同。然而，作为战胜的一方和征服者，一部分战败国的人民却可以如此这般制约他的行动，这是非常可惜的，这一点我更为深信。而同样不幸的是，重大的公开的分歧会产生在你我之间以及我们两国政府之间。曾经在达尔朗事变上，我忠心地全力支持你和国务院。现在，更为紧要的是，我们两国政府要取得行动上的一致，因为正在进行一系列重要的作战，或者说，这些战斗立即会爆发。

他在同一天的回电中说我们之间不存在分歧，让我放心。他说：“恰如其他各个问题，你我应该在这个问题充分配合维持合作，这是我最迫切希望的。我们可以解决存在于时机方面的意见差异。我们对重要目标的意见是根本相同的，比如自决问题。”

但是，和往常一样，舆论压力依旧存在。与六个反对党派进行谈判的主张，获得阿尔及尔方面最高总部的支持，华盛顿和伦敦的联合参谋长委员会也收到了威尔逊将军关于这一主张的电文。他之所以如此办事，是因为他同时效力于两个国家，他有这个权力。然而，我坚持自己的意见；战时内阁方面，同僚们也基本赞同我的意见，他们对事情的来龙去脉已经知晓了。

首相致罗斯福总统　　　　1944 年 3 月 13 日

我恐怕是这样的：现在这个时期，给军队的任务增加困难是把意大利国王和巴多格里奥驱逐出境的唯一结果。我知道苏联也是这样的想法。他们想利用意大利国王和巴多格里奥，因为这样可能会与他们的利益相符，苏联人自然是注重实际的，他们自然想实现意大利共产主义化的目标，这总好过一切条件尚未具足就采取过分手段进行解决。对于这一潜在危险，我不是没有考虑到，这你可以清楚明白地知道。组成一个基础广泛的意大利政府是我不变的主张，意大利北部地区民主人士的意见也应同时兼顾到，并从其中挑选出代表人物。我们一旦占领意大利首都——罗马，就具备了非常好的条件，我们可以趁此良机寻找有切实代表性的基础。当然了，如果罗马不能在几个月内攻下，我们就不得不提前有所行动。然而，如此一来，以上的良好条件就没有了。

罗斯福总统给我回电了，我有些失望。

罗斯福总统致首相　　　　1944 年 3 月 13 日

我向你致歉，可能之前电文中存在表达不清楚的地方。保留所有决定、直到占领罗马后再做出的主张，我是不同意的，相信我也从来没有在你面前流露过答应的意思。意大利的政治局面从上次互通函电后进展很快，而跟不上步骤的是军事形势。现在来看，是到了不得不实行重大政治决定的时候了，因为不知何年何月才能占领罗马。

对我们的意大利朋友，如果要在行动上逼迫他们，就必须有充分的理由，否则我是不同意的。总司令和他的英美政治顾问的意见是，目前来看，还是对六个反对党的方案即刻表示赞成为好。如此，这次我们在考虑问题时，刚好在政治上和军事上几乎完全吻合。

对他们的方案，我们表示赞成，多余问题就不必理会，我们需要做的只是给行政会议发通知，而且如有必要，还要请意大利国王说清楚他的意见。他会收到意大利人民递交的解决方案，他们自己也会施行。

令我费解而又毫无结果的是，这样的政策是符合我们共同的军事和政治目标的，然而我们竟然一直悬着它，没有表示支持。美国舆论肯定理解不了的是，我们会一再包容维克多·伊曼纽尔，并明显地支持他。

现在情况变得更复杂了，俄国人安排了一个正式代表去巴多格里奥政府，但是没有和我们商量。

首相致罗斯福总统　　1944 年 3 月 14 日

在名义上，我们同目前的意大利政府之间还存在战争，而俄国人已经把一位全权大使派过去，并已公布于众。在我看来，在使意大利国王让位、委任克罗切勋爵代政之前，需要进行深层思考，否则，匆匆接受所谓的六个政党的方案，不是聪明之举。可是，你将其恰当称之为“一种重大政治决定”，我会请战时内阁就此发表意见的。从 1940 年 6 月以来，直到今天，除去船舶损失，大英帝国已经有高达二十三万两千名士兵在我们对意大利的战争中伤亡。你会在这个问题上衡量我们的意见，我对此十分相信。我们的动作要尽可能同步。任何分歧，公众都必将知晓，这是我对公众业已做出的许诺，对此请你切莫忘记。

对于这些函电，战时内阁做了研究，并形成结论，我将其告知罗斯福总统：

1944 年 3 月 15 日

今天早晨，我请教战时内阁的意见，问他们怎么看待这个建议，即英美政府当机立断，通过六个政党的方案。他们完全认可你在建立基础更广泛的意大利政府的想法；意大利人民必须自行决定他们未来政府的形式，这是我们要遵行的原则。以上是战时内阁让我明确向你说明的。至于时机问题，他们同意进行探讨。在这个问题上他们坚持认为，一个更具代表性、更具牢固基础的意大利政府，必须要建立在罗马这个基础之上，所以，我们变成罗马的主人时，断绝与意大利国王和巴多格里奥的关系才最合适。他们认为，成立一个软弱的民主政府是下下策，而且这个政府最后将以垮台告终，这可是关系到我们共同的利益以及意大利的未来。在北部各省中，类似米兰和都灵等地的大型工业中心，有利于我们，而且在民主解决办法中举足轻重。它们一旦得以解放，尽管我们曾在罗马找到了解决办法，但是它不能再作为最终决定，还需重新审议这个问题。他们认为，对真正的意大利民主政治和意大利民族的性质而言，那六个政党是无法代表的，而且，现有的这个意大利政府高效工作，是在效忠于我们的利益，这个政府它们也无法替代。

战时内阁必然已经看到并考虑了盟军总司令威尔逊将军来电中的意见，但是他们表示不能赞同，在这种情况才做出这些结论。对外交大臣向国务院提出的建议，我们也应同时尽快加以研究。至于时机问题，那要在迟迟没有占领罗马，比如延迟两三个月的假设下再行讨论，这一点我们自然也想到了。

最后，他们提出要求，要强调一点，那就是：任何差异化的观点可能存在我们两国政府之间，但是不应泄露出去。这一点在俄国方面尤其要重视，因为他们未经与其他盟国协商就单独行动，已经与巴多格里奥政府直接建立外交关系。虽然我们有互不相同的看法，但是几个月之后，三国政府就会在行动上获得一致。如果我们此时在议会中和报刊上进行争论，那将是大不幸。

到这里，这方面问题先画上句点。

* * *

现在，我们不用再担心安齐奥，然而，整个意大利方面战役，一直僵持不下。我们前面想象过，我们已在这个时候把击退德军被直到罗马以北，而为了支援横渡英吉利海峡的主力进攻，我们同时还可以撤出精锐部队，派他们强力登陆里维埃拉海岸。以上战役就是在德黑兰原则上获得相关协议的“铁砧”作战计划。我们和美国盟军在不久的将来就因它产生争执。这一争端是在意大利的战役明显已旷日弥久，而打破卡西诺前线的僵局变成第一急务之后产生的。第三次卡西诺战役在2月份的攻打失败后，就开始准备了。但是在3月15日之前，没有发起进攻，因为气候不佳。

这次战役的主要目标是卡西诺镇。开始就用将近一千吨炸弹和一千二百吨炮弹进行了凶猛的轰击。我们的步兵紧随其后发起进攻。“我真是觉得难以想象，会有军队在遭受八小时如此凶猛的轰击之后，居然不见损伤。”亚历山大是这么说的，确实，军队还没有崩溃。踞卧在瓦砾之中的德国第一伞兵师，一直与新西兰军和印度军艰苦对抗着，可能最强的德国陆军战斗部队就是他们了。我军在日暮之前就占领了这个镇的大部分地区；翌日，由北向南进军的第四印度师已达到的地方足有修道院山海拔的三分之二，他们的收获一样巨大。在接下来的战场上，不好的事情发生了。我方坦克需要紧跟步兵冲阵，但是由于轰击，形成了巨大的弹坑，导致它们不能通过。坦克最终派上用场，几乎是在两天之后。敌人没有调来太多增援。忽然，天上风雨大作，慢慢地，我军占据上风。然而无法再取得和先前一样的胜利，激战中的敌军没有被我们打倒。

已经经过两次战斗，可以看出，敌人的阵地是坚实的，难以攻破，要把他们赶出去，为什么我们不侧击呢？我不明白。

首相致亚历山大将军　　　　　　　　　　1944 年 3 月 20 日

为什么在大概两三英里长的前线地带上，你居然非要把卡西诺、修道院山等处构成的这个通道用为唯一目标进行反复攻击？我希望你能为我做出解释。攻打这些要害地带的兵力是五六个师，他们已经无力再战了。我极难理解的是，从远处来看，我们可以把敌人束缚在此处，而从其两翼发动侧面进攻。可是我们没有这么做。当然，我对地形或战局不甚清楚。这个据点的防御最为坚强，但为什么我们只能通过这一条通路前进？这好像也无法理解；从军事意义上讲，在这个据点任何一面都可以有所作为，如果它已经没有战斗空间的话，可是为什么也没有实行呢？我非常相信你的能力，而且我决定排除任何难题支持你，但是为什么没有进行侧击？请与我解释。

他给了我明确的回答，有相当的说服力。对军事历史学家来说，引用他当时的原话来说清楚形势，这价值是不菲的。

亚历山大将军致首相　　　　　　　　　　1944 年 3 月 20 日

敬回你 3 月 20 日的来电。我们炮队和装甲部队的优势在利里河河谷才能得到适当展现，而且只有此地是直达罗马的，其他所有的沿亚得里亚海到南部海岸的主要阵地，都具备以上条件。贯穿我们这里山区的拉皮多河到利里河河谷这一条线的通道，只有第六号公路，它也是骡马车道以外的主要公路。修道院坐落在其峰顶的卡西诺山，封堵并控制着此处通向原野的出口。我们曾多次尝试从北面进发，对修道院山两翼形成围攻之势，但是，这里尽是深渊和陡峭的崖壁，只能允许小批步兵小队进行军事活动，所有这些突击最终都失败了。只能凭借挑夫为他们供应给养，骡子也会驮运较少的给养。我们克服很大困难才修建好那些骡道。

而且，一个极深又陡峭的山谷差不多完全隔断了修道院山以北。没有办法通过这个山谷，这一点在今天已经得到了确切证明。凯罗山是一个陡峭的山峰，厚厚的白雪覆在其表，更大范围地迂回进攻，更加难以完成，不得不经过它。美军尝试从南方跨越拉皮多河，以对卡西诺棱堡侧翼发起进攻，但是没有成功，第三十四师和三十六师损失惨重，这些你都是知道的。在卡西诺南部的拉皮多河，洪水每年在此间瞬间上涨；搭建桥梁存在困难，因为沼泽地泥泞不堪；没有道路运输架桥材料；敌军阵地就在远处的河岸，肯定会阻止我们：可以看出，在这里渡河，难上加难。此外，在最接近卡西诺的后方，或者在西边山麓，或者在利里河河谷以南山麓下的小土山之中，可能藏匿着德军炮兵阵地，这一点已经得到证实，如果从卡西诺南部跨越拉皮多河，敌方大炮就会骤然飞射过来。

直接攻击这个棱堡，是弗雷伯格拟好的进攻计划，而且，只有奇袭对方，为摧毁敌人反击，要集体使用压倒性的优势火力，这样成功才有依托。对卡西诺镇发动突击，接着冲向修道院山南麓和东麓，对这个棱堡发起进攻时，选择一个我们的行动不会受到敌军有力干扰的地方。以上就是他的进攻计划。在一开始的阶段，我们受到很小损失，这个计划近乎是成功的。第六号公路和铁路上各有一座架在拉皮多河上的桥，这两座桥已经在我们手里，而且至今仍在。坦克均可在两座桥上驶过。修道院方面两三百码的区域，已经被廓尔喀部队占领，至今也在其掌控下。在开始四十八小时里，我们没有成功拿下目标，总结起来有以下几个原因：

坦克或其他战车在卡西诺的道路上行驶受到严重阻碍，因为轰炸对它们的毁坏巨大，对行军而言，亦是如此。我们曾集中全部地中海空军轰炸德军伞兵，后来又从八百门大炮中选出威力较强的，以最大火力集中炮轰他们，他们足足坚持了六个小时，可见他们是极为强悍的。遭遇如此轰击之后，他们竟然还可以骁勇参战！这个世界上还能再找出这样一支军队吗？我对此表示怀疑。关于如今形势，我明天会与弗雷伯格和陆军各位司令见面，届时讨论。

我们如果想保住这两座桥，并为了保有已经到手的有利据点而调整阵地，恐怕就不能再主动作战了。对利里河河谷发动大规模进攻的计划将在第八集团军重新整编后开始实施。这个计划规定，必须用上比弗雷伯格在这次作战中指挥的军队更多的兵力，向更辽阔的前线发起攻势。现在没有通过的地方，再过不久就可以用于行军了，因为山上的积雪很快就会融化，河而下降，地面也会坚实一些。

首相致亚历山大将军　　1944 年 3 月 21 日

非常感谢你不吝解说。既然已在这个节骨眼上，希望你不要“罢手”。确实，敌人已然无路可退。愿你诸事顺利。

我们大家现在都十分担心这场战役。

直到 23 日，我们停止了卡西诺废墟上的猛烈进攻，敌人也结束激烈对抗。新西兰和印度部队已经不能再参与作战。空运的给养由于山地陡峭，无法送达廓尔喀部队，他们已经高踞在修道院山上，但是最后只能从据点上退下来，然而，这个镇的一大半被我们占领。

*　　*　　*

在这次战斗中，新西兰军的伤亡总数如下：第二新西兰师，一千零五十人；第四印度师，共计一千一百六十人中，其中四百零一名英国士兵，七百五十九名印度士兵；英国第七十八师，一百九十人。共计两千四百人伤亡，这是我要求威尔逊将军报告的数字。

上述伤亡确实是一个惨重代价，因为取得的收获是微乎其微的。但是，在为最后胜利而发动的一次战役前夕，有些收获是具有重要价值的，那就是我们已然建立在卡西诺地区拉皮多河上的桥头阵地，还有第十军 1 月间建立的横跨加里利亚诺河下游的纵深突出点。将近二十个精悍德国师被我们牵制在意大利中部，他们在此地以及安齐奥桥头阵地，不能有所行动，不然的话，其中许多师可能早就被调去法国了。

成功依然可以希冀，但我们的军队必须调整一番，继而再次对古斯塔夫防线发起进攻。必须从亚得里亚海方面把第八集团军主力调过来。为了下次战斗，必须准备集中两支陆军：在卡西诺阵地集中英国第八集团军，在加里利亚诺河下游集中美国第五集团军。亚历山大将军要花费将近两个月的时间来调动部队。

这也就是说，为支援横渡英吉利海峡的战役，只能在 6 月初，由地中海部队在罗马南部进行战斗。法国南部的一次辅助性登陆依旧是美国三军参谋长争论所在，至于应如何给威尔逊将军应下命令，我们对这一问题互相辩论了好几个星期。

*　　*　　*

对英美之间产生争执的来龙去脉，有必要在此稍作说明。在这些争论变为关于“铁砧”作战计划和意大利的战役之前，开始是关于“霸王”和“铁砧”两个作战计划的。我曾在 12 月 31 日在马拉喀什与蒙哥马利会谈，他说，一定要使用更多兵力发动横渡英吉利海峡的初始猛攻，相信读者还记得这点；比德尔·史密斯和蒙哥马利坚持认为，为了避免“铁砧”作战计划超过我们在德黑兰会议前商定的大致范围，不要扩充它，最好是准备更加稳妥和广泛的“霸王”作战计划，我在1月6日把他们的意见电告罗斯福总统。

此事在1月21日召开的会议上引起了热烈的争论，此时艾森豪威尔将军来英国还没多久。对于“铁砧”计划的重大意义，他本人是没有怀疑的。他觉得错误的做法是削减“铁砧”计划，从而增强“霸王”作战计划。他在会议结束给华盛顿的联合参谋长委员发去电报说：

> 一定要合二为一地看待“霸王”和“铁砧”。以五个师发起“霸王”的初次进攻，用三个师发起“铁砧”的初次进攻，这是可供调度的人力物力足够的条件下的理想方法。但是我必须果断地说，如果二者的人力物力不充分时，我们依然要五个师发起“霸王”的初次进攻，而只有一个师用于“铁砧”。有效使用“铁砧”计划，要等到损伤敌人的力量以后，它只是用来短时间内震慑敌人。

英国三军参谋长把他们自己对这份电文自己的想法告诉了华盛顿，即：(1) 不管“铁砧”作战计划的初次进攻需要多少兵力，必须为“霸王”作战计划增加到五个师，以发起初次进攻。(2) 执行“铁砧”计划，就努力使用至少两个师的兵力，以发起初次进攻。(3) 数量如此巨大的师参加战斗，如果无力运输他们，那么地中海登陆艇的规模必须减少到一次供一个师登陆。

对以上意见，美国三军参谋长不以为然。他们坚持以两个师的兵力进攻的办法，因为他们认为不能只通过震慑替换实际的军事行动。我曾对这个电文进行摘要，内容如下：“为实行‘铁砧’计划，以两个师的兵力进行初次登陆，如此‘霸王’计划的享有的优先权明显会被它超越。这与艾森豪威尔和蒙哥马利两位将军的主张是相违背的。”

*　　*　　*

英国三军参谋长和我在2月4日进行了完整的研讨，之后给他们的美国同僚发去一份长篇幅的电报。其中强调：如最高司令的所要求的那样部署兵力，这是稳妥的办法，也是首先要照顾到的；然后再为地中海方面配备人力物力，要把任何额外的可能人力物力都分配给它，进行了强调。执行“铁砧”计划是不是明智之举？他们在考虑意大利方面的战况时，表示怀疑。而且，他们说，当初预计德军会撤退到罗马以北的阵线，所以才在德黑兰同意“铁砧”计划。然而，德军正在为抗击我们在意大利的攻势而全力以赴，这一点现在可以毫无疑虑地断定。他们再次说道，可以从意大利或其他据点发动牵制性的进攻，这恰如当初穿过罗纳河河谷，因为法国南部和诺曼底海滩之间有将近五百英里之遥。实际上“铁砧”计划不能呼应“霸王”计划，因为进行它的地点距离太远了。

对此，美国三军参谋长提议，为求解决之道，应由艾森豪威尔将军以其代表，和英国三军参谋长召开会议。虽然我们乐于如此，但是协议在几个星期以后才得以达成。对于“铁砧”计划，艾森豪威尔将军还是不想作罢。但是，那些久经沙场的师团还能不能从意大利撤回来？他也开始有疑问。他3月21日向威尔逊将军征求意见。我极不赞成把军队从意大利撤回来，至少要等到攻克罗马，威尔逊回答说。同时他认为应该放弃“铁砧”计划，我们可以在法国南部登陆，以应对德军溃败。

问题因此出现骤然变化。很明显，“铁砧”计划能否如期施行，要看意大利战争中的军队和安齐奥桥头阵地的登陆艇能否撤回来，英国参谋长委员会把这一意见电告华盛顿。美国参谋长联席会议同意了；威尔逊将军计划在7月登陆法国南部，对此他们也通过了，而且要求如果决战意大利，以尽可能拖住并消灭德军为目的，与之一决胜负；

6 月上旬就可以决定到底可以实施哪个计划，因为届时时机肯定已经成熟。

以下电文可以证明，如果在意大利不断发动进攻，我本人是非常同意的。

首相致马歇尔将军（在华盛顿） 1944 年 4 月 16 日

1. 我想当然会十分痛惜的是，我们将不得不放弃在地中海新增的登陆艇，它们可是万分难得的。你在特定条件下，乐意将这些登陆艇调拨给我们用度，而我们得到它们的过程无疑大费周章。现在取胜的可能性很大，却要我们在胜利之前同意停止对战争的接济，或者放弃战争，我觉得这是无法忍受的，要知道长期以来，我们一直在努力付出，并蒙受了巨大损失。在意大利，我们军队的数量不比敌军多出许多。我们的军队里有七八个不同种族，但敌军全部由德国人组成。一直以来，大炮队、装甲部队以及空军方面的优势都没有完全发挥出来，因为有太多阴雨天。亚历山大的主力部队跨过拉皮多河后，不会出战东南方，而是即刻从安齐奥滩头阵地向东北进攻，这是他给我的报告中显示的。如此一来，我们可能无法“停止进军，原地守卫。所有人都上船，参加‘铁砧’战役”。因为我们恐怕得不到机会停止前进了。同时也可能无法明确，能否获得这样的机会：凭借想象，提前做出这样一个决定，即为了满足“铁砧”计划的需要而暂停接济意大利战役。人心相悖的危机一定会潜伏在一个目标不一、左顾右盼的军队。全部后勤人员必然也会了解这种情况，因而受到影响。意大利的军队正在冒着巨大牺牲，浴血奋战，而恰恰是在这个关头，“霸王”战役要调七个最强悍的师过去，这一点请千万不要忽略。

2. 当然，把精悍部队调走也是可以的，但是要在形势早已不利意大利战役，而我们在敌军其他防线上无法前进，不得已全部采取守势的条件下。但是，我们的登陆艇依然要协助供给桥头阵地，因为它是迫切而巨大的任务。在“铁砧”或其他两栖战役中，要想完成任何一次两个师同时登陆的作战行动，都离不开你们的太平洋登陆艇。

3. 许多美英士兵已在意大利之战中殒命，同时它被看成关乎生死成败的决定性战役，就像“霸王”战役。所以，总的来说，我认为在意大利战役必须用尽全部力量。到5月31日，许多现在不明显的事情可能会突显在我们眼前。这么难得的一个好机会，如果错过了，我会觉得万分可惜。

4. 在德黑兰时，当你第一次提议“铁砧”计划时，我表示了强烈赞同，所以有一段时间，你希望我给予它更多支持，这是迪尔告诉我的。静下心来，仔细回忆，你会发现重大的形势变化。11月的时候，从敌人诸多踪迹中推断，他们正在准备撤往意大利半岛北部，我们认为能在1月份攻占罗马。所以，我们进行了大规模的两栖远征，但是，我们在原地被拦住了，不能动弹：事实刚好相反。同时，我们曾希望通过在“铁砧”战役中全面作战来牵制八个机动敌军师，而敌人在罗马南面的战役中使用了这八个师。这是既令人高兴又使人失落的。

5. 完全是坦克登陆艇严重不足的原因，才会出现这个难题。历史学家肯定想不通，为什么英美如此两个大国，竟会短缺一两百艘此类舰艇，从而限制住他们的计划，使它得不到完全实施。甚至，要美国制造足够的坦克登陆艇来供应我们，其政府好像很不情愿；我们也希望支援你们的对日战争，但前提是供给充足。对这种情况，我特别担心。我们在你们左翼作战，但是这种特别类型舰艇的不足会限制我们整个战斗力量；虽然事实上我们已经下定决心不遗余力参战，但是我恐怕会有人有失公允地指责我们不努力。

根据这些观点，我给威尔逊做了指示，他已收到。4月24日，我致电罗斯福总统，说道：

意大利发生的情况使我极感欣慰。我觉得我们双方所追求的目标已经圆满实现。现在，只有胜利没有完成。我在亚历山大此地商谈期间，多次和他长聊。对于已经展开或还未展开的行动，他指出：部队人数有限；至少七种不同国籍的士兵组成他的部队，和一水儿的德军相比，他们的成分太过复杂；天气极差；地理上有太大难题。这些是他尽全力为自己争论的论点。他最迟会在 5 月 14 日，展开进攻并全面向前推进。要和其他计划之间有效配合，只要在这场战役中取胜或激烈战斗即可。

* * *

在意大利南部，政治形势再次如紧绷之弦。按规定，王储翁伯托（也就是意大利国王的儿子）将接管王权，由其代理朝政。这协议是依据宪法制定的。取得最终的胜利之后，公民将进行投票，决定下令成立什么样的君主政体。4 月 12 日达成的王室谕令的生效时间，是盟军占领罗马之后。巴多格里奥在本月末将其政府改组，南部政要们被他招进来，其中，要属克罗切和斯福尔札声望最高了。

* * *

敌人和我们一样，在这个军事间歇期休整部队并加以补充，以做好两次进攻准备，此时，威尔逊将军把他麾下的全部空军调过来，对敌人进行困扰和打击。实力雄厚的盟国空军也来参战，对敌方陆上交通线进行轰炸。我们想，只要一次又一次切断这些交通线，敌军的供给就会出现不足，如此他们不得不撤退。主要通过（破坏）桥梁、高架桥和其他铁路交叉点，把通向意大利北部的三条铁路干线堵死，是这项军事行动的目的，我们乐观地称之为“绞刑”行动。使德军因粮饷和装备全部消耗而败走意大利中部，是盟国空军奋力一战的愿望所在。

六个星期以上的时间里，我们一直在这方面努力，重大损失也随之产生。罗马北面远处的铁路运输时不时中止一下，然而，我们的全部目标并没有通过这次努力实现。敌人是这样得到接济的：最大限度利用海岸航运来运输物资，再由汽车转运，充分利用夜间完成运输。但是，敌人还是在5月末的陆上大战中严重受损，因为他们无法充分储备物资，所以不能长期参加激烈的战役。我们的各个独立军队，以高于我们预期的速度，快速实现会师，并攻占了罗马。德国空军在保卫其交通线的尝试中损失巨大。它在5月初能集合的战斗机只有七百架，而我们有一千架飞机与之对抗。

意大利战场的许多事情至此走向正轨，我们可以暂时放下不谈，对那场最重要的战役，也就是横渡英吉利海峡的战役进行叙述。

第十二章　日益增强的空中攻势

我们的轰炸机有了转机——我们早期进行的轰炸有失精确——雷达在搜寻目标时发挥的作用——德国不得不转向生产战斗机——美国1943年加入对轴心国在欧洲占领区的轰炸——卡萨布兰卡会议上的指示——英国空军夜间对鲁尔区进行轰炸——在汉堡的空战——突袭柏林——美国空军10月14日在施魏因富特的巨大损失和后果——英国空军在纽伦堡之战中的损失——最终美国空中堡垒有了远程战斗机的掩护——英国炸弹实力的改进——彻韦尔勋爵的核查——铝化炸药——我们的空中攻势对战时德国经济的危害——盟国空军怎样在“霸王”作战计划发挥作用——法国民众伤亡惨重，战时英国内阁表示忧虑——我们对罗斯福总统的决定表示认可——英美轰炸机人员的英勇和牺牲精神

本章将对轰炸机司令部的工作做论述。在我们整个作战计划中，它的作用越来越大，我们最终能够取得决定性的胜利也是它的功劳。

持续疯狂的轰炸需要足够数量又能适应场地的飞机，我们最终具备这个条件是1943年，同一年，还有助阵我们空军战略攻势的，就是美国第八空军总队。提高轰炸机实力是我从1940到现在始终在倡导的。有不少难题存在：生产赶不上预算；大量飞机在其他的战场上以及反潜艇战争中也都是必需的；美国生产的飞机在参战初期自然是先供自己使用。在数量上，我们新型的四引擎飞机上升比较慢，但是在装载炸弹的重量上，它提高了不少。每架飞机的平均载重量如下：1942

年开始几个月，两千八百磅；当年年底，四千四百磅；1943 年，达七千五百磅。

如果是在日间，要想在免于严重损失的同时冲破牢固的战斗机防线，那么就算是以紧密队形飞行的轰炸机也办不到，这一点我们和德方在大战初期就发现了，我们只能在夜里轰炸，敌人也是如此。我们曾计划在 1940 年到 1941 年冬季炸毁德国炼油厂，它是不起眼的但是却颇具重要性，然而，我们没有成功。最初的我们太过相信自己轰炸的准确性了。再次进攻德国只能等到 1941 年 7 月份，因为轰炸机司令部接到命令要在春季参加大西洋战役。如今，以鲁尔和汉堡、不来梅、汉诺威、法兰克福以及斯图加特为代表的工业城市和铁路中枢，是我们选好的目标。但是，无论是飞行员还是飞机，或者作战方法，都不能达到要求。在冬天几个月里，我们不得不缩减空军行动，因为损失一天比一天加重。我在前面提到过新式方位探测器[①]“前进”（它的名字）。我们在 1942 年 2 月引用它，并在其作用下，由哈里斯空军中将全力指挥，以鲁尔当作主要目标进行一系列的轰炸，取得优异的成绩。火攻吕贝克和罗斯托克，轰炸机在 5 月轰炸科隆一千架次，以及在白天轰炸奥格斯堡的潜艇内燃机制造厂，这些作战行动计划都在这次轰炸中。内特尔顿空军少校能获得维多利亚十字勋章，就是因为这次轰炸。

贝内特空军准将在 8 月带领着成立导航队。作为一种罕见又精密仪器的雷达，它在航行和探测目标方面的作用越来越突显出来；它最好由担任着探路职责并指出目标的专家来掌握。

德国的军事生产力并不会因为轰炸机的进攻而降低，德国民众的斗志也不会因之衰退，即便我们终于可以进行梦寐以求的方位准确的夜袭，但是，在 1942 年依然如此。我们太过小看德国的经济实力了。实际说来，德国军火生产量提高了，因为在它霸占的国家中，生产力

---

① 关于本章涉及仪器的细节问题，在第四卷第十六章中有说明。——译注

和劳动力被普遍挖掘出来。普通民众的意志十分坚强，因为对他们进行救助的戈培尔同时实行的是严明的纪律。所以即使局部地区有灾难，全国也不会受到影响。但是在空中，德国被迫采取守势，因为它的领袖们已经惊慌不已。德国生产飞机的重点不再是轰炸机，而渐渐趋向于战斗机。这次轰炸拉开了德国空军失败的帷幕。而我们1944年取得百分百的空中优势，并在此优势下进而在战争取胜，都要以此为转折。我们因为它在西线建立了一条威胁德国的第三空中战线，俄国人和我方在地中海方面的军队都可以从中获利，这是它一方面的重要，而我们因为它产生了一种已经战胜希特勒和他的空军司令们的感觉，这一重要性更重要一些。

1943年就这样来了。就在我们轰炸轴心国在欧洲的占领区时，美国人也加入进来。在轰炸策略上，他们有不同见解。在我们看来，既有效又可行的是采取夜间轰炸战术。而美国人坚信，他们如果严密排列重型飞机，以堡垒队形，无需战斗机掩护，就可以在白天行进到德国内部。我对这种策略的可行性是持怀疑态度的。在卡萨布兰卡时，我曾与美国驻英空军司令艾克将军谈过我的担心，还收回了我与之对立的说法，这在前一卷已经说过了[①]。英国卡萨布兰卡的英美轰炸机队于1943年2月4日收到明确指示，以下是它们的职责：

在德国人丧失武装反抗的能力之前，不能停止对德国诸如军事、工业、经济等体系的摧毁和扰乱，还要瓦解德国人民的斗志。这是你们的主要目标。

以上是笼统来说，具体的项目依次是：(1) 德国的潜艇制造厂；(2) 德国的飞机工业；(3) 运输；(4) 炼油厂；(5) 敌人战时工业的其他项目。这些都是按轻重缓急排列的。

---

① 详见第四卷第608—609页。——原注

为了破坏这五个项目，美国第八空军总队的艾克将军试图采用白天精确轰炸的策略。他多次不惜昂贵代价进行全力轰炸，这都是在他已经提出支援请求而援军来到之前。里斯空军中将以在 1943 年 3 月 5 日至到 6 日的夜间对严防死守的埃森为轰炸开始，3 月到 7 月的轰炸主要集中在鲁尔区进行，这些轰炸只限夜间。在三百九十二架飞机进行沉痛轰击之前，先用了八架蚊式飞机投放照明弹照明目标，再用“欧波”（“双簧管”）盲目轰炸器，然后用上了导航队的二十二架重轰炸机，才更加明确目标的位置。这次大战给了埃森首次重创。面对着我方轰炸的结果，同时还有我方轰炸机队的实力和活动的上升，戈培尔一天比一天失望，他在日记中对德国空军没有阻止英国轰炸机的进攻进行了严厉批评。德国的煤铁和机轴的生产受到重大损失，能力最强的生产部长施佩尔在 1943 年 6 月对地方的纳粹长官的演说时，有所提及，还提到一个决定，就是成倍加大鲁尔区的防空措施，并征集十万人进行修理。

最后英国空军成功捣毁了鲁尔区军火工业中心，而德国的日间战斗机猛烈抗击了美国的飞行堡垒。艾克将军在之后没过多久，就意识到，一定要先消灭德国空军，他的计划才能成功。关于调整轰炸目标的先后顺序这一点，是联合参谋长委员会看到对潜艇作战的形势出现良好转机之后应允的。它在 1943 年 6 月 10 日发出的指示中，首先指出袭击德国的战斗机队和德国飞机工业的重要性，这是在对卡萨布兰卡会议上的决议做修正，而且它给的名目是“直指其害”。

英国轰炸机开始狂轰汉堡是在 7 月 24 日和 25 日晚上。“硫化氢”盲目轰炸器就装备在飞机上，它们可以脱离国内指示信号工作，而汉堡又没有逃出“欧波”的测距范围，所以就尽量用上了它们。大地地形概貌被这种仪器反射到飞机里的银幕上，今天的电视机荧光屏和这种银幕类似。如果地面上出现像汉堡船坞区那样的分叉水道，就会看到清楚的图像。从 1 月第一次用上盲目轰炸器开始，轰炸机队就已经累积经验 ，而另一个长期未用的新发明在轰击汉堡时也第一次派上用场了，它的名字叫作“窗户”。这种新发明就是从轰炸机上投下的半金属纸条，在第四卷中也已叙述过[①]。这种纸条才几磅重而已，但是一旦它们散布在天空中，敌人就很难在夜间指挥他们的战斗机迎击我们的轰炸机，也很难用高射炮和探照灯来定位我方飞机，因为这种纸条与德国雷达的波长是相匹配的，这样一来，敌方雷达屏上好像出现许多飞机。

偌大的一个汉堡城，在7月24日到8月3日这么短的时间内，就遭到我们四次轰炸，以至于出现前所未有的严重毁坏。整个城市在第二次袭击中火光连天，四面八方传来悲惨的呼叫声。我们混着烈性炸药投掷了大量燃烧弹。要让这场大火熄灭，任何人工消防措施是办不到的。不少德国人用“浩劫”来形容汉堡空袭。这样的空袭如果也连续发生在德国其他六个主要大城市身上——施佩尔本人就曾估计到这一点，而且在战后也承认了——那么德国的战争生产活动早就瘫痪了。然而，即使用上“硫化氢”盲目轰炸器对一小片区域进行轰炸，如果目标范围内没有明显的水域地形，也存在困难；同时，凶猛而又经验丰富的德国夜间战斗机进行了顽强的抵抗。以上部分地解释了为什么德国在1943年幸免于这种厄运。

我们在1943年进行第三次大规模空袭轰炸，目标是柏林。从1943年11月起到1944年3月为止，轰击一直在进行。如果真像汉堡一样，那么德国的战争生产和军心可能会因这个大工业中心濒临崩溃而受到致命一击。

以无所畏惧的勇气和决心克服令人望而生畏的困难，敌人的要害是轰炸机司令部全力空袭的目标。在多次轰炸过程，我们不得不凭借“硫化氢”盲目轰炸器的雷达瞄准器，因为气候实在是非常差。轰炸机在夜间投弹拍下的图像，只是一片烟雾。日间飞过柏林的摄影侦查队一样地一无所获。轰炸柏林的严重毁坏是德国人亲口说的，但我们自己

① 详见第四卷第257—259页。——原注

却不能辩明十六次大轰炸的相对结果，因为我们无法对比各轰炸的影像记录。我们最终得到清楚的照片并估算摧毁的程度，已经到了1944年3月。对汉堡的毁坏比柏林的严重。

美国第八空军总队在这期间还是在“直指其害”的指示下，袭击敌方战斗机队和飞机工业。由于德国飞机的实力和效率一天强似一天，敌人以此对战他们，所以他们受到德国日间战斗机的损害也一天比一天重。最高潮发生在1943年10月14日。与德国飞机工业关系重大的滚珠轴承厂在施魏因富特，这天二百九十一架巨型飞行堡垒对其进行轰炸，结果六十架被击毁。要取得对德空军优势，离不开日间轰炸机的掩护，他们至此才认识到这一点。于是，在制造出远程战斗机，具备掩护轰炸机的充足力量之前，他们暂时停止进攻。

由英国轰炸机司令部空袭施魏因富特，它应不应该用自己的策略。人们对此观点各异，而且经过激烈争论几乎没有结果。最终决定是：在日间和夜间，由英美空军分别进行进攻。美国第八空军总队终于盼来了远程战斗机。在1944年2月24日，我们对共同的目标展开了真正意义上的联合进攻：日间，在远程战斗机掩护下，美国第八空军总队用二百六十六架轰炸机进行轰炸；夜间，英国轰炸机司令部用七百三十四架飞机去袭击。可惜的是，这次规模空前的大轰炸的效果被严重地降低了，因为我们花太多时间去讨论，遭美机日间轰炸的施佩尔早就心生戒备，于四个月前使该地的工业分散了。

* * *

在夜间或日间轰炸策略的技术方面，英美空军各执一端，并且进行了长期争论。双方气贯长虹、不惧牺牲，在此种状态下实践各自相反的理论，为了胜过对方不惜代价。竞争的极点是在轰炸柏林以后出现的。英国轰炸机司令部1944年3月30日至31日夜间轰炸纽伦堡，我们遭受到最严重的损失就是在这一次空袭中，共派出七百九十五架飞机，其中九十四架没有回归。所以，为了持续进行深入德境的夜袭，轰炸机司令部对其中战术做了全新分析。这也证明，我们如此凶猛的进攻，使敌人已经加强夜间战斗机队，其实力得到了提升。敌方最卓越的飞行员从其他重要战线调过来了。但是，由此一来，西方盟国会在横渡英吉利海峡的进攻中，占尽必需的空中优势，因为敌军力量被集中起来在德国内部防卫。

*　　*　　*

经过长时间的耽搁，有一个不容忽视的重要问题得到了解决。那就是：远程战斗机要有一种续航能力，使其可以在空中追击并击毁敌方战斗机，或者从空中俯冲而下袭击机场上的敌方战斗机；因为美国在这一整个时期内，坚持要让飞行堡垒轰炸机在这种远程战斗机掩护下，在日间有所行动。轰炸机获得的日间战斗机的护卫最初是“霹雳”式的，接下来是“闪电”式，最后是“野马”式。辅助油箱使这类战斗机的持续飞行距离从四百七十五英里提升到了八百五十英里。1944年2月23日开始，我们在日间集中对德国飞机工业进行为期一周的轰炸。白昼轰炸机既可以在少受干扰、少受损失的前提下进行准确的轰炸，这些美国远程战斗机也终于制服了敌方的战斗机。

我们对德空战的转折由此开始。美国第八空军总队行动逐渐自由了，而且可以在日间以高度的准确性袭击德国的目标。所以，在我们的战略攻势之下，德国再也保不住它的要害地区了，它已经不在空中占有优势了。大战结束之前，德国夜间战斗机的实力还是不可小觑的，它们拥有最卓越的飞行员。但是，敌人白昼战斗机的作用还是因此被削弱了，美国空军有了新的进步。到了1944年，相对敌军，我们已经在日间的空中占据优势。英国空军4月再次在夜间对德国城市发动全面的进攻，他们采取的新战术是蒙骗敌人、迷惑敌方防御人员。为完成这次进攻，美国第八空军总队计划以“二十四小时全天候”来不停轰炸，他们对敌方日间战斗机的弱点已经掌握了。实行“霸王”作战计划之前的形势就是这样。

* * *

我们的炸弹爆炸力量有了新的发现，因此，我们本就日盛一日的对德空袭优势又有了明显提高。也是出于偶然，我们在 1943 年急切研究火箭和飞弹威力的过程中，发现了新炸药的问题。那些专家把我们投掷在德国的炸弹的威力，与我们预计敌人直袭英国的火箭效果相比，认为我们面临险境。他们心里有一种更加悲观的想法，是一种可怕的假设，他们说，每吨炸弹的破坏力在英国要比在德国大一倍，英国的房屋没有德国的坚固，所以这是可以想象的。在就此谈论时，他们忽然提出一个结论：德国把铝粉和烈性炸药掺在一起做炸弹，所以敌人炸弹的威力差不多要比英国的强一倍。我从彻韦尔勋爵那知道了这个观点，就下令对此进行充分研究，由他来指导。所有的人对研究结果颇感惊讶。

首相致生产大臣　　1943 年 10 月 12 日

初步报告表明，德国炸弹具有无可置疑的优越性。这报告是我近期请彻韦尔勋爵，对比研究德军烈性炸药和英军烈性炸药的威力，才做出来的。

我同意三军参谋长的主张，他强烈建议我们不必等进一步试验的结果出来，马上改用铝化炸药。如果改用这种炸药出现什么问题，请在下周向我提出一份报告。

为什么这种问题产生了，却没有得到纠正？国防大臣有权力对这个问题进行调查。请举荐三位人员，并附带他们的经历。在全部秘密情况下进行这项工作。

接着他们调查了这个问题。结果显示：早期节省下来铝粉都用在制造深水炸弹上了,因为那里铝比较少,这种习惯在铝比以前多的现在,没有得到改变。我们立即下令，首先在重磅炸弹方面，加入铝粉，改进炸弹。它们的效率在整个战争的后半期，又提升了半倍左右。我们以为不会想到这种事情，我认为同僚们应该对此引起注意，所以1944年2月我有下列文件发出：

铝化炸药

1944年2月17日

1.1943年9月底，有人在讨论德国远程火箭时，怀疑我们自己的炸药的效力，他拿我们的烈性炸药的威力与德国做了比较。就此问题，主计大臣即刻与空军参谋长进行讨论。后者向参谋长委员会提出的建议，也得到了大力扶持，那就是为了弄清楚事实是怎样的，即刻行动起来，主管当局就回答为何英国炸药不如德国的，还要想办法补救，如果确有其事的话。

2.可以肯定的是，我们的炸药比德国的差，这是主计大臣在参谋长委员会的建议下进行查询，于10月6日向参谋长委员会提出的报告上的结果。据各个权威人士的估算，如果使用铝化炸药，我们将获得的进步是正在使用的炸药的百分之四十到百分之百。无须等进一步试验的结果，应为了改进尽快做好准备工作，这是彻韦尔勋爵力主的，也是参谋长委员会和我对赞同的，而且立该即刻着手改革。

3.我又简要下令，“对关于我们炸弹效力的报告进行审核。关于这个问题，在目前战争中进行了什么试验，取得了什么进展，要对其过程进行再研究，并对能不能研究成功，或者研究成果能不能发挥实际用处，做出报告。如果不能，问题出在什么地方？”由瓦尔特·蒙克顿爵士、艾伦·巴洛爵士和罗伯特·罗伯逊爵士组成委员会，来进行这项工作，最前者任主席。1941年进行了一次失败的试验，主要是因为当时采用了无法满足人们要求的衡量爆炸压力的方法，所以他们没有正确认识到结果。还有就是，1943 年盛夏以前的负责人员都不肯尝试再次使用铝，因为他们有一种印象，到头来还是没有铝。如上所述，对于新试验的成果，我们一直没有采取必需的行动加以利用，直到主计大臣注意到德国炸药的相对优势的说法。

4. 那些早先使用的炸药，其威力远远不如铝化炸药的强大，这是无疑的。主计大臣使人们注意力转到这种令人极不满意的情况上来，并且有所干预，才避免了这种事态长期延续，这是重要的贡献，我认为同僚们应该看到。没有他们，我们为战争做的努力会受到重大阻碍。

这个插曲表明，应该有专门人员对大型组织各个方面的工作进行检查，这是很有必要的。

* * *

截止到目前，还难以判断的是，英美联合轰炸机队轰炸后的战时德国的经济和军火生产，究竟受到了怎样程度的破坏。1943 年，轰炸机队在鲁尔区、汉堡和柏林三大地区进行战斗，给整个德国境内带来了普遍性的灾难，尤以德国领导人为代表，表现出极度惊恐。但是他们有施佩尔，在其优秀的管理下，他们把占领的国家的工厂和强制劳动力高效又高速地发动起来了。人心惶惶的情况只出现在被炸城市，而没有扩散成全国性的大恐慌。

我们要保守看待敌人向希特勒所作的各种报告，它们均声明德国军火生产在 1942 年翻了一番。这种说法是无法令人信服的，通过回想我们自己在受到轰炸后生产上受到的损失就可以知道，而且我们受到的轰炸远比敌人这次轻。德国人在 1943 年几乎无法进行生产，他们承认这一点，就证明了我们日趋强大的轰炸机队实力。袭击德国本土的力量不可避免要在 1944 年春季有所减弱，因为，“霸王”作战计划会占用盟军的战略轰炸机。但是此时的天空战场已经是我们的天下了。战斗如此困难，德国空军的压力是难以肩负的。对于我们的轰炸，德国空军没有任何力量进行战略反击了，因为他们必须要把力量集中在战斗机制造上。它已失去了平衡，力量已经耗尽，他们自身尚且难保，更别说让德国免受我们的猛烈轰炸了，因为他们的力量不再平衡，也已经消耗完了。1944 年底，我们的空中优势已经达到绝对化状态。在其得到远程战斗机后，美国第八空军总队应占尽一切功劳。

*　　*　　*

强大的空中武器将在空前重要的“霸王”战场上起到什么效果，这是我们在发动此计划前要面临的重要问题。我们的计划是：最终使诺曼底德军周围的交通线变成一片“铁路沙漠”，为此用上六万六千吨炸弹，在登陆法国北部前的三个月中，对法国、比利时和德国国内的德国铁路交通线进行轰炸。这一计划是两国空军当局在技术问题方面，经过接连数天的争论后通过的，目前已经初步实施。通向诺曼底路上的修理站和保养站，以及九十三处重要的铁路中心点的机车是其主要目标。在逼迫进攻法国北部时，空军战术部队特别担任摧毁桥梁和铁路车辆的任务，同时，它还协助实施这个总计划。我在 4 月 3 日给艾森豪威尔将军去信：

对于轰炸这么多法国铁路中心的建议，考虑到会使男女儿童在内的数以千万计法国民众丧命或者受到伤害，我今天持有的态度是真正严肃的，而且差不多就是不同意。他们都是我们的朋友，会因盟国空军产生深仇大恨，有鉴于此，我们好像应该郑重对待这一步行为。我们决定，对这个问题的审查由国防委员会本周进行，然后由外交部把意见反映到美国国务院。我本人会给罗斯福总统发一封私人电报。

对这些特定的目标进行集中轰炸，在军事上是十分妥帖的。

5日，艾森豪威尔将军回电说：

我方强大的空军会促进“霸王”作战计划战役的成功，正是我们坚信这一基本原因，才决定实施这一战役，我们千万不能忘记这一点。如果不能成功，那么就算这种战役不被当成莽撞之举，也会冒极大风险。以这样的依据来反对轰炸德国占领区运输中心，的确使人承受不小压力。然而，袭击这些中心地点是一场干系极为重大的战役，我和我的军事顾问都坚信，我们最终胜利的可能性也会因它变大。至于可能造成伤亡的数字，我个人认为是估计过高了。

* * *

战时英国内阁担心和惶恐的是，随着轰击铁路战役的持续进展，对法比两国平民的伤亡预算比以前减小。

首相致罗斯福总统　　　　1944 年 5 月 7 日

1. 战时内阁在过去三周内，总是十分担心我们在轰炸法国铁路中心时，会有大量法国人牺牲。就此问题，我曾同艾森豪威尔和比德尔·史密斯两位将军进行研讨，也多次和自己的参谋人员举行会议。“铁路计划”是在短期内执行的，而两国空军对其功效的看法也存在很大差别，这在过去和现在都一样。而且不是相互对立，是穿插交错。后来，艾森豪威尔、特德、比德尔·史密斯和波特尔，他们都宣布已经调整了计划。要我相信我们在最初时期使用空军的最佳方式就是这样，不可能。我的意见依然是，把德国空军作为主要目标。

2. 据说，这个计划刚刚提出时，有八万法国百姓罹难，伤者也在其内，其中死亡人数是两万。在我们的空军中，特别是皇家空军(这类工作的主要部分自然由他们担任)，存在明显的滥用的情况；而且夜间轰炸的盲目性，也应该受到谴责：所以，战时内阁难免会对上述数字大为吃惊。但是，从最初轰炸的结果来看，只占总数七分之三，这一数字比司令们预计的法国平民的伤亡小多了。

3. 空军在减少屠杀友好平民方面，已经尽量用心了，我对此表示满意。然而，“霸王”计划的开始日期距此还很遥远，所以这种屠杀在法国平民中的反响将是糟糕的，这也是战时内阁和我一样忧虑的地方。美英解放者即将到达法国，法国人民对他们的感情，极有可能因为这样的屠杀产生天翻地覆的变化，甚至可能因此仇视美英人种。法国人的伤亡可能会在进攻开始的当天及其以后的日子中增多。但是战争正处在激烈阶段，人们心中的比例可能会在日后看到更多英、美士兵伤亡的时候有所转变。当今这个过渡阶段才是我最担心的。

4. 请你在考虑这个问题时，从最高的政治立场出发，并且请把你的意见提出来，我们会把它当作政府之间的交换意见，这是战时内阁让我请你这么做。这种屠杀不是只针对凶残罪孽的敌人的，还会在无辜的友好人民中间发生，这是一个方面；另一方面，对于“霸王”作战计划的冒险性，我们自然是感受到了，促使它成功是我们再迫切不过的愿望。这两点我们都要记住。我是在以郑重的态度，仅用最平和的措辞，向你陈述这个事实。即使情况没有以前恶劣，战时内阁对于屠杀法国人的情况，也一样表示担心，这一点我应该使你明白。并且他们试问，要达到大致相同的军事效果，就不存在采用其他方法的可能吗。我们特别乐意与你们共同负责，不管我们双方的问题如何处理。

11日，罗斯福总统回复我说：

你感到忧虑的地方，我也有一样的感受，我们的空军在准备“霸王”作战计划的过程中，确实给法国人民带来了伤亡。

目前和将来，都应为了最大限度减少平民伤亡而大力采取一切措施，我和你一样对此表示赞成。在这个重要时期，只要不会缩减我们袭击敌人的效果，任何可以使法国人民减缓与我们对立的机会，都不应错过。

对负责的司令官们，我不打算在远处限制他们的任何军事行动。尽管，百姓的伤亡是令人惋惜的，也是空军的准备工作造成的。他们会这样想，“霸王”计划的胜利他们也许受到这些限制的影响，或者进攻欧洲大陆的盟军伤亡，会因之增加。

它会产生具有决定性的意义。法国民众的伤亡在这一段时间内，继续减少，我们对此一直忧心。对于“霸王”作战计划，轰炸机队的最突出最直接的功劳，就是封锁诺曼底战场，切断援军经由的铁路线。代价得到了弥补。

* * *

技术问题的谈论占了本章一大半。在夜间还是日间轰炸的问题上，英美的计划彼此互相对立，它们受到严峻的考验，其结果已经做了叙述，同时也说明了双方的计划。我相信我在叙述我们改进炸药时，在叙述雷达时，在叙述所有与雷达相关仪器的复杂性时，采用的方式，普通读者是可以理解的。但是不能止步在这里，不少官兵在这种可怕的空战英勇作战、壮烈牺牲，还要向他们表达敬意和歌颂，不然就是过错了。人们从来没有见过，甚至也无法完整地想象这种空战。人类胆量承受力和敢死精神都有其极限，轰炸机人员受到的精神考验就超越了这种极限。这种冒险也是最为极端，最令人煎熬的，其他一切冒险是达不到的。驾驶员可以没有停顿地连续参加三十次以上的空袭，这已经变成了一条惯例。但是，一个人整天和机器为伴参加工作，在三十次空战中而不出事的可能性很小。在最后十几次猛烈战斗中，许多人多次感觉到失利。早期护卫我的是伦敦警察厅的侦探警官麦克斯威尼，后来他毅然决然参与到轰炸机作战中。我有几次碰见他，他正接受训练或者作战。有一次，他说："我要第二十九次出战了。"但那却是他最后一次出战。他那天看起来和平时一样轻松愉快，但是面露深沉。这些人之所以能渡过非常人所能忍受的考验，是对自己国家和事业的责任心在支撑他们。如果我们能够深切体会到他们的苦难，一定会对这些英勇的人，既同情又佩服，而且大受感动。

"美国有二百九十一架庞大的空中堡垒，六十架被击破"；"轰炸纽伦堡，英国轰炸机司令部用上了七百九十五架飞机，其中九十四架没有回归。"以上事实我都叙述过了。在这方面，每次就有六七百名调度训练过的、技术老练的战士在一小时中丧命：每架美国空中堡垒有飞行员十名，每架英国夜间轰炸机有飞行员七名。这种考验的确不一般。英美飞机轰炸德国和意大利时——就是在这次大战期间——十四万多空军人员或伤或亡；横渡英吉利海峡的大战役中，英美空军的伤亡数字，没有在本章所述时期内的多。他们是一往无前的大英雄，他们绝对没有失败。我们要向他们表达敬意。主要是这种忘我的精神使我们取得胜利。

第十三章　希腊的苦难

希腊人和犹太人的贡献——受德军管制的希腊——民族解放战线和人民解放军组织——我们在希腊的代表团——共产党游击队伍的政治谋略——史末资将军的劝言——共产党政变的威胁——君主制问题——英国大使对时局的意见——楚泽罗斯先生请辞——国王乔治决定回开罗——我4月7日和8日给利珀先生去电——希腊海军和希腊旅在埃及的骤然兵变——我们如何应对希腊人——兵变的希腊旅被包围——希腊国王抵达开罗——4月16日我致电罗斯福总统——他的电文给我最大帮助——希腊军队骤然兵变的顶峰——帕吉特将军的高超办法——希腊叛军投降——希腊新政府成立，帕潘兹雷乌先生为首——5月24日我对下院进行演说

这个世界上极度热心于政治的两个民族要数希腊和犹太了。他们分裂成很多个党派，其领袖之间的斗争不是你死就是我亡，而且忽略了恶劣环境和深重国难。三个犹太人，两个是首相，一个是反对党领袖，不管在哪都是一样，人们这种说法真有趣。而另一个大名鼎鼎的古老民族，情况也是这样，这可以从人类思想起源时说起，他们在求生存过程中，一直在进行激烈的斗争，从来没有停止过。在世界上留下了这样痕迹的，恐怕只有这两个民族。对这两个民族而言，在遭受外国压迫时，他们会表现出足够的生存能力，而且恐怕只有自身的连续不断的斗争、吵闹和骚动，才能与无穷无尽的艰苦环境相比。他们的苦难和生命力历经几千年未曾减少，而民族特性没有一点改变。他们在各个方面都留下足以彰显其天才和智慧的遗产，而这是生存在各种外界危害和自我伤害的条件下完成的。雅典和耶路撒冷对人类贡献是最大的，是任何两个其他城市无法相比的。他们在宗教、哲学和艺术方面的光辉是现代信仰和文化的启明星。一直以来，他们内部都是吵闹不止，似乎他们已经习惯这样，而经历了几百年的他族统治和无可附加的长久压迫，在当今的世界上他们依然是生气勃勃的民族与力量。这两个民族的力量，是无法摧毁的，可以使他们在内部斗争中坚持过来，同时使他们面对危及生命的世界大潮屹立不倒，我为此深深信服并且支持。

*　　*　　*

轴心国家在 1941 年 4 月盟军撤走后占领了希腊。希腊政界因军队崩溃、国王及其政府流亡而再起激烈的纷争。希腊的君主政治允许梅塔克赛斯将军独裁，从而使现已垮台的政权又和它紧密相连，所以受到国内外希腊人士严厉的声讨。1941 年 5 月，希腊国王乔治二世离开克里特岛，政府中楚泽罗斯先生领导下的保王党与之随行。国外的希腊人士因他们长期在开罗—南非—伦敦的旅途中流亡，有足够的时间来研究政治。1936 年，希腊宪法宣布无效，必须由在盟国的境内的流亡人士研究最终获得解放以后的希腊的未来政权问题。

这个问题的意义是重大的，这我早已看到。希腊早已宣布自己为君主立宪的民主国家，我为此而感到高兴；1941 年 10 月，希腊首相第一次在伦敦向敌人占领的希腊发表广播演说，我就去信一道表示祝贺。表达了同样意思的，还有希腊国王本人对其国家广播的新年贺辞。只有促进国外流亡者和国内舆论的持续性联系，才能在这次大战中使希腊成为一个统一国家。

希腊在被轴心国占领后的第一个冬季里，出现严重饥荒并深受战争破坏。红十字会运去的救济物资，使饥荒才稍有减轻；而战争在希腊军队分崩离析之前都没有停下来。他们试图以小规模的分散作战对抗敌人，就在投降时把武器藏到深山里。大量希腊中部城市人士迫于饥荒而加入了这种战斗。一个自称为民族解放战线[①]的团体在1942年前一年的秋季成立，1942年4月，它又公布了人民解放军（E.L.A.S.）的建立。他们在第二年又增添了一批小规模战斗队，重点放在希腊的中部和北部。当时，共产党领导人组成的中心团体是强大的，他们控制民族解放阵线和人民解放军组织；而对埃皮鲁斯和西北部山区的残余希腊军和当地的山区居民而言，拿破仑·泽尔瓦斯上校是他们的核心。泽尔瓦斯的追随者刻意反对共和党，其实原来是报以同情的。当时，这两个中心集中了希腊对抗德国的力量。两者与在伦敦的希腊政府都没有直接联系，也不同情它的遭遇。

比雷埃夫斯是雅典的港口，是德军到达北非必经的一个重要根据地，德军经此有一条供应线，我们在阿拉曼胜利的前一夜，决定攻击这条供应线。所以，1942年秋，迈尔斯陆军中校带领着英国的第一个军事代表团从飞机上降落到希腊，联系上了游击队。一座重要的雅典铁路干线上的高架桥被我们毁坏，这离不开他们的帮助。与此同时，轴心国在比雷埃夫斯的航运受到干扰，这有赖于希腊地下工作人员成功而英勇的怠工举动。更多的炸药，更多的武器，更多的英国分遣队被运送过去，是因为中东的总部也受这些成功的行动的鼓舞。从此，我们与敌军占领下的希腊取得了直接联系。

英国代表团在1943年夏得到强化。我们之所以在行动上鼓励这个区域，是因为我们在西西里岛的军事行动将不日进行，可以以它为掩护，这是另外一个动机。盟军在突尼斯战胜敌人以后，正计划大举进入希腊本土，为了使敌人相信这一点，我们做了非同一般的努力。雅典铁路干线上另一座桥梁，被英国和希腊的联合分遣队炸毁，其他的

① 希腊文第一个字母缩写是E.A.M.——原注

怠工之举也有收获。结果是把之前德军可能派往西西里岛作战的两个师引到了希腊。然而，希腊游击队此后全都在为了夺取战后政权而斗争，它最后一次直接做出军事贡献，就是这一次。

游击队战争受到政治斗争的影响。没过多久，我们发现自己所陷境地的复杂性和尴尬性。那里实际上有三个不同的团体：主要在共产党控制下的人民解放军，现有两万之众；名为民族民主军（E.D.E.S.）的泽尔瓦斯部队，总人数五千；还有保王党政界人士，他们集中在开罗或者伦敦希腊国王的周围。我们对希腊国王有特殊的义务，因为这个盟国的元首曾在1941年与我们一起参战。上述各方面人士付出更多心思在争夺政权上，他们现在都认为，可能这次战争的胜利是属于盟军的。我们共同的敌人却会从这样的内部斗争中获利。提醒希腊国王“公民会在战后举行投票，而在此之前，都不能回国”的宣言，在1943年3月，由一群有名的雅典政治家签字达成。希腊国王应摆明自己的立场，这才是重点。于是，他在7月4日对希腊人民发表广播讲话：可以在国家解放时立即举行大选，为了成立一个具有更广泛基础的政府，流亡国外的希腊政府应在返回雅典后，立即请辞。这是出于和解的目的。但是，希腊国内舆论要求有更直接的作为。接下来，出现一次小规模兵变，这是我们聚集了中东少数希腊军队制造的；这在当时中东民族解放战线的广播里，播送开来。开罗在8月间迎来六位领袖组成的代表团。这六位领袖是由希腊国内主要抗战集团推选出来的。公民投票要在国王回国以前进行，而且流亡政府要赋予希腊国内的政治家三个职位，这是全力主张的，对此国王和首相都没有通过。

这些事态的进展，在希腊国王乔治二世给我的来电中谈到过。那时我在魁北克。电文如下：

希腊国王（在开罗）致首相和罗斯福总统　　1943年8月19日

解放以后，我将邀请我的人民通过自由选举的方式来决定政府的形式。这是我在7月4日对他们宣布的。

据说，各个游击部队的一些代表们从希腊来到这里，这是出人意料的，我因此忽然面临一种极不一般的局面。现在看来，只有公民进行投票，决定了未来政权组织的形式，我才能回国。那么在这种情况下，为了使希腊和联合国家的事业可以享受的利益最大化，到底目前应采取什么政策。某些旧党代表一心强迫我对此宣言，而我对你们的意见是极为尊重的。

我们曾经达成一项协议。其中规定了我在离开伦敦之前应执行何种政策，目前我偏重继续执行这一政策。出于民族利益，我暂时离开了我的国家，到盟国来工作。尽管如此，我坚信我应该采取这种行动。因为随着事态发展，也许有一天，我率领军队回国会成为更好选择。

我把这个情况做成了一个备忘录：

首相致外交大臣　　　　1943 年 8 月 19 日

最可能实行的办法是，英国军队拥有强大实力，如果我们也加入解放希腊的战争，那么希腊国王就应该带着希腊的军队和英国一起返国。但是，我们可能对这个问题没什么发言权，因为希腊人可能会具备使自己足以驱逐德军力量。事情一旦发展成那样，保王党和共和党代表席位将是同等的，这是我们现在给希腊国王的建议，到时，他也应该努力实现。无论如何，他如果在某一个时期内答应继续留在国外，会是个弥天大错，就是在解放战争已经开始，而和平的公民投票还不具备举办条件的时候。

史末资也是有远见卓识的，他也在热心关注希腊的命运，从下面的评论中可以看出来：

史末资将军致首相　　　　　　　　1943年8月20日

英方情报人员已经带着希腊爱国人士和其他党派代表带去开罗，可以看出，人们对这一举动持有浓烈的怀疑态度，认为英国反对保王党，甚至认为爱国人士代表们想向共产主义一边靠拢。在这个关键时刻，我们就排除万难支持国王乔治，因为他从来都真心支持盟国，并为盟国的事业做出了很大的牺牲。我认为英国政府应一直对希腊国王支持下去，最起码要到希腊国内环境安定下来，其人民可以决定他们的未来政权。向希腊政府重申这一点，将是明智之举。盟军占领希腊以后，人人心绪激动，这时如果立即让公民以投票或普选形式决定政权，可能会引发内争甚至内战，所以不应操之过急。既已军事占领希腊，应由盟国继续进行管理，直到使公众舆论缓和下来，并建立安全公共环境。为了在道义上支持盟国管理并赋予权力，国王乔治最好是在这个过渡时期，携王室成员返回希腊。

不仅在希腊，而且在其他巴尔干国家，他们一旦被盟军占领，可能会人人心绪激动，甚至出现混乱局面，这是我万分忧虑的。所以，盟军占领当地以后，应采取强硬手段以控制局势。如果我们不加以约束，可能会看到：欧洲的那一部分地区会卷入由这些民族的政治活动引起的混乱浪潮中或大规模的共产主义活动中。这样的危险局面，肯定会出现在希腊和巴尔干国家，可能出现在意大利。所以，在局面还未稳定，当地人民尚不能决定自己国事之前的阶段，我们盟军需要进行军事管制，以维护公共秩序和权力，而且要清楚明白地公布这一点。你应该会这样认为，当前希腊局势十分迫切，这干系到将来政策，是万分重要的，应该就此事和总统进行商谈。要让一个动乱不已、千疮百孔的欧洲成为布尔什维克的天下，确实有这个可能。要避免这一点，只有提供粮食、增加就业，实行临时盟国管制。

*　*　*

希腊全局的实力产生了变化，因为意大利1943年9月投降了。人民解放军占了绝大部分军事优势，因为他们收缴了包括整个意大利师全部武器在内的大部分意大利装备。实际上，共产党的政策可能会在德军败退的情况下发生变动，这将是危险的，我们要时刻警惕。我9月29日给三军参谋长一份备忘录：

首相致伊斯梅将军，转参谋长委员会　　　　1943年9月29日

这更多是一个政治问题，然而我和外交大臣对此的意见是别无二致的。我们一定要派五千名英军，在德军撤出希腊（如果他们可以的话）后入驻雅典。装甲车和轻机枪车也要配备上，运输舰或大炮就不需要了。随他们前去的还会有在埃及的希腊军队。他们要支持重新掌握政权的、合法的希腊政府，这是他们在这个全国中心城市的任务。我们不能确定还要接连派多少军队去希腊。可能一些纠纷会在希腊游击队之间出现，但是英军会收到希腊人崇高的敬意，特别是完全由我们大力救助全国饥荒，所以在解放后的最初几个月中，他们会倍加推崇我们。要阻止骚动在首都发生，或者首都受到农村方向的进攻，把军队组织起来就可以了。一旦成立了，我们应在稳定的政府成立的时候立即撤离。

我们可能不得不在解放时期干预希腊内政，以上就是原始提议。

人民解放军抢夺政权的计划产生了新进展，他们想在德军未已，而革命组成的立宪政府游山玩水成立前实施计划，所以整个形势发展很快。他们这一年冬很少与敌人作战。驻开罗的英军总部不再为人民解放军运送军火，因为他们在10月攻击泽尔瓦斯的民族民主军。在这个已遭兵燹、被占领的国家，内战已经猛烈发生，我们派驻当地的各个代表团正在竭尽全力，为的是不让它扩大到无法控制的局面。

*　*　*

盟军保证不会大举登陆希腊，也不会在德军退兵后往希腊派驻大批英军。这是在开罗和德黑兰会议上做出的决定，希腊的形势受到它间接影响。因此，为了避免无政府状态，必须想到要采取的行动。我们的心中有一位人物，他与仇人般斗争的党派没有瓜葛，他就是雅典大主教扎马斯基诺斯。在开罗期间，希腊国王认识到了成立临时摄政机制的好处，这多亏艾登先生。为壮大流亡政府的声威，我们同时希望中东的希腊旅可以调到意大利作战；在希腊的西部，如果有需要，也可以派遣忠诚可信的部队前去。

希腊国王已经返回伦敦，他没有同意建立摄政机制。此时出现了一个国中国，就是在希腊中北部的山区里，民族解放战线及其军事机构人民解放军建立的国家。1944 年 2 月，苏军正在罗马尼亚边境时，经英国军官努力，一项不太牢靠的停战协议，终于在人民解放军和民族民主军之间成功地实现了。英军帮助国王政府返回国内的机会逐渐加大，因为德军越来越可能会撤离巴尔干半岛。民族解放战线的领袖们决定有所行动，他们估计 4 月里就可能会发生这些情况。

民族解放战线在山区向全世界广播了一条消息：3 月 26 日，民族解放战线政治委员会成立了。这是在悍然挑衅楚泽罗斯政府的未来职权。成立一个享有平等地位的、由共产党控制的行政机构，会凝聚全体希腊人民。这也是一个预示信号，预示着中东的希腊武装部队和国外希腊政府人士之间的纠纷。眼下局势万分危急：开罗的楚泽罗斯 3 月 31 日遭到一群陆海空军军官来访，被他们逼迫辞职。然而，对事态的紧急性，在伦敦的希腊国王还没有意识到。“我本人的意见是，希腊国王正在面临极大危险而不自知。我必须一吐为快。他现在危害到的不仅仅是君权的利益，还有他的国家的利益，因为局势发展迅速，他没有及时抓住其动向。一旦雅典的政界人士和开罗的希腊政府组成统一战线，将威胁到民族解放战线。民族解放战线自己也认识到这一点，而且他们还知道，双方达成协议，其结果是开罗的希腊政府实力增强，他们就无法试图维持在山区的独立政府。所以，为了打击希腊政府，他们抓住这个过渡时期，撺弄希腊军队骤然兵变。他们的煽动已取得一定程度的成功，更大的效果还会在几天以内出现。”利珀先生于 4 月 6 日发来的电文，他是英国大使，被派在开罗的希腊政府。“楚泽罗斯先生发现自己无论进退都存在困难。和雅典的大主教同僚们进行合作的良好基础，楚泽罗斯已经获得，雅典的大主教和政界人士宣称会支持他的。然而这种协议前提条件是：他劝诱国王批准一项任命大主教为摄政的立宪法案。现在几周时间已然过去。楚泽罗斯先生只知道国王一开始是反对的。但是在这段时间里没有收到国王的最终答复。为了不致引起太大波动，他没有把这个消息告诉同僚。这种局面原是可以继续维持的，但是最近，民族解放阵线在煽动军队。”

就在这天日暮时分，楚泽罗斯先生辞职了。他内阁中的海军大臣韦尼泽洛斯先生被他推荐继任其位。4 月 4 日，包括我希望能参加意大利战役的第一旅在内的希腊军队发生了骚动；5 日，一百名叛军攻占了在开罗的希腊宪兵司令部，无奈之下，英国军队和埃及警察把叛军包围起来，运载他们的卡车顺利向隔离营出发。一个希腊海员工会领袖在亚历山大港与警察对抗，他在其住所周围设立了防栅，三十名追随者和他一起。共和国得到了希腊皇家海军的五艘军舰公然宣布的支持，在政府任职的各部大臣被迫提出辞职请求。国王收到了全部希腊政府大臣的辞职报告，只是还没有准许，请官员们暂时留任，他们同意。

* * *

此时的外交部由我掌管，因为艾登先生离开伦敦了。这样任何外交事务我都可以直接办理。以下电文是我向地中海最高盟军司令官发出的：

首相致威尔逊将军，并抄送亚历山大将军　　　　1944年4月5日

至今为止，此事已经发生三个多月。我们之前答应过，把埃及一个希腊旅调出来派往意大利，参与盟军作战，而且如有必要可不装备战车。但是听说已经到达意大利的，仅仅是一个连队，这个月内其余部队才会到达。一个这么小的队伍，竟然会以如此缓慢的速度、艰难地调动起来，这是为何？埃及当地的革命分子和共产党分子要教唆坏他们是比较容易的。有些坏点子总会被恶魔发现，放在没有工作、百无聊赖的人身上。现在请迅速将他们从埃及运出来，集中到意大利北部的某个的合适城市。我认为这虽是个小问题，但不应拖延这么长时间。它是具有重要政治意义的。

我也在4月7日，给楚泽罗斯先生发去如下电文：

我十分震惊于听到你已辞职的消息。希腊正处在民族存亡的危险时期，看来这件事会让他们更莫名不安乱了主张。我刚刚见过国王，他说他目前没有接受你的辞职报告。你一定会在亚历山大港等他的，因为他下个星期会去那里。

韦尼泽洛斯声称自己无法继任此职，因为希腊海陆军的情况现在更糟糕了。4月7日楚泽罗斯先生回复说："我应该留任原职，直到目前的危机得到合理的解决。我是按希腊法律的要求去做，这也是你的意思。我忧虑的是，如果国王返回埃及之后再处理这个危机，恐怕到时已经错过时机了。"

利珀先生在4月7日给外交部去电：

近期希腊制造的事件中，至少有一次属于革命。希腊政府一时流亡在外，而正是因为它流亡的弱点，这种情况会大大损害到

它，虽然它正在努力挽回大局，但是彻底失败了。国王远在外地，而合法的改革未经他的批准，就无法实行起来，这就使它面临更多难题。

然而，这种局面可以在开罗得到解决，虽然国王不能出席，但这是我国大使的愿望。他要求外交部想尽一切办法防止他回国。“楚泽罗斯以及他的全部同僚，都强烈坚持以下意见，如果现在希腊国王回到这里，势必会引起新的纷争。国王会发现他自己无法做出什么举动，因为他已经陷入被孤立的境地，而对我们来说，要面对的严重局面也将十分尴尬。”“我请求你们听众当地人士的劝告，理解我们的此情此景。对于我的说法，这里的人都一致表示同情。”

*　*　*

当天，希腊国王与我在伦敦共进午餐时，我把大使来电交给他看，没有说什么。他说他要立即去开罗。对他的主张，我认为是很合适的。

首相致利珀先生　　1944年4月7日

这种局势，我已经和国王讨论过。但是，我认为他决定返回开罗的行动是正确的，尽管你的来电——国王已看过——主张那样。预定乘飞机离开伦敦的日期是星期日晚上。如果真如你所言，开罗发生的事变，代表希腊的一次革命，那么让我劝他不予理会，如此重要的问题，在他不在场时做出决定，我办不到。同时，“为了避免埃及的法律和秩序受到可能的危害，为了避免希腊国王与政府的地位和权力受到可能危害，我们会竭力采取充分的治安措施，来控制煽动行为和示威游行。”应对当地一切希腊政客和煽动分子发出这样的警告。你应该通知楚泽罗斯先生，在危机没有得到合法解决之前，我希望他留任。

一个英国外交人员应具备镇定自若、从容面对的特点，你表现的机会就是现在。

我第二天再次去电：

首相致利珀先生 1944年4月8日

在星期日夜间，希腊国王将在天气允许的条件下上路。坚守自己的职位是楚泽罗斯先生在这段时间内的任务。再好不过的是，索福克莱斯·韦尼泽洛斯先生被他说服，和他一起留任。英国保安部门务必在希腊国王到达后，保证其人身安全。千万不能催促他，他应该会在几天之内做出决定。意大利的捣乱分子一定会被调去的希腊旅肃清，对此我正在敦促军事指挥官们。舰队司令长官如要维持他指挥的所有舰只的纪律，不是不得已，千万不能动武，希望他以同样的方式来维持。

这对你自己是一个难得一遇的好机会。无需考虑后果，只需按我指示的方针行事。你在这样的关头，还谈论火山口上的生活，到底其他什么地方才是你想生活的呢？可是，请你留意：必须维持武装部队的秩序和纪律，这是第一；第二，希腊国王的人身安全必须得到保证；第三，在国王回来并有时间察看周围形势之前，不惜一切力量劝楚泽罗斯留职；第四，尽力想办法，让韦尼泽洛斯和楚泽罗斯一起留任；第五，欢度复活节时，采用的方式要虔诚、适当。以上指示，务必切实照办。

4月8日，一艘希腊驱逐舰表示，在成立一个包括民族解放战线代表在内的政府之前，他们会一直抗拒出海命令。希腊旅骤然兵变，防守阵地已在他们兵营周围建成。希腊空军部队人数不多，估计骚乱也是在所难免。把希腊旅调到意大利的计划只能被我弃置。帕吉特将军在埃及指挥驻军，我后来给他去电：

首相致帕吉特将军　　　　　　　　　　　　　　　1944年4月8日

包围这个旅，并切断所有供应，让它不得不投降。它竟然威胁长官、发动忽然兵变，当然可以这样对它。为尽早达到预期的目的，你为什么不切断他们水的供应呢？这些军队的武装应该被解除，这是明显的。把他们调往意大利的希望已经破灭，我看必然要放弃。详细连续地报给我各种缴械方案。对这些外国军队，我们担负着最终责任，他们发动了政治革命，这是我无法容忍的。不管怎样，为全力减少流血事件，要震慑他们，可以使用大批英军。

利珀先生要与希腊人士争论，我就再次把我们的政策详加阐释，提供给他：

首相致利珀先生　　　　　　　　　　　　　　　　1944年4月9日

以国王为首的希腊政府是合法组织。我们已经和它经建明确关系。那些狼子野心、流亡在外的寂寞人士，一时欲望沸腾，我们没有迎合它而将希腊国王抛弃，他是英国的同盟者。而且，任何游击部队都不具备希腊的宪政精神。很多时候，这些游击部队全似土匪，为害百姓，却打着救国旗号。大不列颠是热爱希腊的，为突出展现这点，我可以在必要时候，当众指责这些分子及其动机。由于我们过去配备的武装不如现在。所以当时很少分担希腊的困苦。见证希腊在地中海东部变成一个光荣而自由的国度，成为战胜国的朋友和同盟并获得尊重，是我们对他仅有的期待和关心。我们大家都要努力实现这个目标。任何心怀叵测的行为都不会被我们放过，要明确表达这一点。

将希腊旅调往意大利是我一直在极力筹划的事。预料攻占罗马的战役在今夏它们到了意大利，仍旧可能参加的。希腊军曾在过去败退意大利侵略者，而德国匪帮也不过恶劣而又凶残地强行介入他们，才使他们落败。这个旅就代表着他们，它希腊第一旅，希腊在世界上的声誉能因它提升，这是他的荣幸。过去是这样，今后还有机会这样。但是，面对这种机遇，他们纪律下所作所为竟然难称光彩，甚至可以说是无耻，在绝大多数人看来，他们是耻辱地惧怕被派到阵地作战。这是可悲的。

同样，希腊海军忽然图谋干预政治，而且竟敢把一种宪法强加于希腊人民之上，这是不对的。它的大批水兵都是英勇的，而它在维护祖国荣誉中也发挥着优秀作用。对于民族荣誉和责任，我相信，可以使这两种军队再次充分认识到，只要我们的后盾使他们无力抵抗，并迅速而勇敢地把他们领导起来。

再次突显希腊在战胜国各个国际委员会中的地位，一直在我的计划之中。意大利咨询委员会接纳希腊人；意大利的战争胜利在望，而我们把一个希腊旅调去参战。可以想一想，我们在以上过程中是如何全力付出的。希腊人能在埃及安身立命，离不开我们的保护，他们免于危险，或者是因为我们为其提供船舰和武装，或是因为他们在英国中东总司令的军事统率下。他们继承自己的祖国，就应该对它郑重完成它赋予的使命。在上述情况下，希腊人居然会容忍国内的争斗，并妨碍他们履行职责。这样会使他们自己在世界历史上的地位变得低贱而近乎耻辱。无论国内还是国外，希腊的环境将会因他们的自我和冲动，变得一片渺茫。在历史上，他们也会使自己永远臭名昭著。

希腊国王不汲汲于统治人民，他是希腊人民的公仆。他会在局势走向正轨后听从人民公正的决定。全国人民掌握着他本人及其王室的全部命运。完全听从人民的意愿，一个共和制或君主制的希腊最终会在德国侵略者被赶出家门后成立。为什么希腊人不能在这种情况下忘记仇视共同的敌人呢？如果伟大盟国没有毅然决然地付出，希腊人民早就被敌人颠覆了，也无所谓自由民族了。而他们正遭受的极其严重的危害，正是这个敌人带来的。

*　　*　　*

希腊第一旅已经背叛其长官，不听从他的命令，拒不缴械。现在，帕吉特将军向我报告此事。他的意见是，为完成这一命令，采取直接行动。我4月9日给他去电说："对你目前采取的措施，我完全赞成，因为这些小规模的事变发展得很快。就算造成流血事件，也必须制服它。如果没有出现流血事件，你就算成功了。我会支持你的，你且静待。"

现在，英军拥有优势兵力，围住了希腊旅。安置在抵抗我们进攻的防御阵地，是它全部的四千五百人和五十多门炮。"他们是叛乱分子，完全不用在政治上和他们谈条件。他们必须返回岗位，必须放下武器，没有条件。切莫做出任何类似主谋不予惩办的保证。国王将会决定要不要宽大处理。一定要让我了解具体相关措施后，再实践任何决定性的行动。"我在4月12日对利珀先生和所有其他有关人员，做出如上指示。

紧接着我又再一次指示：

首相致利珀先生及全体主要有关人员（在开罗）

1944年4月14日

你们动用武力之前，务必确保切断供应的措施已经影响到兵营和海港两个地方。封锁是个极好的武器，可以使突围之计落空，你们应好好利用。你们用大炮和优势兵力包围他们即可，等待饥饿产生效果。至于外界影响，千万不可太放在心上。也不能有迫切希望谈判的表情。绝对不接受美国、俄国方面的任何援助，我特别安排的除外。成立任何特殊的希腊政府，都不如使叛军服从正规纪律来得重要。你们可以调用足够的武力，也有足够的时间。当初一旅部队或一支小舰队想干预政治，只会出现更加不利的局面，幸而我们没有听凭他们。

最近希腊旅方面将出现转机，我收到的情报显示，他们的口粮已经用尽。你们应把这些形势充分利用起来，同时对我的报告不能中断。

次日：

首相致利珀先生　　1944年4月15日

可能当地希腊人士会有反英情绪，请不要受此影响。要使这个严重事件终结，就不能用平抚的办法，否则后果不堪设想。将来，如果希腊国王及其新政府想宽恕他们，可以采用这种办法。一定要让这些人无条件缴械，束手就擒，相信这样流血事件不会发生。

* * *

希腊国王此时已到开罗；他4月12日发表了一则关于未来成立一个具有代表性的、主要由希腊当地的希腊人士组成政府的声明。楚泽罗斯第二天离职，韦尼泽洛斯继任。希腊首都方面的代表通过韦尼泽洛斯各种隐秘动作，到达开罗。

罗斯福总统收到我报告给他的全部情况后，同情我的主张和希腊国王乔治。

首相致罗斯福总统　　1944年4月16日

在希腊山区，一个隶属于民族解放战线的政治委员会成立，而紧随其后的，是希腊陆海军中的骚动。希腊军队是效忠于他们的合法国王及政府的，然而一些极端分子专事破坏，如今进行公开的暴力活动，就是在利用这个难得一遇的大好时机，这一点是毋庸置疑的。几乎从动乱开始到结束，国王的个人地位没有受到这些叛逆的直接攻击，但是他们肯定是反对国王、拥护共和政体的。

他们鲜明指出，希腊的政治委员会要得到希腊政府的认可，并与之联合，应就此采取直接有效的行动，这是他们唯一要求。

在这个时候，众多成熟的雅典政治家正应楚泽罗斯先生之邀，来到开罗成为政府一员，所以说发生这样的险情是非常不幸的。民族解放战线建立了并把握着政治委员会，它是一个由共产党管理的组织，也有代表受邀而来。可见，为成立一个具有真正代表意义的希腊政府，楚泽罗斯使出了浑身解数。

可以看出，挑拨希腊军队中的骚动，没有他同僚的份，因为他们支持他的这个方案。但是，在希腊军队中的骚动开始没有形成规模的时候，他们曾迫使楚泽罗斯下台，这是因为他们觊觎他的地位。于是楚泽罗斯提交辞呈，并提议首相一职由韦尼泽洛斯接任，因为他感到局面超出自己的控制能力。很快的，希腊陆军的骚动影响到海军。在陆海军出现的骚动程度变成了全面哗变。物色一个有明显左倾思想的人物，并且军队中的叛逆可以接受他，由他来做首相，这才是开罗的政界人士的目的。然而他们意识到现在的问题已经超出他们进行权利斗争实现个人野心的范围了。

这样一个新政府，实际上其人选都是由叛乱分子指定的，希腊国王不愿接受。我和他的意见完全一致，即在对政府进行任何合法的变更以前，必须先恢复希腊武装部队秩序。对于我们驻希腊政府的大使，我曾下令并告诫他们说，要想尽一切办法劝使希腊大臣们继任原职，直到国王可以返回开罗商讨局势。他们一致尊奉此举，可以这样告诉你我很欣慰。对于中东军事当局指挥下希腊军队中的秩序混乱，我也下令并告诫他们，一定要严加处理。希腊陆海军方面，已经孤立叛乱分子，只要抓住主谋，就可立即平复叛乱，如今只等秩序完全恢复回来。

现在，希腊国王已经到开罗，经过他对局势的亲力研究，一个以韦尼泽洛斯先生为首的政府已经成形。

以下是总统的回电，对我大有裨益：

罗斯福总统致首相　　1944 年 4 月 18 日

你已提供相关材料，使我知悉参加我们盟国作战的希腊近期遇到的难处，我对此表示感谢。

希腊人再次回到盟国的阵营，与我们一起对战野蛮人，这体现了希腊历史上的英雄们形成的传统。你所做的一切，宗旨正是如此，其实我有着和你相同的期望。必须承认，我对如今的情形极为抱憾，前后一百多年来，我的家族和我本人都在尽个人之力实现一个独立的希腊。各地希腊人士如果不再互有偏见并恢复正常的感情，那将是我期待的。每个希腊人都应重拾昔日光荣，展现出为公无我的境界，这在目前是迫切需要的。以上就是我的意思，如有必要，你可以引用我的话。

首相致罗斯福总统　　1944 年 4 月 18 日

非常感谢。我已令我方人员向国王和新任大臣们转述你的来电。可能会同时带来极大好处的是，也向叛变的希腊旅和固执相抗的希腊舰宣读你的来电。

*　　*　　*

亚历山大事变已到关键时刻，所以我给海军总司令去电：

1944 年 4 月 17 日

我们不会支持“阿罗夫”号[①]高级长官防止武力征服的保证，这一点你要使他们清楚知道。如有必要，我们会射击反叛的官兵。

① 一艘希腊巡洋舰的名字。——译注

希腊海军的官兵们没有任何权力干涉新政府组织。希腊政府是伟大盟国认可的，服从它的指令才是他们的责任。

希腊旅哗变的形势，越来越到了危险的时候。

首相致帕吉特将军　　1944年4月22日

叛军把一些炮垒的炮口直指你们，如果非要向其兵营开火，你可以尝试先对它们进行试探性射击。中间适当停止一会，如果他们不反击，再次予以猛烈的打击；他们如若一再硬扛，就告诉他们你们准备了多少炮火进行轰击。如果情况允许，自然不能进行屠杀，但是我们计划用上最强大武力。希腊政府实力微薄，自身难保，建议不要由它来承担责任，应交给英方。

我收接的回电如下：

帕吉特将军致首相　　1944年4月23日

依照你的指示，我制定以下计划：天未拂晓，由步兵先去收服高地上两个希腊军哨岗，以便仔细观察他们的兵营；天亮以后，我们会用十分钟时间，在其兵营上空制造烟雾；等到烟雾散去，劝所有有心弃营者做好准备，可借第二次长达半个小时的烟幕的掩护，散发我方防线的传单；对准叛变者的一个炮垒，如再敢顽抗，就炮轰几下；给他们投降余地，再停一会；在他们所有大炮都被击毁以前，不断使用此方法；安排大炮和坦克掩护一支步兵，如果叛军还是顽抗不降，就必须直取兵营；据传，叛军的反坦克武器已经准备充分，所以不让那些坦克冲入营中，只狙击即可。虽然必然已出现缺粮现象，但他们已经从当地阿拉伯人那里买到一些，这是他们的方法。从事实来看，不可能紧密包围叛军兵营阻止此事。

忠诚的希腊水兵于当天晚占领了出现叛变的希腊军舰；叛军已被集中运到岸上，其中有五十名伤员。现在，帕吉特将军希望在不发生流血事件的情况下，在谈判席上促使希腊旅投降。希腊叛军抵抗是无力的，山脊上的主要阵地现已被英国军队占领，在那里可以俯瞰希腊兵营，所以说这个事件处理得非常成功。我也可以在第二天告知罗斯福总统说，一名英国军官牺牲了，希腊叛军没有出现死伤。在俘虏营，缴械投降的希腊旅押解在此，叛乱主谋已经被逮捕。海军叛变无条件地投降，这是二十四小时以前的事了。

"祝贺你获得的圆满成功，你在行动时是果断又智慧的。"我这样对帕吉特将军说。

和我一样高兴的还有罗斯福总统：

罗斯福总统致首相　　　　1944 年 4 月 26 日

很高兴你成功平息了希腊海陆军的叛变。关于埃及政治问题，我希望你的努力会同样有满意的回报。意大利战役确定了向敌人改动全面总攻的日期，如此一来，意大利在行动上全力支持"霸王"作战计划的前景将更加美好。看来必须要在意大利取得真正的胜利，因为我们暂时会启动"铁砧"计划。

我在此间休假，一切都好。我的健康状况已有好转，这是医生承认的。

*　　*　　*

为了让俄国人知道这些事态，我们一直以来或者通过开罗的苏联大使馆转送函电，或者直接给莫洛托夫去电。苏联政府最多只能批评我们的行为；我们 5 月 5 日在莫斯科，正式向俄国提出加入我们应对希腊事件的请求。收到的答复是，俄国不适合参加任何和希腊政治方面有关声明。

*　　*　　*

建设希腊新政府的问题，在叛变事件平息以后逐渐突显出来。4月26日，帕潘兹雷乌就职，承担这项任务，他是希腊社会民主党领袖，人们把他从希腊国内选拔出来，可见他们认为韦尼泽洛斯不适合。第二天，他发表一个引起包括希腊山区领袖在内的各个党派纷纷举会讨论的宣言。5月17日，这些代表在黎巴嫩的山间旅游胜地举行会议，会上激烈争论持续了三天才达成如下协议：在希腊山区，有一个统一的军事组织，由它继续对抗德军；一个由帕潘兹雷乌为首相的政府在开罗成立，所有集团的代表都可参加。未来的美好前景在这样的安排下展露出来。

希腊新政府的公告于5月24日发表。同一天，我向下院报告了对这些事件的看法：

> 在黎巴嫩会议上，经过长期激烈的讨论，彻底统一出共同协议；各党派的代表都将属于新政府；说到最后，成立一个国民军，把所有游击力量都整编在内，都是为了实现把敌人赶出家门（或者最好当场消灭他们）的目标，这个目标是唯一值得重视的，而新政府的全部力量都该用在上面。
>
> 希腊共产党和极左翼党派的领袖们给了我一封令人愉悦的信件，这封信在星期一的报纸上登出来了。帕潘兹雷乌先生对他政府的前途有很多期望，也对我们帮助处理这些不幸事件深表感激，他就在给我的信上说明了这些，而这封信又在今天报上刊登出来了。我把这些不幸事件称之为失败病征，而且现在的希腊可以治愈这些病征。从目前形势来看，希腊可以以一个良好的、全新的开始，为荡清国内的外国侵略者而进行斗争。我希望并衷心祝愿形势确实如此。所以，我在上次对这个问题进行报告时，是不能

包含今天希腊已经发生的巨大的、良好的形势变化的。我给下院如题报告说。

至此，这个令人心惊肉跳的插曲成功收尾。虽然和世界大战的大型作战行动比起来，它的范围特别小，但是我们可能因为无休无止地就它讨论而耽误其他事务。我对这个事件记叙得比较详细，是因为很大程度上我应直接对它负责。所有电文，我都是先在战时内阁中传阅一遍才发出的，我的自由行动没有受到同僚们一丁点阻碍。我们军队的司令们建立了一个伟大的功勋，因为他们在平息军队中激奋的政治性哗变时，发挥了泰山压顶的力量，体现顽强的意志和耐性；而且几乎没有出现流血事件，只有一个英国军官阵亡了，就是来福枪旅第二营少校科普兰，但他绝对没有白白牺牲。

于欧洲和世界而言，这个地点就像神经中枢一样。本书其他章节还会再次详细叙述我们大家在这里面临的各种难题和斗争。然而，我认为，经过这些事变，我的政策在全局上的正确性得到了证明。在战时和撰写本书的这个年代，都是这样的。

第十四章 缅甸及其外围

前情回顾——美国军和澳大利亚军队在太平洋推进——盟国的海上优势和空中优势——一年里对日战争有巨大的收获——美国越过“驼峰”的空运——我们的不同意见——罗斯福总统2月25日的来电——1944年缅甸战役的良好开端——日军计划侵犯印度——有名的温盖特的“远程突击部队”作战行动——温盖特阵亡——日军对英帕尔发起进攻——科希马防卫战——战争的顶峰——全部依赖空运——史迪威将军取得密支那的胜利——围绕英帕尔的战斗——日军进犯印度的企图失败

现在，为了清楚太平洋方面对日战争的总形势，必须请读者对大约一年以前的局势做一个回顾。目前用在这场战争上的是美国、澳大利亚联邦的主要力量。

日军1943年下半年丢失了新几内亚东端。麦克阿瑟将军对菲律宾群岛发动进攻之前，必须先攻克新几内亚全部北海岸。一部分部队向塞路茅尔挺进，他们属于美国第四十一师；6月底沿海路而来的其他军队，在距它不远处登陆。从伍沃过来的第三澳大利亚师也在此处，二者会师后，对塞路茅尔发起进攻。这次进攻是具有针对性的，其目的是吸引敌人在莱城的支援部队来此，而莱城是第二个目标。对莱城发起进攻是在1943年9月4日，当时在该城东面十英里的海岸，第九澳大利亚师登陆，这一师已经在阿拉曼创造了辉煌战绩。次日，在马克汉姆河谷的拉德尔扎布，美军伞兵部队降落，建造机场的计划在澳军先遣部队的协助下快速完成。空运而来的第七澳大利亚师，第一时间向前挺进。两面夹击莱城，于 9 月 16 日将其拿下。10 月 2 日的前几天，塞路茅尔被攻克，这天攻陷的是芬什哈芬。所有这些城市都进行了顽强反抗。马克汉姆河谷延伸在莱城西北，可以在这里开辟许多地点作机场。这片地区遭到第七澳大利亚师的一连串空袭，终于被占领——他们快速地抓住了胜利的机会。一切军事行动有十分稳妥的计划，而且顺利地得以执行，同时，陆海空三军在整体上达到了高度合作。

芬什哈芬被攻克以后，日军进行了凶猛反击，10 月最末的两个星期里，澳大利亚部队多次与日军交战。11 月中旬，在马克汉姆河谷各处高地都有扫荡行动，而第九澳大利亚师正好可以俯瞰；一系列防守牢固的战线被第五澳大利亚师攻破，他们是穿过休昂半岛的山脉向前进军的。1944 年 1 月初，一部分美国第三十二师在于赛多尔进行两栖登陆。第五澳大利亚师于 2 月 11 日赶到，二师会合。用了五个月才把休昂半岛的敌人驱除干净。幸存的日军连四千二百人也不到，而在当地作战的日军是一万两千人。

4 月份，海空两路的部队在麦克阿瑟将军带领下，绕过驻在威瓦克岛的五万日军，快速进军四百英里。他派一个美军师登陆艾塔佩，还有两个师在荷兰迪亚附近登陆。三百八十架日本空军的飞机被击毁，这对他们的打击是沉重的。此后，海、空军方面的决定性优势都被盟军占据。所以，麦克阿瑟留下那些日本的大型口袋阵地不管，以后再予收拾，而现在只要是对他有最大利益的目标，他都不放过。最后他一举进入比阿克岛，在这里，近一万名守军与美国第四十一师进行了激烈的战斗。日本企图增援，组成了一支十二艘日本战列舰的护航部队，但是遭到我方空军轰炸，不是被击沉，就是严重毁坏；美军攻占比阿克岛取得了显著成果，这时还不到 1944 年 6 月末。两年新几内亚之战可以以此画上句号；很难在历史上找到像这次一样艰苦的战役，因为：当地敌军的对抗十分猛烈；区域自然条件带来困难；瘟疫大肆传染；交通环境不完整。

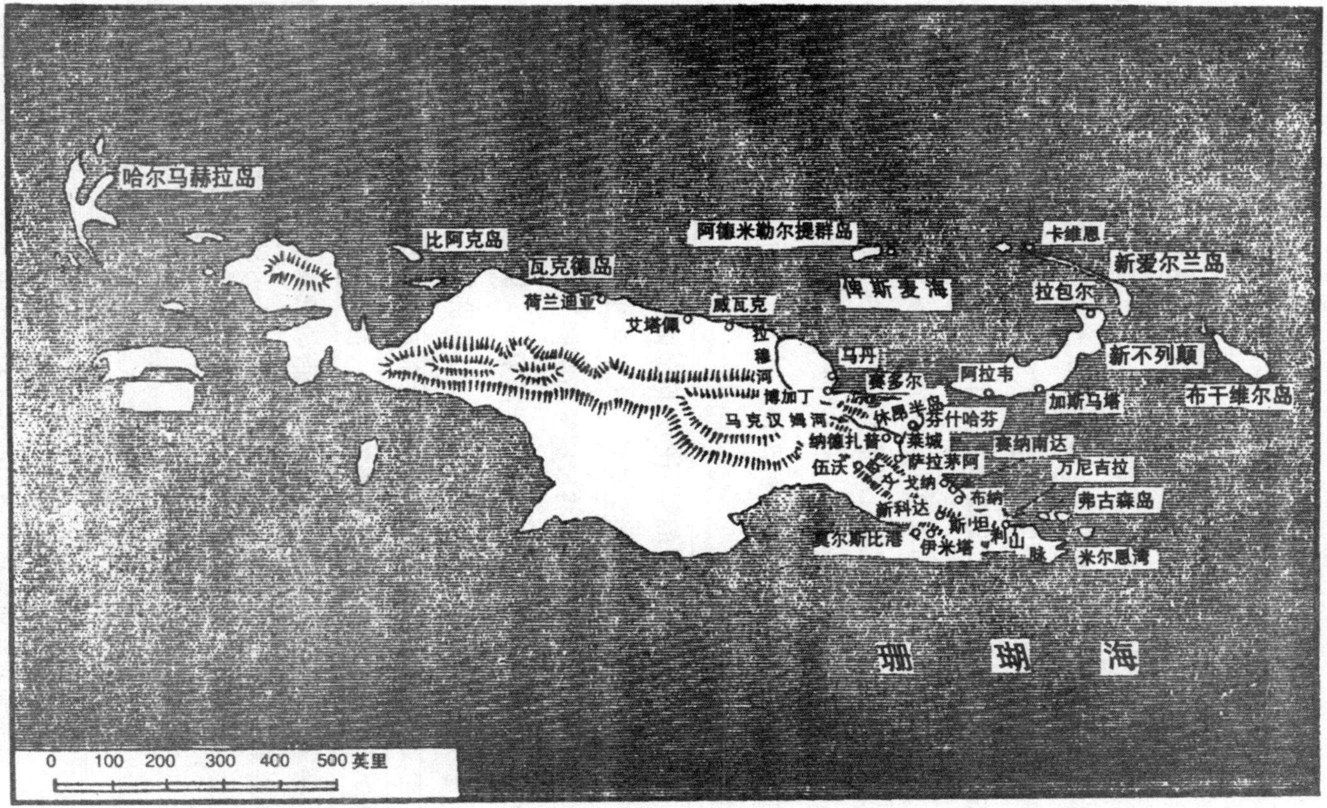
哈尔马赫拉岛
比阿克岛
瓦克德岛
荷兰迪亚
艾塔佩
威瓦克
阿德米勒尔提群岛
俾斯麦海
卡维恩
新爱尔兰岛
拉包尔
新不列颠
布干维尔岛
阿拉韦
加斯马塔
拉
穆
河
马丹
赛多尔
博加丁
休昂半岛
芬什哈芬
马克汉姆河
纳德扎普
莱城
赛纳南达
萨拉莫阿
伍沃
戈纳
布纳
万尼吉拉
弗古森岛
新科达
莫尔斯比港
伊米塔
米尔恩湾
珊瑚海
0 100 200 300 400 500 英里
新几内亚

*　　*　　*

在东方更远处，与麦克阿瑟将军攻打塞路茅尔同时，哈尔西海军上将于1943年7月初，攻打新乔治亚。几个星期奋战下来，终于攻克该岛和邻近岛屿。战争突出的地方再次变成了空战，其中美国空军人员的优势发挥着决定作用，这在不久就可以看到。美国空军的伤亡少于日本，从比例上看，大概是一比四或一比五。

美军在七月和八月进行一连串的海上战斗，并掌握了制海权。虽然布干维尔岛和其他岛屿上的日军还在猛烈作战，但是时至9月，日军主力抵抗部队已经垮台。1943年12月，所罗门群岛的战事收尾了。现在，对于仍在敌人占领下的阵地，我们完全可以避开它们，让它们慢慢地自己削弱，它们已经孤立无助了。

第二个攻击中心已然是新不列颠岛的拉包尔。该地在11和12月遭到盟国空军连续凶猛的空袭；1943年关几天里，在新不列颠岛西端的格罗斯特角，麦克阿瑟将军麾下的两栖作战部队进行登陆。现在的决定是，回避拉包尔。所以就另外需要一个基地，这个基地在美军向菲律宾进军时要给予支持。阿德米勒尔提群岛中的马努斯岛就是这样一个基地，该岛是在麦克阿瑟控制范围内的。1944年2月，这种包围的第一个阶段宣告结束，因为拉包尔一百二十英里以东的格林岛被我们攻克了。西面的整个阿德米勒尔提群岛也紧接着被成功占领。哈尔西海军上将在3月占领了拉包尔北面的埃米劳岛。至此，我们彻底孤立了拉包尔。如此一来，美军掌握了这些岛屿全部的制空权和制海权。

*　　*　　*

日本舰队在加罗林群岛中的特鲁克岛的根据地，由赤道附近的各个岛上前哨据点群保卫着。这时，美国海军主力部队在尼米兹海军上将指挥下，集中起来，准备冲过这群岛屿。现在，第一个选择进攻的目标是吉尔伯特群岛，它在最东面，1941 年在英军手中陷落。1943 年 10 月，委任斯普伦斯海军上将为太平洋海军司令，他已在中途岛战役中名声大振。斯普伦斯在 11 月开始进攻吉尔伯特群岛中的塔拉瓦岛，与此同时，哈尔西在进攻布干维尔岛。前一岛上有三千五百名日军防守着，可见其防线是相当牢固的。他们与海军陆战队第二师进行了凶悍的对抗，而我们登陆之前已经对他们进行暴烈空袭。鏖战四天之后，该岛终于被攻克，伤亡巨大。

现在对吉尔伯特群岛西北面的马绍尔群岛发动进攻更为容易了，因为扫除塔拉瓦据点后，通向那里的道路就一马平川。1944 年 2 月，在太平洋地区尝试的规模最大的一次两栖作战就是以马绍尔群岛为目标的战役。美军于 2 月末取得胜利。斯普伦斯休整未已，就着手对日军在加罗林群岛和马里亚纳群岛的防御工事进行空袭，进攻的第二个阶段开始了。这些军事行动都在一个海洋区域内，海上进攻的灵活性是其最明显特征。欧洲方面，在广阔的海面上部署着斯普伦斯的航空母舰，以进攻远处的马里亚纳、帕劳和加罗林等群岛中的诸岛，它们都在日军防御圈内，同时还可以协助麦克阿瑟入主荷兰迪亚；至于大批的进攻部队，他们则在英吉利海峡的狭小海面上聚集着。可见我们正在对“霸王”作战计划进行战前最后的安排。摧毁日军力量的时机已经成熟：各地日军的力量在“霸王”作战计划发动的前夕，一日衰似一日；众多太平洋防御系统的缺口已被打开。

关于这些西南太平洋的战役，马歇尔将军在总结报告中说，盟军“向前挺进了一千三百英里，直指日本帝国的心脏，十三万五千多日军未能得到解救，因为其后路被切断了”，在十二个月多一点的时间里，有了这些进展。

*　　*　　*

东南亚的战争，是一派完全不同的场景，现在必须展现在读者面前。日军掌控着一个包括早期占领地在内的辽阔的弧形防御地带，在超过十八个多月的时间里，一直是这样。这个弧形地带是：从缅甸西北部植被旺盛的山地开始（在当地，英国及印度部队正在和敌人进行殊死较量）——跨海延伸至安达曼群岛以及广大荷兰领地（属于荷兰而已）——苏门答腊和爪哇——由此折向东面，沿着一系列小岛延伸到新几内亚。

针对敌人在中国大陆和菲律宾群岛之间的海上交通线，美军已在中国组成了一支轰炸机队，并杰出进行了凶猛轰炸。美军还想在中国建立远程飞机的基地，以加强这种空袭，空袭日本本土。美军自己以及中国军队所需的一切供给，正在越过喜马拉雅山南部支脉（他们称之为“驼峰”），空运而来。然而滇缅公路已被阻断，这项任务是艰巨的。用空运方式援助中国并且改善航线保护机场，向来也是我的意见。但是我希望的是，用温盖特型部队来实现这种援助，而且应扩大其规模。这种部队自身就主要依靠空运和空运给养维持。但是，美方向英国及其统治下印度提出一个重大要求：他们力促建设一条汽车公路，这条公路以他们在利多的空运中心为起点，穿越五百英里的丛林和山地，到达中国境内。他们之所以有这样的要求，是因为他们主张的是：既要不断增加空运接济，也要打通陆地运输线，以此救助中国。而且此事被当成了一个至关重要、极其迫切的任务。只有一条单线窄轨铁路连接阿萨姆和利多。为了供应其他方面的需求，这条铁路的使用频次早就过高了，守护边界阵地的军队的物资就在其内。美方要求我们先尽快收复缅甸北部，好建筑通向中国的公路。

应该使中国抗战到底，并从其境内进行空军活动，我们对此当然赞同；但是还有其他方面的情况，这件事要统筹兼顾来看。在缅甸北部对日作战是极为不利的，所以如果将来在那里进行大规模战役，我是极不赞成。建造一条从利多到中国的公路，不用说它可能在建成之后没有用武之地，其本身就是一个沉重而难以完成的任务。就算是为救助坚持作战的中国军队，它能及时建成，中国的战斗力也不会有多少加强。按照我的推断，盟军在太平洋上和从澳大利亚向前推进的过程中，我们会越来越接近日本本土的机场，所以美方加强在中国的空军基地的必要性也越来越小。因此，我们争论说，依据上面两个理由，耗费大批人力物力的回报是微弱的。但是我们没有改变他们的想法。他们想：理想越伟大，就越是要太平洋战场全心全意地、孜孜不倦地力求成功。这是他们的民族心理。这种特性确实是令人钦佩的，如果理想完美的话。

我们自然是希望克复缅甸的，但是如果为了达到这个目的，就无奈使用脆弱的交通线，穿过超出想象地阻碍到作战的地区，进行陆地进军，就不是我们愿意的。从整个缅甸来看，南部以及南部港口仰光，具有甚于北部的价值，但是不论南北，都是远离日本的。我们已经取得远东的胜利，如果我军步入这个歧路，深陷其中难以自拔，那么这些胜利最终将是无益的。我的意见是，相反地在缅甸牵制日军。呈圆弧状的、荷属东印度之外的群岛，可以看成荷属东印度的外围，我们可以突破或穿过那里，再向前进军。如此一来，英国和印度的战线会全部跨过孟加拉湾。两栖作战的威力已在各阶段战役中利用过，现在可以再次利用它向前推进，直接与敌人搏杀。双方在直率地争论时进行真诚地各自控制，决议也得到了认真地执行，然而，这种意见上的分歧没有得到消除。地理条件、人力物力供应短缺、政策上的冲突一直在其中产生影响。阅读这一段战争历史时，我们应当参考这些背景。

*　　*　　*

关于华盛顿方面的观点，罗斯福总统向我做了明确的陈述：

0
500
1000
1500
2000 英里
苏
联
符拉迪沃斯托克
日
本
东
中
国
朝鲜
重庆
小笠原群岛
台湾
香港
印度
缅甸
孟加拉湾
法属印度支那
吕宋
菲律宾群岛
暹罗
安达曼群岛
锡兰
明达瑙
马来亚
新加坡
哈尔马赫拉岛
苏门答腊
婆罗洲
西里伯斯
新几内亚
爪哇
达尔文港
印
度
洋
澳
大
利
亚

太平洋战场

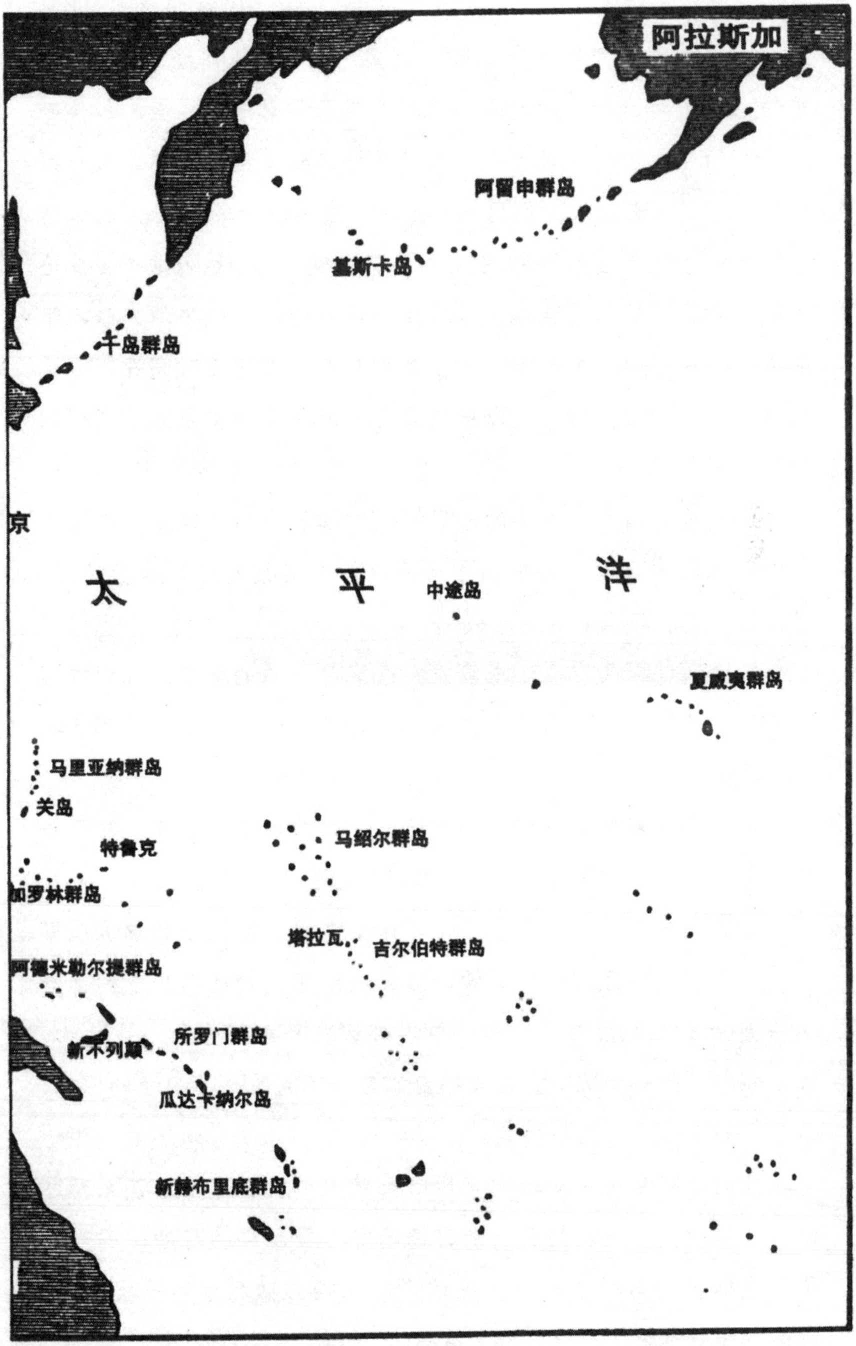
阿拉斯加
阿留申群岛
基斯卡岛
千岛群岛
京
太 平 洋
中途岛
夏威夷群岛
马里亚纳群岛
关岛
特鲁克
加罗林群岛
马绍尔群岛
塔拉瓦
吉尔伯特群岛
阿德米勒尔提群岛
所罗门群岛
新不列颠
瓜达卡纳尔岛
新赫布里底群岛

太平洋战场

罗斯福总统致首相　　　　　　　　　　　　1944 年 2 月 25 日

台湾地区—中国大陆海岸—吕宋一带，是我们横跨太平洋进军的主要中间目标。对此我的三军参谋长们都赞成。至于加快西进速度的可能性，从最近在吉尔伯特群岛和马绍尔群岛之战中取得的胜利可以看出来。如此一来，我们进入台湾—中国—吕宋这一地区的计划可能在 1945 年夏季以前实现。我们进入这个主要地区后，会建立巩固的阵地，这需要一段时间。因此必须采取以下措施，把现有的最大的空军力量集中起来，在这段时间里，支援我们的军事行动。所以，以中国为基地的空军的实力就必须得到加强。

为支援我们在太平洋的进军，把中国变为根据地是我向来主张的。从时间上看，使中国方面提供应有的援助越来越急迫了，因为战局发展越来越有利于我们。

只能通过提高空运量或修筑一条穿越缅甸的公路，来为中国为提供更多给养。可以看出，竭尽全力实现这一点是我们不可推卸的责任。

我们会立即加大对中国的空运量，只要攻下密支那，取得一个中途空运基地。同时对空运航线的保护也要加强。

史迪威将军相信，在今年旱季结束之前，他麾下的中美联军可以攻下密支那，前提是瑞蒙和旺莱地区能被蒙巴顿麾下的第四军从英帕尔出发占领，而且只要占领密支那就能守住。我认为，蒙巴顿部下的司令官们会在你的全力鼓舞下克服许多必经的困难。尽管我知道你是有些勉强的。

我们只有掌握主动权，才能防止敌人可能的进攻，甚至越过边境入侵印度。而我们要衡量自己的实力最积极的行动，因为日军已连续在缅甸增添兵力。应该立即在缅甸猛烈发动一次战役，我最急切地希望你竭尽全力支持它。

*　　*　　*

12 月发起了这次战役。史迪威将军曾在印度亲自组织并训练两个中国师。他当时就率领他们经利多进入主要山脉下的丛林地带，从而越过了分水岭。到了 1 月初，后面的筑路工人仍在努力修路，而他已深入了四十英里。虽然有名的日本第十八师团在途中进行抵抗，但他仍然可以稳稳向前迈进。1 月 19 日，在克里斯蒂森将军带领下，南面的英国第十五军开始沿阿拉干海岸进军。在一定的程度上，盟国空军已经同时占据了空中优势，因为它自已加倍努力，又有喷火式战斗机刚来增援。这种优势的作用是极大的，不久我们就可看到。

日本军方也是有计划的，我们的进军就在 2 月 4 日遭到日军突然袭击。此外，11 月以来，他们为了入侵东印度，已在缅甸把兵力从五个师增加到八个师，而且他们试图鼓动东印度人民背叛英国。他们的第一次进攻，就是为攻下吉大港，并在那条战线上引诱我们的注意力和后备军，在阿拉干海岸进行的反攻。在海岸上，我们的第五师遭到他们正面拦截，几天之后，沿着海岸的后路被切断。而且我方远在内地的第七师的侧翼，受到一个穿过丛林的、敌方主力师包抄的威胁，几天之后也被包围。他们没有过多考虑空运给养因素，自信这两个敌师会撤退。第七师把兵力分配组成了口袋形，坚守阵地，拼命还击。粮食、水和弹药在两个星期里都空投给他们，这简直是大旱逢甘霖。然而，敌军只准备了十天供给，而且也没有我们这种方便。他们想去接收更多供给，但是受到第七师的奋勇战斗的阻挠。最后他们分散成小部队，在丛林中一边战一边退，因为我方部队向前挺进，他们无法取胜，再加上我们从后备部队中调出第二十六师，直逼他们北面。敌方五千具尸体留在了丛林中。

第十五军继续向前进军。他们的成就 —— 丛林中的日军战无不胜的神话被打破 —— 足以当作骄傲。

首相致蒙巴顿海军上将　　　　　　　　　　1944年3月1日

阿拉干战争有如此成功，我很痛快，并且我已在今天当众向你发出贺电，祝贺你这次战役获得胜利。你们军队全新的面貌从这里彰显出来。而且我相信，每个士兵都会因此猛追敌人。你接下来的进军方向毫无疑问是沿着海岸朝着阿恰布港方向。我正在看地图，所以有如此推断。

* * *

2月时候，种种迹象表明，为阻止我们的计划即进军钦敦江，敌人妄图先行下手，确确实实准备着在中路战线上进攻英帕尔。我们的进攻计划包括“钦迪特[①]”作战这部分，现在它已颇有名气。我们决定，即使日军必然在我们之前发动进攻，但是这项交由温盖特旅团的任务应继续执行下去。斩断英都附近的敌方交通线是此项任务的主要目的，尤其是正在对抗史迪威的日军第十八师团的供给系统，如此一来，敌人就会被扰乱。并且，敌军后方面临危险，它不得分兵过去。2月5日，英国第十六旅，也是一个“钦迪特”旅，从利多开始进军。它全靠空投提供必需给养，因为其四百五十英里的进军路途是山地和丛林地形。

3月5日，英国和廓尔喀人的联合部队的第七十七旅和第一百一十一旅，得到美国“天空突击队”的援助，该队拥有飞机二百五十架，把以上两个旅空运到战场。全到达集合地点以后，这些部队立即开始完成任务，英都北面的铁路被他们封锁了。

罗斯福总统从我这里知道了所有的细节情形。

① 温盖特远程突破部队惯用称呼是“钦迪特”。——原注

1944年3月14日

你应该会很高兴听到这个消息，那就是温盖特的远程突破部队的两个旅已经空运到了作战地区。分别在两个地区内选定了飞机着陆地点；为了完成封锁日军交通线，从而援助美、中两国军队在北方更远处战斗的主要目的，这两个旅的部队会从两个地区向西进军。这些飞机的降落点是距运输基地有二百六十英里、深入到敌军占领区一百英里的地方。

一开始会利用滑翔机降落，滑翔机一着陆就会为运输机降落准备跑道。总共七千五百人，连同他们的所有装备以及骡子在3月6日到11日之间安全降落了。只有一些滑翔机受到损坏，不过有一些还能修理。这些突击旅现在已经开始进军。将来会有一个“喷火”式战斗机小队和一个“旋风”式战斗轰炸机中队，它们是飞来保护基地并提供空中支援的，而且基地上留有一个少数人的部队，他们守着一处跑道，以迎接这些空军。

唯一的一个重大事故，在第一天晚上发生了。有飞机失事了，跑道上到处是碎片，所以当晚其他飞机也无法继续降落。飞机失事，是因为北部地区的一处跑道被日军堵塞，而剩下的跑道的路面情况比预料的要更差。几架滑翔机无奈回返，但是没有成功驶达我方地区。很快，另一条跑道在这地区被收拾起来，两天以后会投入使用。总共不超过一百四十五人死伤和失踪。

日军似乎完全没有预料到我们这次军事行动。敌方空军没有轰炸过北部地区的跑道，我方人员3月10日离去以后，他们才轰炸南部一处跑道。事实证明，敌军本来是要在曼德勒地区的机场集中飞机，这是他们其中的一个计划。我们调来大批保护降落的优秀空军，最终我们以自己损毁三架飞机的代价击毁了敌人六十一架飞机，获得这些巨大成功用了两天时间。

温盖特部队的勇敢尝试开头打得这么好，我们全都很兴奋，而且我们的前途又有了好的预兆，那就是去前方作战的空运部队

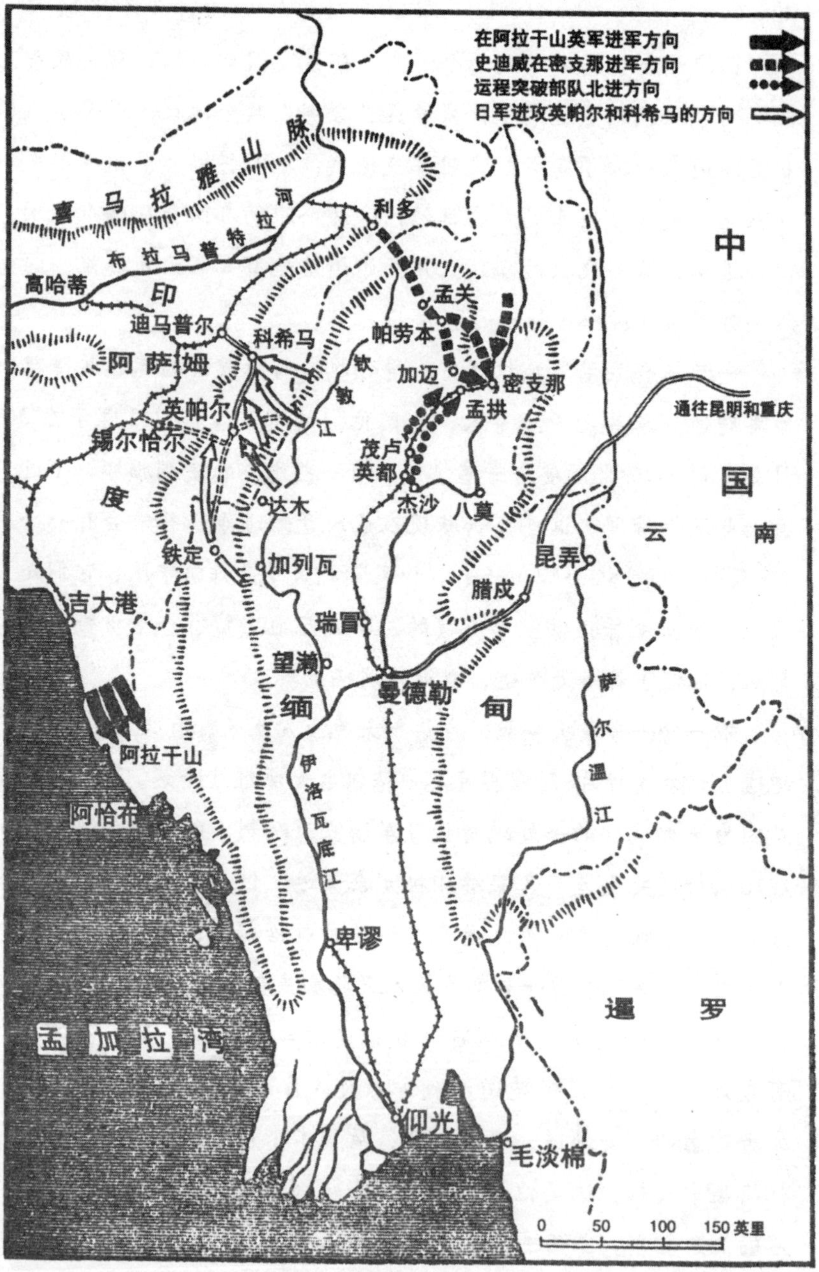
在阿拉干山英军进军方向
史迪威在密支那进军方向
运程突破部队北进方向
日军进攻英帕尔和科希马的方向
喜马拉雅山脉
布拉马普特拉河
高哈蒂
印
迪马普尔
科希马
阿萨姆
英帕尔
锡尔恰尔
度
达木
铁定
加列瓦
吉大港
阿拉干山
阿恰布
孟加拉湾
利多
孟关
帕劳本
钦
敦
江
加迈
密支那
孟拱
茂卢
英都
杰沙
八莫
瑞冒
望濑
曼德勒
缅
甸
伊洛瓦底江
卑谬
仰光
毛淡棉
中
国
云
南
通往昆明和重庆
昆弄
腊戍
萨尔温江
暹
罗
0 50 100 150 英里

缅甸

取得了成功。在运输过程中，以及在支援空战方面，你们的人员都有了不起的表现。

罗斯福第二天回答我说：“我们的部队在温盖特指挥下取得胜利，我听到这个消息时大受鼓舞。请代我向温盖特祝贺，如果你给他去电的话。希望我们能保持这种优秀的表现。这丰功伟绩属于空降部队，可是，骡子的功劳也不能忘了啊。”

3 月 24 日，温盖特竟然天命不永，在飞行中殉职，连这第一次胜利之果都没有来得及看到，这使我万分痛心。他非要在那天起飞。可能是因为云雾太重，飞行员失去了方向，但是事实如何，还没有查清楚。事后很久，才发现撞毁山坡上的飞机。和他一起陨灭的还有一团光明之火。

* * *

3 月 8 日，我们中路战线遭到了日军三个师团的进攻，这是预料之中的。斯库恩斯将军为了集中自己第四军的三个师的兵力在选定的地区进行战斗，他把他们撤到了英帕尔高地。如果通往迪马普尔后勤基地的公路被敌人拦断，那么在取得战役胜利之前，只能通过空运来接济斯库恩斯。日军曾在阿拉干战役中失败，现在他们又把其中使用的战术再次利用起来。他们希望把我们储藏在英帕尔的物资夺过去，供他们使用。他们不只是要切断我们通往迪马普尔的公路，而且为了拦腰斩断史迪威部队和美国对华空运的供应线，还要切断铁路。所以，这个问题极其严重。

又是空运这个关键所在。虽然蒙巴顿的资源比较雄厚，但是说足够使用，还远远谈不上。那二十架美国飞机是从“驼峰”运输线上借来的，他想继续保有它们，并且还要求借七十架。开口提出这个要求是很难的，也是难以实现的。在以后几个星期中，情况使人非常着急，但是他得到了我最有力的支持。我告诉他：“你正在三军参谋长们和我尽心竭力的支持下。我已经向罗斯福总统去过电了。我的想法是，战争站在所有问题的顶端。你肯定会实现你的目标。”蒙巴顿的要求最终大致得到了满足，他从地中海战区临时借了七十九架飞机用。

通往迪马普尔的公路已经在3月底被日军切断，而且英帕尔平原三边受到严重威胁。阿拉干海岸战争已经中止，所以第五印度师就空运到英帕尔，而第七印度师则空运到迪马普尔。经铁路到达的是迪马普尔斯托普福德将军，他麾下有第三十三军总部、英国第二师、一个印度独立旅以及温盖特部队仅剩的一个旅。

我们在群山之中山路旁边的一个名为科希马的小村庄，控制住了日军对北面的进攻。在这里，皇家西肯特军的一个营、一个尼泊尔营、阿萨姆来福枪团的一个营以及所有能拿起武器的人，甚至是出院不久的疗伤员，都成了守军。4月4日，日本第三十一师团对他们进行袭击，他们无奈之下逐步撤退到越来越小的地方，最后退进山里。只有空投给养，除此之外他们没有任何接济。他们四面受到围攻，直到20日，从迪马普尔进攻过来的印度一百六十一旅和英国第二师来援救他们，之前他们一直在空军的轰炸和炮火的帮助下，坚守阵地。四千名日军丧命。进行科希马的保卫战的条件的艰苦性是极度罕见的，这种英勇的事迹是令人称颂的。

*　*　*

只有足够的运输机作为保障，我们才能获得制空权。最要紧的问题5月间发生了。在英帕尔平原的圆形区域内，敌人包围了我方六万名英军和印度军，以及一切现代化装备。我认为其他问题都没有它急迫。根据“战争处在顶层”的原则我运用了我的权力。

首相致蒙巴顿海军上将（在东南亚）　　1944年5月4日

为了取得这次战役的胜利，所需一切的都要按要求实现。我不能容忍任何一方面的拒绝。我决定完全支持你。

首相致伊斯梅将军，转参谋长委员会 1944年5月9日

这一不足之处必须得到补救，就算是牺牲一切也在所不惜，解决方法是：要么推迟七十九架运输机调往地中海的日期，要么把其中二十架留下，再从“驼峰”借来五十九架，也可以延期借用并举。不管怎样，这次战役都不能被我们放弃。如果要我给罗斯福总统去电，向他指出他援助中国的计划将会因为放弃这次战役而受到怎样严重的影响，这是我非常愿意的。

首相致伊斯梅将军和霍利斯将军，转参谋长委员会

1944年5月14日

除非由美国或“驼峰”调来的飞机一起使用，替换他所指挥的飞机，否则蒙巴顿海军上将在任何情况下都不应把七十九架飞机调往地中海。依我看，他的论点好像无法反驳。

至于亚历山大将军的战役会因这些调往地中海的飞机延期到达而受到影响的说法，我至今没有听到一条合理的理由来为它证明。在空军方面，威尔逊将军已经占有绝对优势，在战争获胜以后进行的两栖作战中，这些飞机更为重要，而目前的战争中则不然，但是在另一方面，没有它们的参与，缅甸的战役就无法进行。

所以，霍利斯将军应该写一份备忘录，并递交给我，我会在今天午夜和他进行探讨。三军参谋长也应同时参阅这份备忘录。把一百五十架飞机反方面调到五千英里以外的地方，这是一种愚蠢的做法，我绝对不会让蒙巴顿的战役因为它而受到阻碍；如果这种需要无法得到令我满意的程度，我明天就会请求罗斯福总统的帮助。

* * *

史迪威正在这段时间内迅速向孟拱—密支那一线推进，尽管日本第十八师团在北部的前线上坚决抵抗。敌军第五十六师团绵延在中国边境上，可能会向他袭击，所以他有些担心东翼战线。蒋介石已经接到罗斯福总统关于再给史迪威派一个中国师的强烈要求，然而，这个大元帅同意派他的云南驻军进入缅甸的举动，一直拖到了4月21日。5月10日，在昆弄及其上方，四个中国师越过萨尔温江，日军的侧翼因此被困。

4月初时，“钦迪特”正在敌军交通线上活动，又有两个旅前来增援它，因此现在总共有五个旅参战。他们沿着铁路打击敌方援军，使其无法通过，并且破坏临时的军需品仓库，一路向北推进。尽管日军损失严重，他们只是从史迪威的前线撤了一个营下来，而任何英帕尔前线的部队，他们没有撤回。为了达到摆脱困扰的目的，他们从暹罗调来了第五十三师，但是失败了，五千四百多人丧命。

5月17日，梅里尔将军指挥的美国旅全速进军，攻下了密支那机场，史迪威让日军和我们都非常惊异。接下来，为了进攻该城，援军被空运过来，但是遭到日军顽强地抵抗，直到8月初他们才不再坚守。5月底，精锐的“钦迪特”旅即第七十七旅包围了孟拱，并最终在6月26日攻克，孟拱是史迪威的另一个主要目标。史迪威的领导才干、魄力和顽强的毅力，是这些胜利的主要原因，但是，奋战之后，实在是气力全无，因此，他的许多部队必须撤退。

* * *

围绕英帕尔的形势仍然丝毫不容松懈。虽然全部优势都在我方空军掌控之下，但是保证我们取胜的给养，受到雨季影响空运困难。敌人对我们四个师的包围会逐个被突破。为及早从两面过来会师，我们的援军和被包围的部队，正在沿着科希马的公路，一边前进一边奋战。这是在和时间比赛。我们关注着这些发展，心情紧张。

首相致蒙巴顿海军上将（在东南亚） 1944年6月22日

英帕尔的形势，尤其是物资和弹药储备方面，令三军参谋长们焦虑。为维持战局，从“驼峰”或者任何其他方面，一切所需飞机都可以调过来，你绝对有这个权力要求这么做。如有必要，你可以征调“驼峰”的飞机，它们必须成为目前的支援力量。我们的军队由于美军的巨大成功到了密支那，但是，要想牢牢守住密支那或英帕尔，必须调用“驼峰”的后备力量。为了不至于将来落败，你要及时提出这个要求，也可以在需要时从我这里索求帮助，如果不照办，事后可不能抱怨。我的意见是，这个问题不但重大，也是危急的，务必尽快解决。祝你成功。

大有进展的消息在这封电报到达之前传过来了。我在这里引用蒙巴顿海军上将的报告：

形势在6月份第三周显得相当急迫。前两个月中，第四军付出了各种努力，我们的储备可能会在7月初消耗完。但是，6月22日，在英帕尔北面二十九英里的某一地方，英国第二师和第五印度师汇合了，这比预期早了一周半。通往平原的道路打通了。护航队也在这一天陆续到达。

蒙巴顿补充道：“英国将会取得缅甸战役的第一次重大胜利。我们要迎接的就是这样的前景。日军妄想侵略印度，已经是不可能的了。”他说这几句话是足够有理有据的。

第十五章　对日作战方针

摆在我们面前的选择——1944 年 1 月 24 日，我写下备忘录——海军上将蒙巴顿派来的代表团到达英国——新计划——美国的不同意见——新加坡迎来一支凶悍的日本舰队——两栖作战计划受它干扰——我们在当地不再占据海军优势——我 3 月 10 日给罗斯福总统的电报——罗斯福总统的回电——3 月 20 日，我给英国参谋长委员下达一项决定——“折中战略”

缅甸和太平洋的陆空决战非常激烈，这在上一章叙述到了，就在其最凶猛的时候，华盛顿的美国人和伦敦的英国人，考虑的是日后如何对日作战。而且伦敦和华盛顿相互之间也是如此，围绕其全面策略的辩论火正热进行。在过去的开罗会议上，对于太平洋战争的长远策略，联合参谋长委员会给出一份报告，其中对这场战争中英国应承担的任务有所论述，但是，罗斯福总统和我既没有来得及研究它，也没有互相讨论或与顾问们一起讨论，因为我们都比较忙。这些我在前面都谈到了。我在马拉喀什的时候，英国参谋长委员会要求我分别向所有自治领发去一份电报，谈论这个问题。我这时才发现他们的看法已经发生很大变化。在那一刻，我觉得不能认可他们的想法。我们是信任军事同僚们的，但是，仅仅就这一次，我与他们有了分歧，战时内阁也和我一样。

简单说来，我们能够把澳大利亚当作基地，与西南太平洋上美国部队的左翼相配合，进行联合作战，但是我们需要做出选择：应不应该派遣我们的海军去澳大利亚，如果陆军或空军可以抽调或运送出去，要不要也派过去？我和我的同僚们不主张这样，反而认为应以印度为基地，向东推进到马来亚半岛和荷属群岛。但是，参谋长们是同意的，而且已经在开罗会议上与他们的美国同僚轻易地就此取得协议。参谋长们认为，我们有责任增援太平洋，如果德国战败六个月后，蒙巴顿还不能发动大规模的两栖战役，那么，我们就要尽可能提前实施增援计划。

我们要认真研究所有问题，并且进行充分的讨论，所以我回国后，立即召开了国防委员会会议，这是第一次讨论。

过了几天，我写下备忘录：

首相致伊斯梅将军，转参谋长委员会　　　　1944 年 1 月 24 日

1. 针对这个计划，计划人员在 19 日的会议上，做了详细的论述。这些我本身是不同意的，而我和与会的所有内阁同僚谈起时，他们也表示强烈反对。只能在两国之间辩论这个问题。另外，美国人自己的意见也存在明显分歧，因为麦克阿瑟将军的参谋长在给我们解释这个计划时，又是完全不同的情况，这是值得注意的地方。

2. 美国舰队可能准备 6 月发动一次战役，我们当然可以派少数舰艇过去，和他们一起战斗，这谁也不会反对。而且在太平洋上，我们自己也应该做准备，以便随时成立一支舰队。但是：我们会在 1944 年到 1945 年之间打败希特勒，在这之前，驻在印度和孟加拉湾一带的庞大的陆空军，应把力量用在太平洋战场上；如果太平洋战场任何一个作战计划，不能满足这一点，我们就可以认为它是不行不通的。

3. “长炮”作战计划中苏门答腊，是唯一一个可以让这些部队出色发挥战斗力的地方。在这里作战，可以把许多日本飞机，可能还有大量日本陆军，吸引过来；从另一方面看，它也可以克

复重要领土，获得基地，我们想要在新加坡、曼谷、马六甲海峡，或者在日本至缅甸的交通线上打击敌人，都可以从这些地方出发。所以，一直以来我就深信这个方案是相当符合实际的。把力量集中在苏门答腊才是合适的，这是我的同僚和我的共同意见。同时，我们还要对美国人说明一点，我们如果在太平洋支援他们（我们是为了这个目的），就会选择在10月、11月或12月进攻苏门答腊，到时候，希望他们帮忙提供一些登陆艇。这对他们来说轻而易举，因为他们已经制造出大批新型坦克登陆艇，而且今年一整年都会持续生产。

4. 蒙巴顿海军上将已经派遣军官前来详细商讨这个问题，我们必须等他们到来；我们不能急于向各个自治领发电报，至少要等到我们有了自己的主见。

1944年2月中旬，干练的魏德迈将军带领着蒙巴顿的代表团到了，他是蒙巴顿麾下一名美国副参谋长。美国计划在1946年6月以前修建一条双行道公路，直通北阿萨姆和中国，而蒙巴顿认为这是无法实现的。所以，他提议改善现有的空中通道，以替代这一计划。他希望攻克敌人占领的马来亚及荷属东印度群岛一带，并沿着亚洲大陆海岸的各个岛屿快速向东北进军。如果以上建议能被采纳，他就不用再去广大缅北区域作战，从而为他的计划匀出力量。如此一来，就可以在海上创造一条更顺畅的、通往中国的交通线，也就对美国从中太平洋及新几内亚进军日本起到直接的支援作用。如此一来，“长炮”作战计划再次被提上日程。因为，为了完成以上目标，他建议西北欧的两栖部队一腾出来就立即进攻苏门答腊。

然而，在开罗会议上联合参谋长委员会一致通过的建议，与这个建议大相径庭。这个战略问题直观而具体地体现了我们之间关于长期策略的争执。我对蒙巴顿提出的新计划非常赞同，因为进攻苏门答腊从来也是我的主张。苏门答腊方案不得不占用过多兵力，我原先想到这一点了，现在看来依然如此，然而，从蒙巴顿的计划来看，缅甸陆战需要的部队，也很难满足。即便如此，让这些部队执行麦克阿瑟的战役中的次要任务，我也不会同意。关于这一点，外交部完全站在我一边。他们想的是，英国不能在远东给美国打下手，因为英国人民几乎无法接受这一点；而且，亚洲人对太平洋岛屿没有多大兴趣，他们更关心对他们具有重要意义的广大地区。要论加速日本垮台，东南亚指挥部提出的方案，具有更直接的心理影响和政治影响。

罗斯福总统在 1944 年 1 月 25 日的电报中，说了下面一段话。我没有吃惊，因为美国人的意见一定异于我们，这我完全知道。

> 最近的战略倾向于日后在苏门答腊和马来亚方面采取行动，而没有正视我们在缅甸面临的迫切困难，我对此极为忧心。我想不通的是，在欧洲战争结束之前，如果在苏门答腊和马来亚作战，会过多耗费物资和兵力，但为什么还要这样呢？目前拥有的一切资源，都应在全面进攻缅甸北部的战斗中发挥作用，“长炮”作战计划的成功可能会有许多收获，但也远没有缅甸作战的收获大；我们会因为它在中国获得空中实力，也一定可以支援我们沿着台湾—中国大陆—吕宋线向西进军的行动。

对魏德迈而言，这种意见预示着他的使命将有难处。虽然 3 月的时候他们在华盛顿参加了美国参谋长联席会议，但是在他们之前，已经有人出入过了。蒙巴顿海军上将的副手——美国的史迪威将军就不支持他的计划，尽管蒙巴顿的总司令们都同意。史迪威同时还有其他几个职务，尤其是蒋介石的参谋长，所以说，可以理解他的表现。虽然我们当时只能认可，但其实美国人的这种安排有不合适的地方。只要可能是利于中国的措施，史迪威总是赞成的，而且他认为，可能会在东南亚指挥部预测的日期之前实现陆路供应。蒙巴顿海军上将接受他的看法，如果没有获得采纳，还可以在蒙巴顿的同意下，提交给他在华盛顿的上级，而且，他还背着蒙巴顿，擅自派出一个代表团前往华盛顿申述他的理由。

虽然对菲律宾的进攻依然由麦克阿瑟将军继续指挥，但是，美国参谋长联席会议认为，从中太平洋向台湾方面发动主要进攻应由尼米兹海军上将来主持，而且他们已经做出了这个决定。所以，他们的意见是，耗费长时间去解放马来亚和荷属东印度，并没有多少战略意义，苏门答腊不是非进攻不可。越过“驼峰”，把更多资源空运给中国，并建成滇缅公路，这些仍然是他们满心希望的。他们给中国提供物资的吨数会比以往多很多，因为要在中国修建基地，以便在进攻日本时远程轰炸，这是他们的新计划。魏德迈的听众和上级没有因他对蒙巴顿的建议进行了非常聪明的辩护而改变主意。

* * *

但是，一件非常重大的事在此时意外发生了。不知道怀着怎样的目的，日本一支包括七艘战列舰在内的强大的舰队，却从中太平洋开向新加坡。它的目的，一是短时间内躲避美国空袭，再者就是更拉近它们与荷属东印度石油供应站的距离，这些直到现在我们才知道。尽管如此，准备在印度洋进行的“长炮”或其他两栖作战计划，暂时被搁置起来，因为不得不考虑一种可能性，那就是它们驶进孟加拉湾。甚至我们在那里的海军优势也因此失去了。这将是一个令人沮丧的事实，我立刻发现这一点。

首相致伊斯梅将军，转参谋长委员会　　1944年3月7日

1. 我们是在假设日本主力舰队不会派出一支勇猛分舰队的基础上制定苏门答腊计划的。当然，我们在做这样的假设时是单纯从合乎敌人情理的角度出发的，但是敌人会不会做出超出常理的事，对此谁也无法保证。敌人担心美国袭击特鲁克和拉包尔及其

他前哨据点，所以要保护它们，而且自己还要随时展开一次舰队作战：我们在制订计划的时候就是这样从普遍角度琢磨日本人的。但是，他们已经从各个前哨据点往后撤退，现在已经拉开舰队的防御阵势，其中新加坡驻停着强力战舰；如果说他们有过上面那种想法的话，如今他们已经放弃了。很明显，我们如果要进攻苏门答腊，或进行其他的类似活动，就必须把这支舰队赶出这个地区，或者我们迎接一场舰队作战的到来，这就要求我们提升自己的海军实力直到可以一战。美国会因为在新加坡牵制日军而获益的。尼米兹海军上将如果想提高行动自由度，同时加快向前推进的速度，就必须使日本在那里停留的时间更长久。而美国向前进军的情况又决定日本的舰队在新加坡的时间。可以看出，日本人势必会再次集合他们的舰队，为了保卫菲律宾或更接近本土的区域，他们之后会试图再发动一次大规模战役。如果日本离开新加坡，那么只能根据当时情况来预测他们会不会再次回到那里。我们愈长时间在新加坡牵制日本，美国就会得到我们愈多的支持。所以我们要继续准备，美国的主力一旦进攻日本舰队，他们就不得不集中把舰只撤到太平洋，这时就可以发动大规模的两栖进攻，进而实现以上所说目标。

2. 这份备忘录一定要交给联合计划处。

* * *

我们和我们参谋长们的讨论也同时进行着，其过程是漫长的，间或还很紧张。我们在澳大利亚基地上驻扎多少军队，以及到底是在东海岸驻扎，还是在西北海岸，这些都会决定要不要实施援助麦克阿瑟将军或尼米兹海军上将的计划。目前来看，要作进一步调查，因为我们没有足够完整的情报。很明显，我们的航运会因这个计划的实施而承受不小的压力。3月的时候，我们自己内部各执己见，局面僵持住了。

三军参谋长们的意见是，6月间，美国人可能会在太平洋发动一场战役，他们现在希望的是我们调一支舰队过去参战。所以，我认为向罗斯福总统澄清这一点，并告诉他全部形势，是很有必要的。

首相致罗斯福总统　　　　　　　　　　　　1944年3月10日

1．在开罗会议的最后报告中，对于一个战胜日本的完整方案，联合参谋长委员会说他们“在原则上批准”，并且根据这个计划，“更深层的调查和准备工作”也可以展开。这个方案中临时规定，英国舰队分拨出一支分遣队到太平洋，并且在1944年6月的太平洋，这支分遣队参与作战。对于这个报告，虽然你我两人都签字了，但是一直没有机会亲自研究这些问题，因为我们在忙着更为紧急的事务。战时内阁和参谋长委员会对报告的“调查研究”，从它提出来以后就没有停止，直到目前，我们没有达成一致意见。我在此期间发现一个全新的大事件发生了，那就是日本舰队开到新加坡。

2．我在意大利舰队1943年9月投降之后，盼望着以最快的速度派我们舰队的一支分遣队到太平洋上。但是，当我向金海军上将说明这个想法时，他给我的答复使我觉得他不太需要我们。关于美国海军在这个海域强于日本海军这一点，他做了天花乱坠地演说。我的上述印象又经过了我们驻华盛顿的海军代表的几份来电的印证。反过来，据说金海军上将曾经通知第一海务大臣，你们后勤方面的需要到了8月或9月才会轻易得到满足，所以他很十分乐意接受我们的分舰队，但最好不要在8月或9月前到达。结果使我根本搞不清楚，我们今年到底要不要去你们那里。

3．所以，我真诚地请你告诉我，在太平洋，美国是否会在1944年底以前或1945年夏季以前进行一场战斗，如果英国舰队分遣队不参加这场战斗，是不是会影响到它或使它无法展开。

4. 另一方面，敌人好像在密切关注着安达曼群岛、尼科巴群岛和苏门答腊的情况，因为我们的战舰队伍驶往印度洋的时候，日本舰队恰巧知道我们的行动（当然它和其他情况也有巧合），就驶向了新加坡。我们可以在孟加拉湾为你们清理太平洋战场，你们从而可以全速迂回前进并继续进军，那就是我们在保持住孟加拉湾的对敌阵势，这样日本舰队或舰队的一大部分就会被牵制在新加坡。对你们而言，这当然是有利的。

5. 魏德迈将军可以清晰地陈述蒙巴顿关于印度战场和孟加拉湾的全部计划。看起来蒋介石提出的、你们所赞成的要求，能从这些计划得到满足，但是在雨季到来以前，我们满足不了这些要求，因为我们还要进行地中海和“霸王”战役。我的个人想法仍然是，以后十八个月的对日战争中，要完全利用我们在印度的全部兵力和设施，跨过孟加拉湾进行两栖作战是可行的。我们正在对后勤情况一一核查。从初步估计结果看，我们的进攻力量可以提升两三倍，但不是我们绕过澳大利亚南部，从太平洋出发在你们南侧作战（这样就把运输线大概拖长了九千英里），而是我们进攻孟加拉湾对面的岛屿，进而攻击马来亚半岛。另一方面，有人反对在太平洋和印度洋两个地区分置我们的舰队和力量；我们从加尔各答到锡兰，甚至再远处苏伊士运河地区的诸多现有据点就会难以连接。

6. 至少目前我们有一个计划，因为日本舰队仍在新加坡，这个计划是我们把印度洋和孟加拉湾当作重心，并获得资源后在那里进行两栖作战。你们的太平洋战役，会不会因而受到影响？我特别期待的是，在我对这个问题最后下决定以前，你可以回答我在上面第三阶段提出的问题。

对我直接提出的问题，罗斯福总统给了明确的回答。

罗斯福总统致首相　　1944年3月13日

首先，我们1944年在太平洋上的特殊作战，不会因为英国分舰队没有加入而受到不良影响。其次，在1945年当中肯定不需要英国分舰队加入这里的战斗的判断是无法做出的，因为目前阶段，对未来太平洋形势如何发展的预测不可能那么精确。但是就目前形势而言，好像这种增援在1945年夏季之前不是必需的。

我个人认为，如果我们没有在太平洋意外遇险，于我们共同战斗的价值更为巨大的是你们的海军留在印度洋，这是考虑到敌人近期部署情况说的。

情况一旦有变，所有上述意见都要随时变更，它们本身就是根据目前情况估计出来的。

* * *

如此一来，我得到了强有力的支持，就可以在处理我和我的内阁同僚与三军参谋长之间的争论时，少些苦恼；我认为做出某种决定的责任在我身上。我这次写信给每一位参谋长，而不再把他们当作委员会集体通知他们。

首相致第一海务大臣、帝国总参谋长和空军参谋长

1944年3月20日

每位参谋长应已收到我附带的备忘录。

1.我们是否对美国当局有某种义务，务必在1945年夏之前，派一支英国舰队的分遣队到太平洋上？如果我们不参加，会不会影响到他们的作战行动？我提出的问题就是特别针对这一点的，而罗斯福总统给我的回答也是如此。现在，我们已经知道，我们不必承担这种义务，而且也不会危害到他们的作战行动。还有，在1945年夏季以前，我们也没有援助他们的必要，除非他们遭遇

了意外的重大事故。因此，我们考虑这个问题时，完全可以照顾英国的利益，不用有一点顾忌。

2. 我发现目前的形势很严峻，三军参谋长们不愿意他们的美国同僚进行会谈，因为他们担心和我以及我的内阁同僚之间的意见分歧，会在美国人面前被发觉。在今后一年时间内，不管怎么说，实行名曰“孟加拉湾方案”的计划于英国是有利的。如果由战时内阁来处理问题，他们就会同意这一点，对此国防委员会的大臣们十分确信，而且我也是如此。作为首相兼国防大臣，我有责任作出下列决定：

(1) 从现在到 1945 年夏季以前，意外事变不算在内，这段时间内，大不列颠和英帝国对日作战的重心将一直都是印度战场和孟加拉湾。

(2) 收复新加坡是我们的最终目标。我们要全力做好跨过孟加拉湾的准备，对马来亚半岛和该半岛的各个护卫性前哨岛屿发动两栖作战。

(3) 集结一支强大的英国舰队，并快速为这支东方舰队准备好辅助舰艇。这支舰队以锡兰、阿杜岛和东印度群岛的港口为基地，同时要有实力雄厚的飞机，它们可以从岸上起飞掩护基地。进行舰艇准备工作，必须优先满足“霸王”作战计划及地中海作战的需求，而且，本国粮食是按目前的量基本供应的，这个量不能受到影响。

(4) 为了尽快和敌人近距离交战，对东南亚指挥部关于跨过孟加拉湾的两栖作战计划，要进行分析、修正并改善。

(5) 派往澳大利亚的调查团应在我对其成员名单核准之后，即刻启程。东方舰队及其辅助舰艇，还有所有必需的补充船只，都要随时按照我们自己的意愿驶入西南太平洋，并在澳大利亚港口驻留。为实现这一点，对于澳大利亚目前的设施，以及已在它北面克复的岛屿的情况，以上调查团都应迅速做出报告，并提出具体建议。

3. 我们在和美国朋友沟通时，心里应该已经明白我们未来将采取什么路线，为了实现这一点，我特别希望和三军参谋长们就以上决定进行探讨。目前还有一些重要而迫在眉睫的工作，那会要求我们以真诚的同志关系和足够的彼此信任来解决。我们在消除掉这些关于长期计划的分歧以后，再把心思全放在上面。

但是后来我觉得还是不做出最后决定更好一些，因为局势发生了异乎寻常的快速变化。我们就继续对其他计划进行研究。我们考虑了一条中间路线，我们这一群人称之为“折中战略”，即从澳大利亚向北进军，使麦克阿瑟将军可以解放婆罗洲，进而进攻新加坡和马来亚或是香港和中国沿海一带。之所以会有这一路线，是因为日本舰队可能会发动攻击以阻断我们跨过孟加拉湾的进攻；而且在东方，德国一旦战败，我们没有能力在之后的六个月内发动大规模两栖作战。成立一支由一位澳大利亚指挥官领导的英澳部队，是这条路线的具体措施，当然这位指挥官应听从麦克阿瑟的命令。

许多显而易见的不利点存在于这个战略中。美国人的中太平洋战役不会从“折中战略”有多大收获。我们已经下定决心要参与太平洋主力战，但是，现在来看，我们到达婆罗洲时，他们的计划如果已经顺利施行，我们就错过了袭击香港的时机，因而可能会被排斥在外。美国人掌握着整个澳大利亚地区的绝对优势，而在那里成立一个帝国司令部，刚好可以缓解这个优势，所以澳大利亚人是表示欢迎的。可是我们不能通过重新调整基地来满足英国的需要，因为美国人已经完全占用了澳大利亚东海岸基地，紊乱情况可能会因那种行为而产生。另外，我们的航运也要面临重大压力，因为与到印度的航线比，到澳大利亚要更为遥远。

虽然这些重大的棘手的题目没有在当时得到解决，但是它们又被摆上了 5 月 1 日在伦敦召开的自治领总理会议。澳大利亚和新西兰总理明确表示他们同意“折中战略”，是在他们确认我们不愿再使他们的国家付出更多力量之后。关于准备军队和大部分飞机，他们也赞成。对自治领来说，他们可以把这个提案作为契机，付出个人力量，然而，最终未能成功实施这些计划。召开开罗会议时的形势，开罗会议几个月以后的形势，或者在那个时期可以预见的形势，都发生了根本性转变，因为事态发展太快了；我们在讨论这些问题时，做梦也不会想到，在什么时候结束对日作战，结束时的情况又如何。

第十六章　准备“霸王”作战计划

沉重的回忆——横渡英吉利海峡的方针——众司令官——进攻力量壮大——“桑葚”人工港——空降部队的进攻方案——各种车辆的“防水装置”——海军炮击的火力部署——我在3月11日给马歇尔将军去电——军队两栖作战演习——进攻第一天和突袭时间——最后的安排和第一个目标——海军的责任——空中攻势——伪装诱敌——德国人上当——一个大型兵营覆盖在整个英国南部

约束或刺激性的想法都可能从实际经验中产生出来。我认为有一种进攻尝试是既难以完成又充满危险的，那就是和美国一起横渡海峡，径直攻击德军在法国的海上防线。虽然这也是我向来的愿望，但要说它是获得战争胜利的不二法门，我不以为然。以上这些在以上各卷中都有体现，相信读者阅读之后会明白的。在我心中，一些可怕的代价至今难以抹去，无数人的生命和鲜血为了发动第一次世界大战年间的大型进攻而失去。永逝的时间带不走的回忆，自然经过自我反省也无法忘却，比如松姆河和帕桑达勒战役[①]，还有多次与德军进行小规模的正面对战。我的想法在时间已经过去二十五年依然没有改变：敌方工事由钢筋混凝土筑成，配有现代化火力，并有严以训练的剽悍士兵

① 松姆河是法国北部一条河流，帕桑达勒是比利时西部一村庄。——译注

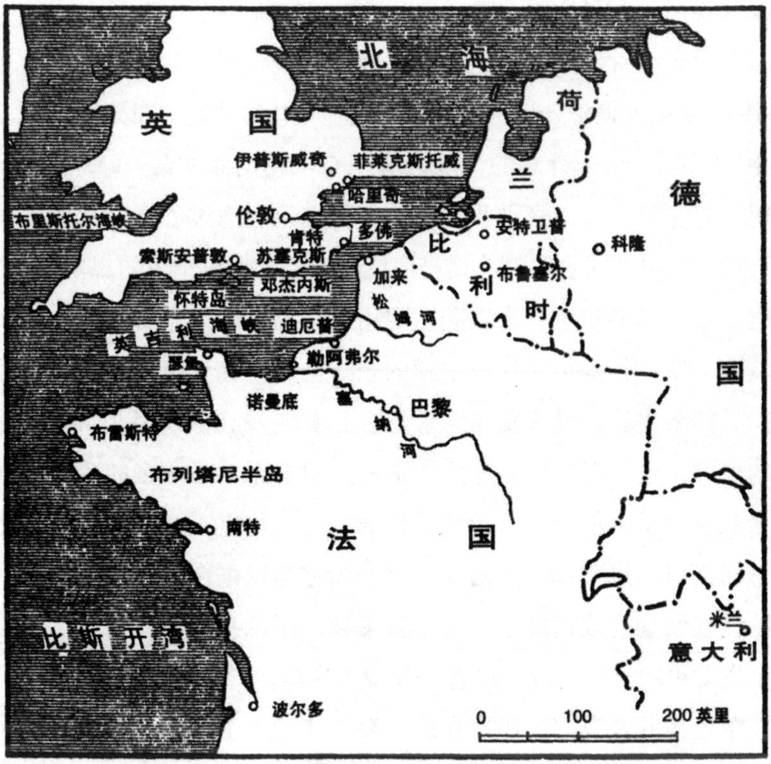

欧洲西北部海岸

进行防守，只有在第一时间出奇制胜，才能摧毁这些工事，或者迂回绕过敌军的侧翼，或者使用类似坦克的新型机械化武器，也可以完成达到目的。尽管它再怎么使人望而生畏，最后的战局终不是由轰炸优势来决定的。在轰炸部队的第一线后方，守军要布置一条防线不是什么难事；无数巨大的弹坑遍布在中间地带，在炮兵控制之下，要越过它难于登天。以上这些，是 1915 到 1917 年间收获的成熟经验，而且法国人和英国人付出的代价是惨重的。

并不是所有那时之后产生的新因素，都可以对同样的问题进行解释。防御者大幅度提升了他们的火力，在陆地与海洋上布置的雷区进步巨大；反观作为进攻方的我们，许多伞兵部队可以在敌军战线的后方降落，特别要指出的是，敌军调遣援军进行反攻所必需的交通线，可以被我们堵塞和切断，这都是因为我们掌握着制空权。

针对这个计划的详细研究，已经由摩根将军及其盟军联络参谋部在1943年夏季整整几个月里进行。我在飞往魁北克“四分仪”会议的途中，了解了这个计划的情况，这一点已在前面的某一章中叙述过。当时，除了其中一点还要再行商榷，他们已经通过了整个计划。现有登陆艇的数量势必会限制在诺曼底海滩进行初期时空攻的规模和范围。根据摩根将军的指示，发动袭击要用三个师，随后还要有两个师被派去接应。所以他提出，这三个师的登陆地点设在卡昂和卡朗坦之间的海岸。如果他后来没有发现他原先的主张——在卡朗坦北面更接近瑟堡的地方，用一部分兵力进行登陆——会分散为数不多的兵力，可能就会被采用了。他的见解无疑是正确的，一片沼泽堵在卡朗坦附近的维尔河河口，进攻部队的两翼一定会因它难以汇合。因为足够的登陆艇不能在发动进攻前的十个月中筹集到，所以我们没有在更辽阔的战线上发动更凶猛的进攻，尽管十分希望这样。

蒙巴顿的参谋部提出要在这片海岸修建人工港口，因为它不具备重要的港口。魁北克会议的决议肯定了这种需要，相关问题也得到了阐释。我经过持续性询问，知道了这个计划的发展情况如下：布鲁斯·怀特准将召集了一个专家和各兵种代表，并组成委员会来执行这个计划；布鲁斯·怀特本身就是一个优秀的土木工程师；许多人的贡献使这次重大尝试取得了伟大成果，特别要提到的是陆军少将哈罗德·沃纳爵士，他承担着协调诸多有关方面工作的任务，功劳尤其突出。

最初从怀特岛到诺曼底的“冥王”海底输油管，后来改成从堂杰纳斯到加莱，我必须在此谈到它。多亏蒙巴顿的参谋部，包括这个设计以及许多其他设计。敌人设下大型障碍和强力雷区来保护海滩，但是有很多奇思妙想的办法来克服它，如果不是篇幅限制，我非要全部记叙下来不可。坦克上安装了某种保护驾驶员的装置；另外一些装置则在登陆艇上。我对这些事情都有兴趣，而且，当我觉得有必要时，我不会对它进行询问。

*　*　*

令摩根将军及其参谋部分外高兴的是，他们的提议获得了魁北克会议的批准。现在，部队可以着手训练，专门用到的装备也可以同步投入生产。摩根因此被赋予了比一个参谋官惯常所能拥有的更大权力。

任命最高统帅的人选是艾森豪威尔将军，而蒙哥马利将军被委派指挥远征军，这些在前面已经讨论过。特德空军上将是艾森豪威尔的副帅；指挥空军的是利马洛里空军中将；负责指挥海军的是拉姆齐海军上将；比德尔·史密斯将军随艾森豪威尔将军而来，他被任命为参谋长，而副参谋长则是摩根将军。

计划有一个很重要的特点，艾森豪威尔和蒙哥马利均不赞成。他们的要求是：为了尽快建成大型桥头堡，接着在这个桥头堡内组织兵力以实现突破，应该使用更强大的兵力，在更宽广的战线上进行袭击；占领瑟堡的各个码头的时间要比原计划提前，这一点也是很重要；放弃三个师的计划，使用五个师进行初始进攻。这些当然是完全正确的。如果不是人力物力不充足，也许就可以扩大最初登陆的规模——这也是摩根将军自己的主张。现在的问题是，更多的登陆艇要从哪里筹集过来。我们已经把东南亚战场的登陆艇完全征调来；地中海方面，虽说足有运送两个师的登陆艇，但在海上突击法国南部的作战计划会占用它们。为了把北方的德军吸引过来，这一袭击会和“霸王”作战计划同时发动，所以，“铁砧”作战计划的人力物力不能减少，否则在牵制敌军方面，这次战役就无法发挥作用。为了做出最终决定，艾森豪威尔和英国三军参谋长们在3月时候举行会议；艾森豪威尔可以代表美国的三军参谋长们发表意见，这是他们早就同意了的；艾森豪威尔对“铁砧”作战计划有全面的了解，因为他刚从地中海那边过来；他现在又是“霸王”作战计划的最高统帅，如果要衡量两个战役的需要，他是最有资格的。所以，会议商定：为了“霸王”，从“铁砧”作战计划中调拨登陆艇，其数量要满足一个师的部队；解决另一个师运送问题的办法是，延期“霸王”，6月月圆时再发动，在这一个月中，新的登陆艇会制造出来，可以填补差数；至于使总数达到五个师的额外部队，英美两国各提供一个师。另外，由美国额外增加一个师以支援海军，他们同意了。如此一来，这个战役的海军兵力大致是这样调拨的：英国百分之八十，美国百分之二十。这个计划就这样得到了修订和大幅改进，现在，我们正在以此为基础全力展开工作。

* * *

“霸王”计划有许多技术性事务需要我来准备，我一从马拉喀什回来，就忙碌于此了。敌人已经建成防御工事，而且派重兵把守，在英吉利海峡对岸，可以看到障碍物遍布在整个前线上。我们发动进攻的时间、地点和方法，敌军可能知道，也可能不知道，他们就在那里恭候我们。我军想要迂回作战，但是敌人没有任何侧翼可供利用，至少在我方战斗机力所能及的空中掩护范围内，是这样的。敌军海岸上的炮兵可以用雷达来瞄准，所以，与以往相比，我们的战舰更容易遭到轰击。我方部队完成登陆后，在必须击退敌方空军和坦克反击的同时，还要不断取得供给。这些危险情况我们都要面对。而我从始至终一直在搜肠刮肚想办法克服它们。

首相致伊斯梅将军和爱德华·布里奇斯爵士　1944年1月23日

我们的生活将受到“霸王”战役准备工作的多方面影响，有鉴于此，我提倡成立一个委员会，由我亲自主持，每周举行一次会议。而且，所有事务的发展如何，可以经常通过委员会进行同时调查。由谁来组成这个新委员会，请把你们的意见告诉我。现在的反潜艇战争委员会会被这个委员会代替，可以把它改成两月召开一次的会议。

* * *

我在这个时候得知，“桑葚”人工港计划遇到难题，就为它主持了一次会议，会议是在1月24日召开的。按照“醋栗”计划，目前一共要建五道防波堤，分别设在每个师的进攻区域。在适当的时候，其中两道将被“桑葚”计划收入。在作战方面，“桑葚”计划的相关问题由坦南特海军上将负责。如果按照他“所有的防波堤全部用沉船组成”的建议，会用去更多船只，但是，我们还是最终商定，按它的计划做。这些船只行驶起来，只凭自身动力前进，在快速到达适当的地点后，立即沉没，这样它们就成了相当数量的掩护体。四五天之内就可以把这些沉船全部准备好。但是，“凤凰”混凝土潜水箱是建造“桑葚”人工港所必需的，由于缺少拖轮，要把它们分批运过海峡，就会耗费十四天以上的时间。我已下令对此进行调查。我们的沉船几乎全是由七十艘旧商船和四艘报废战舰组成的，而海军部要用到八千码长的沉船。我认为美国人在沉船方面应该给我们提供帮助，因为大部分的“桑葚”人工港建造工作已经由英国来承担了，所以我们有理由这样期望他们。于是向他们提议，他们答应了，结果是，将近一半的此类沉船是由他们提供的。其他方面，按照“鲸鱼”计划，需要设置二十三个浮动码头，现在正为它做准备，没遇到什么困难；但是，海军部不得不克服“喇叭”方面出现的技术难题。“喇叭”即钢制的外防波堤。

* * *

对于空降部队的进攻计划，我认为要特别重视起来，并加以支持。

首相致伊斯梅将军，转参谋长委员会　　　　1944年1月28日

1. 在运送“霸王”作战计划所需的空降部队方面，现行计划

已经有所规定，但是，我对这些规定很不满意。据传，飞机的数量只够运送一个伞兵师，而我们现有四个伞兵师可供派遣。为什么会这样？原来不是因为生产供应不上，而是因为所有事务必须在3月15日准备就绪的规定。虽然已经确定这个日期，但是，在3月15日到5月15日这段时间里，就算是总共一百一十架的“斯特林”式和“阿尔比马尔”式飞机，都可以制造出来了！其中有十架是“斯特林”式的，四十架“阿尔比马尔”式。这些飞机都可以派往战场。而且，空军海防总队到底有多少可以派上用场的飞机，我也曾让你查过。我认为，艾森豪威尔将军能获得的飞机，是可以更加充足的，很明显，只要我们做出更大的努力，就可以保证这一点。

2.“霸王”作战计划开始时，艾森豪威尔将军最多需要多少空降部队同时加入战斗，这一点需要向他问清楚。我们需要按目前计划为他提供多少飞机，对这一点我也希望收到一份书面报告。为了讨论形势，下周我会主持一次会议，届时我们还可以思考满足艾森豪威尔将军要求的办法。

* * *

新的动力随着各个司令官的任命产生了。现在肯定又会用上双层甲板坦克，它们可以浮水登岸，已经成功地在地中海战场发挥过作用。此外，为了使普通有履运输工具和具轮运输工具，能够凭借自身动力涉过几英尺深的海水并开到岸上，还需要给它们安上“防水”装备。看来，对于各种所需车辆，陆军再次夸大，要求过分了，这和往常的情况如出一辙。

首相致生产大臣和军需大臣　　　　1944年1月25日

1.能否在4月结束之前，制造出三百辆双层甲板坦克，请立即报告给我。

2. 防水设备材料的问题解决没有?

3. 蒙哥马利将军已经把希望优先供应给他的物资的清单提交给军需部,我对此是知道的。他的愿望能否得到满足?请在这份清单上说明你们的意见,并把它交予我看。

首相致蒙哥马利将军　　1944 年 1 月 31 日

1. 目前,我们正在竭尽全力生产必需数量的、你提到的防水设备材料。这二十万车辆有一百个种类,每一个种类都要单独来对待,自然不是所有这些车辆都需要安装防水设施。要在开始登陆三四个月以后,才能获得这些车辆的一大部分,而我们希望,部队在那时候已经无须涉水登岸了。有一点你一定要记住,那就是进行“霸王”作战计划的各项准备工作,必须学会正确选择,筛选出最好的。因为现在的战争阶段来看,要满足一种需要,往往不得不放弃另一种需要。

2. 如果可能的话,你必须要尽可能为你的空降部队提供足够的运输飞机,好使他们可以运送两个师,这是我极为关心的问题。确定一个日期并且不再变更,是有利的。对于什么日期完成什么目标,空军部和飞机生产部已经做出规定。举例来说,要在 3 月 15 日可以供应“阿尔比马尔”式飞机。一百八十架在这个日期可以交付使用。但是,如果可以把期限延长一两个月,到了 5 月 15 日,单就一批飞机而言,就不再是一百八十架,而是二百七十架。当然了,前提条件是不影响到上述任务。许多其他必需物资方面,也可以有类似的增长,我对此是坚信不疑的。关于训练的各种主张,我完全了解,然而飞机并不需要训练,要训练的是飞行员。可以使用目前库存的飞机进行练习,因为可以通过各种途径获得高技术的驾驶员,比如从海军航空兵部队中调用;如此一来,可以源源不断制造出新飞机,一直供其他空军人员练习使用，直到发起进攻的一刻。关于这方面情况，请在我们见面时告诉我。

在初始的进攻中，怎样配置火力？尤其是海军方面，使用火力的计划是怎样的？这是我最感兴趣的。

首相致第一海务大臣　　1944 年 2 月 20 日

1. 为“霸王”战役派遣一支分舰队或舰队并用大炮进行轰击，这是非常重要的，我在给三军参谋长的备忘录曾不止一次强调，想必你也记得。一旦在空中形成掩护，就可以完全发挥出战舰的战斗力。轰炸混凝土碉堡，高速大炮再适合不过了。你们正在进行的某些安排，你也已告诉我，我认为，为了使其继续进行下去，你们不应保留丝毫力量。

2. 我已看到攻打马绍尔群岛中的夸贾林岛的照片，是昨天和库克海军上将（隶属美国海军）会谈时，他给我的。他也对近距离炮轰（比方说两千码）做了重点论述。我认为，把这种做法放在我们现在面临的海滩上来讲，是不合适的。但是，要想使炮轰更加明显，就需要使用更凶猛的火力。此时使用“拉米尔斯”级巡洋舰，是非常合适的；恰如我所言，为了完成在这些战舰实际登陆进行的炮轰任务，可以从其他舰只调遣所需人员。一旦事情结束，再让他们回归原职。

3. 对于“霸王”作战计划中有关这方面的问题，我认为可以在下周一，也就是 2 月 28 日召开一次国防委员会会议，届时进行讨论。同时，我期待着你给我一份报告。

结果显示，六艘战列舰、两艘大型铁甲舰、二十二艘巡洋舰，还有许多驱逐舰和小型舰艇组成了海军炮轰部队。而英国提供了三分之二上述舰艇。

*　　*　　*

一直以来，马歇尔将军都在盼望他的长期计划，而我是支持他的，所以才会付出各种努力，这一点我特别希望他能知道。所以，我发出如下电报：

首相致马歇尔将军（在华盛顿）　　　　1944 年 3 月 11 日

关于“霸王”战役的以下各方面的情况，我从马拉喀什回国后，就做了详细的审查：

1.“桑葚”人工港计划及其一切有关方面；

2.运送空降奇袭部队的工具，如何使用滑翔机进行袭击也包括在内；

3.沿海地区的各个炮轰先遣分舰队；

4.空军指挥部的安排。

已有一系列会议在我主持下召开。令我感到欣慰的是，各项事务都得以顺利进行；艾克或比德尔都也曾分别参加会议，他们也都非常高兴，这点他们也许已经告诉你。即使我们在莫斯科规定的条件没有全部得到满足，我仍然希望，只要我们力所能及，就全力发动进攻。这次战役和时间一道，一步一步走到面前，现在，我的这种态度越来越坚定，我希望我们不久能有机会商谈。衷心祝愿你一切都好。

*　　*　　*

一旦确定了远征部队的规模，严格的训练就可以马上展开。训练场地必须要足够使用，这是我们面对的一大难题。大致来说，在英国东南部扎营的是英军，而西南部是美军军营，二者并没有连在一起。尽管有诸多不便，但是沿海地区的居民仍然表现出良好风格。有一个英军师，还有相应的海军部队，曾经在苏格兰的莫里湾驻扎，对他们而言，所有的初期训练都已经进行过了。在进攻第一天，就可能会有凶狠的肉搏战，但是他们可以应付，因为冬天的风暴已经锻炼了他们。

在很早的时候，就有人创造了两栖作战方面的理论和实践，原先是蒙巴顿海军上将，后来是莱科克将军领导的联合作战参谋部。现在，与现代化战争必需的、严格的、全面的训练一起，必须把它们教给所有相关人员。当然，英军和美军长期以来进行过各种大小规模的实弹演习，这些都在其中体验过了。尽管是第一次作战，但从许多官兵的表现来看，他们整个部队好像已经久经考验。

海陆空三军的最后大演习中，把之前所有的大规模演习中的经验都应用进来了，还有融合了我们在迪厄普的悲惨经历中收获的各种教训。5月上旬，这次总演习结束了。敌人肯定已经发现我这些活动，但是我们并不害怕他们发现。而且为了使德国人相信我们不久会渡过加莱海峡，我们有意设法使敌方在加莱海峡的瞭望哨引起注意。

为了符合新形势，我们不得不根据新传来的敌方情报改变计划。敌军部队的情况；敌军主要防御工事总的布置情况；沿海的炮位、据点、战壕，这些消息我们已经获得。但是，敌人开始对原来的防御增加和改善重要内容,这是在隆美尔1月下旬负责指挥发兵后发生的。为了寻求新的解决之道，我们必须对任何可能增加的新障碍进行特别侦察。

对于英吉利海峡对岸的活动情况，我们通过一系列频繁的空中侦察而获悉。侦察敌情其他方法当然也会用到。为了查明疑点、测试海岸附近的海水深度、检查新的障碍物、测量海滩的坡度和地质，我们曾多次派工作组乘小型船艇出海。只能在夜间进行这些活动，无声地接近目的地，暗地侦察，而且完成后还要及时返回。

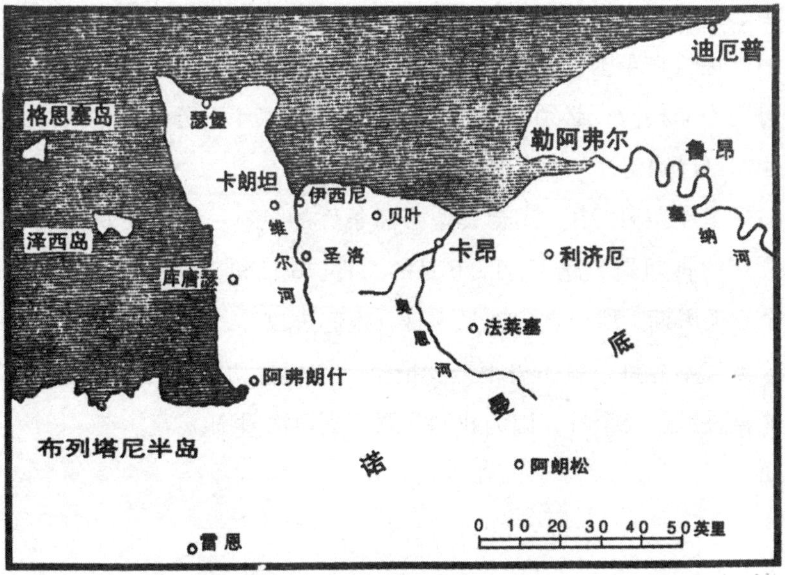

诺曼底

*　　*　　*

确定开始进攻的日期和时刻是一个纷乱又复杂的问题，但是必须做出决定。发起进攻的先遣舰艇必须在这个时刻刚好到达滩头。根据这个时刻，还要重新安排许多其他行动的时机。趁着月光逼近敌方海岸，对我们的船舰和空降部队都有好处，所以我们全部赞成。为了方便指示小型舰艇疏散并准确掩护轰击，还需要在天亮以后到预定的进攻时刻这段时间里，留出一小段时间。但是，如果敌军从天亮到进攻时刻的间隔里获得更多时间，就会从遭受袭击的阵脚大乱之中恢复正常，还会射击我方正在登陆的部队，所以这段时间不能太久。

潮水是第二重要的方面。如果趁着高潮登陆，前进过程会受到水下障碍物的阻碍；如果在低潮时登陆，部队在超过毫无掩体的海滩前，不得不涉过很长的一段水路。还必须要考虑到其他诸因素。最终决定是：大约提前高潮三小时登陆。到这一步，并没有解决所有问题。潮水在东岸滩头涨起之后，要经过四十分钟，才会在西岸滩头落下；一处水下暗礁生长在英国部队进行登陆的海滩区域内；各个海滩区发起进攻的时刻不能相同，必须有差别，最多要相差八十五分钟，这些时刻需要他们自己确定。

每个朔望月[1]中，完全具备必需条件的只有三天。艾森豪威尔将军预定的日期是5月31日，6月的5日、6日和7日是在这之后的第一个三天周期。所以选定6月5日（发起进攻）。在这三天中，随便哪一天天气不允许，就不得不至少把整个作战行动推迟两个星期。实际只能整整延迟一个月，因为我们还要等到再次月圆。

*　　*　　*

我们的计划工作收尾时，已经在4月里了。在卡昂北面和西北的滩头，将会有登普西将军麾下的英国第二集团军的三个师登陆。为了占领奥恩河下游的各个桥梁，并掩护在东翼的部队，在卡昂的东北地区，一个空降师会在登陆前的两三个小时准备降落。维尔河口东海岸处在英军右翼，奥马尔·布雷德利将军麾下的美国第一集团军的一个师将在此登陆；与此同时，英军北面也会有一个师登陆。为了给后一个师提供支援，会有两个师预先空降到内陆几英里远的地方。为紧急增援计，每个集团军都会有一个师留在舰艇，随时待命。

卡昂、贝叶、伊西尼和卡郎坦是进攻的第一个目标群。为拿下瑟堡，美军将会在夺取这些目标后，越过科汤坦半岛，向前进军，同时猛烈向北发动攻势。敌军可能从东面反击美军侧翼，英军将会为其掩护，同时在卡昂南面和东南面扩大阵地。我们的装甲部队可以在这片地区发挥作用，同时还可以修建机场。在登陆后的三周内，威武的援军已经在法莱塞—阿弗朗什这条线上登陆，我们希望可以及时到达并与之

① 即太阴月、月相周期，月亮绕地球一圈的所经历的时间。——译注

汇合，然后东袭，入主巴黎，继而进攻东北方向的塞纳河一带，同时攻占西南方向的布列塔尼半岛的各个港口。

在各个滩头地带，能否连续快速地集结部队，将决定这些计划能否进行下去。在朴次茅斯的最高统帅部，成立了一个专门协调所有这些纷杂船舶调动的机构，而且附属的三军联络机构也在各个部队登船出发的各个港口设置下了。因此，驻在远方海岸的指挥官们，要设法把他们所在滩头的供应物资，持续不断地运到这个机构。而空运过来的供应物资则由另一个类似机构控制。现在，一个主要特征是，要保证法国滩头的大批部队的供给，并使其得扩充。用不了多长时间，这些滩头会近似一个主要港口，不甚忙碌。

运送陆军平安穿越英吉利海峡，为支援登陆用上一切可用手段，这就是海军的任务；而后，它们还需要确保及时安全把援军和供应物资送到，当然在这一过程中会承受海上和敌方的各种危险情况。两支英美两国各有一支特种舰队，在拉姆齐海军上将指挥之下。在英军登陆区内,所有海军作战行动由东路特种舰队执行,由维安海军上将指挥。美国海军方面，担负同样的作战任务的是柯克海军上将，由他支援美国第一集团军。总共五支突击舰队在这两支特种舰队指挥部管辖之下，这五支舰队各运送一个师的作战部队，而为了可以第一时间支援登陆部队，还专门为它们各自配备了舰艇。这是中坚进攻力量。盟国强大的海军和空军环绕并保卫着这些突击部队。

从东面的费利克斯托港，向西延伸直到布里斯托湾的各港口，部队将会以怀特岛附近一个地方为为汇合地点，从这些港口登船出发，顺着海岸线被护送去。以诺曼底为目的地，大型舰队会从这里出发。在克莱德湾和贝尔法斯特港，会有海军的重型炮轰舰汇集，而且他们也只能在此汇集，因为我国南方各港口拥堵不堪，同时，我们这也是为了加强扰乱敌人的计划。

我们对扫雷行动尤其关注，因为一旦接近敌方海岸，尽管也会受到潜艇和海上轻型舰艇的威胁，但主要危险还是水雷。在我们靠近海岸的航线上，敌人布置了一道水雷线，不光如此，在我方突击区内，会有多少敌人在最后关头设置的更多障碍物，我们对此尚且无法预测。有十条独立航道经过布雷线，为了使突击船队可以通过，扫雷工作势在必行，过后，搜索工作也必须在整个海域展开。大约共计三百五十艘的舰艇上，已经集结了二十九个扫雷艇队。

发动大规模的进攻是轰炸机司令部的任务，这在本卷靠前的某一章中已经讲过；现在，已有好几个星期，它们一直在进行攻势行动。在重型轰炸机毁坏敌方交通线和单独作战区时，盟军战术空军部队会在利马洛里空军上将的指挥下，前往支援，而且他们必须击毁敌方空军，之后陆地战役才得以进行。在发动进攻的第一天之前，我们一连三周对德国的飞机场、对其他各种设施进行轰炸，而且一天比一天凶猛。与此同时，敌方不主动出战的战斗机也被我们的战斗机引诱出来，双方交战。掩护我方海军战舰和船队，阻止敌人在海上或空中攻击它们，还有就是使敌人的雷达装置不能工作，这些是就突击自身而言空军的最初任务；他们还要参与联合轰击计划，为同时掩护船舶泊位和滩头，他们也要派遣战斗机。为势头正盛的抵抗活动煽风点火，是几个特遣队的任务，它们必须和三个空降师一起，在夜间安全地到达目的地。

*　*　*

轰炸工作是一个主要因素，其目的在于掩护第一批登陆。最初轰炸敌人多方海岸炮台的行动要在进攻首日之前进行；为了使敌人迷乱，全部法国沿海地区的炮台都要轰炸，而不应局限在那些威胁并将进攻滩头片区的炮台。十个最紧要的炮台将会在进攻首日前夕遭到许多英国重型轰炸机的空袭，因为它们可能会阻碍登陆。它们会在翌日黎明时分，由中型轰炸机和舰艇接替，在落弹观测机的引导下，炮火轰击将继续下去。敌人的防御工事大约会在天亮半小时以后，遭到美国的重型和中型轰炸机集中全力的迅猛轰击。这种火力会变得越来越凶猛，因为无数各种类型的大炮和火箭还在海军突击舰艇上，它们也将加入。

* * *

对于这些要切实执行下去的工作，我们当然要安排好，但不仅仅如此。大举进兵就在眼前，关于进攻的地点和时间，我们一定要加以隐藏，并使敌人认为我们的登陆将会在别的地方和时间进行，因为我们的准备工作敌人不可能察觉不到。单独为了这一方面，一系列的筹备工作和具体活动就要进行起来：旅游观光者禁行沿海地区；强化检查制度；过一段时间，中止信件寄递；各国使馆不允许发送密码电报，还可以延期发出它们的外交信袋。

伪装横渡多佛海峡进兵大陆是我们扰乱敌人的主要计划。有一些方法：佯装将在肯特和苏塞克斯集结部队；在五个港口[1]，集中舰队，但其组成舰艇是虚假的；在这些港口的附近滩头上演练登陆行动；一天一天增加无线电报收发频次。以上种种，都是当时明显可以使用的，即使是在今天，许多用来迷惑敌人的方法也不方便明说。一些在进行的空中侦察，比我们确实要去的地方多许多，其实我们没有去那些地方的想法。最终，效果非常突出。对我们刻意展现在他们眼前的各种行迹，德国最高统帅部没有一点怀疑。好像我们的目标就是加莱海峡似的，作为德国西部战线总司令的龙德施泰特也十分肯定。

* * *

在完成登陆后的两天内，必须把由十七万六千名士兵、两万车辆和几万吨物资组成的突击兵力输送出去，而聚集它们的工作本身就相

---

① 这五个港口分别是：多佛（后继章节会提到）、桑威奇、黑斯廷斯、罗姆尼及海德。——译注

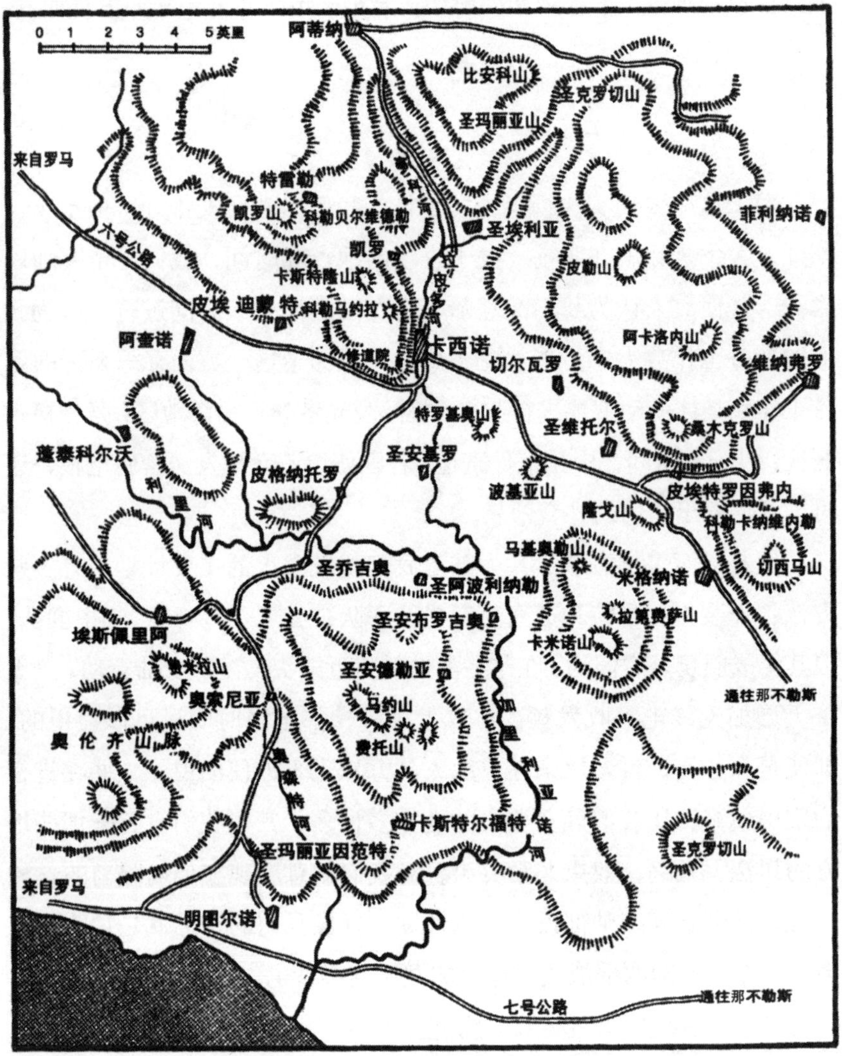

0 1 2 3 4 5 英里
阿蒂纳
比安科山
圣克罗切山
圣玛丽亚山
来自罗马
特雷勒
凯罗山
科勒贝尔维德勒
圣埃利亚
菲利纳诺
六号公路
凯罗
卡斯特隆山
皮勒山
皮埃 迪蒙 特
科勒马约拉
阿卡洛内山
阿奎诺
修道院
卡西诺
切尔瓦罗
维纳弗罗
特罗基奥山
圣维托尔
桑木克罗山
蓬泰科尔沃
圣安基罗
皮格纳托罗
波基亚山
皮埃特罗因弗内
利
里
河
隆戈山
科勒卡纳维内勒
马基奥勒山
切西马山
圣乔吉奥
米格纳诺
圣阿波利纳勒
埃斯佩里阿
圣安布罗吉奥
拉第费萨山
卡米诺山
圣安德勒亚
奥索尼亚
通往那不勒斯
马约山
奥 伦 齐 山 脉
费托山
加
里
利
亚
诺
河
卡斯特尔福特
圣克罗切山
圣玛丽亚因范特
来自罗马
明图尔诺
七号公路
通往那不勒斯

卡西诺

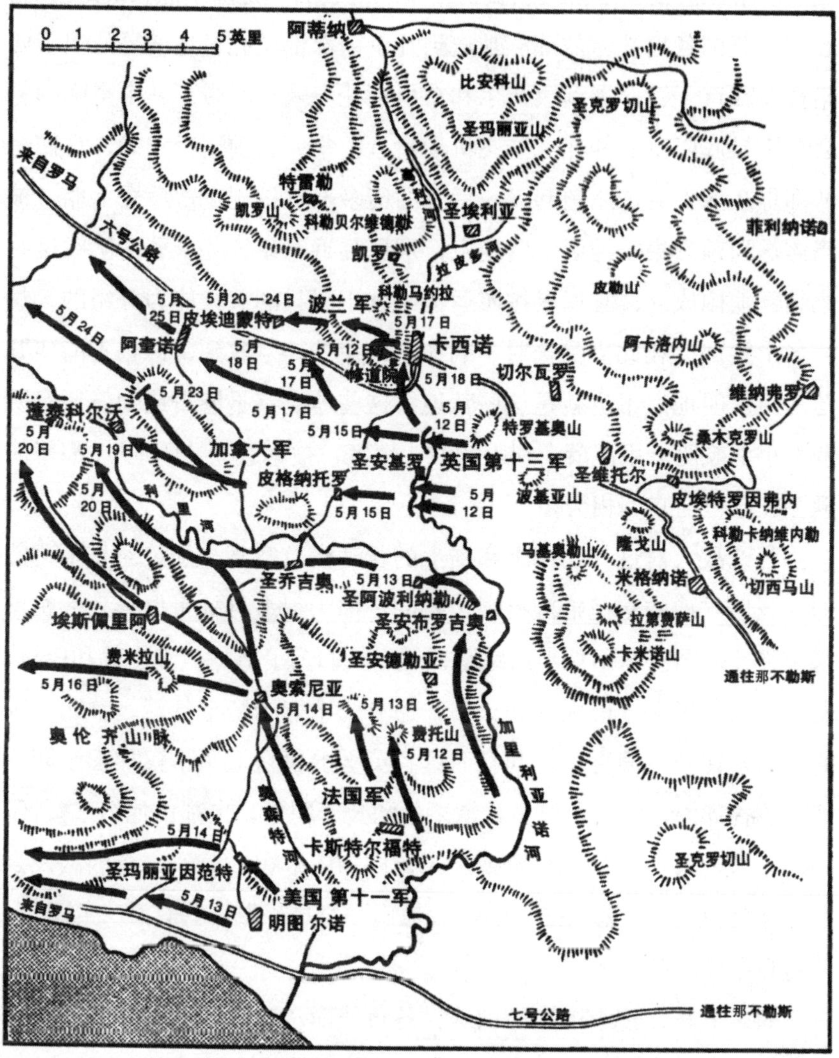
0 1 2 3 4 5英里
阿蒂纳
比安科山
圣克罗切山
圣玛丽亚山
来自罗马
特雷勒
凯罗山
科勒贝尔维德斯
圣埃利亚
菲利纳诺
凯罗
拉皮多河
六号公路
科勒马约拉
皮勒山
5月20—24日
波兰军
5月17日
5月25日
皮埃迪蒙特
5月24日
阿奎诺
5月18日
5月12日
卡西诺
阿卡洛内山
5月17日
修道院
5月18日
切尔瓦罗
维纳弗罗
5月23日
5月17日
5月12日
蓬泰科尔沃
5月20日
5月15日
特罗基奥山
桑木克罗山
5月19日
加拿大军
圣安基罗
英国第十三军
圣维托尔
利里河
皮格纳托罗
5月15日
5月12日
波基亚山
皮埃特罗因弗内
5月20日
科勒卡纳维内勒
马基奥勒山
隆戈山
圣乔吉奥
5月13日
米格纳诺
切西马山
圣阿波利纳勒
埃斯佩里阿
圣安布罗吉奥
拉第费萨山
卡米诺山
费米拉山
圣安德勒亚
通往那不勒斯
5月16日
奥索尼亚
5月14日
5月13日
费托山
5月12日
加里利亚诺河
奥伦齐山脉
法国军
卡斯特尔福特
5月14日
圣克罗切山
圣玛丽亚因范特
美国第十一军
5月13日
来自罗马
明图尔诺
七号公路
通往那不勒斯

卡西诺：5月11—25日

当繁琐艰巨。主要承担这项责任并卓越完成的，是陆军部和铁路当局。经常在英国各地扎营的部队被送到几个南部郡驻扎，也就是从伊卡西诺普斯威奇一直伸展到康沃尔和布里斯托海峡这一带。三个空降师将会在诺曼底降落，并在一些飞机场附近汇集，先前已经定好，它们将从那里在海上突击之前起飞。后方的诸多部队按规定次序登上船，被集体送到前方集结地区的营地上，那里临近海岸。几个分遣队在这些集结营地内成立，它们是按照运输时大小船只的载人能力分组的。每一名士兵都会在此接受一对一的命令，命令一旦收到，谁也不能离开营地。登船地点不远就是这些营地。这些地点都是港口或为方便军队登上小型舰艇、用混凝土加固的滩头地区，被称之为“刚地”。海军船舰会在这里与它们相会。

若说敌人对这一切海上和陆上的行动没有察觉，那绝对是不可能的。我们采取的防范措施是很全备的，因为很多目标可以导致敌机前来空袭。德国空军不见半点踪影，但是我们为了掩护众多士兵和船只，差不多准备了七千门大炮和火箭，还有一千多个防空气球。拿四年前的局面来比较，简直不可同日而语。英国国民自卫军不仅加强了防空和海防各部门，而且，很多日常事务和公安职务，也都由他们来接任，如此一来，其他士兵就被置换出来，以加入战争。其实，英国国民自卫军这是在偿还夙愿，在这些年里，他们一心总想做一些有意义的事情，并耐心等待时机到来。

如此一来，一个由饱经训练、各负使命、急于跨过大海去死战德军的士兵组成的超大规模兵营完全覆盖了英国南部。

第十七章　罗马

5 月 11 日—6 月 9 日

盟军在进行整编——5 月 11 日，亚历山大强势进攻——奥索尼亚被朱安将军攻克——卡西诺修道院被波兰军队拿下——盟军全面前进——5 月 17 日我致电亚历山大，及其回复——威尔逊将军的报告——立即就会到达顶峰——利里河谷的加拿大军团——进攻奇斯泰尔纳——5 月 24 日，亚历山大提交报告——安齐奥军队在特拉斯科特将军带领下挺进阿尔本山，但瓦尔蒙托内没有攻克——5 月 28 日，我致电亚历山大——德国军队殊死相搏——我和亚历山大在 5 月 30 日的来往电文——6 月 2 日，瓦尔蒙托内被美军攻下——盟军于6月5日进驻罗马——三军收到战时内阁的贺电——我告知斯大林盟军大捷——俄国军队的巨大收获——在三方面战场，希特勒都将走向溃败之途

在极其隐秘的环境下，我们对驻在意大利的军队进行了整编。所有可能的措施都用上了，只为迷惑敌人，使他们对我军的动向一无所知。所有整编工作结束，有如下部署：组成从沿海到利里河这条战线上的，是第五集团军，他们由克拉克将军指挥，其兵力不下于七个师，四个法国师也在其内；继续驻在经由卡西诺直插山岳地带的战线上的，是第八集团军，他们由利斯将军指挥，其兵力大致是十二个师；六个师在安齐奥滩头阵地集结，它们计划只要最佳时机一致，即刻发动突袭；

同时，只有差不多三个师的兵力留守亚得里亚海地区。盟军共有多于二十八个师的兵力集结待发。

我们在罗马的海港契维塔韦基亚进行的登陆准备对敌人产生威胁，其实这只是一个干扰敌军的办法。二十三个德国师对战我军，但是他们的兵力太过分散开来，看来凯塞林已完全上当了。敌军只有四个师在卡西诺和海岸之间的地带，他们的后备部队既分散又间隔太远，而这里正是我们主要的进攻目标。德军正在进行轮岗，其中一个集团军的司令就要去度假，而在他们面前的正是英军前线，此时，我军猛然展开进攻。

我 5 月 11 日一早就和亚历山大互通电报。

首相致亚历山大将军　　　　1944 年 5 月 11 日

这场战役将决定胜败，我对此坚信。我们所有的计划和愿望都仰仗于你。定要摧毁并荡清罗马南面的敌方武装部队，以此为旨，此战务必坚持到底。

亚历山大将军致首相　　　　1944 年 5 月 11 日

我们已经把所有计划和准备付诸行动，也做好各项安排工作。我们完全可以相信并憧憬，歼灭罗马南面敌军的目标定会实现。我们已经为预计中要面临的异常激烈和艰苦的战斗准备就绪。我会用你我之间的密码在发起进攻时再向你报告。

轰轰烈烈的进攻于当晚 11 时发起。我方的两千门大炮在两支军队炮兵操控下，迅猛出击，战术空军的大力支援又在黎明时候到来。卡西诺北面山脊上的修道院正在被奋勇的波兰军包围。敌军的阻击使波兰军无奈撤退。我们以前就曾多次攻打这些地方，都以失败告终。在拉皮多河对岸，英国第十三军的前锋部队——英国第四师和第八印度师，成功建起几座小规模的桥头堡，但是要守住它们，势必要殊死一战。第五集团军前线的法军前进速度很快，已经到达费托山，然而，美国第二军在靠近海边的侧翼上遭到奋勇抵抗，对每一寸阵地，双方正在以命相夺。敌方的败象在激战三十六小时才显现出来：马约山被法军占领；朱安将军率领其麾下摩托化师沿加里利亚诺河全速向上游挺进，继而圣安布罗吉奥和圣阿波利纳勒被攻下，至此该河西岸的敌军被全数荡清；5 月 14 日，作为援军的第七十八师与渡过拉皮多河、更加深入敌方强大防御带的第十三军会师，好的发展开始出现；法军再次进军，插入奥森特河谷，奥索尼亚被攻下，从奥索尼亚出发，朱安将军麾下的哥姆团奉命穿过无路的山地，向西进军；为完成攻克圣玛丽亚因方特的目标，美国第二军成功进行了历时弥久的战斗，终于成功；两个德国师在此地侧翼驻守，却受到了致命一击，因为它要同时对抗第五集团军的六个师。德军在利里河以南的右翼部队正在逐渐溃败。

在利里河以北，古斯塔夫防线的残余敌军，还在以命相搏，完全看不到他们海岸一侧的颓势。然而，渐渐地，他们难以为继。15 日，卡西诺—皮格纳图罗公路受到第十三军的威胁，为取得更多胜利，加拿大军也奉利斯将军之命奔赴此地。翌日，第七十八师对敌军防线进行了一次西北方向的突击，获得成功，直逼第六号公路；17 日，波兰军于修道院发起一次北面突击，也获得成功，修道院西北山脊被占领，在这里可以居高临下地操控公路。

卡西诺城最后的敌军于 5 月 18 日清晨被英国第四师消灭，与此同时，修道院的断壁残垣上也飘起波兰军代表胜利的、红白色的国旗。他们的表现非常优秀，意大利之战是他们的第一次主要战斗。他们在后期进军波河的漫长征途中也收获诸多荣誉，那还是安德斯将军带领的呢。他是一个有幸逃离俄国监狱、极有魄力的人物。在整个前线上，第十三军再次向前进军，到了阿奎诺郊区，在他们南面，加拿大军也同时到达。法军已经到达利里河对岸的达艾斯佩里奥，并全速向皮科进军。美国军队也取得了伟大的成功，福尔米阿已在其控制之下。虽然所有凯塞林可以调集的兵力都奉命前来支援了，但是盟军的攻势持续扩大，他们只能慌忙作战，因为他们是陆陆续续赶来的。蓬泰科尔沃—阿奎诺—皮埃迪蒙特的这条阿道夫·希特勒防线，也是第八集团军势必要攻克的目标，不过用不了多久，德军就不得不全面撤退，这形势是再明显不过的了。

所以说，第一，攻破安齐奥防线的时间和方向；第二，德军还有没有可能以依托公路的阿尔本山和瓦尔蒙托内为基地，在罗马以南地区进行最后顽抗。这是我方司令官们正在集中精力思考的两点。

* * *

首相致亚历山大将军　　　　　　1944 年 5 月 17 日

你在战绩上全方面推进并有出色的收获，我由衷向你道喜。

此处有些人的意见是，最好不要一开始就进攻安齐奥。但是，目前这个阶段，还不能使敌人没有危机感，所以要不断给它施压，你得到了帝国总参谋长和我的赞同。告诉我你的意见。

今天早晨，我得到你因炮兵调集而计划休停进军的来电。用几天时间能否完成？或者更长？我觉得更重要还是逼紧敌军。如果一支军队已经溃不成军，那么就算它后方的战壕已经挖好，如果没有另外一支强大的部队守在那里，它总也不能在那里站稳脚跟。

对你们开战以来有多少伤亡，我尚不清楚，但是，以不影响正常计划为旨，就请不要提出任何补充兵力的要求了。我猜测你全线上兵力损失应该差不多是七八千人死伤。这个数量是低是高，请告诉我你的意见。

祝你和你的士兵一切都好。

第二天，亚历山大回电，内容如下：

亚历山大将军致首相　　　　　　　　　　1944年5月18日

1. 我们全军极其重视你的道贺，并非常感激。

2. 对于展开安齐奥战役，正反两方的意见都有各自原因，经过权衡，我发现两个影响最大的因素：首先，在这个地区，我必须先使敌人的第九十师和第二十六师引开直到其他地方——敌人在这里的后备军力是相当雄厚的。主要的作战地区已经引来了第九十师，第二十六师的部分力量也被支走，这和你已经了解的情况是一样的；再者，虽然德军猜到我们会主要进攻安齐奥，但是他们不会想到，我已经采取一些行动给他们出其不意的一击。今晚，美军第三十六师会在我命令下开始到达桥头堡阵地。为了不被敌人察觉，我正在努力使他们一批一批地开进去。阻断敌军到达罗马交通线的时机一旦成熟，美军就会汹涌奔至。这次行动极有可能具有决定意义，只要它成功的话。

3. 我们心想的是，目前主要战场上的压力不但要保持住，而且还要有所增加。趁着德军在利里河谷的阿道夫·希特勒防线还没有来得及稳住脚，我已下令，第八集团军要用上全部力量攻克它。我还给波兰军团下达了即刻向皮埃迪蒙特施压的指令，不过要从这条防线以北迂回过去。敌军正与第八集团军对峙，为开进其后方，我同时又指示法国军团，进入皮科后立即北转。这些安排如果都可以成功执行，那么它们对打垮德国第十集团军的右翼是非常有帮助的。为摧毁这条防线，可能有必要全方位大举进兵，因为我军可能会被拦截在阿道夫·希特勒防线前面，同时从北面或南面迂回过去的可能性也不存在。果真如此，那么势必要花费好多天的时间把重炮部队调来前线。但是，我们肯定不会延误战机的，你不必对此担心。我已下定决心，誓不让德军快速平衡力量的企图实现。

4. 从我最后得到情报来看，总伤亡数量是一万三千人，其中六千人是第八集团军的，七千属于第五集团军。

5. 对我本人以及我的两支军队来说，进攻卡西诺的意义是巨大的。可以看出，它不仅有助于外交部的工作，其宣传价值也是不可小觑的。

已从阿尔及开往前线的威尔逊将军也向我作了报告：

威尔逊将军致首相　　1944 年 5 月 18 日

1. 我们依然在战斗中，看来是顺利的。我今天对波兰军团进行了考察。卡西诺山峰之战确实异常壮烈，他们为历经这样的苦战而感到光荣。

2. 第八集团军可以勇追穷寇，他们的气力还很旺盛，美军也是如此。但是，从目前的伤亡比例来看，不能断言朱安的军团能否再承受至少八天的苦战而兵力依旧饱满。对此我今天已和戴高乐在朱安的司令部进行讨论。他认为可以马上从北非调一个装甲团和一个步兵团过来，而且更多援军也要在军队接受完美式武器训练之后即刻调遣过来。

*　　*　　*

在利里河谷，阿道夫 · 希特勒防线多次遭到第八集团军的试探性攻击，虽然德军防守部队在情急之中应战，但他们的防御工事十分牢固，再加上士兵个个奋战，第八集团军没有成功。只能在 5 月 23 日以后，才能在不同地段进行突击，以将其防线切断。但此时的德军对其南面侧翼担心不已，因为在一次顽强作战中，法军已攻克皮科，而丰迪也被迫迎接美国第二军。

首相致亚历山大将军　　1944 年 5 月 23 日

看来，你们的战斗越来越接近巅峰。你们的进度受到了此间

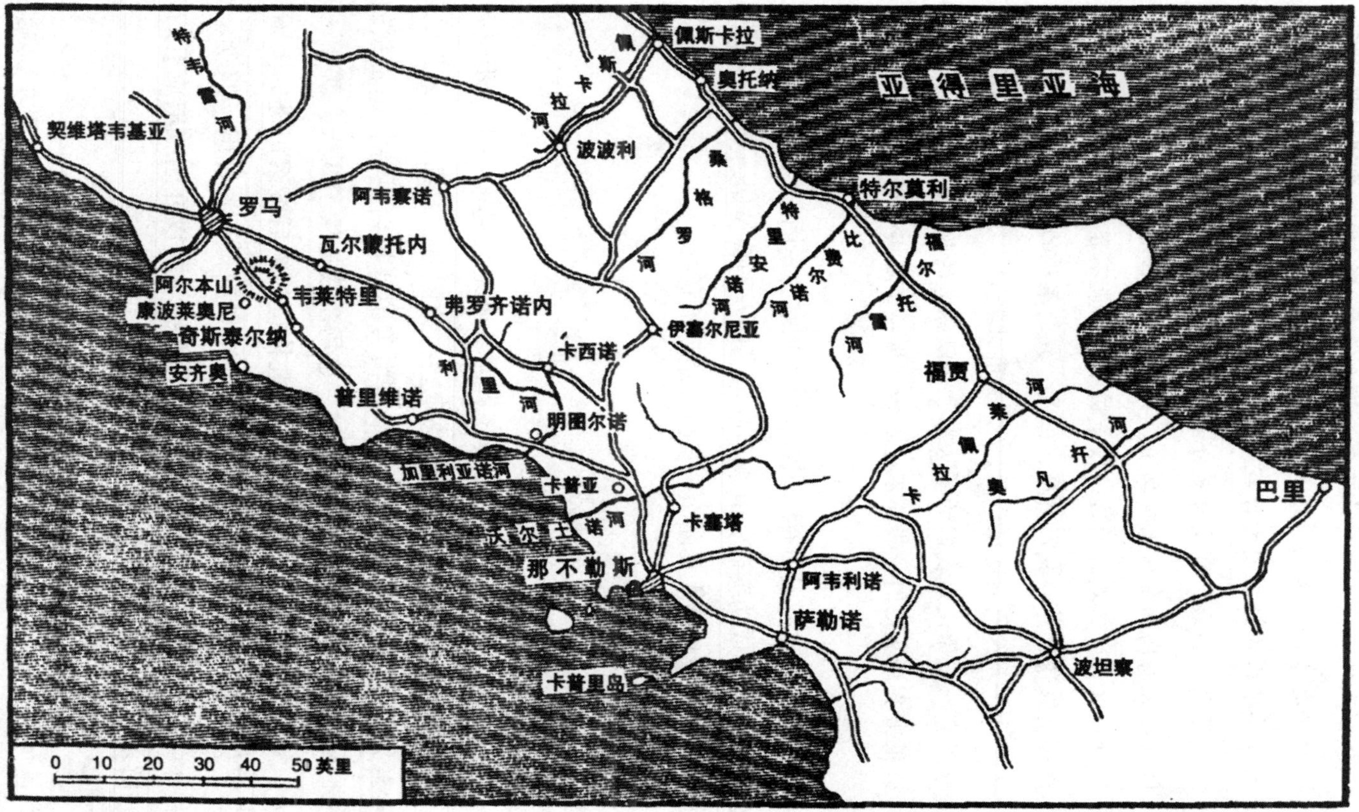
亚得里亚海
佩斯卡拉
奥托纳
特尔莫利
契维塔韦基亚
特韦雷河
佩斯卡拉河
波波利
桑格罗河
特里安诺河
比费尔诺河
福尔托雷河
罗马
阿韦察诺
瓦尔蒙托内
阿尔本山
康波莱奥尼
韦莱特里
奇斯泰尔纳
弗罗齐诺内
伊塞尔尼亚
卡西诺
安齐奥
利里河
普里维诺
明图尔诺
福贾
莱佩河
奥凡托河
卡拉佩
加里利亚诺河
卡普亚
沃尔土诺河
卡塞塔
那不勒斯
阿韦利诺
萨勒诺
卡普里岛
巴里
波坦察
0 10 20 30 40 50英里

意大利中部

一众的关注。法军和美军在敌人的左翼后移之后，立即向前推进，这一消息自然会成为头条新闻，已在报纸上连篇累牍。波兰军团的口碑也很不错，因为你在电文中给了他们应有的表扬。

那么（公众）有没有充分看到英国部队所起的作用呢？这一疑问在昨天的内阁会议上提到了。英军始终也在这条防线的一部分阵地进行攻击，但是我们这一段是最艰苦、最不容易有收获的。报道任何虚假情况并非我们所愿，但是，我们军队的重大贡献在什么地方？这几天人们读过报纸后，必然会有此疑心。既然人民对此不解，如果有一天你认为我们的军队有了可以称道的收获，是不是可以在公报中多提及他们一些？不过，我自然是了解实情的。

接着，进攻利里河谷的主力交给了加拿大军团。该军 24 日中午已在各个方面都成功突破，其装甲师也已进发切普拉诺。翌日，德军全面溃逃，又遭到第八集团军全员全线地穷追猛打。

* * *

第八集团军的进攻要与安齐奥滩头阵地发起的突袭同步进行，这是亚历山大将军已经做出的决定。与此同时，奇斯泰尔纳正受到第六集团军两个师的进攻，该军是由美国特拉斯科特将军带领的。他们终于在 25 日占领奇斯泰尔纳，这场激战持续了两天。就在这一天，滩头阵地的部队也联系上了战胜特拉契纳后继续前进的美国第二军先头部队。去年冬天，我们在安齐奥进行辛勤付出，如今，所有部队终于在长期作战之后会合，我们终于可以开始收取应有的丰厚回报。

亚历山大将军致首相　　　　1944 年 5 月 24 日

在此我要告诉你一些具有关注价值并令人高兴的事实。此后，我将按正规的程序呈递我每天按例给帝国总参谋长的报告。

虽然敌军已经在拉皮多河保护下的古斯塔夫防线上整整准备了一冬，但是这次，我们一开始进行突击，就有两支军队攻克防线，而且，从战斗打响到现在，在这第一个星期内，我们就把敌人赶了出去。有一次，我军发动钳形运动作战，包抄卡西诺这个难以攻克的堡垒，终于取得优异成果，它现在已处于孤立状态，无法接触战场。

第八集团军在进军过程中，击溃了铁丝网围绕、地雷遍布、钢筋水泥碉堡稠密而立、过分自我夸大的阿道夫·希特勒防线。

既然得到了滩头阵地，我方一支雄厚的兵力就可以安置在德军后方。为了发动一次更大规模的钳形进攻，目前这支兵力正在进行相关作战。到目前为止，在直线距离上，最深的已经插入敌军阵地三十八英里。

虽然美军很早以来就在安齐奥地区准备坚强的防御工事，但还是被我军穿过，之后我军前进了四千码，奇斯泰尔纳已被围困。

我军斩获敌军数字的统计还没有完成，目前来看，至少有俘虏一万名，大批敌军或伤或亡。至于我们缴获的物资，至少包括一百门以上的各种大炮以及许多武器和其他装备，但是由于不断扩大战场范围和加速进军，目前也无法查清。我们的空军击毁和破坏了大量机械化的运输工具，他们今天还宣布至少击毁了百数车辆。

德国第七十一步兵师和第九十四步兵师已溃不成军、无力再战，此外德军还有几个师与我军交锋。第一伞兵师、第九十装甲近卫师和第十五装甲近卫师的有效战斗力已经损失大半。受到严重打击的还有第二十六装甲师、第二十九装甲近卫师、第七一五和第三六二步兵师。事实是我们已经全歼第五七六团、第三〇五和第一三一团、第四十四师。包括敌人在罗马西北方驻扎过的一个师（听说有）在内的所有后备军，都已经加入战斗了；从各种踪迹可以看出，为了达到阻止我军进攻的目的，德军最高统帅部后备军——海尔曼·戈林师团——正在向南面进发。但是由于还不确定这个师会不会参加作战，所以这一消息最好先不要声张出去。

我方两支军队之间进行了非常优秀的合作，盟国空军之间也是如此。从始至终，英国、美国、法国、加拿大、新西兰、印度以及波兰等国的部队，都在战斗之中。每次艰苦作战，英国军队都做出卓越贡献，尤其体现在渡过拉皮多河和从南面包抄卡西诺的战斗中。我会让他们应得的荣誉出现在公报上的。我方两支军队曾同时受到英国和美国空军的联合的、近程或远程支援。在炮轰敌军以及跨海运输部队和物资时，盟国海军部队都有合作。从任何一种意义上说，这场战斗是盟国共同进行的，现在是，将来也是。

结果，我们只用少于两周的时间，就使五百平方英里的意大利土地摆脱了德国侵略者的黑暗压迫。

* * *

特拉斯科特将军刚刚在奇斯泰尔纳划开一道缺口，就第一时间利用上它了。根据克拉克将军的指示，他向韦莱特里和阿尔本山派遣了三个师，其中有一个装甲师；敌军最要紧的逃亡路线就在瓦尔蒙托内的南面一点，按照亚历山大的指示，要把瓦尔蒙托内作为主要进军目标，但是特拉斯科特将军却只派一个师向那里推进，这种调动是有违指令的。

首相致亚历山大将军　　　　1944 年 5 月 28 日

我们非常高兴听到你胜利的消息。现在是阻断敌军退路的最紧要关头，任何其他行动都不能与它相比。应该往瓦尔蒙托内—弗罗齐诺内公路的最北面增调更多装甲部队，使他们顺着阿皮昂大道去支援指向那里的先头部队，我坚信这已经在你周密的考虑范围之内了。攻占罗马远没有追杀敌军重要，不管怎样，罗马最终肯定会被我们占领，只要能够追上敌军。唯一的重点就是追击。

首相致亚历山大将军　　　　　　　　　　　　1944 年 5 月 28 日

通过各种不同渠道，我们具备了更多坦克力量，我已经查明除以上电报所述战事外的坦克数。我从帝国总参谋长提供的数字看出，至少两千五百辆坦克在你那里，它们都可以参战。你不用有疑虑，我们可以用它们，事实上为了阻断敌人后退，我们可以整整用它的一半进行一次镰刀形的迂回包抄。

我会在两到三天内给你和你麾下各军发表一封公开信。而且，

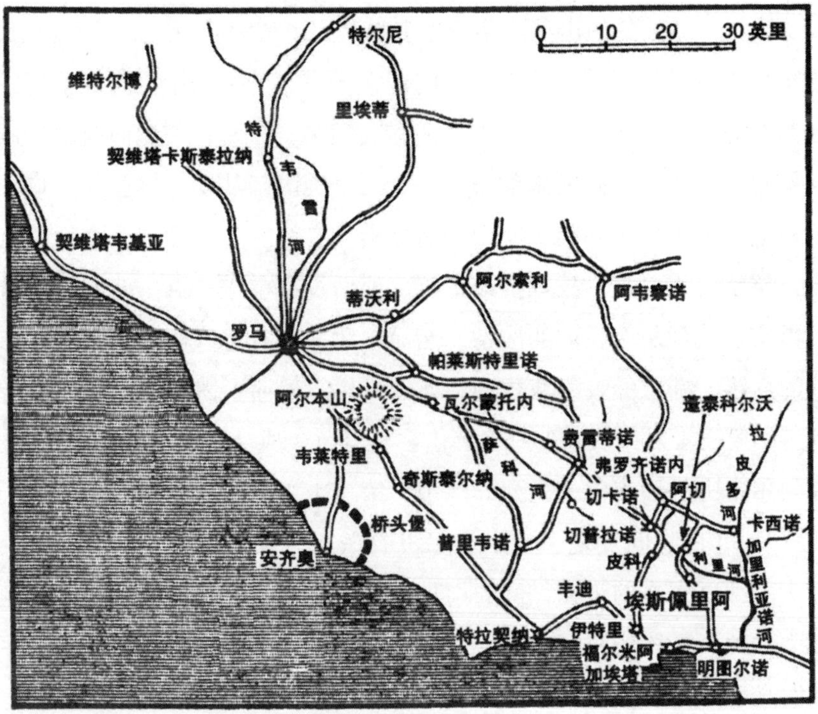

通往罗马的道路

我可以肯定，不管发生什么事，我都会支持你。尽管这次战役已经获得突出荣誉，但是日后对它进行评价时，考虑的是它切断了多少德国师的逃路，而不是有没有占领罗马或是否与桥头阵地会合。从同志关怀出发，我内心觉得有必要告诉你这一点。尽管我坚持相信全部这些问题将会在你详密的思考之中，甚至你已经按此原则展开行动了，但是我是认为必须向你强调：追击敌人才是关键所在。

然而，还是出现了不幸局面：我方空军对海尔曼·戈林师团及其他部队进行破坏性的突袭，他们也耽误了前去瓦尔蒙托内，可他们还是先到了，而且在半路上，就阻击了克拉克将军仅派去的一个美国师，敌军在逃跑的路上还是没有阻碍。

南面的全部敌军都溃逃起来，为阻止敌军调动并使他们无法集中，盟国空军已经用上全部的力量。另一方面，敌人在撤退时并没有旗靡辙乱，我们的追击部队还一连多次遭到了敌军后卫队的猛烈阻击。进军普里韦诺的是美国第二军，向切卡诺进军的是法军，而顺着河谷向弗罗齐诺内推进的是加拿大军团和英国第十三军，与此同时，安威柴罗也迎来顺着公路而来的第十军。三个美国师从安齐奥前线缺口开来，逼迫韦莱特里和阿尔本山，这之后又有第三十六师前来增援。然而，整整三天以来，敌军拼命抵抗，他们没有前进一点。他们已经做了再次进攻瓦尔蒙托内的准备。然而，敌人所有可以调动的、可以作战的部队，都已经被凯塞林调到此处支援。然而，凯塞林一定没有想到美国第三十六师发动的一次突击会获得巨大成功，所以他乱了分寸。在阿尔本山的西南角的激烈一战中，第三十六师就曾发挥作用。他们在5月30日晚间发现了一个德军没有派兵驻守的制高点。所以，第三十六师以密集的步兵纵队向前进发，各个据点已在其控制之下。第三十六师一昼夜的时间内建立了全面的坚固的阵地，最终突破了德军在罗马南面的最后一道防线。

亚历山大将军致首相　　　　　　　　　　　　1944 年 5 月 30 日

对你的来电表示感激。

我们大概两千辆坦克的力量参加战斗。

全歼战场上的德国军队才是我的目标，你若看了我下达的战斗命令，可以发现这一点。

作战部队不许进入罗马城，只借其道路。另外，如果你能对以下问题给我意见，我将感激不尽：我们已经占领罗马，而且每天军队进军都会占领一些居民区，我正在思考的是，我发布军事公报时，是不是最好只提及前者。

敌人新向此处派来师团，这个消息想必你已知道。目前形势利于我军，如果太过提前终止增援，就和以前一样，那么形势会受到影响，也不会取得圆满成功，这不是我愿意看到的。

首相致亚历山大将军　　　　　　　　　　　　1944 年 5 月 31 日

对于你的作战方向，我非常赞同，也坚信你会付诸行动。不应该小看了占领罗马这一重要的世界大事。我希望英军和美军一同进驻该城，而不想把同一天占领的其他城镇和它放在一起。然而，在这个战场上，我们能够攻克罗马和其他城镇，是因为德国陆军被我们铲除了，你的说法是正确的。

幸运的是，当着美国三军参谋长这些朋友的面，我们没有承认他们阻止你们在此战场尽力施展本领的意见，而且守住自己的立场。此战的胜利将是伟大的，你们会享有优先获得一切必需人员和资源的权利，我必然会给你们支持。我是坚持这样认为的，此时的美国三军参谋长们肯定已经察觉到，采取——因为在我们的意识中，应该优先考虑此后不久进行的其他的两栖战役，所以，对这个战场而言，可以调走兵力或者通过任意途径减弱兵力——的做法是不合适的。

愿你们事事顺利。

*　　*　　*

美国第三十六师已经胜利，然而没有立见成效，阿尔本山和瓦尔蒙托内两地的敌军还在顽强抵抗。此时它们主要兵力已经往北撤向安威柴罗和阿尔索利。英国第十军和第十三军以及战术空军的飞机把敌军追至这两处，并给予打击。但是可惜，我们装甲部队的强大威力没有完全发挥出来，因为山地地形不便使用它们。

美国第二军于6月2日突破瓦尔蒙托内，进而向西面进军。德军当晚就再也无力反抗。美国第六军已到达阿尔本山，翌日，它与左翼的英国第一和第五师一起进军罗马。美国第二军发现，桥梁大都没有遭到毁坏，他们比上述两支队伍快一步的进军。6月4日下午七点十五分，罗马都城中心的威尼斯广场迎来了第二军第八十八师的先头部队。

我在6月9日把战时内阁表示祝贺的电文传给了所有相关人员，我个人还向亚历山大发出如下电报：

> 斗胆不顾他们的贺词，我要再次恭喜你了。瓦解敌人的武装实力是我们一直以来共同的主要目标。凯塞林的军队已经四散而逃，你们只需尽快采取深入行动，给其当头一棒，他们向北面败逃时就可能要有重大牺牲，这个大好机会真实不虚，不用怀疑，从你带领的军队现在所占据的阵地、空军优势、装甲部队的优势中就可以看出来。
>
> 在整个战线上，美国、英国、加拿大、新西兰、南非、印度、法国、波兰以及意大利的官兵们也全都表现得很优秀，由你代表我们向他们祝贺，是我们非常乐意的。
>
> 我们过后还要对逃散的敌人追击到底，并且还要在斩断他们的逃路上大有收获，这是我们和你共同的愿望。

*　　*　　*

关于上述作战行动的发展，我已经连续全部告诉了斯大林。我在6月5日再次把我们获胜的喜报通知到他，而此时，其他事情也在进展之中。

首相致斯大林主帅　　　　　　　　　　　　1944年6月5日

1. 你必然会非常乐于听到盟军占领罗马的消息。重点是全力斩断敌军师团的逃跑路线，这是我们一直以来的想法。特勒派到罗马南面战场的所有师团已经在逃，不过其逃亡路线差不多要被我们斩断了，因为雄厚的装甲部队正在亚历山大将军命令下从北面进攻特尔尼。我在制定安齐奥和内图诺两地的两栖登陆计划，对它们的成效曾有预计，现在看来没有直接达到。尽管如此，最后我们还是有所回报，这次战略行动依然是正确的。来自法国的一个师、匈牙利的一个师、南斯拉夫和伊斯的利亚半岛的四个师、丹麦的一个师、意大利北部的三个师，总共十个敌军师被这些两栖登陆战役引诱过来了。这只是其一。其二，这些行为使我们的战斗变成了防御性质，虽然我们有两万五千人左右在此战中折损，然而德军却有将近三万的伤亡，他们失败了，而且其大半师团的战力已经被我们瓦解。最后，这种行动因登陆安齐奥由从原来计划之中变成可能性，但是却远远超过了计划的规模。现在，罗马南面的陷阱已经布好，亚历山大将军正想尽所有办法使敌军师进入。逃至山地的几个师团遗抛下武器为数不少，然而大量的俘虏和物资才是我们想要得到的。关于怎样使我们驻在意大利的部队在增援主要的军事冒险行动中取得最好效果，一旦这些战斗结束，我们就会做出决定。在正面进攻或面临反抗时，波兰、英国、自由法国和美国的军队也都曾给德军致命打击。另外，一定要尽快思考会有重大选择的时机。

2. 我现在刚刚返回诺曼底，之前两天一直在艾森豪威尔的司令部，巡察完部队才登上船。我们要想使空军、海军和陆军最高效地发挥作用，就一定要根据潮汐、海浪、云雾的情况来考虑，但偏偏天气条件很难适应。所以，艾森豪威尔将军在不得已延期一个夜晚时，表现出很大的遗憾情绪。但是，我们今晚就要开始行动，因为良好的天气变化出现了。我们用上了五千艘船，而且有全套装备的飞机一万一千架。

各个方面纷纷发来饱含热情的电文以示祝贺。甚至俄国这只大熊也来亲近我。

斯大林元帅致首相　　　　1944年6月5日

恭喜英美盟军部队获得攻克罗马的辉煌战果。对于这个消息，苏联人民也满心欢喜地接受。

* * *

斯大林碰到的全是顺利的事，所以他不是凭空表示欣喜的。英美军队无疑将会以上述几场战役构成的基础使战争达到顶峰，而它们的规模却无不如俄国人战斗的规模。1943 年冬季一开始，俄国人就给了敌人沉痛的一击，而且为了防止他们复原，没有给他们一丁点时间来喘息。伊尔门湖到列宁格勒的战线足有一百二十英里，而他们在那里于 1 月中旬发起进攻，敌军列宁格勒前面的防线被突破。在 2 月末时，德军已被驱逐到更南面楚德湖畔。最后，列宁格勒完全摆脱控制。而且，波罗的海一些国家的疆界上也有俄军到达并驻扎。

俄军在基辅西面的进攻获得了成功，从而迫使德军退往波兰的旧疆界。在整个南方前线，战火弥漫，德军的防线已有多处被深入地突破。

在科尔森留下了一个很大的袋形包围圈，德军被围困在里面，几乎全部未能逃脱。

在整个战线上和空中，俄军利用整个3月追击败逃的敌军，没有放松。在跨越德涅斯特河到达罗马尼亚和波兰之前，德国侵略者不得不在戈麦尔到黑海一线全方面溃逃。然后冰雪在春天融化了，他们才可以得到短时间休息。可是克里米亚半岛还在进行着战斗。战斗持续三天之后，彼列科普地峡于4月11日被俄军攻克。其他部队也越过海峡，他们与前者在刻赤会合，解放了塞瓦斯托波尔，同时开始为扫清德国第十七集团军做准备。

希特勒的军队在5月结束时就到了无路可退的地步。他在东线尚两百个师，但是当面对俄军再次汹涌奔来的进攻，他们根本无力抵抗。四面八方的祸患把他逼得紧紧的。对军队进行整编、撤退的目的地和坚守的据点才是他在眼下这个当口应做出的决定。然而他竟然下令，相反地，军队全部在原地列守，战至最后一刻。这是个背道而驰的决定。现在只有这三个战场了，而不管是哪里的德军，都不许后退，如此看来，德军的命运已经确定了，那就是全面溃败。

第十八章　大战前夕

国王主持 5 月 15 日的最后会议——提供许多车辆给远征军——与蒙哥马利将军一起用晚餐——给勒克莱尔师团用的车辆——进攻第一天，气氛越来越紧张——我计划在军舰上观看海军发动炮轰——国王想一起去——5 月 31 日陛下给我来信——在地图室的讨论——6 月 2 日，陛下来信——我的回信——综合评价——天气条件叫人产生忧虑——在朴次茅斯和索伦特湾，贝文先生、史末资和我察看部队登船——预报的天气更加不利——史末资元帅的记忆——6 月 4 日早晨四时十五分，艾森豪威尔做出延期一整天的决定——罗斯福总统来信——我 6 月 4 日的回信——艾登先生和戴高乐将军来了——戴高乐将军情绪激昂——6 月 5 日早晨四点，艾森豪威尔下最后决定：此战定乾坤——德军受到恶劣天气的迷惑——大型舰队驶出大海——战争的顶峰

我们 5 月 15 日的最后一次会议是在伦敦圣保罗学校举行的，因为蒙哥马利的司令部设在那里，这天是星期一，还有三周时间才是进攻第一天（D Day）。到场的有：国王、史末资元帅、英国三军参谋长、远征军的司令官以及他们的众多主要参谋。为了使观察者一目了然，诺曼底海滩及其附近大陆的地图放在了讲台的一个斜面上。解说作战计划的高级军官可以在地图走动并且能指明所有界标：这地图构造得非常巧妙。

开幕词是由艾森豪威尔将军演讲的，上午的会议结束、中场休息之前，国王陛下还做了最后发言。“我越来越对这次战役抱以坚定的态度了。”这是我在会议上发言内容中的一句。这句话被艾森豪威尔将军在他写的一本书[①]中误解了，他是这样理解的：对于横渡英吉利海峡的战役，我以前是反对的。其实我是想说：“换句话说，即使我们在莫斯科规定的条件没有全部得到满足。我仍然希望，只要我们力所能及，就全力发动进攻。”[②]请读者再去浏览本卷第三十三章，会发现这句话在我给马歇尔将军的信中提到了，而且我是如上解释的。

蒙哥马利台上的演讲是令人鼓舞的。众多海、陆、空三军的司令官的其中几位，还有首席后勤军官也都讲话发言。已经详细安排好了部队登岸后的后勤工作，首席后勤军官在他的演讲中对它做了细致说明。人们肯定会有所惊异：各种随军装备和用具的数量实在太大了！因此我想起安德鲁·坎宁安海军上说的——在“火炬”战役的第一批的空运中，甚至连牙医的手术椅也被运至可尔及尔——故事。这次也有例子，我被告知，光是准备渡过海峡去担任记录工作的军官和办事员就有两千名；在登陆后二十天，必须为每四百七十七名上岸人员配备一辆车，每辆车还要配备司机和相应维修人员，我还收到了记录这些内容的表格。

	美 国		英 国		总 计	
	车辆	人员	车辆	人员	车辆	人员
登岸 20 天	96,000	452,000	93,000	450,000	189,000	902,000
登岸 60 天	197,000	903,000	168,000	800,000	365,000	1,703,000

填补伤亡士兵的人员没有算在内。

① 《欧洲十字军》第 269 页。——原注

② 即第十六章中 1944 年 3 月 11 日给马歇尔的信中加着重符号的话。——译注

虽然炮车、装甲车和坦克车等等作战车辆都包含在这些数字之内，但是，我仍然可以清晰回忆起先前安齐奥滩头堡的拥挤场面。我认为其中有太多的各种摩托车和非作战车辆，而且这引起了我极度关注，我思考再三，决定让伊斯梅给蒙哥马利去信说明这点。伊斯梅执行了我的意见。5 月 19 日，这天星期五，我要去巡察蒙哥马利将军司令部，所以我决定届时对这个问题进行讨论。报道扭曲了这次会见的事实。报道说道：我被蒙哥马利带到了书房里，他还劝告我，不能和他的参谋人员谈话；他曾想以辞职要挟我，好令我放弃在这个最后关头改变运输计划的主张；我已作妥协了，而且在离开以前还告诉他手下的军官们，蒙哥马利不让我和他们谈论。有鉴于此，有必要对事实进行阐明。

蒙哥马利在我用餐之前，提出与我单独谈谈的要求，于是我走进他的房间。他的确说过，在眼下这个只有十七天就要开始发动进攻的阶段，很难再对运输规模进行调整，但是我想不起我们具体都谈了些什么。但是，他从始至终都没有用辞职来要挟我，不仅在这次谈话中没有，而且在我和他整个战争时期的多次谈话中也没有，我对此可以肯定。而且，我和他的参谋人员发生对立的情况也根本没有发生过。况且，这种做法也绝不是我可以忍受的。我们谈完就一起去吃晚餐，现场大多是蒙哥马利将军的个人幕僚，一共也就八九个人。从始至终，气氛都是很和谐的。当天晚上，我曾在蒙哥马利将军的私人著作中题词，是他这样要求我的。我的题词如下：

> 最伟大的冒险将在本书中展开，我必须写下：所有的事都会顺利进行，全军的组织和装备，士兵的英勇和将领的韬略，二者将会互相衬托、相得益彰。我对此矢信不渝。

我和其他重要战役前夕一样的心情写了这几句话，它们也在其他地方发表过了。但是，我还是认为可以补充道：横渡英吉利海峡进行突击的最初阶段中，运输车辆占有的比例太过高于参战士兵了，时至今天，我依然持这个意见。而且，不管从承担的风险来看，还是从具体执行过程来看，这次战役都有所损失。

*　　*　　*

同时，另一个计划也在我牵挂之中。于情于理，应该使法国人民看到，在法国的土地上，法国人民的部队再次战斗起来了，这次战役的目标是解放法国，所以我们要尽快使一个法国师登陆。很长一段时间里，勒克莱尔将军麾下的法国第二装甲师多次在北非战场建立功勋，他们也应该在主要战役中和我们齐头并进，而且我 3 月 10 日就把这个想法告诉了戴高乐。参谋长委员会自那时起就一直这个问题进行仔细研究。艾森豪威尔希望这个师能加入战斗，而且威尔逊将军也没有准备让它再进攻里维埃拉。怎样才能把它调到英国并按时装备好它？这是一个问题。调动部队没有什么困难，难的是怎样使有限的船只舱位容下它们的装备和车辆并驶回英国。英美三军参谋长委员会联系上了驻阿尔及尔的盟军司令部，之后由当时从地中海驶回英国的登陆艇把他们的大半装备和车辆运回来了。但是，英国参谋长委员会 4 月 4 日的报告显示，他们大概还有两千辆车辆的短缺；英军车辆倒是可以分给它们，但是那样一来，给艾森豪威尔提供给养时就会有许多麻烦。无法把美国车辆从英国境内调出来，从美国也不行。这是艾森豪威尔的司令部在几天以后宣布的结果。也就是说，正是缺少这些占众多车辆极小部分的车辆，完成登陆很久以后，法国装甲师才可以参与作战。和我同样失望的还有艾登先生。我在 5 月 2 日呼吁艾森豪威尔将军的亲笔信中说道：

1944 年 5 月 2 日

勒克莱尔师团的需求请你尽量满足，你有大批运输工具，可以分调一些给他们。这真的会影响到法军能否重新进驻法国。竟然为十二万五千人配备了两万三千辆车辆，这个安齐奥战役的数字你还记得吗？登陆过程因为运输这些部队和车辆出现很多困难，它们仅仅前进了十二英里。

我很抱歉如此强烈地向你提出这个要求。但是，请你务必在谨慎考虑和进一步研究后，再决定是否答应我的要求。

看了艾森豪威尔的回复，我放心了。

1944年5月10日

关于勒克莱尔师团的运输情况，我的参谋人员已经和勒克莱尔将军讨论过了，我也详细思考过了。

该师自己的一批车辆已经运到这里，5月15日前又运来一些，经我核查，近乎所有的履带和装甲车辆都算在内，该师现有车辆总共一千八百辆。另外，正在运输的车辆大概还有两千四百辆。根据目前计划，6月12日以前，以上车辆都会被运到英国，但有四百辆不在其内。剩下的6月22日之前也会运到。勒克莱尔将军说，用于目前训练的物资是足够的，而且，美国第三集团军也在支援他，因为他是由该集团军来管的。该师的普通补给得到很好供应，如果它们的车辆运来以后还是略不足，美军方面会解决的，而且给养问题也会一并解决。我相信，在参与作战之前，该师的供给会得到为其制定的运输和装备计划的适当保证。

所有事情都准备好了。这次的进军路线是：乍得湖—巴黎—贝希特斯加登。

*　　*　　*

进攻首日越来越近，气氛也越来越紧张。从敌人此时的任何行迹来看，我们的机密依然没有被看穿：4 月末时，两艘正进行演习的美国坦克登陆艇被敌人击沉，这是他们的一次微小的胜利，然而，敌人没有想到，这件事背后是我们的进攻计划；我们在 5 月间发现，瑟堡和勒阿弗尔有一批轻型的海军船舰前来增援，同时敌人在英吉利海峡的布雷活动有所增加，但是不再有进一步动作，一般看来，他们等着摸清我们计划的方向。

形势快速发展，也不再有什么波澜，越来越接近顶峰。国王陛下 5 月 15 日的会议之后，部队开始集中港口，对每个突击部队进行了巡察。各下级司令官于 5 月 28 日接到 6 月 5 日发动第一天进攻的通知。从此刻开始，所有参与突击的人员不是在舰艇上“封门不出”，就待在岸上营地和集结地点。一切邮件不准再收发，而且个人紧急事故之外的所有私人通信，也都被禁止。6 月 1 日，英吉利海峡的作战行动在拉姆齐海军上将指挥下展开，他的需求成了所有本土各港口的海军司令官工作的出发点。

在这个历史性战役展开之前，先进行的轰击行动，我要求拉姆齐海军上将制定一个计划，以方便我在一艘巡洋舰队的军舰上观看，我觉得这是可以允许的。他的安排是：在进攻首日前一天的日暮时分，我登上英国军舰“贝尔法斯特”号。从克莱德湾出发的这艘舰，在经过维茂斯湾时会停靠一下，为了汇入它的舰队，然后它会快速前进。该舰是一艘中路的英国海军部队的炮击军舰。为了观看黎明时的突击，我要在该舰上睡一晚。只要在水雷没有完全排除的水域足够谨慎，我随后会在舰上巡察滩头地带，再然后我会转到一艘已完成自己炮击任务、回去重装炮弹的驱逐舰，返回英国。

但是，拉姆齐海军上将觉得他必须让最高统帅知道这个草拟中的计划。对于我这种冒险行为，艾森豪威尔坚决不同意。这份责任他无法承担，即使他是最高统帅。我叫人告诉他：这次战役英国部队的最高统帅是他不假，我们承认，但是我们肯定不会承认的是，他拥有决定英国皇家海军船舰上作战人数的权力，因为英国海军的数量是美国海军的四位。这与他在自己著作中讲到的一样。这一事实是毋庸置疑的，他表示认同，但强调了一点，就是如此一来他必然要担心更多。从事态发展的规模来看，似乎出现这种情况显得不和谐，而且从我们之间的关系来说，也不该出现。然而我自己也有责任在身，而且我觉得我自己的事我应该自己定夺。于是就确定要进行此事。

然而，因为一件事情的出现，情况变复杂了：国王在5月30日，星期二这天举行每周一次的午宴，我也参加了。进攻首日你会在什么地方？陛下如此问我。我计划登上一艘我们巡洋舰队的军舰，去实地观看炮击战，我回答说。紧接着，陛下表示他也要观看的想法。他特别想有一次重拾年少经历的机会，但是日德兰战役之后，他再也没有亲赴阵线过，只不过当中有一次遇到空袭。我谨慎思考了这件事，而且愿意交给内阁处理。内阁的一致意见是，必须先和拉姆齐海军上将商量。在这里我对此事详加叙述，是得到国王陛下批准了的。

国王在同时决定他和我都不应该去。他表示极度失望，还给写了一封信，内容如下：

白金汉宫

1944年5月31日

亲爱的温斯顿：

在我们昨天的谈话中，你我二人计划在进攻首日前往某个地方（观战），经过我后来的左思右想，现在已作出不该那样做的结论。如果你不巧被一枚炸弹、鱼雷，甚至水雷击中，会有什么后果？现在正是关键时候，你若辞世，对我个人、对整个盟国的事业来说，后果都是不堪设想的，这一点我认为不必再强调了；如果一国君主在眼下发生变化，对我们的国家和整个帝国来说，这样的事也是同样严重。我特别认真请你再三斟酌你的计划，尽管我清楚地知道，你我都热切希望实地去看看。不管我们怎么解释，我们乘坐一艘或几艘军舰亲赴现场，都一定会使负责指挥战舰战斗的海军将领感到为难，这一点我也意识到了。

于是，我不得不依据以上条目下此结论：在这种情况下，最高当局普遍能做的就是待在家里，静等消息，这才是正确的。我迫切希望你考虑这个问题时也采用这样的观点。其他一切问题先放一旁，我一想到你有可能不能再辅助我、指引我，就极大增加我对眼下这个时期的担忧，即使这种可能性微不可察。

你最忠诚的国王乔治

紧接着又有一封信：

白金汉宫

1944 年 5 月 31 日

亲爱的温斯顿：

明天下午我和你会面，所以希望你不要回信给我了。你如何回应我前面的信，可以到时再谈。之后我们会与拉姆齐去见面。

你最忠诚的国王乔治

6 月 1 日下午，我和拉姆齐海军上将在首相官邸附属建筑的地图室里恭候着国王，三时十五分，艾伦·拉塞尔斯爵士陪同而至。拉姆齐海军上将对“贝尔法斯特”号军舰在将进攻首日早晨进行的活动，也做了说明——国王前来意欲何为，他当时并不知道。据他所言，无法在该舰上看到太多实战情况，而且乘坐起来还要承担不小的风险。国王陛下是不是也可以乘“贝尔法斯特”号战舰出海？我们想听听他的想法，于是，我此时请拉姆齐海军上将先回避几分钟，我们好趁机商量。拉姆齐海军上将不同意这一举动，而且他的回答是迅速的、坚定的。我当时说的是，“我觉得必须要参考内阁的意见”，而且还计划通知他们拉姆齐海军上将说的危险情况。我又说，“内阁肯定不会提出让国王陛下前往（战场）的建议，我怎么会怀疑这一点呢？”拉姆齐在此时离开了。“我不能去的话，那么你自然也不该去。”国王这样说。我的回复是：“作为国防大臣，我过去是为了承担我的职任。”“一脸不忿”的艾伦·拉塞尔斯爵士说：“如果国王的首相在英吉利海峡殒命并沉入深海，那么这个消息必然会增加陛下的焦虑。”正如国王所描述的那样，“我觉得并不用冒很大风险，再说一切已经准备就绪。”我如此回答。艾伦爵士说，他从来都认为，没有国王的批准，无论是陛下哪一个大臣，都绝对不许离开自己的国家。我回答说，我要坐的是国王陛下的战舰，所以你这么说是不合适的。拉塞尔斯又说，也有战舰航行太远超出领海的可能性。后来，国王就回到了白金汉宫。

* * *

6月2日这天是星期五，我、史末资元帅、欧内斯特·贝文先生、伊斯梅将军和我的随行人员在早晨踏上了专用火车，前往朴次茅斯近郊的铁路侧线，艾森豪威尔司令部就在旁边。国王的另一封信在我们刚刚要出发的时候传到我这里了。

白金汉宫

1944年6月2日

亲爱的温斯顿：

不要在进攻首日出海！我要再次这样呼吁你。既是国王又是三军统帅的我，年轻于你；我本身就是一个水兵，如果能出海我再高兴不过了；可是我认为我应该留在家里。这些就是我个人的情况，请你斟酌一下吧。如果你做了我想做却做不了的事，你认为那是公道的吗？昨天下午你说到，国王最好通过御驾亲征亲临实战来重温以前的时光；我认为，如果这件事国王无法完成，那也不能由他的首相替他完成。

再说，由于你自己的地位，你将无法看到太多实战场面；巨大的危险可能会在你身边；在事态紧急的时候，你不得不做出重大决定，而你却无法和下属见面；你在舰上必然会使舰队司令和舰长承担更大的责任，就算你想全力避免给别人增加麻烦，仍然是这样。这些你都考虑到了吗？我因你登舰航行而增添的焦虑是无法估计的，这一点我在前函中已经说过。而且你的内阁同僚可以以此为由，对你的行为表示不满，因为你出海远行没有问他们是否同意，他们会因此觉得自己的处境十分尴尬。

请你对整个问题再全面思考一番，请接受我最真诚的心。你自己对国家是承担着伟大责任的，虽然我对你的意愿十分清楚，但是请不要让你的愿望脱离这种责任。

你最忠诚的朋友国王乔治

当时，我的专车就停在了索斯安普顿郊外，没过多久，我就通过电话联系上了艾森豪威尔司令部。我在当天下午去了他那里。他的帐篷和篷车就在附近的一个森林中巧妙地隐藏着。国王表示很关切，因为我没有回信。我只好放弃我的计划以满足国王陛下的意愿，而且，上午十一点半，我通过专线电话取得了与在温莎堡的拉塞尔斯的联系，来回应这方面的问讯，说明了以上想法。第二天凌晨，我一写完下面这封信，就派传令官火速送到温莎堡。

1944年6月3日

国王：

我必须请陛下原谅我没有早些回复您的来信。一直以来，我都在旅途中，而之前你的来信到我手上时，我刚好要踏上火车。为了使这封信在今晚到达陛下那里，现在正有一名我指定的传令官等候着。

根据英国的宪法，国王肯定是不能和臣民平等谈论的。关于这一事实，我确实不知道国王是否在来信第一段的叙述中充分思考过了。只有得到了内阁的许可，国王陛下才能听从个人意愿，登上一艘将要以炮轰形式作战的军舰出海；我是宁愿相信内阁肯定会竭力劝陛下不要出海的，而且这一观点我已经敬告陛下了。

反过来说，我不会认为内阁拥有约束首相兼国防大臣的行动自由的权力，而且我觉得为了承担我的责任，我必须要去那里，也应该得到批准。肩负如此责任的我，可以冒多大风险，到什么界限适可而止，这些我都可以判断，这种判断力是我从众多重大事件的经历中获得的。必须在什么时候去什么战场了解情况？我必须具备判定能力，所以我要怀着非常诚恳的心情请求陛下，不要确立任何一条原则来限定我的行动自由。但是，这次我必须要听众陛下的意愿——其实是命令，因为陛下如此真切地担心我的个人安危，这是莫大的荣幸。令我深感欣慰的是，我发现陛下是希望我仍可以服务于您，才会表达这种意愿或命令。陛下如此关心您这个卑下而忠心的臣子，正是这种心意出发来，虽然到现场观看炮击实况无法实现令我可惜，但是，我却对陛下的心意深表感激。

温斯顿·丘吉尔

我认为可以附带说一句，特别可怕的危险并没有在相关巡洋舰分遣队之中发生，这充分证明我的预测是没有偏差的。而按照艾森豪威尔将军宣称的，这支分遣队的伤亡是零。本来此事我不想再作论述了，然而他出于好意公布时，却无意之间走了样。

关于我在此类问题上的主张，或许我可以在此稍作解释，那可是我多年来的结晶。如果一个人要对战争中深层的和重大的问题做出决定，要鼓舞人心，可能就要亲赴某些危险，这样才能使自己的影响力充分生效，同时承担最高责任。在其他人大批地被他派去献出生命时，这种行为会使他们要面对的一小部分危险分担到自己头上，这种安慰对他来说可能也是必需的。如此一来，他可以直面事态发展，也由此可以激发他的个人兴趣领域，进而提升行动力。各将领和其他的高级司令官们，应不时的尽量使自己亲临战场以观察实况和局势，这是我从第一次世界大战的见闻中得来的见地。认为不能使重要人物的生命处在险境之中是可笑的，而且我多次看到这种谬论带来令人痛惜的失误。我认为，在面对这样的个人问题时，我有资格完全自主明辨我应如何担负我的责任，因为我对战争的意见和论据是相当重要和权威的，尽管我比任何人都看重我的个人安然。

* * *

这时，我们开始为天气担忧起来。天气只有几天是晴朗的，之后开始变化无常。为研究预测气象情况，自从6月1日起，司令官每天要举行两次会议。在进攻首日那天，云层过低，天气不佳，这是第一次会议上的预测报告。轰炸行动和空降部队的着陆都会因此受到影响，所以对空军而言，这是非常重要的。第二天傍晚，带着察看进攻地区天气情况的目标，第一批战舰从克莱德湾开往大海，并且另外两艘小型潜艇也从朴次茅斯启动了。到了6月3日，天气还是不露令人转喜的痕迹。西风日见疾促，波澜不兴的海面开始翻起波浪；阴云聚拢着，云层逐渐低下来。根据气象预报，6月5日还是一个阴天。

我于6月3日下午乘车到朴次茅斯，同行的还有贝文先生和史末资元帅。路上我们见到许多正在登上船开赴诺曼底的军队。我们登上一艘战舰，第五十师司令部设在此舰上。我们接着坐进汽艇，顺着索伦特湾，一一对每艘舰艇上船巡察。

我们回返时，经过了艾森豪威尔将军的营房，停留了一会，并祝他事事易成。车上有一顿晚餐，开饭点比较晚，我们返回时，刚好赶上。伊斯梅在用晚餐的时候接听了比德尔·史密斯来电。听说很有可能战斗会推后二十四小时，而艾森豪威尔将军也不能在6月4日凌晨之前做出决定，这都是因为天气一天比一天差。同时，根据原来的计划，大型舰队的各个单位继续出海。

伊斯梅回来了，还带来令人悲观的消息。好像是一场雪崩，无法再使这次的作战行动停下来了。许多人都在索伦特湾观看了舰队的阵容，他们都意识到了这一点。我们苦恼不堪的是，这次行动可能会因为不断恶化的天气而被迫延期到6月7日后，同时，月亮和潮水的条件必须相互配合才行，但是这种条件至少以后两周里不会得到了。另一方面，为防消息泄露，明显要把已经领到指令的部队全都关在窄小拥挤的舰艇上，而且不知道什么时候结束这种封闭。

火车餐桌上的每个人，虽然没有显露担忧之情，但是他们心里都已经有所感知了。史末资元帅以高昂的兴致发表着精彩的演讲。他给众人说起了布尔族人1902年在弗雷尼欣投降的往事：再战斗下去也不会有任何成果了，他[①]苦口婆心、三番五次地这样对他的同僚们解释，唯一的出路就是请求英国人的饶恕；在他的一生中，那段时间最为难熬，因为朋友们都批评他是一个懦夫、一个失败主义者；然而最终和平实现了，他劝服大家一起去了弗雷尼欣。接着，史末资元帅又就自己在第二次世界大战爆发时的经历做了一番谈论。当时，他所在执政党的首相的想法是，保持战争中立，所以他只好在议会投向反对党的立场来提出反对意见。

晚上一点三十分左右，我们开始入睡。伊斯梅对我说他还不能睡下，因为一大早会举行一次会议，他要等结果出来再睡。对此我表示无可奈何，说道，结果出来时不要弄醒我叫我听。艾森豪威尔和他的司令官们，清晨四时十五分再次开会，听了气象专家预报，结果悲观：天上布满阴云，云层低，有雨，西南风紧，海浪小。更糟糕的是5日预测的天气情况。艾森豪威尔无奈地发布了推后二十四个小时发起进

① 此处以及下面都是指史末资，他曾是一名布尔人战士，曾在1901年领导开普殖民地布尔人起义，但是失败了，1902年停战那天，他被英国人从战场上召到弗雷尼欣，参加了和平会议。——译注

攻的命令。之前已经在各方面做好准备，现在，气势恢弘的舰队，要全转移到后方。如果小型舰艇可以在附近找到藏身的地方，可以停在那里，除它们之外的所有海上船队，全部要转舵回返。已经派遣军舰出海去通知其中一个船队，因为它没有接到命令，而这只船队拥有一百三十八艘小型舰艇。随后它们立刻回航了，敌人没有产生疑心。这是难以度过的一天：登陆艇沿着整个海岸排布着，而里面关闭着数以千万计的士兵。最遭罪的就是美军，他们是从距离最远的西部港口出发的。

大概是在清晨五点时分，伊斯梅通过比德尔·史密斯的来电确定了延期的事实，才开始睡去，而我睡醒是在半小时之后。他被我传过来，把这一消息告诉了我。他是用“当时，我未发一言”来描述（我的反应）的。

*　　*　　*

两周以前，罗斯福总统给我写过一封信，但是，一直等到现在这个决定命运的关头，它才通过早班邮件投递过来。实为遗憾的是，后来找不到这封信了。对于我们两国之间的共同付出和同志情谊，富·德·罗（斯福）心有感动，这在他信中极为亲切的言辞中就可以看出来。而且，他还说，愿我们成功，祝我们成功。我以内容相对散乱的回电表示感谢。

首相致罗斯福总统　　　　1944年6月4日

你5月20日的来信已收到，我很感动，也很高兴。在这场艰苦而又重大的战争中，形势越来越扑朔迷离，而我在此时最大的动力之源，就是我们的友谊。我从艾夫里尔那里知道，你的身体很健康；同时，你的政治健康也有很大提升，我这么认为，是经过多角度证明的。目前我在艾克司令部不远处的火车上。如今，天气情况最让他挂怀了。几千艘舰艇停在此处，其非凡壮景，确实举目可见。

关于戴高乐应不应该接受我的邀请前来此处，他的委员会已经投票决定，结果几乎全部的人都认为可以。但是他举棋不定。不过，如果他不来，马西格利和一些其他人士就会以辞职来威胁他。我们估计，他到达的日期应该会在进攻首日的前一天。艾森豪威尔将军会在他到来时接见他，并且会在半个小时的时间里，单纯就军事形势给他一些解释。首日进攻的当晚，我会返回伦敦。虽然我对戴高乐可以处理很多问题不抱希望，但是我依然希望的是，戴高乐会认为可以采用赫尔演讲中的"领导权"的建议，听说那个词还得到了你的认可。我认为我们从滩头地带向前推进的距离超过几英里的希望是不存在的，而且极有可能的是，只有那些满目战后疮痍和人迹罕至的地区，会被我们占领。戴高乐到时，我会谨慎地向他说明这个问题。而且我会交给他你那封充斥着友谊的、请他访美的电报。我会时常和你联系的。

我发现，关于我在下院对西班牙的谈论，你们的某些报刊很是愤懑。我所有的谈论，仅仅是对我1940年10月宣言的复述，所以说你们这样做有失公道。我提及佛朗哥的名字，只不过是用漫画的形式来证明一个愚蠢的行为，那就是使西班牙融于他，或者他融于西班牙。使伊比利亚半岛在战后敌视英国人，非我所愿，虽然我才不关心佛朗哥。如何才能依靠戴高乐的法国？我对此有点茫然。我们一定要用主要力量来克制德国，另一方面，在未来二十年内，与俄国的同盟关系不能中断。所有前途都是令人兴奋的，而且我们正在一步步前进，这一点你一定不要忘记。

某些集权主义政治制度的国家，并没有给我们带来过什么负面影响，如果单单因为厌恶集权主义就攻打它们，那么我不会同意的。斯大林的俄国，佛朗哥的西班牙，不知道二者谁的自由更多一些。不管与它们中哪一个发生纠纷，都非我所愿。

我们需要在哪一天给斯大林发去一份可以公开的、精简的电报？是发动第一天进攻以后？还是确定占领了海峡彼岸的阵地以后？我认为后者更好。

在这个月的反潜艇战争中，我们达到的最高纪录是：同盟国家所有船舶的总吨位数达到两万吨左右，而且其中只有四艘被击沉。这是前所未有的。还有，我们每击沉敌人四艘潜艇，敌人才击沉我们一艘。同时，敌人的无数舰只被我们的联合舰队还击沉。

你那样看待亚历山大，并支持他，而他也没有辜负你，我对此很是高兴。你们部队的战斗太精彩了。据说，我们两国的军队在那里，上下各层关系都非常和谐；在我们这边呢，他们之间的情谊已经完全变成真正的手足了。我现在期待的，就是很快你们的三军参谋长们见面。哈利那边也越来越好，收到这一消息我十分高兴。这种局面持续向前是我由衷的愿望。然而，10月份的日期实在是杳不可期，而你又不能提前来，我认为太可惜了。我热切希望你能告诉我，我若进行一次旅行，是否有利于这件事。

戴高乐刚刚从阿尔及尔飞来英国，没过多久，他就和艾登先生一起来这里了。我对戴高乐说，不日就要展开这次战役，所以我把他请过来。我无法提前给他发电报。我是这么想的，因为我们两国历史的关系，英美两国解放法国的战役开始之前，一定要先通知到法国。我原先设定的邀他前来的时间是接近进攻首日的，但是进攻日期延后了二十四个小时，甚至再往后延也是有可能的，这都是天气逼迫的结果。不得不说，这一事实相当严峻。在第一批次的攻击行动中，已有三十五个师和四千艘船舶在各个港口和营地集中起来，十五万部队已登上船板。狭窄的舰艇上，还羁留在极度痛苦中忍耐着的大半部队。假使天气适宜，将会有八千架飞机参与战斗，而现已备好的就有一万一千架。我继续说道，我们深深惋惜的是，有不少法国人在对法国铁路线的轰炸中牺牲，但是，这是仅有的一个阻止敌人在我们建立前沿阵地时以压倒性优势前来增援的办法，因为我们的步兵数少于德军。

戴高乐将军怒不可遏。他说，他要用自己的密码向阿尔及尔方面发电报，他应该有绝对的自由权利。一个伟大帝国普遍承认的首脑就在这里，他自由通讯的权利不能被解除。我说，他必须先立下保证，除了那些真正在我们这次会议上出现的人，他的任何同僚都不被告知一丁点关于发动进攻的军事消息。戴高乐要求有和阿尔及尔那边在意大利战役方面保持联系的足够自由。我指出，我们说的只是"霸王战役"而已。我接着把我们的计划解释给他听。他感谢我给他做出解释，然后我问：如果他确定庞大的舰队已经启航，愿不愿意在第一时间向法国人民发出一份书面公告？我希望他采取与荷兰的威廉明娜女王、挪威的哈康国王一样的行动，他们已经同意以上做法了，甚至在其他敌人猜测我们会进攻的国家，他们的最高领导人也同意了。戴高乐答应了。

这时候，艾登先生加入谈论，他说，我们的脑子里全是目前重要的大型战斗，然而，一些政治问题要在发起战役之后进行研究，这样可能也会见成效。我说，长期以来，我一直和罗斯福总统有信件往来，先前他对戴高乐将军访问美国表示热切期待，如今反而好像不急于此了。引起他如此表现的可能是吉罗将军的境遇。吉罗将军现在已被撤职，而之前罗斯福总统还就法国军队的装备问题和他探讨。戴高乐对此的回应是，他认为华盛顿之行可以取消了，留在英国就是最合适的。我和艾登都力劝他尽早去拜访罗斯福先生，我指出，有一种情况可能会维持很长一段时间，那就是"法国被解放以后"，组成它的不过是那些参加战斗的少数人士而已。他非常乐意前去，戴高乐是这样说的，也这样通知了罗斯福总统。然而，他在意的是一个早在去年 9 月就应该安排好的问题，那就是解放后的法国到底由谁来统治。

他这么问，我干脆直接说明了我的看法。几十万人在解放法国的战争中，可能有丢掉性命的危险，但是美国和英国对此没有意见。戴高乐去不去华盛顿的问题，是属于个人的，但是，我们可以近乎肯定地告诉他，如果法兰西民族解放委员会与美国走向对立，我们一定会支持美国。如果戴高乐将军想通过我们，使罗斯福总统把全部解放后的法国领土管理权交给他，我们会说“办不到”；如果他希望我们给罗斯福总统提的要求是，承认与他来往的主要组织机构是法兰西民族解放委员会，我们会说“可以”。戴高乐回复说，英国会在法国与美国出现矛盾时支持美国，对此他非常清楚。就这样，此次会面就结束了，结尾这句话不怎么友好。

过了一会我把他带往艾森豪威尔的司令部，后者在森林中热情接待了他。在向他表示友好时，艾克和比德尔·史密斯两人各不相让。过后不久，艾克带他进入他们的地图帐篷，在二十分钟之内，向他说明了未来会发生的所有事。然后，我们一起返回我的火车。戴高乐回伦敦的速度最快、最便捷的一条路，就是在与我们共用晚餐后，一起登上火车。我当然希望他这样选择，然而他自傲地说道，他更愿意和他的法国官员们共同坐汽车回去，看起来他好像很有尊严的样子。

* * *

时间一点点过去了。终于，艾森豪威尔的作战司令部在 6 月 4 日晚间九点一刻举行了一次会议，这次会议是有决定意义的。竟然在 6 月出现如此差的天气，倒不如更像是在 12 月，但是，天气会在 6 日早晨改善的。气象专家在某种程度上是如此断言的。他们预测，在这之后会新来一场为期很短的狂风骤雨。现在，艾森豪威尔将军面临着两个事关成败的重大选项：即刻冒险行动和最少两周延期进攻。在参考司令官们的意见之后，他会在第二天一早下最终决断，但是现在他已经果断选择坚持作战。他这个选择的正确性以后得到了事实的证明。6 月 6 日发动进攻——这个事关成败的决定终于在 6 月 5 日清晨四点做出了。

回想起来，这是一个真正让人佩服的决定。其正确性在形势发展过程中得到了充分证明，而且，也正是有赖于它，我们才得到宝贵的时机，出乎敌人意料取得胜利。当时，德国最高统帅部从负责气象预报的军官那里得到的报告是：我们6月5日或6日发起进攻的可能性为零，因为可能会连续几天出现疾风骤雨的天气。这一点我们今天才知道。很明显，多亏了盟国空军所做的工作，还有诈敌计划取得显著效果，使万分警觉并决心誓死一战的敌人，在我们做出高频次的错综复杂的调动时，没有察觉。

* * *

6月5日，在怀特岛南面的集合地点，运输先锋进攻部队的船队集结至此就用了一整天。在前面浩瀚的海域，扫雷艇为其开路；在四个方向上，雄厚的盟国海军和空军为其打掩护。于是，我们的一支史上空前庞大的舰队驶离海岸，浩浩荡荡地、连绵不绝地开往法国海岸。对于立即会参加战斗的部队来说，尤其对于在相对狭窄的舰艇上饱受煎熬的部队来说，艰难的航海经历，将是一次严峻的考验。这次行动的规模太大了，又有这诸多困难阻挠，但是，它极其精准地进行着，就像一次阅兵式。微小的损失还是出现了，不过它们实际大多是一些小型拖船带来的伤亡和拖延事故。

遍布我们沿海一带的，是高度戒备的防御体系。德国海面上，任何舰只的行动都在本土舰队高度警惕注目之下，同时，敌人从挪威到英吉利海峡一带的沿海地区也在空军巡逻机监控之下。对于敌人可能在遥远的我国西部海口和比斯开湾一带的反应，大量空军海防总队的飞机正在进行严密的监视，同时还有驱逐舰队支援。看吧，决战的时候到了：我方情报部门报告，在法国比斯开湾各个港口，五十多艘敌方潜艇正在集结，届时会阻击我们。

*　*　*

西方强国现在认为我们已经到了战争的顶峰，这是正确的。毋庸置疑，决定性的胜利是属于我们的，尽管前面是相当漫长又艰难的道路。我们已经把非洲的敌军消灭干净；印度方面，防止敌人犯境的准备已经安排妥当；日本正在撤回本国，它已无力再战，它的幻想破灭了；威胁澳大利亚和新西兰的一切因素，都不复存在了；意大利和我们在同一条战线上；德国侵略者在兵力和装备方面都受到了俄国军队的致命打击，现在已经被赶出境内，三年前，希特勒以那样飞快的速度从苏联手中强取豪夺，现在都已荡然无存；敌人在克里米亚半岛再也不见踪影；波兰边界已经迎来了苏联军队；我们就要在罗马尼亚和保加利亚的东方征服它们，它们正在绞尽脑汁躲避报复；为了照应我们登陆欧洲大陆，俄军计划发动新的进攻；罗马已被攻克，这个鼓舞人心的消息传来时，我正坐在首相官邸附属建筑地图室的椅子上；伟大的事业——横渡英吉利海峡，解放法国，已经展开了；一切舰船都已奔赴海上，制海权和制空权都已经在我们手中。垮台将是希特勒暴政的必然命运。

人类已经久经磨难，为了人类平安而幸福的未来，让我们用饱含感激的心，预祝各个战场都能获胜，预祝海陆空三方面的军队都能获胜。不妨就先将此书写到这里。

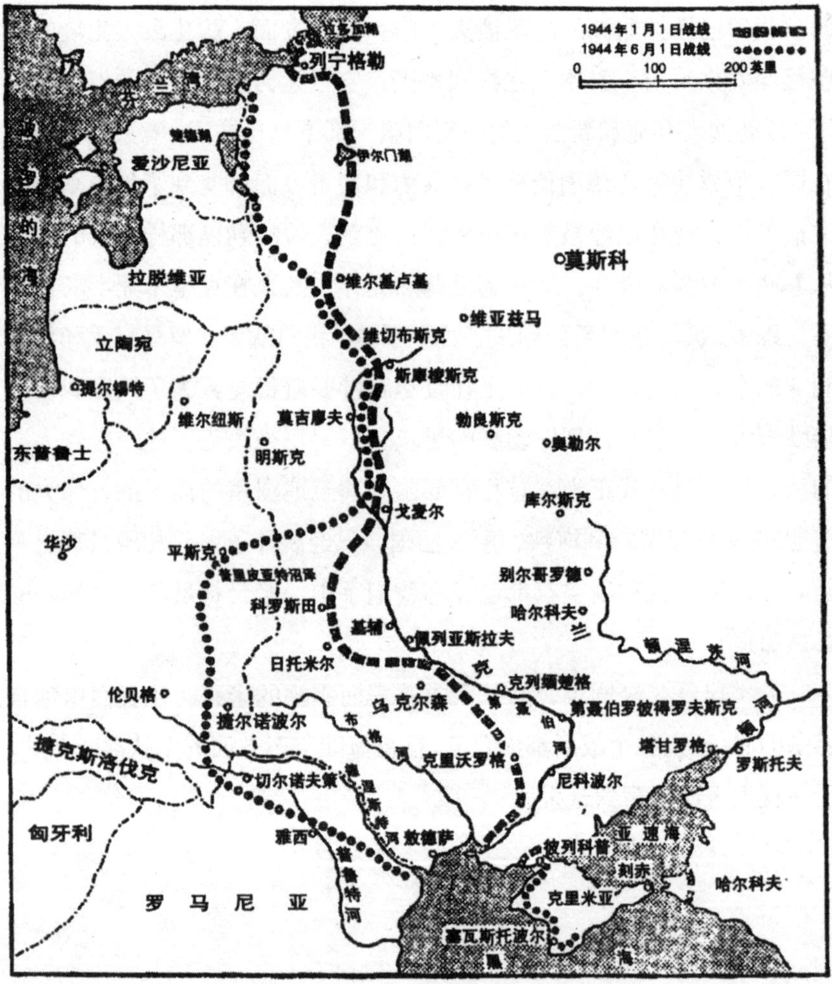

俄国战场形势：1944年1—6月

附录

一

略语表

简称	全称	译文
A.A.guns	Anti-aircraftguns, or ack-ack guns	高射炮
A.D.G.B.	Air Defence of Great Britain	英国防空委员会
A.F.V.s	Armoured Fighting Vehicles	装甲战车
A.T.rifles	Anti-tank rifles	反坦克步枪
A.T.S.	(Women's) Auxiliary Territorial Service	(女子) 地方支援服务队
C.A.S.	Chief of the Air Staff	空军参谋长
C.I.G.S.	Chief of the Imperial General Staff	帝国总参谋长
C.-in-C.	Commander-in-Chief	总司令
C.O.S.	Chief of Staff	参谋长
F.O.	Foreign Office	外交部
G.H.Q.	General Headquarters	总部
G.O.C.	General Officer Commanding	总指挥官

H.M.G.	His Majesty's Government	国王陛下政府
M.A.P.	Ministry of Aircraft Production	飞机生产部
M.E.W.	Ministry of Economic Warfare	经济作战部
M.O.I.	Ministry of Information	信息部
M.ofL.	Ministry of Labour	劳动部
M.ofS.	Ministry of Supply	军需处
P.M.	Prime Minister	首相
V.C.A.S.	Vice-Chief of the Air Staff	空军副参谋长
V.C.I.G.S.	Vice-Chief of the Imperial General Staff	帝国副总参谋长
V.C.N.S.	Vice-Chief of the Naval Staff	海军副参谋长
W.A.A.F.	Women's Auxiliary Air Force	女子空军辅助队
W.R.N.S.	Women's Royal Naval Service ("Wrens")	皇家海军妇女服务队

二

密码代号表

密码	汉译(包括音译)	暗指的人或事物
Accolade	荣称授予式	爱琴海作战计划
Admiral Q	Q 海军上将	罗斯福总统
Anakim	安纳吉姆	反攻缅甸作战计划
Anvil	铁砧	盟军 1944 年登陆法国南部的作战计划
Avalanche	雪崩	两栖进攻夺取那不勒斯的作战计划
Baytown	贝城	跨过墨西拿海峡进攻的作战计划
Bombardon	喇叭	人工港中的钢制外层防波堤
Buccaneer	海盗	突袭安达曼群岛的作战计划
Cairo Three	开罗三	1943 年德黑兰会议
Caliph	哈里发	配合“霸王”的进攻法国南部和中部的作战计划
Colonel Warden	沃登上校	丘吉尔首相
Culverin	长炮	进攻苏门答腊北部的作战计划
Eureka	尤里卡	1943 年德黑兰会议
Gee	前进	为轰炸机探测并指明目标的仪器
Gooseberry	醋栗	一种用于人工港中的防波堤
Habbakkuk	哈巴库克	冰制水上飞机场
Hercules	赫尔克里士	攻取罗得岛的作战计划
Husky	哈士奇	攻取西西里的作战计划

Jupiter	朱庇特	在挪威北部的作战计划
Lilo	利洛	一种用于人工港中的防波堤
Mulberry	桑葚	人工港
Oboe	欧波	盲目轰炸
Overlord	霸王	1944 年解放法国的作战计划
Penitent	悔过	突袭达尔马提亚海岸的作战计划
Phoenix	凤凰	用于人工港中的混凝土潜水箱
Pigstick	打野猪	在缅甸沿梅宇半岛以南的阿拉干海岸登陆日军后方阵地的作战计划
Plough Force	耕种部队	特种联合作战部队
Pluto	冥王	通过英吉利海峡的海底石油管
Pointblank	直指其害	联合参谋长委员会发出的修改卡萨布兰卡会议决议的指令
Quadrant	四分仪	1943 年魁北克会议
Round-up	围剿	1943 年解放法国计划
Saturn	土星	1943 年在土耳其调集一支盟国军队
Sextant	六分仪	1943 年开罗会议
Shingle	海滩沙石	在罗马南部安齐奥的两栖作战计划
Sledgehammer	锤击	1942 年进攻布雷斯特或瑟堡的作战计划
Strangle	绞刑	空袭意大利北部的铁路运输线
Tentacle	触角	主要由混凝土制成的水上飞机场
Torch	火炬	1942 年盟军进攻法属北非的作战计划
Trident	三叉戟	1943 年华盛顿会议
Tube Alloys	合金管	研发原子弹
Whale	鲸鱼	用于人工港中的可移码头
Window	窗户	投放锡箔片以干扰德国雷达
Zip	吉布	总司令传令发起战斗的信号

三

1943年6月—1944年5月
首相以个人名义发出的备忘录和电报

1943年6月

首相致军事运输大臣和第一海务大臣 1943年6月6日

如能向我提交一份报告，我将感激不尽，经过地中海运输船队的船只、货运种类繁多,请将它们的清单列在报告中,还要列出为英国红十字会运到俄国的货物。

请将日后的计划一并告知。

首相致空军大臣和国内安全大臣 1943年6月8日

为防止德国正如我们近期偷袭他们的莫内水坝一样偷袭我们的水库，现在正在采取什么行动？请报告我知。

首相致彻韦尔勋爵 1943年6月10日

关于战后民航的最初意见

1. 我思考战后民航问题所依据的原则是“公平中正”。世界性的航空港对所有支付了合适的保养费和服务费的国家都是开放的，都可以与之有正常航运往来，但是，有罪的国家不算在内。然而，不管是哪一个国家，都不具备在别国境内运营国有或私有航空公司的权利。航空港在可能的条件下，不应收到任何政府提供的资助。根据国家已经认可的相关规定，（航空港）如果没有在航运操作中获得利润，可以提供必要的补助，可依据航空邮政合同来确定这些款额的一部分。在听从以上原则的前提下，任何国有或私有公司都可以经营世界性业务。

2. 一个承担维护和平责任的世界性组织应在战后成立，这一点已经提议过了。这个组织可能必须控制民航带来的空中实力。如果有世界委员会小组委员会或各洲委员会小组委员会这样的组织，那么争执问题应由它来调解，准军事实力的提升以及相关问题，也应该由它来监督或操控。为使民航的服务达到安全、舒适和快捷的最完美标准，它们保证一切有利条件，不过前提是，各个国家都按这个原则办事。

3. 从现在阶段来看，通过与各个自治领商榷，我们制定英国政策时不会因为它们之间难以达成协议而受到阻碍。最重要也最亟待办理的是，明确知道美国的意见和意愿是怎样的。所有事情都会轻松不少，只要与美国达成协议。

首相致莫顿少校 **1943年6月11日**

受某些团体之请，在全国范围内，从敌人那边俘虏的一些高级将领会被带去参观我们各地的一些教育中心，我只是收到消息，请告知真切实事。比方说，有人觉得伊顿学院就可以迎接意大利的杰西将军的访问。这些想法是荒谬的，我不赞成。这些将领中的任何一个都不能在没有通知我的情况下带出拘留所。

首相致爱德华·布里奇斯爵士 **1943年6月13日**

1. 要谨慎再谨慎地与那些驻英中立国的外交代表进行交谈，千万要少说话，关于这一点，请代替我初步发出一项通知，使所有大臣、高级官员、议会私人秘书等人都深入地知道。虽说这些代表们通常是很友善，而且是发自内心希望我们在战争中获胜，但是，为了使他们的政府对他们高看一眼，他们会把听到的一点蛛丝马迹当即报告给政府，而他们的政府为了得到其他新闻，会拿这些消息与敌人交换。与他们面对面商讨战争问题的，只能是那些拥有发布消息——不管是一般消息还是专门消息——的责任和权力的人。

2. 就算是见诸报端的一般战争问题或新闻，这些外国人也能通过接触内部知情人员，而加以证实，所以，不能和他们就这些消息进行讨论。应该尽量不与这些外交人员共进官方场合外的午餐和晚餐。我赋予你指示他们的权力，如果有个别情况，他们应请示你的意见。应该缩减与外国人的私人亲密接触，直至最小范围。

首相致海军大臣 1943年6月13日

在地中海，我们的轻型海军船艇会因为摩托鱼雷艇引擎的稳定性提高而做出更多贡献，这是坎宁安海军上将告诉我的意见。再者，这个问题只关系到这些船艇的保养这一方面，还是设计方面存在根本缺陷？希望你拟定一份报告，将以上两个问题一并告知。

首相致外交大臣和新闻大臣 1943年6月13日

德军对在突尼斯的士气问题作了报告，我也已经阅读。德国士兵的战斗水平被这篇报告抬高到了极点。人们心中的德军可怕的形象没有因报告中"野蛮"一类的词汇而减少一丁点。虽然"笨拙惊人"这样形容他们的词汇在报告中也有提及，肯定不是在使用武器或掌握战机方面说的。

首相致伊斯梅将军和爱德华·布里奇斯爵士 1943年6月15日

请将下面的术语用在所有英国官方文件中。

用"aircraft"替换"aeroplane"；用"airfield"或"airport"替换"aerodrome"。"aidrome"一词，我们不应该应用到。

会有帮助的是，规范化使用语言，并严格服从规范。

首相致飞机生产大臣（斯塔福德·克里普斯爵士） 1943年6月15日

我很高兴听说你在认真贯彻你的计划。对浮夸的危害，你的观点是极为正确的。如果无法履行承诺，不要说影响到你们的工厂，单单对空军部队而言，也会在训练、建筑几个方面过度浪费人力和物资。

对于你们的劳力情况，我不太明了。是你们做计划时漏算了所需劳力？还是你们惊人地提升了（劳动）效率，才得以完成计划？有此一问，是因为我发现和原来分配给你们的劳力相比，目前你们得到了更少的劳力。所有这些问题务必要慎重思考，因为劳力只会增加，不会减少。不过截止到目前，可以看出，与其他任何部门相比，你们确实是获得了少量劳力。

你说飞机名单的地位是特殊的，要优先考虑，我表示赞同。你的想法很正确，对制造这一类型飞机而言，任何提前完成计划的方法，都有其特殊价值。

使我感到愉悦的是，我知道你正努力加快那些新型战斗机的生产。我很关心喷气推进飞机，那天你给我展示了它的模型。请不时向我报告进展如何，还要告诉我什么时候才能使用这些飞机。

首相致军事情报局局长 **1943年6月15日**

最精确的估计，你觉得西西里目前有多少兵力？第一，我们已经知道德军方面具体有多少兵力正在改编到那个不到七千人的师。如果空军地勤人员也算在内，还有多少小部队分散在那里？已经到达，或者正在开赴那里的援军又有多少？

第二，请对西西里的意大利军队进行分析，并将报告提交给我。已经有传言说，八十四个营驻防在海岸上，而另一个（传言）大概是七八个师的数量。它们到底是怎样部署的，竟然可以轻而易举降服班泰雷利亚岛上的一万五千人和兰佩杜塞岛上的四五千人？可以想到这些意大利人是什么性情。

首相致空军参谋长 **1943年6月16日**

必须说，埃及等地的空军规模非常壮观。希望告知，如何在未来几个月中使它们做出贡献。目前来看，好像它们什么都没有在做。增援土耳其的计划执行到哪一步了？有多少比重的埃及等地的空军被派到西西里支援战斗了？任何一部分空军都不能无所事事！

首相致伊斯梅将军 **1943年6月17日**

关于负伤袖章，我坚持认为应该按照上次大战那样来发授。请使这一问题引起三军方面的注意。当然了，主要部门还是陆军部。我打算星期一的时候请教国王。过去肯定讨论过这件事。请把相关文档交给我。美军士兵正在分领“紫心章”，而且我们的士兵没有发到，这使美军内心焦虑，所以，千万不要再搁置这个问题了。

第二是问题，想必士兵十分待见，那就是在海外服役期间，每年都会分发的臂章。

首相致伊斯梅将军，转参谋长委员会 1943年6月17日

1. 昨晚，我提出了专门为西西里战争中的诱敌计划制定一份报告的要求，因为我对它投入了莫大的关注。好像西西里成了所有报纸的焦点话题。而且，好像我们已经公布我们的目标一样，尽人皆知，因为这时候的大量机关刊物上也登载了相关的地图和漫画。我相信，美国那边必然也是这样。

2. 增加目标，使其难辨真假，这才是安全的办法。看来，又叫今晨的某些报纸说中了，他们说，我们的兵力足可以同时进攻若干目标。必须着重说明这一点。今天下午，布雷肯先生会开记者会。不过，希腊的形势也该同时有所突破了吧?

首相致伊斯梅将军，转参谋长委员会 1943年6月18日

如要呼应缅甸或其他方面的战斗，我们完全可以把一部分斐济岛的突袭部队调拨出来。

首相致空军参谋长 1943年6月19日

我非常明白，需要缓解塔科拉迪航线，而打通经过卡萨布兰卡的新航线和地中海，就可以实现这一点。请你提出对一个问题的看法，那就是裁减塔科拉迪航线上的人员，事实上这个时候也应该着手这个问题了。

首相致印度事务大臣 1943年6月20日

对副首相补充印度军队军饷的意见，我彻底赞成。用一句话说，我的想法是精简四分之一的人员，节省出来的军饷补充给其他人。

首相致枢密院议长 1943年6月20日

请告诉我你对以下办法的意见：尽量充分配合必要的战争，下令，工程大臣和建筑大臣要像建设飞机场或战时工厂一样，为农业工人建造三千座住房，要优先完成这一工程，可以强权征用土地。我对这件事的整体看法是：不是一举完成，就是撒手不管。因为，如果我们令全国各地方当局推行此举，会白白浪费巨大精力，因为他们没有必需的强制权力，为了这少量的住房，在所难免要和战时的各个事业部门互换公文。我感觉到，因为这一件小事，似乎使大家受了惊扰，也损害了我们的声誉。

首相致雅各布旅长 1943年6月22日

关于黎波里海岸的防卫情况，请把其实际现有设施以表格形式说明，并与战前估计的数量作比较。因为频繁接触，随着战争一步步向前演进，我们会越来越明了黎波里的防卫装备情况。那我为什么还要查问呢？因为我们现在正打算进攻的地方是全新的，我们之前没有接触过，而战前进行夸张预算可能带来负面影响。

首相致帝国总参谋长 1943年6月25日

大家对每个步兵营增添步枪的数目，是什么看法？我的想法是增添七十二支，而不是原已答应的三十六支。

首相致陆军大臣 1943年6月26日

我十分高兴地听说，有可能在7月末供应出一大批0.300英寸口径的子弹。考虑到这个情况和目前的储备，为了把今年夏季几个月的剩余利用起来，我们额外再给国民自卫军配备一些弹药，使他们马上开始训练。

首相致参谋长委员会 1943年6月30日

百分之九十五的陆军车辆和皇家空军车辆都被装箱，在5月份运送到北非以外战场。这一点已经看到，而且它极有利于作战行动，这是十分令人满意的。

我相信，你们也会把其他战场方面的标准提升到这样的高度。真正的节省就是每月投入生产装配厂都是适宜的[①]。

首相致生产大臣和贸易大臣 1943年6月30日

皮革的供应还是令我非常不安。你所满意的应该就是，为提供商店新的配给后，不会再出现抢购现象。修理皮鞋的情况该怎么缓和呢?

我发现，二百五十万陆军人员的皮鞋存储量多于一千四百万平民。既然民用方面比较严重，为使它不再那么紧张，可以把皮鞋或皮革从军用方面调过来。

或者你的处理方法会有更长远的意义，请告知。以十二个月为例，对于未来的世界供求情况，是不是可以和美国共同研究研究?

首相致帝国总参谋长 1943年6月30日

今年冬季，英军在北非的装备会开始运回来，而我了解到，要用七十五艘货轮才能把它们装起来。这基本就是说，他们的大半车辆都会运回来。

其实我们可以避免来回转动了，因为我们还要把大批车辆送到北非。那么我们可以这样：在非洲留下这些回返师团的大半车辆，他们只需来英国获取新车辆即可。难道不是这样吗？

7月

首相致伊斯梅将军，转参谋长委员会 1943年7月2日

1. 看起来好像弥漫在北非各司令部的情绪比以前更加消极悲观了。庆幸的是人事方面的情况没有它复杂。在精神方面，可能出现各种情况，请计划参谋处对此进行研究。

2. 亚历山大和蒙哥马利指挥下的战争务必要放在首位进行。唯有如此，我们才能取得西西里战役的胜利，不然的话，就根本不用谈下一步的问题。至于下一步的动作，无论战争顺利进行还是遭遇惨败，都将会一目了然。

---

① 详见第四卷第779,784,796页。——原注

3. 我们要全面利用雄厚的军队，而不能受到美国人的阻挠。看起来，他们的参谋人员倾向于撒丁岛的计划，而设法抛弃这个计划。我们不能让他们表现出任何懦弱，必须使他们坚强起来。我坚信，不使他们的心态表现出躲闪和怯弱的办法就是三军参谋长再进行一次联合参谋长委员会。

4. 一句话，西西里的情况一旦弄清，我们要保证有充足的权利来自行判断形势并发起进攻。

5. 关于这个问题，我期待着今天下午三点和你商讨。一定要强有力地引导目前人们的态度，他们现在这样我表示失望。

首相致彻韦尔勋爵　　　　1943 年 7 月 3 日

人力问题

在这个问题上提出要求的主要陆军、海军、空军、飞机生产部等七八个部门，请据此分成相应栏目。在 1 月份提交的总结中，它们要求的人力是多少？原有多少？它们已经得到的是多少，还要多少，目前总数是多少？

要提出建议以展开进一步工作，只能从这个表格出发。

今晚就把表格提交上来。

首相致枢密院议长和爱德华・布里奇斯爵士　　　　1943 年 7 月 3 日

现在为农业工人建住宅的事进行到什么程度了？建造主要由谁来负责，什么时候开始动工？是不是这样的情况：我听工程与建筑大臣谈到过，他说他现在全权负责此事？

首相致枢密院议长　　　　1943 年 7 月 5 日

我在政府保险统计师制作的统计表中看到了短期患病人数增加的数目，就在 12 月做了一份备忘录，这些可能你还没有忘记。

令我忧心的是，这种增长势头在去年冬天不见衰象。从这个统计表可以看出，这些新增的缺勤人数是我们整个动力的很大一部分，这还排除了正常请病假的人数；如果大部分新增的缺勤人数并不是因为生病了，而是出于讨厌战争，那么变样的影响也会出现在战争中。

首相致陆军大臣 1943年7月5日

我非常高兴知道你们的生胶的需求量低于1942年的，在使用主要原料方面，陆军也能良好地节制。你们的成果是值得称道的，因为陆军在今年会用到更多车辆。

首相致空军大臣和空军参谋长 1943年7月5日

我认为现在这个时候，工厂上夜班时，可以再次拟定管制灯火的计划了，因为相对而言，敌机轰炸力量确实有所减少。

必须保证夜班工人千万不能因灯火管制而生产受限，因为我们需要节省各方面的劳力，好使生产飞机的计划尽快完成。

对于这种影响生产的行为，我希望空军部做出保证，不会再执着其中。

首相致经济作战大臣 1943年7月5日

对于法国的局势，我有着和你不一样的意见。过去的观点本就比较偏狭窄，你就不要再根据它们做总结了。法国解放委员会当然可以交接我们在经济资助法国抵抗运动的职责，不过前提是英美政府信得过它的举动。我们未来不会和戴高乐将军交往，而是该委员会。全力培养委员会的集体而非个人力量，同时尽量使文职人员的影响扩大，这就是我们现在从事着的。

首相致爱德华·布里奇斯爵士 1943年7月11日

1. 我的兴趣全都被基本英语问题吸引。对我们而言，全面推广基本英语，具有比夺取几个大省更持久、更深远的利益。与美国建立更亲密的关系是我的愿望，而推行基本英语，使它成为英语国家更加强大的工具，两者是相符的。

2. 为了成立一个大臣们组成的委员会，以便研究这个问题，我计划明天把它提交给战时内阁。我还计划提议指导工作的展开，当然前提是有很好的反响。貌似这个委员会恰当的（组成）可以包括新闻大臣、殖民地事务大臣、教育大臣或代表外交部的劳先生。

3. 我计划使一部分英国广播电台的宣传工作改成每天教基本英语。同时，这个思想沟通的方式要得到大力全面地推广。

4. 你怎么看待这个这个委员会？请予我知。明天的会议上也要对这个问题进行商议。

首相致外交大臣 **1943年7月11日**

1. 我们应再次仿照古老的原则来处理彼得国王结婚的问题。最合适的是，在出征前一天晚上，青年国王迎娶一位门当户对的公主，因为整个欧洲的传统是崇武的，人们更愿意接受“战争婚礼”。这样他才有可能使他的王朝一直存在下去，而且对于地位最低下的人也有权展现最初本能，他在任何情况下都可以完成。

2. 还有一种说法，它说按照塞尔维亚人的原则，任何一个人都不能战时成婚，这和以上原则相反，我相信这是不崇武的种族传统。乍一看，男女私通的情况可以从这种说法中得到饶恕。还有就是，为了得到流亡政府中徒有虚名的官位，那群被赶出南斯拉夫的大臣想到倾轧。这些大臣有的赞成结婚，有的不同意。叫我说，我们应该看重的是国王和公主两人的意见，而他们是全力支持的。

3. 外交部在发表意见时，不应再考虑十八世纪的政治，应该有什么就说什么。国王的王位已经朝不保夕了，如果他承担得起，可以把所有剩下的动力交付给他。我们就应该这样告诉国王，而且要说，对于他们的婚礼，我们以为必须举行。

4. 我计划在下院争取上面的原则，或者在大不列颠或任何一个美国的民主讲坛上，都可以如此办事，这是我要补充的话；同时，我认为，应该给战时内阁表达自己意愿的机会。我们就不要再坠入二十世纪的下流淫乱的生活中了，重拾路易十四时代的文明生活倒是可以。自由和民主不正是我们战斗的目标吗？哪里便捷，国王就可以到哪里登记去。为什么不能这样呢？如果你希望面见国王，我就会这样劝他。

首相致空军大臣和空军参谋长 1943年7月12日

划给澳大利亚的飞机

1. 对英国自治领和英帝国的未来而言，所有在澳大利亚和太平洋战争付出的贡献，其重大意义是非同一般的，我们应该加以维护。我们的皇家空军已经派遣过去，其中一个中队的战斗团体在这方面发挥的作用已经远远超过了它的规模。在帝国训练计划中，澳大利亚派到我们这里、包括他们最卓越的航空人员在内的八千一百名飞行员，发挥了重大作用。在空军方面来看，他们确实通过以上事实卖给了我们一个很大的人情。

2. 这个问题不但关系到“喷火”式飞机或其他战斗机，还关系到皇家空军精神能否在英国空军中队充分得到体现。所以，我打算说服美国人让我们使用原计划派到澳大利亚的战斗机，而澳大利亚方面，我会在今年派去三个“喷火”式战斗机中队。我认为我具备全面地向罗斯福总统说明这些问题的能力。不过你要注意到，我会派由清一色英国人组成的空军战斗团体到澳大利亚，让他们驾驶英国飞机，而不是交给当地飞行员。我认为，完全可以从你们的战斗机驾驶员中抽四五十个人出来，因为我从你们上次的报表中发现，与适合参与战斗的战斗机相比，你们实际的驾驶员力量要多出九百四十五人来。辽阔的澳洲大陆上的六百万居民都是同种族、同语言的，而我们的义务就是维持我们国家和澳大利亚的友谊。

3. 有你什么意见和建议？望你告知。

(即日办理)

首相致伊斯梅将军，转参谋长委员会 1943年7月13日

1. 现在这个时候，可以把波斯的波兰军队调去地中海战场了。这是具有再恰当不过的政治意义的。因为这些人想的事情往往就像一场场悲剧，如果他们乐意参战，就可以在战斗中减少一些这方面的思考。以使他们在意大利战场发挥作用为目的，整个军团都应该从波斯调到塞得港和亚历山大港。

2. 对战意大利，我们还有五个月的时间集结一切力量。请出具这样一份名单，

名单中要列出没有西西里作战任务的、能参加实际战斗的、隶属英国的、可调用的盟国军队。

首相致第一海务大臣 1943年7月13日

1. 我极为惊异地得知了“约克公爵夫人”运输船队全面失败的消息。大概是在十天前，地中海总司令曾提醒我们，这条航线太接近西班牙海岸了，存在着空袭危险。而且我记得他还使用了“忍无可忍”这个词。请把这份警报交给我。本来战斗伤亡数字已经充斥了我们的月报表，而这些大型舰艇的损失使它的内容更加不忍直视。以后会采取什么措施来防止再遭遇这样的突袭呢？请告诉我。当然了，还是必须要远远驶离舰队，使其不在“福克沃尔夫”式轰炸机航程范围内。

2. “费里港”号在圣文森特角以西被创的消息我已经看到了。什么方向来的飞机？这艘船离开港口多远距离了？直布罗陀的空军为什么不在它可能被敌机追及的情况下对它加以护卫呢？

首相致爱德华·布里奇斯爵士 1943年7月14日

需要对整个组织进行一次全面的、轰轰烈烈的整顿，因为最近有不少公共关系官员方面的负面报道。至于怎么展开，可以说说你的想法。依我看，为了解决这个问题，好像有必要成立一个小型的内阁小组委员会。

(即日办理)

首相致陆军大臣和帝国总参谋长 1943年7月16日

1. 让我非常不安的是，现在的战俘由我们的最高素质的、富有经验的、长年参与训练的第一装甲师看守。我是从帝国总参谋长那里知道的。如果说这种事情只出现在一个月内，或者是其他的紧急措施，还说得过去。但是，现在务必马上停止这种情况。履行去北非看守战俘的任务，应该从我们本国或尼罗河三角洲调至少一万人的步枪部队过去，但是它们不能属于师的编制。这个任务就交给莱瑟斯勋爵，而且他应优先把这种部队运送出国。

2. 务必要尽快重新组织好第一装甲师，还有它的车辆，并充实它们的实力。为使它恢复作战效率，及时对它们进行必要的训练。请提交给我你们初步制定的计划和时间表。艾森豪威尔将军遭到了帝国总参谋长的抗议。这我已经知道了。还希望你告诉我事情全过程以及最终的答复意见。

3. 出现同类情况的部队还有哪些？西北非各师、中东各师、独立旅，它们的情况怎么样？请为我开列一份关于各个部队现状及其肩负任务的清单。南非师那边呢？第二百零一警卫旅是什么局面？第七装甲师到哪里了？第四印度师呢？根据原来的计划，现在有没有整编新西兰师？使波兰师往叙利亚方向转移的工作进行到哪一步了？这些师还完不完整？把它们的装备情况告诉我。

首相致空军参谋长 **1943年7月16日**

战斗机司令部（为完成任务）竟然使用了一千七百三十二架作战飞机，或者共计一千九百六十六架的初步组编飞机，而且还配备了两千九百四十六名战斗人员。我始终不能想通其原因。

再来看看轰炸机司令部的数字吧：初步组编的飞机只有一千零七十二架，但它承担了远远超过战斗机司令部的任务，而配备的飞行员是一千三百五十三名；只有一千零九十五名战斗人员配备给了一千零三十九架作战飞机。它的情况是多么不同啊！

在承担的损失方面，富余如此之众飞行员的战斗机司令部，无法匹敌轰炸机司令部。我还不知道这种冗余的情况在地勤人员方面是什么样子呢。

首相致枢密院议长 **1943年7月17日**

在建造农业工人住房问题上，我向温特顿勋爵允诺过，会给他去一封信。然而我如今的想法是，你若能亲赴温特顿勋爵那里，就此事谈论一下，就太好了，因为只用一封信难以使他明晓，最好尽可能当面详述[①]。

---

① 详见7月3日给枢密院议长的备忘录。——原注

(即日办理)

首相致帝国总参谋长 1943年7月19日

1. 经过周六的观察，我有点担心多佛驻军的防守力量。一个营去圣玛格丽特防守了，只剩一个营驻在多佛。几个小时的时间内，一个旅可以支援这两营。当然，还有不少军队在它后面更远一带驻扎着。

2. 德国自然不大可能侵入此处，但是，就像我们的突击队可以跨越海峡一样，如何应对三四千名纳粹冲锋队员在某个夜间可能的袭击，我已如此问过斯韦恩将军。他那时回答说，虽然他们登陆过来是没有问题的，但我们紧接着就会把他们驱逐出去，这并没有使我安心。警报信号也可以快速传到他那里，这一点他也重点说明，但是，不能说这些是完美的。最早是在敌人行动之前的半个小时，我们接到雷达信号——敌人与多佛近在咫尺。真有德国人占领部分多佛的不测，他们得到的好处是无法估量的，就算仅仅三四小时也是一样，虽然我相信他们未必会斗胆行动。这给大众舆论方面带来的负面作用，是“沙恩霍斯特”号和“歌奈森诺”号事件的十倍。

3. 我认为，我们使过量军队死守多佛，是另一种过激行为，这会使我们的地位非常难堪，很容易招致耻辱，所以我是极力反对的，即便它是沿岸要塞。我认为，最起码要为多佛沿海防御工事或要塞多派驻一个旅，以备第一时间应对德军登陆。如再不派驻部队，致使那些贵重的大炮被敌人炸毁几门，我们这一群人就显得太无能了。

望重新研究这件事。

首相致陆军大臣及新闻大臣 1943年7月19日

1. 一定要记住，不能破坏或松缓军人转业方面的条例，即使是面临这方面若干难题。但是，如果使某些高级人员转任文官，比任军职更能为我们的战争做出贡献，那就要特殊处理了，这种转业于公务是有利的，有关大臣有这样的权利便宜行事。当然了，还要考虑这样的情况后，相关大臣才能行使这种权利，那就是：文官转任陆军职务大多与在一两个非战斗职位之间调动无异，只有一小部分陆军人员会参加实际战斗。

2. 不要由于一桩小事，使事态发展到部门与部门冲突的地步，也不要必须让我到场才能解决，有关大臣们要通过个人努力，解决此类问题，这是他们的责任。

首相致新闻大臣 1943年7月19日

1. 我认为，在我们国家的宣传品中，《分化与征服》、《不列颠战役》两部美国陆军电影，是我见过的最好的，昨天我再次观看了它们。而且，只有少数人知道1940年发生的一些事，它们已渐渐淡出人们脑海，这两部电影却告诉了人们。我想这两部电影可能的话应经常放映。不知道在放映这些影片上，我们的影院有什么难处。你准备拿出什么大概条件去和他们商议？如果有拒绝放映图谋垄断电影界的情况，我会在必要时使用法律手段，但是你一定要即时汇报给我。

2. 其他四部电影我也要看，而且其中两部的名字是肯定提到过的，可是迟迟看不到，这是为什么？是不是影片公司从中掣肘？是什么阻止了后两部电影的发行，它们现在是什么情况？请向我汇报。

3. 如能在一篇简短演讲中，叙述这几部影片的同时，还能表明对美国人态度的赞赏，那我会非常乐意的，这你应该知道。但是我希望你提前看过其他两部电影。请从速办理此事，我颇有兴趣。

首相致空军参谋长 1943年7月21日

石油大臣的这项提案，我有心通过。我非常关注雾天专用飞机场的充足建设，这你是知道的。希望全面完成此事。

首相致海军大臣 1943年7月23日

海军航空兵部队的官兵共四万五千人，其中军官四千多。只有三十人在4月30日以前的三个月中牺牲、失踪或被俘。他们损失不大，我当然也为之庆幸，但是，深入思考这一事实，是非常有意义的。他们肯定极少频次与敌人对抗，从这一事实中就可以得到明证。进一步说，整个海军航空兵部队的规模也是一个问题。可能会招人讨厌，但是我们还是必须详询海军航空兵部队：他们向我们要求的人员和飞机如此之多，在对敌战斗中，他们都发挥了哪些实际作用？不能全部归咎于航空兵部队官兵，可能上述那一时期是例外，况且他们本就没有得到更多作战机会。但是，在实际与敌人接触方面，一直让如此众多的优秀人员没有成绩就不行了，要知道，他们的战斗力是最强的。

用不了多久，我还会问及此事，所以对以上问题，请你详加考虑。

首相致伊斯梅将军，转参谋长委员会　　1943年7月24日

1. 让我们看看吧，在缅甸战场上，困难日益增多，花费巨大的力量获得的这些战利品，竟然没有多大价值。这个战场上有哪些必须克服的困难，都需要些什么，好像这些都在被司令官抬高。

2. 我们急需指派一位司令官，这从全部情况中就可以看出来。一位年轻强壮、英勇果断又干练、具备全新战斗经验的军人，才能胜任。这是我的一贯想法，而且我认为，奥利维尔·利斯将军正是如此。应令他回国商议此事，不过要等西西里的战斗打完才能从速办理。我想，人人认准温盖特这个人物，他天赋高，有勇有谋，绝非一般，那么缅甸的作战部队就由他来指挥。现在正在流传“缅甸的克莱夫”这个称号呢。他真的是一个人物，在战争中也应有合理地位，我们坚决不能因为资历而阻止他，就让他以自己的魄力和贡献在混乱的印度前线上建立声名吧，现在那里真是无所作为、松散无力。他也该早点回国，商议此事。

首相致伊斯梅将军，转参谋长委员会　　1943年7月23日

在俄国北部，有人虐待了我国人员，详情请阅读相关电报。我们的人员不是在那里进行准备工作么，不用与俄国当局多费口舌，直接把他们调回来，而且要把动静闹大，应对此类事件，只有这个办法。请为此制定一个初步计划。我们的人员一调走，北极运输船队就不复存在，这一点那里的俄国人肯定会领悟到，而且见到我们离开，他们也会马上通知莫斯科。这是让他们清醒的唯一办法。若他们执迷不悟，我们最好早早远离，因为继续下去只能导致互相冲突。我从经验中得知，与苏联人理论，是没有意义的。把新局面扔给他们，看他们怎么应对，这就是唯一应该做的。

首相致帝国总参谋长 **1943年7月25日**

非常感谢你对多佛驻军兵力做了新的审查。本来你说的重要兵力就不在我计算之中。全部这些兵力都准备好了吗？尤其皇家海军和空军。一旦收到通知，他们能不能以最快的速度行动起来？这些你都可以保证吗？敌军的偷袭时机只会是在晚上，这是自然的。

如果你认为在悬崖上攀爬有困难，充足的防守部队已经驻到所有可以登陆的地方和防御要塞，并确定海峡上不会驶来两千名乘摩托快艇的冲锋队员，进行连进攻带抢劫式的偷袭（这是我想到的情况），那我就安心了①。

首相致伊斯梅将军，转参谋长委员会 **1943年7月26日**

1. 有一件事，确实是既重要又紧急，那就是，为了把新生力量和勇气注入战斗中，应给缅甸战场指派一名军人做最高指挥官，对这条战线上整个作战问题进行新查验，他要年轻有为、久经沙场。

2. 就目前而言，阿恰布港只是整个缅甸战区一个微乎其微的小地方，只为占领它而把地中海战区宝贵的人力和物力搜刮过来；这个港口正在疲敌人修建，不久就会和直布罗陀那样的要塞无异，日军足可遣一个师的过来支援。采取上述方法是再愚蠢不过的，我想参谋长委员会已经深刻意识到这一点了。我们如要完成这个目的，就只能把我们1944年一年里可用于孟加拉湾的所有两栖部队占去，而这一目的是不值一提的，甚至我们本来还打算袭击仰光，不过现在到底是放弃了。即使可以挥师兰里岛，也要在1944年雨季以后再做决定。这种作战方法是最愚蠢的，我们国家拥有的海军和空军可是具有压倒性优势的。我肯定不会担负如此消耗精力带来的责任，尤其是它对时间的浪费。

3. 以下才是1944年正确的作战方针：

(1) 最大可能以空军支援中国；对航空线加以改进，保护飞机场。

(2) 对日军施以最大压力，温盖特将军曾在阿萨姆发起战斗，可以发动与之

---

① 详见7月19日给帝国总参谋长的备忘录。——原注

相仿的战斗，而且，任何一块其他陆地，只要会遭遇日军，全部发起战斗。

(3) 在某些地区开展两栖作战。在这些地区，没有雨季来妨碍战斗，而且我们海军的威力可以完全发挥出来，战斗形式与今天仍称为“第二安纳吉姆”作战计划中的战斗一样。这个问题应由参谋人员全神贯注、分秒必争地完成。

4. 应在魁北克会议之前明确国防委员会对此事的真实意见，所以必须现在就把这件事交付他们。

首相致贸易大臣 **1943年7月26日**

我听到一个消息，就是即使一部分民用纸牌已经调给目前的部队和产业工人使用，但是依然供不应求。对军队来说，空闲时候，长期地处偏僻等待命令并觉得寂寞时，最重要的就是给他们提供什么东西来消遣，这尤其适用于一连几个月待在军舰上的水兵；而纸牌则是最方便、最易于携带、最耐用的娱乐用品。

请把其中事况报告给我，并提出你弥补这一欠缺的计划。我们只需要消耗九牛一毛的人力物力就可以生产出十几万副纸牌。

首相致陆军大臣（已阅）及帝国总参谋长 **1943年7月26日**

1. 对于第一装甲师的情况，我不想再以个人名义致电艾森豪威尔就此谈论，因为他会觉得是你们在力劝这样。但是，我是决心使这支卓越部队的作战能力达到最高水平的，并且还要给他们配备最高精尖的装备，所以，我可以以个人名义发电报，不过你们要马上果断行动起来。我们更需要这支部队来快速攻占大片意大利地区，特别是要把我们的阵线拓宽，直到意大利北部和波河流域。

2. 所以，希望你们把我对这件事的深切关注告诉艾森豪威尔将军，还要告诉他，我盼着尽快与他成功解决这个问题。

3. 重新装备该师的方案是什么？请将它交给我。接下来要让该师展开全方面与战斗相适应的工作，请你每两个星期把进展情况报告给我。[①]

---

① 详见7月16日给陆军大臣的备忘录。——原注

首相致农业大臣 1943年7月30日

草料和谷物收获的情况怎样了？请给我一份简单的报告。

首相致普赖斯上校 1943年7月31日

依我看，现在就把结束对日战争的年份预定在1948年是不合适的。我们可以在魁北克会议上以及开往魁北克的路上再讨论这个问题。我们显然要等海军部的长期作战计划出来才能对此进行最后的议论和决定。

首相致飞机生产大臣 1943年7月31日

我担心的是，你认为，我们几乎没有希望在最近时期内制造出喷气飞机。据我了解，劳力被严重地分散开了，甚至是飞机外壳，本来制造起来一点困难也没有，但是现在却难以出品。

我认为，可以调动所有力量在两三种（飞机）生产中用上那些处在研究阶段的各种类型引擎，不过要提前进行检查。如能这样，真是再好不过！落后的情况可不能出现在我们这边，因为现在已经传来了很多关于德国喷气飞机的情报。

8月

首相致贸易大臣 1943年8月1日

1. 感谢，你关于纸牌欠缺问题的信件[①]我已收到。一百三十万副是在过去一年卖出的，除此之外不是还有一百九十五万副么，如何处理它们的？

2. 你建议再生产二百二十五万副，这是根据日后一年内与二百万副相距甚远的需要量提出的。这就要多生产一百万副纸牌，相应要新增二十名工人和一百万吨纸张。过去一年里剩下的一百九十五万副纸牌是如何处理的？我要先得到回答，才能帮你得到这些。这是非常乐意帮助你的。其次，你觉得存储多少数量才足以“握于手中以备急需”？有一点十分重要，那就是保证人们在任何有需求的时候都能买到纸牌。尽管应先全力提供给士兵，但普工也是需要的。

---

① 详见7月16日给贸易大臣的备忘录。——原注

首相致第一海务大臣 1943年8月1日

1. 魁北克会议期间，我们应每月从海德公园发布反潜艇战报，我已经把这个建议提交给罗斯福总统了。也就是说，不是在10日发布，而是在13、14日。

2. 我准备劝总统认可下列各项，因为我特别希望这次能把德国人抱有的希望击垮。

(1) 船舶损失率为：1942年上半年是1.6，1942年下半年是0.8，1943年上半年是0.4。

(2)传言说，德国潜艇在5、6、7三个月，九十二天的时间里，有八十七艘被击沉，也可能是另外的数字，这还没有算上大量被击坏的潜艇。

(3) 全世界盟国商船的损失在7月份达到了最高纪录，比6月份还多。然而，无论与1942年1月到1943年6月末的平均值和1943年1月到1943年6月底的平均值中的哪一个相比，损失都是很小的。大约有不多于七万吨损失在进攻西西里岛的战役中。

(4) 截止到7月底，今年盟国船舶损失总数比美国、英国和加拿大的新建船只少三百万吨。当然，三百万吨超过只是举例，应取最接近新建实际超过损失的数字。

我将与罗斯福总统全面商议这个问题，所以务必在我们出发前想好上述几点。

此外，英国击沉了多少德国潜艇？

首相致伊斯梅将军 1943年8月2日

务须等我审阅过所有密码代号，再批准使用。

首相致帝国总参谋长 1943年8月2日

艾森豪威尔将军建议第一装甲师不必再执行驻防任务，此电文我已收到。

1. 在看守战俘人员的深层需求方面，你打算怎样满足他们？请对此告知。你可以和莱瑟斯勋爵商量船舶问题。[①]

---

① 详见7月16日与26日的备忘录。——原注

2. 投入“哈士奇”作战计划的装甲部队确实非常有限，为了充实他们，就征收了中东地区所有其他装甲部队的装备，为什么非要这样？我很不解。所有驻在非洲的部队，他们确切占有多少辆坦克？请报告予我。此外，我印象中上次坦克报告中记录中东司令部的坦克数字，大概是三千辆。

3. 为了尽快重新装备第一装甲师，我们应把“谢尔曼”式坦克从本国的装甲师中调派出去，并马上安排专船运过去。不要犹豫。

4. 另外，现在大不列颠有多少辆坦克？美国可能提供多少辆？日后三个月的供应中能提供多少辆？请提交一份统计表，加以说明。

首相致帝国总参谋长 1943年8月2日

我们大费周章才组建好这几支陆军部队，他们都是最棒的；有些人对内情不甚了了，可能因他们调动，这些部队就没什么价值了，希望你保证这样的情况不会出现。

我们正在中东拼凑大量坦克，各种类型都有，还安排了形形色色的人员；之前却是组织齐整、经验丰富的装甲师和装甲旅在那里驻守。

扫清障碍，重建以上部队。

首相致枢密院议长 1943年8月2日

非常感谢你的各种付出，如果你来深入调查陆军时事报道局，我会表示欢迎的。

大量时间、金钱和军事人员可能会被这类活动占去，要努力设法防止出现这种情况。诚然这类活动本身是不错的，但是，如果整个军事机器因为它们运行受阻，那就不合适了；本来非战斗军事人员已经占了太大比例，不能再因为它们而增加了；保持对这个机构最高度的警惕，一切适合作战的人员都许入内，此类机构一有自己扩充和人员增多的趋势，立即扭转，这才是最重要的。

首相致飞机生产大臣 1943年8月3日

人人惶惶于下降的发动机产量。是现在正是假期的原因吧。虽然我对此深知，但是，与去年相比，今年出现了更大幅度的新产品产量下降情况。

首相致副首相 1943年8月6日

1. 这些战斗机中队，给一千七百二十五架飞机配备了三千零三十八名飞行员，后者数目确实比前者多出太多，确应由你主持下的空军编制委员会对此进行审查。①他们给出的理由是：飞行员常常在等待命令，以备随时起飞，这是必须的。但是，这一理由只能在某些地区、某种情况成立。战斗机损失巨大的情况在不列颠战役以后就没有出现过。我认为，有很大一部分人力可以从这里节省出来。可能人们会忍不住问，此种浪费现象在各个方面都有吗。轰炸机司令部的人员没有多少富余，但是，他们要进行更频繁、凶猛的战斗。空军海防总队倒是拥有相当多的飞行员富余。可是，巡逻线绵延很长，大量飞机是不可或缺的，甚至为了满足需求，要配备两倍的飞行员呢。然而，战斗机方面不能采用此种方法，我要再次强调。

2. 此外，塔科拉迪积攒着很多“旋风”式飞机和“喷火”式飞机，这个问题是值得研究的。该地7月30日的飞机数目是一百八十三架，“喷火”式飞机就占了四十三架，这是最新的统计表显示出来的。现在，有一条通过地中海的航线有停航的可能，它其实是很棒的一条线，为此，我们应详查这条航线的人员配备情况。塔科拉迪存有所有坦克，还有一种习惯，那就是屯放大量飞机，应同时对此进行详查，要知道它们的价值是无法估量的。

首相致外交大臣 1943年8月6日

1. 我觉得，俄国丝毫不惶恐于土耳其现在重整军备规模的活动。俄国实力所占的优势是如此之大，我们对土耳其军队做整顿，对于占据巨大实力优势的德国来说，是不足挂齿的，自然不会使他们担心。

2. 不用怀疑，土耳其使巴尔干局势更加复杂，同时也没有做出什么有力举措来援俄败德，这才是叫他们头疼的。

---

① 详见7月16日给空军参谋长的备忘录。——原注

3. 然而，我觉得，上次大战开始时，我们说将君士坦丁堡让给俄国人，他们没有忘记这一点；对达达尼尔海峡和博斯普鲁斯海峡的现状，他们明显也有愤懑。土耳其要想自己的安全有最好的保障，只能主动联系联合国家。为了轰炸普洛耶什蒂，并逐渐掌握达达尼尔海峡、博斯普鲁斯海峡和黑海的制海权，我们需要派我们的空军中队和某些其他部队保卫土耳其，不用多久，我们就会向它提出这一要求，这你是知道的。现在与俄国认真研究土耳其问题的基础还不够好，因为土耳其会采取什么方针，我们还不知道。

首相致伊斯梅将军 **1943年8月8日**

1. 附件中许多词语用的不是，我已经勾销了。像"凯旋"这样的词汇，指代那些可能会有大批人牺牲的作战计划，是不合适的，有摆场面或过分自信的意思。反过来说，特意使用"大祸临头"、"屠戮"、"杂乱"、"困厄"、"不宁"、"脆弱"、"惨烈"和"黄疸病"这些给作战计划抹上悲观消极色彩的词汇，也不合适。用"抱身舞"、"流氓话"、"开胃药"和"喧嚣尘上"等轻浮的名词作代称也是不对的。像"洪水"、"平和"、"忽然"、"最高"、"全力"、"全速"等代称也不能用，因为这些词汇在其他地方比较觉。防止出现"布雷肯"这样尚在人世的大臣或司令官的姓名代号。

2. 总之，对一个聪明的大脑来说，世界这么大，想出大量不会提示作战计划性质、没有任何贬义的亮堂词汇，应该可以快速完成。某些寡妇或母亲不至于抓住这样的代号说：他儿子就是死在一个"抱身舞"战役或"喧嚣尘上"战役中的。

3. 宜用专有名词作密码代号。在上述原则范围内，可以使用古英雄、希腊和罗马的神话人物、星座星名、有名的马术比赛、英国或美国的战斗英雄的名字。还有许多其他名目，自然也能列举出来。

4. 从开始到结束，都要小心进行此事。无论重大问题，还是微小事情，都可以看出一个政府的办事效率。[①]

---

① 详见8月2日给伊梅斯将军的备忘录。——原注

首相致伊斯梅将军，转参谋长委员会 1943年8月10日

请参阅这封电报[①]。我们同意使用突击队。事实是，今年我们能派驻巴尔干半岛的部队，只有突击队，在所有正规部队中，它是卓越的。敌军提出投降时，可由突击队与之谈判，也有英国军官和外交官被调过去，他们自然也可以陪席。中东战区各司令官若持陈陈相因的态度，就不能鼓励。

首相致生产大臣及军需大臣 1943年8月11日

在7月31日之前的一周，只有数量低得令人吃惊的三十九辆坦克生产出来。请交给我一份详细报告，我认为，暑假这个理由是难以成立的。与预期产量相比，这个数字怎么样？尤其是新型坦克，你们预计的数字完成了吗？此事严重关系到我们接不接受美国坦克的决策，我肯定会追究到底。

首相致外交大臣 1943年8月14日

最好始终不要声张，一切都是真的。纳粹体系可能会因为巴本之取代里宾特洛甫一事而加速溃散，所以它的意义是重大的。“无条件投降”的说法会使这种进展不畅，所以我们不能总是这样声称了。很明显，不管是哪一个新人物或新政府，我们的有利地位会因为我们不下定论与谁往来而保持住。虽然说一个强硬到最后的集团对现状没有什么帮助，但是，只要我们能做到，还是不希望他们扭到一块。十万众英国人和美国人的生命安全，会因为德国一步步瓦解而得到保障，因为这意味着他们的抵抗力在下降。你肯定会认同我这样的意见吧。

首相致第一海务大臣 1943年8月15日

反潜艇增援舰现正在赶来，在到达之前，为了制止好望角附近海域的海上活动，能不能把你的舰只开到西蒙斯敦和基林迪尼附近的海面上，请你考虑此事。

---

① 指中东防务委员会的、不同意突击队用在多德卡尼斯群岛一带的电报，因为他们可能无法降服德、意军队。——原注

至于沉舰比例和所有出航舰只的比例，我已提出要求，让莱瑟斯勋爵告诉我。这条航线是受到严格控制的，而且限制了船只往来，十九艘船在上面沉没，无论如何，这种损失都是特别巨大的。

9月

首相（在华盛顿）致罗纳德·坎贝尔爵士 **1943年9月13日**

下面就是我已经初步写好的、给几个中东的我国领事的电文，它们是按你的想法完成的。

但是，我们插手这件事合适吗？请你对此私下请教哈利·霍普金斯先生，然后我再发出电报。

“中东这些离海岸有上千里的内陆国家，为战争做出了重大贡献，它们的力量充斥在第一条战线上，而且因为它们，我们将迅速取得正义事业的胜利，我们对此万分景仰和重视。所有英国驻中东领事，应在中东使这一点尽人皆知。

“对中东人的重大贡献，英国人是诚挚感谢的，甚至我特别想去中东的一些城市，表达这种谢意。

首相致罗斯福总统 **1943年9月13日**

民航问题

1. 我们计划把联邦预备会议开在伦敦或加拿大，这我之前向你说起过，而且关于这些情况，我已经报告给了我们的政府。日后与美国政府讨论时，你应说明自己没有不同意见，为此才召开的这次会议，总结英联邦内部意见。

2. 英、美、苏三国会议不日将召开，你认为可以等会议讨论后，再决定要不要举行国际会议，这一意见我也说了。

3. 你的下列各项初步意见我也提到了：

(1) 宜有私人所有权。

(2) 从互惠出发，国际间都可使用关键地方。

(3) 内地公司经营应保有内地航线。

(4) 可能会根据国际协定，由政府资助某些利润轻薄的航线。

首相致枢密院议长 1943年9月16日

1. 我们不必再拘谨于意大利人了，因为他们做事时，没有参照艾森豪威尔将军7月29日广播罗列的条件。我们原先进一步转运意大利战俘的计划应得到恢复。我们俘获许多战俘——韦维尔将军一人的俘获数就是二十五万——现在到哪了？恐怕难以把战后俘获的战俘运到英国。在很多地方，他们都曾全力配合我们，有时未加任何反抗就投降了。与印度或南非相比，英国国内的工作更为重要，但是，我们可以调派更多人力。印度现在可能会有一些船，马上要返航了。陆军部应使我们知道所有我们属下的意大利战俘的确切地点（无论他们在何处）。

2. 在诸多方面，我们都可以帮巴多格里奥政府提供意大利劳力，所以，我们无疑能够和它做好进一步准备。像"民间工兵队在押人员"一类的身份，可以覆在大不列颠的意大利俘虏身上，以改善他们现在的地位，因为意大利政府已经承诺给我们更多劳力。把十万意大利人于1944年送来英国充当工人，确实是我十分希望的。

首相致海军大臣及海军副参谋长 1943年9月26日

敌方反潜艇战舰来袭时，我们潜在水里的潜艇需要自卫，为此需要为它们装备声响引爆鱼雷，这项工作进行到哪一步了？

首相致粮食大臣及军事运输大臣 1943年9月27日

我觉得，确实可以把地中海区域的柑橘和柠檬运到英国，从北非返航的船只如有空舱，刚好可以派上用场。请你们面谈之后，发给我一封便函，告诉我眼下的进展和日后的可能性。

首相致海军大臣 1943年9月27日

我要及时从彻韦尔勋爵那里获悉各方面的进展，所以保证他任何时候都可以了解德国滑翔炸弹和迷惑装置的发展情况。

首相致军事运输大臣 1943年9月29日

务必保证工人们，尤其是伦敦地区的工人们的交通环境，使他们方便回家，所以排队等公共汽车的现象必须得到改善。实现此事应该不难，因为供油情况已经出现好转了。在冬季到来之前，你有什么应急措施没有？请务必提出一些建议。你应想办法增设百分之二十五的夜间车。如果人们还没到家就身心不支了，那还谈什么战时效率。

首相致帝国总参谋长 1943年9月30日

请把塞浦路斯岛现驻军队的人数简表交给我。我们再攻希腊，只是想给合法的希腊政府提供政治后援，帮助它重新掌权，而不是占领它，如果可以不流血，到时应集结七八千人进驻该岛。

首相致贸易大臣及粮食大臣 1943年9月30日

很多重要食物会在欧洲解放后出现世界性的欠缺，这是再明显不过的了。我们自己的供应可能会受到援助外部的影响，而且计算救济量也是内阁的责任，那时它应该无暇对这个问题进行全面商议，这些都是我担心的。

请提交一份报告，迅速说明此事。

10月

首相致蒙巴顿海军上将及伊斯梅将军，转参谋长委员会 1943年10月2日

虽然我认为，这篇草拟的特殊指令可以让蒙巴顿海军上将拿去，并且在巡视其麾下部队各个支队时，宜在演讲中使用它，但是我又觉得，这个指令还不能在现在这个阶段公开出来。吸引日军往这个战场增加更多兵力是这样做的唯一结果。

我觉得对一个重点再怎么强调也不过分，那就是任何与这个战场有关的信息都不能散播出去，至少未来三个月内不可以。对于这个指令的任何一部分，为了避免它刊登在印度报纸上，或者任何其他世界性报纸上，一定要提前进行最周全、最严苛的新闻检查，再传达给部队。关于东南亚战场，我会在下次的下院发言中这样说：

“所有这一战场上的可能性都受到了气候、饥荒和水灾的重大影响。新上任的总司令应该对全局进行一次实地考察，在这片广阔土地上，还有不少相关的地方，也应走访到。逐步加长训练部队的时间。十分愚蠢的想法是，指挥部会因为新总司令的任命而全面改组，进而可以做出大动作了。”

必须说，要想顺利度过未来三四个月，最好如此。但是，指挥部的据点分散在各个地方，蒙巴顿海军上将应一一走访，这样士气就会得到鼓舞，任何阻止他的行为，或用不日将至的重大日期激励官兵的行为，都不是与此对等的。然而，我们要把相反的调子唱给世界上的民众和敌人：

庄稼汉，忙撒种，
一颗默默埋土中，
苦熬几月再来看，
幼苗节节长不停。

首相致印度事务大臣 **1943年10月3日**

基本英语

内阁委员会于1943年7月12日成立，你曾请命负责安排举行会议的工作，而且我真的觉得非你莫属，但是令我十分惊异的是，我回国后发现，一次也没有召开过。到目前为止，工作进展得怎么样了？请提交相关报告。

奥格登先生在信中提议，由你安排一位特别研究员，他在一周内把与基本英语有关的所有知识传授给他，此信我已收到。为了使你们的委员会更早地拥有一个熟知基本英语的顾问，我认为我们可以赴约。连斯大林元帅都对基本英语产生了兴趣，说明这已经成为一个十分要紧的事了。希望尽量由你代我主持这个委员会，如果你确实不堪其他工作重负，我可以亲自主持。[①]

首相致海军大臣 1943年10月4日

我需要有人对声波感应自动追踪鱼雷做一个相当精简的说明，这非彻韦尔勋爵莫属，请提醒他，给我一份相关报告。

首相致军事运输大臣 1943年10月4日

意大利商船“萨图尼亚”号可以为“霸王”作战计划运送人力、物力，它的吨位可是有两万四千吨呢！所以我们理应扣留它，还要尽快让它在大西洋航线航行。

首相致劳工与兵役大臣 1943年10月6日

你不光在8月为其他工厂找到了办法，使它们可以额外为飞机生产部做更多工作，而且还使一万七千八百名新工人扩充到了该部，看到此处我很开心。7月23日预定的任务有望在年底完成，只要你能继续做出这样卓越的成绩。

首相致空军参谋长 1943年10月6日

我们觉得有必要给喷气式推进飞机方面的工作重重施压，以促进它的发展，因为从最近德国人的动静来看，他们正在对此进行积极研究。

首相致外交大臣 1943年10月6日

有一点我们应该没有忘记，因为下院对俄国西部边界问题的重大分歧在我们眼里一清二楚，所以我们才用二十年的条约替换了它，以免真的签下这项协定。我认为，还是会有反对的呼声，而且表现方式可能会更为过激。为了使自己处在

---

① 详见7月11日致爱德华·布里奇斯爵士的备忘录。——原注

有利位置，反对者在反驳我们时，会提出一些重要的原则。

1. 全面形势是可以在和会上推测出来的，而且为了保持平衡，调整了这一方面，可以再改动另一方面。所以说，很有必要暂缓领土问题，日后全方位处理。美国的立场只能比我们更甚，在选举年他们尤其会这样。所以，再签订二十年条约之前，最好先让美国明示态度，之后采取新主张。

2. 我认为，波兰可以在东普鲁士和西里西亚方面获利，不过要以承认俄国关于东部边境问题的主张为兑换条件，我们也应全心全力劝说波兰。这一方面，我们应该可以发挥一些作用，这点可以向俄国允诺。

首相致空军参谋长 1943年10月7日

驱雾

我听彻韦尔勋爵说，虽然当时不是雾天，但他在格拉夫利看到使用驱雾设备的情况时，也颇有兴趣。应该可以改善该设备每分钟消耗几吨汽油的缺点，所以不足为虑。过去我们的飞机不敢在夜间工作，就是怕雾；这种设备对我们是非常有帮助的，因为完全不必再在夜间出行时打开喷燃器。庆幸的是，我们有丰富的汽油储备，不过就算消耗几吨汽油，也可以得到补偿，因为若在雾天，轰炸机也不会再受损害了。

希望12月份有八架驱雾飞机安装了该设备。按照原先进度，持续进行下去。

首相致外交大臣及军事运输大臣 1943年10月7日

为什么华盛顿方面先报道盟国航运情况，继而各报纸引述，这种——二百五十万以上的美国人会在圣诞节之前运往英国，至少可以提前半年对欧洲大陆展开攻势——的说法在今天纷纷见诸报端？传言说，是美国参议院战争动员小组委员会发布的这种谬论。

肯定会有人在下院会议上质问我此事。

首相致陆军大臣及帝国总参谋长 1943年10月11日

1. 混乱局面已经由于以“师”为单位计算盟国和敌国而产生。“师”的标准不是统一的。比方说，一个德国师的标准编制是两万人，而在俄国前线上，七八千人或以下人数，才是德国师的平均标准；甚至少于一千八百名步兵和十八门大炮也可以组成一个德国师，这是我们几天前遇到的一个情况。与之抗衡的俄国师又是怎样的编制和实力？请在一份表格里开列罗马以南德国师的作战人数，并提交给我。你们估测所有英国在意大利和北非的师的人力和大炮有多少实力？反坦克炮及高射炮也算在其内。你们认为，正常情况下，上述地区的美国师，又是怎样的实力？还有每个英国远征军的实力，也就是说，实际为每一个派到海外的战斗单位配备了多少人？

我听闻，派赴到海外时，包括特种兵和交通线在内，配给一个英国师的四万两千名士兵，其最大的约计数字只有一万五千了。为了“霸王”作战计划，美国五万一千名的总数组建了一个个师，这只是我听说的，那么，实际每个师又有多少人派赴海外了呢？

2. 我希望，收集最可靠情报，最准确估测西方各国师团作战的实力，然后每月拟写报告以反映情况。

3. 英国有多少师驻在意大利？实际投入战斗的人数是多少？另外，英国现今在意大利登陆的部队中，有多少人领给养？希望你们全力向我提交一份分析报告，对上述问题做详细说明。

首相致军事运输大臣 1943年10月11日

听说，在伦敦和其他的大城市，人民要排队等公共汽车。你改善这种情况时，会用什么方法？请交给我一份报告，说明问题。[①]

首相致生产大臣 1943年10月12日

最近，在我请求下，彻韦尔勋爵已调查了用在英德两国部队中的高级炸药性能，

---

① 详见9月29日和10月16日的备忘录。——原注

谨把他拟定的对比报告引述在此。

我赞成参谋长委员无需等待深层试验结果，即刻换用铝化炸药的强烈主张。如此变动会引发什么问题呢？请在下周报告给我。

国防大臣应在职责范围内调查我们的炸药何以发展成现在这样。请举荐三名委员，并对他们的资历叙述清楚。此事绝密，务必不能有一点泄露。

首相致外交部、枢密院议长及财政大臣 1943年10月13日

史末资元帅对我说，他非常愿意将他在南非拥有的、八万名左右的意大利战俘的一部分，抽调英国服务。人数是四万。

我以此为重，请加以斟酌。[①]

首相致雅各布准将 1943年10月16日

埃及的二十四万一千名基地部队情况怎样了？希望你能最详细地报告给我。万不可拖延此事。上述基地部队是为谁服务的——目前，中东地区的战事已经转移到其他地区，而大部分部队的基地还在西北非？我主张专门成立一个委员会，因为我认为应该细致入微地查证这包括十一万六千英国人在内的二十四万一千人；不过，请先向我提交你们手上的现有事实。

首相致军事运输大臣 1943年10月16日

排队等公交车的问题

令我倍觉高兴的是，你正在有所行动。每天，伦敦旅客运输局管辖区域所有公共汽车的总车次大概是五百五十万次。每天每车次有一分钟耽搁，相当于一万人每天多工作九个小时。当然，我只是说这一个辖区。[②]

---

① 详见9月16日枢密院议长的备忘录。——原注

② 详见9月29日和10月11日的备忘录。——原注

过渡时期的计划 1943年10月23日

1. 我在10月19日备忘录中提到的方针，已于10月21日得到战时内阁会议的大致认可。制定各项过渡时期的计划应该走什么程序呢？我打算在另一备忘录中提及，并且发布出来。

2. 必须怎样行动？必须草拟的方案是什么？应提前计算并组织好哪些行政准备？这些都会在第一个阶段中一一列出。如此一来，我们停止对抗德国时，全国人民会发现，我们对不日出现的紧急局面早有预测，而且必要的初步行动也已展开。

3. 在我们停止对抗德国后最近的一个时期内，打算采取哪些行动以及必要措施？可能我们战胜德国后最近两年的工作基础，是由我们预测出多余过渡时期的情况而采取的行动和措施形成的，那么我们又打算采取哪些行动以及必要措施？在11月10日以前，应由各部门提交战时内阁秘书一份报告，以达到上段提到的目的。

4. 应由各部门主要承担的各项事务，都要包括在报告中。但是，已经把很多事务提交专门组织或委员会，它们会查实的，这些事务是关系到多部门的。应由各有关组织的负责人或委员会主席，向战时内阁提交这类事务的报告。

5. 下列各项宜在报告中：

(1) 各项方案的初定到什么程度了，亦即，方案的准备工作是否完成，再用多少时间才能完成。

(2) 须要先确立哪些原则，才能进行下一步工作。

(3) 法令、枢密院批准的法令或国防法令会不会引用到，准备好这些法令了吗，这些法令能不能在德国战败之前颁布。

6. 过渡时期，肯定要保留的战时权力是哪些？可以撤销哪些权力？做出以上决定，就需要审查包括国防法令和其他从属法令在内的所有法令，这是计划的重要部分。这项审查工作已经在克劳德·舒斯特爵士主持的紧急法令委员那里展开了。

7. 为便于观察，应画出过渡时期准备工作总的轮廓，这就是第二个阶段的工作。我们务必要保证这一阶段计划的各个部分之间连贯、融通。此项工作会由我亲自指导。

8. 上述总轮廓，各部门都要持有一份，以知晓各自的准备工作符不符合总计划，因为无论是和平过渡到战争，还是反向过渡，会出现各方面的不同情况，而战时办事规则不能完全适用。但是，如此就有大大便利的可能。为保证各部门主要负责的准备工作计划一直能符合形势发展，各部门应任命一位高级官员，亲自进行监督。

9. 保证全部方案一直准备充足，这是第三个阶段的工作。在一开始的时候，可能会看到，对几个问题的准备工作一直拖延不展开，那是因为还没有确立某些原则。我打算，对总计划的各部分进行审查，这项工作会在拟定总计划以后，在我亲自主持的一连串会议上进行，接着，对那些影响准备工作进行的问题做出决议，这项工作请战时内阁完成。

首相致内政大臣 1943 年 10 月 24 日

要完善这项计划也属容易，只要我们切实制定一套希特勒垮台后粮食、工作和住房方面的计划。

首相致霍利斯准将，转参谋长委员会 1943 年 10 月 24 日

按照美国人的逻辑，对各个最高统帅，这份文件做出详细明确的指示。实际上，政府不能仅仅等着观看一位将军收到袭敌指令后如何作战。还有比这复杂得多的情况呢。有一种我们早已多见不怪的情况，那就是很可能这位将军承担不起任务。在一定程度上，应该对他进行指引和监督，这对参谋人员和政府最高当局来说，是必要的。不指引和监督的做法会违背英国人的逻辑。

首相致海军大臣 1943 年 10 月 24 日

我认为，不能把这四十艘军舰的实力划出护航队和舰队驱逐舰，因为你没有这个权力。你若接受，可以只在最危急的时候用这四十艘军舰，目前就视它们为储备物资，先不配备人员了。

一心在如此宏伟的新造战舰计划中，大力使用我们国家的战时资源，是行不通的，那样我们自己的物资得不到充分利用。这些更旧的舰只，还能不能修理一下，

再行利用？我必须考虑到这一点，因为再过两年，你们的驱逐舰建造工作才能完成。令我倍感不安的是，我们已经把意大利舰队和德国海军歼灭殆尽，你们还要求许多航空母舰，而不对更旧的舰只进行修理利用。我和战时内阁都会非常严厉地核查后期的海军计划。

首相致霍利斯准将 1943年10月27日

为什么要做出弃置橡皮防波堤的决定呢？它是怎样发挥预期功效的？请递交给我十字形防波堤的照片，回答上述问题。我感觉根本不是先前的计划了。

相比普通防波堤，这种钢筋混凝土防波堤差异在哪里？多长时间布置好？要用到多少运载船只？还有其他问题。

遗憾的是，我们损害了一个成功有望的计划来提出过多物资和劳力的要求。

首相致兰开斯特公爵郡大臣 1943年10月27日

我们已任命一些文官或准文官，除非为了使他们成功履行职责，才有必要赋予这些非军事人员高级军阶或者给他们配备军装，否则我是不会同意的。应该按照什么原则来公布官员的职务和穿戴军装？简单报告我知。

首相致霍利斯准将 1943年10月31日

现在，为“霸王”作战计划调集英国部队的事情进展如何？请在一份报告中向我说明。单独再写一份报告，说明上述部队以外、驻守本土的部队的情况。

11月

首相致帝国总参谋长 1943年11月1日

1. 对于你提供的情况，我表示感谢，但是我总是弄不清其中的几个问题。我也在探索一个“分寸”，所以我十分赞成。“尺度”就是我们的统一标准。但是“师”这个字正好也因为这个统一标准而完全无法使用。德国师中的两万人，俄国师中的一万五千人，英国和美国师中的四万两千人，都可以称“师”。

2. 情报局对一个足额英国师和一个足额德国师进行的最精准的分析什么？是什么兵种构成了这一个英国师比一个德国师多出来的两万两千人？盼告知。[①]

4. 英国第五步兵师刚刚到达意大利，我们就以它为例。该师这一万八千四百八十人以外的两万三千多人在哪儿？他们什么时候到意大利？最终列为战斗序列的部队中，又有多少人来自这两万三千人？

5. 不知道能不能再给我一份表格，说明意大利的军和集团军是怎样组成的，还要附带领给养的大概统计人数。近期情况应该不能准确体现在这些模糊计算的数字上，这我自然是很清楚的。

6. 波兰装甲师在英国远征军承担的任务是什么？我了解的该装甲师，最少有四百辆坦克。好像不管在第二十一集团军群，还是在当地野战军中，都没有它。我近期收到的统计表显示，那些陆军坦克旅总共有八个，它们安置到哪去了？我有绝对的必要在这些事上有自己的认识。

7. 我记得，如果一个德国师总人数是两万，那么就可以有一万人参加战斗；而我们的一个师如果有四万两千总人数，投入战斗的是一万五千或一万六千。德军本来就可以实现快速远距离行军，如果上述情况不虚，说明他们还拥有与我们相抗衡的作战实力，这些是很糟糕的。反过来说，在另一方面，英国军和集团军的指挥官们可以分析形势，根据需要有效援助他们所指挥的军队，因为他们拥有炮兵、工兵以及信号兵等兵种的比例大于德军。

8. 我认为内勤和非战斗人员这样的附属部队不断增加是个严重的现象，请向我提交一份详细开列给养人数、营数、坦克数和大炮数的报告。执行一个“霸王”这样的作战计划，要全面分析后勤工作，尤其是在开始的一段时间，必须保证船里一人一个位置，登上滩头还要保证给养。希望国防委员会或参谋长会议周密研究这个问题。请就近安排时间。

首相致海军大臣 **1943年11月1日**

1. 对于你关于轻型运输舰的建议，我完全同意，不过这是我的初步意见；而

---

① 详见10月11日致陆军大臣的备忘录。

且我希望就这个问题与你和第一海务大臣以及军需署长进行商讨，我会在本周抽出时间来。我觉得1945年和1946年的数字不必这么大。

2. 然而，整个海军人力问题必须现在就提上议程。海军部提出了1944年增添二十八万八千人到舰队、增添七万一千人到造舰厂的要求，总共大约新增三十六万人。现在这个时候，我们人力匮乏，只能无奈在全国范围内减少很多战斗行动，海军部却有如此要求。下列情况已经出现：

(1) 德国潜艇已被摧毁，这主要有赖于空军的支援，而且具有决定意义；

(2) 意大利舰队投诚；

(3) 法国"黎歇留"号和一些小型舰队加入战斗；

(4) 在太平洋，美国集结的兵力胜过日本一倍；

(5) 数月内，如果德国新航空母舰不建成，敌人的"提尔皮茨"号就无法出航，这是他们在西方的唯一主力舰。

既如此，为什么海军部在1944年需要的人会比1943年还多？

3. 甚至对现在的海军来说，也可以依据上面全新的重要情况，大幅减员；要在新舰只竣工后，尽快撤回并保养旧舰只。这才是日后要做的事。使旧舰只退役，延缓或中止修建最近不能完成的舰只，这个计划比较重大，应提交内阁思考。你既已看到敌人力量大幅减弱，盟国力量大幅提升，还要求新增这么多人，到底为何？所有上述情况应该可以回答这个问题。如果要使那些不能在对敌战场上派上用场的舰只为国家发挥最大功用，海军部就必须在这个要紧时候，使它们退出现役。

4. 我认为，改装并保养四十多艘退役的驱逐舰是最棒的方法；同时，有些远航程驱逐舰两年后才能建成，现在应延缓修建，或中止下来。

5. 现在，你都建议哪些军舰1944年继续服役？请提交一份清单，全数列举出来；以1941年1月1日为例，那段时间意、德两国都是我们的敌人，请把这些军舰及舰上人数与那时的情况作一个对比。分开列举各类驱逐舰和小型舰艇，总体列举舰上人数。1941年1月1日的数字是多少？现在的大概数字是多少？你预计1945年1月1日的数字又是多少？请分别列出。算上海军航空兵部队，区别列举出海与未出海的数字。

6. 美国确已减弱了修建反潜艇战舰的计划，以促产登陆艇，这我已经发现。截止到现在，我们一直在催促造舰厂利用船台的每一点闲暇时间，连续进行反潜艇舰只的建造工作。然而，我们必须对这方面的情况进行一次全新的全方位的检查，因为这种战舰日益增多，而从种种迹象来看，敌人疲于建造、海员情绪低迷。

首相致飞机生产大臣　　1943年11月6日

看了你10月27日发来的备忘录。我记忆深刻的是，要花费大量工时来改装作战飞机。有些地方亟需提升飞机的战斗价值，我希望在此范围内改进飞机。

你在备忘录附表指出我们不具备真正意义上的重型轰炸机，看到这一事实，我非常担心。即使我们相信卫克氏“温莎”式轰炸机拥有比明年年末开始生产的，改进后的“兰开斯特”式轰炸机更好的性能，但实际上，前者不会比后者大出很多。此时的美国，已经开始生产十二万磅总重量，九吨炸弹装载量（传言是这样），三千英里航程的“波音B29”式飞机；我听说，他们二十五万多磅总重，三十吨以上载重、四千六百英里航程的“B36”式六引擎飞机也已经设计出来了。同类性能的飞机，我们能不能也研制出来？

首相致陆军大臣及帝国总参谋长　　1943年11月6日

1. 我们在进攻首日为“霸王”作战计划提供师的数目与美国不等，也没有多出来一个。我为此深为惋惜。我了解到，我们提供的师是十二个，而他们是十五个。很大程度上，这是因为对“师”字的不同理解[①]。我特别想这样告诉美国人，我们做了特别的努力，才会“你们有一人在阵地，我们就有一人在阵地；你们出一门炮，我们就出一门炮”。我们在某些具有重要关系的战斗中的权利，通过此举就可以得到连续的维护。

2. 我可能会甘冒巨大风险动员当地卫队来完成上面的目标；如有必要，大批动员国民自卫军可是可以的，不过要在正规军全部撤离本土的时候；就顾不得因

① 详见10月11日和11月1日的备忘录。——原注

此降低军火产量的问题了。

3. 近来在意大利战役上的分歧已经彻底消除了，因为我们说过，我们在意大利战场上占据着兵力优势。此外，这次作战任务也是关键所在，我们也要拥有与美国相等的兵力，这是最起码的要求。还有，如果所有我们目前进行中的谈判都能更顺利地完成，对方很可能会答应必要地延迟进攻首日，为了这些，我们可以宣传说，我们已经增加了兵力供应。请对此三思，过后面谈。

首相致枢密院议长 **1943 年 11 月 11 日**

我希望养鸡户可以从你那里得到更多目前存粮的配给。把谷物分配给养鸡场，不如以同样数目分配给这些养鸡户，这样我们得到的鸡蛋会更多，因为他们为了填补谷物欠缺，一般会自己零零散散地找一些食物。养鸡也不是什么力气活，对于经营管理者而言，多产的鸡蛋也是应得的酬劳；而且，他们的趣味也因此提高，生活中也多了谈资。如今，小户人家花在搭建鸡窝养几只家禽上的钱，不能通过一张分领证得到补偿，因为那点饲料少而又少的。我觉得多分发一点饲料，可以节约运输量和劳动力，因为势必会有很多为个人吃而养鸡产蛋的人。

首相致教育大臣

1. 万分感谢你 9 月 16 日提交的电影方式教学的报告。我对此有很大兴趣，也非常欣慰听闻你亲手管理此事。

2. 读书写字的教学方式势必会抑制很多儿童施展才华，至少不能自由施展，应采用这种直观的教学方式。再者，有益儿童的影片，肯定是确实优秀的影片。摄录影片可以分为两类：

(1) 以辅助或解释常规课程为目的的影片；

(2) 儿童们是要继承我们的历史遗产的，将来还要保护它们，另一类就是介绍辉煌历史遗产的影片。

3. 经济方面我不会担负任何责任，你就不要指望了。你在施政报告附录中申请了巨额教育提案的追补费用。确实应该联合约计放电影的费用和你计划中其他各部分。但是我发现，在德国，租赁影片和放映机的钱通常是儿童家长出的。尤其想到常规课程会把电影当作一部分，这样儿童个个都可观看，就更难在提案中包括它了，我不知道怎么实现这一点；倒是也可以收一些形式上的费用，因为有一部分电影是观众自愿观看的。关于这个问题，你有没有一个更为周详的方法？请做研究。

首相致伊斯梅将军，转参谋长委员会　　　　1943年11月16日

我们从一些严重情况出发，决定使雄厚的军队驻守在福克兰群岛。为什么没有经过上峰批准，就减少了驻军人数？我希望可以了解事情的发展过程。人人痛惜的情况可能会发生，那就是，一艘日本巡洋舰开赴并占领这些岛屿，我们还没有为新建筑防御工事安置人员，它也难逃此祸。虽然未必会出现这样的意外，但毕竟是有可能的。那一千五百人是哪个团的？你准备怎么安排他们？

首相致第一海务大臣及伊斯梅将军转参谋长委员会　　　　1943年11月21日

1.1月初占领罗马和1月底占领罗得岛是我目前重点思考的。占领罗马的准备工作已经完成。至于后者，首先要促使土耳其参战，借用其基地；第二，寻找可以承载一个师的登陆艇，使一个强悍的英国师先行登陆，然后第十印度师给予援助，继而也登陆——以上两个条件是必需的。这些师不会长途行军，而且主要据点也会牢牢牵制八千名德军，所以无需全部为他们安排车辆。这些登陆艇何处凑来？第一海务大臣是这样构思的，为完成这一任务，可以让东南亚指挥部现掌握的一些登陆舰在用于“长炮”作战计划或苏门答腊地区的其他作战计划之前，先开赴地中海，事后再及时返回东南亚。

2.也可以不必如此忙碌，前提是“长炮”作战计划确实已经不在蒙巴顿海军上将考虑中。后半年任何时候都可以占领安达曼群岛，然而相较攻占罗得岛，这一战利品是不足称道的。我攻占罗得岛以后，还可以连续进攻其他各岛，不仅如此，还能够降伏或歼灭八九千名德军。这个数字三倍于我们目前在意大利俘获的德国战俘。

12月

首相致陆军大臣 1943年12月13日

1. 参议院曾于9月26日公布第1408号军事指令，其中规定了戴军帽的问题，我在中东时，第四轻骑兵团提醒过我注意这条指令。它规定了，对除第十一轻骑兵团外的所有皇家装甲部队各战斗团体来说，“身穿作战服装和军装时，都应佩戴这样的黑色贝雷软帽”才是正式戴法。但是，军官们如果有便用军帽，允许他们在有必要换戴其他样式的军帽前，一直佩戴便帽。

2. 第四轻骑兵团担心这个规定在战后继续实行，那样他们就只能佩戴黑色的贝雷帽，因为别无所有了，这和坦克部队的情况是一样的。

3. 只说第四轻骑兵团的情况，如果该团团长是我，我会提出这样的要求：要保证这只是战争时候采取的一个办法；还是允许他们在供应充足时购买并佩戴军便帽的。

4. 你们能不能如此保证呢？请告诉我你意见。

1944年1月

首相（在马拉喀什）致陆军大臣 1944年1月7日

与其他所有的民防组织相比，国民自卫军的任务更为繁重，所以我们一定要想方设法减轻他们的负担。别再为了完成每月四十八小时的指标而强行训练他们，因为现在看来，他们大多人已经熟练。不管有没有发出警报，只要国民防空自卫队一夜在勤，都算是十二小时到岗。但是，一到夜间和周末，普通国民自卫军就迎来了他们的操练时间。在三年以上的时间里，他们中很多的人几乎没有私人时间。而且，厂矿企业往往会惴惴不安于一种硬性制度，那就是强行操练队员，如若缺勤罚款甚至关禁闭。

国民自卫军在目前战争阶段的值班时间不应由单位的某一个指挥人员随兴规定，而应该由官方宣布减少。缩减守卫任务直到尽可能低的程度，减少紧张的操练直到最小范围。应该只把武器保养的工作交给那些已经取得“熟练队员”章证的人。

首相致海军大臣及第一海务大臣　　1944年1月10日

无线电控制近距离爆破的引信

1. 美国海军今年春初就可以开始大批地获得引信管了，这种信管甚至可以装配在四英寸口径的大炮上，这种装置如此方便，而我们却在整个战争期间都不会具备。对这种现状你们内心能满足吗？请海军部想办法处理这个重大的问题。

2. 你觉得，要求美国分一批信管给我们怎么样？还是你已经满足于我们现有的方法了？

首相致伊斯梅将军，转参谋长委员会　　1944年1月17日

1. 我以前抱有的关于日本已经威胁不到印度的观点,在联合情报参谋处的“日本在东南亚的阴谋的报告”中得到了证实。日本海军的力量全部集中在太平洋，现在它顾不上其他的了；我们的东方舰队再过几个月就会组成，它的实力会持续增长，用不了多久，如果日本觉得可以派分遣队过来，不管是哪一支，都不是它的对手。再一方面，已经大幅强化了印度的空防力量。

2. 印度目前的大批武装部队素质还是很低下，必须不断精简它们。再次有这样一个结论,是因为我思考了上面各种情况。我们要给两百万人员提供军饷和给养，这还没有算上在印度及其边境驻扎的英国部队。今年减少的人数五十万，应该把这个指示发给印度总督和奥金莱克将军。主要是看到白白耗费的粮饷，我们才进行精简的，但是，对于没有精简的部队，尤其要提高它们的素质。而且，对于当地的崇武部族，也要尽可能地依赖他们。要努力使印度军队战前的高效率和高水平得到恢复。为了增加这些部队的骨干军官，尤其是白人军官，应使它们吸收已经解散了的各营中的军官和技术人员。各个地方必须按标准严格招募新兵，只采纳那些可以实际作战的新兵。

3. 战争打响以来，英国军队以外的印度军队每年的费用是多少？平均每年使用多少人力？请印度事务部同时交给我一份说明以上问题的财务报告。

首相致伊斯梅将军 1944年1月19日

现在看来，有必要将之前发布过的关于发表演说的通令，再向将领和高级司令官通告一次。请你阅读这条通令。好像最近屡屡出现将领发表演说、会见来访者的情况。

首相致伊斯梅将军，转参谋长委员会 1944年1月19日

应该说，达尔马提亚海岸将完全由我们来控制。要飞到这个海岸，对于我们在意大利的空军来说，是轻而易举的，因为他们掌握着制空权。海军方面的大部分优势也在我们手中。对于德军控制下的每一个岛屿，我们要进行全面搜索和清除，一旦发现守军，就消灭或俘获他们，这样一个搜索队，应该由大约两千名突击队员和十二三辆轻坦克组成。安齐奥战役一旦结束，组成这样一支队伍应该比较容易。对这件事，我们应当考虑制订一个计划，然后提交最高司令官进行核查。

敌军既不掌握制空权，也没有制海权，他们正在切断我们与整个达尔马提亚海岸的联系，而我们竟然听之任之！如果我们集中火力突击这些岛屿，他们哪还有力量坚守？所以，请务必马上展开这项工作。

首相致自治领事务大臣 1944年1月23日

其实一直以来，我只是象征性地主张新西兰师在罗马战役中战斗。我是可以打到其他部队的。现在，他们参战的可能性很大。人们会因为他们离丌欧洲战场而感到可惜的。

如果这个师人数不断下降，直到其规模只有一个旅，那样我反而不会去理会。尽管如此，我们仍然可以说它是一个师，也可以帮它吸纳其他旅。

如果他们加入这场战役，那是我乐意看到的；他们将来也会自豪地说，他们曾经加入战斗。使弗雷泽先生因个别人的回国问题而难堪并非我所愿。

首相致伊斯梅将军 1944年1月25日

蒙哥马利将军说，他现在只有七个可以参加“霸王”作战计划的突击部队，

而他实际需要的是十个。能不能答应他的要求？请告诉我。把第二特别空军团的专门人员调回来做教练的工作进展得怎么样了？我已经答应一些专门人员回来做教练（的要求），但是，我没有调回该团的计划。

首相致伊斯梅将军，转参谋长委员会 1944年1月22日

我读“战略上英国在中东国家都需要些什么”的文章还没有多久。好像参谋长委员会觉得，犹太人会反分治巴勒斯坦。恰恰相反，政府报告中的政策才是犹太人实际反感的。阿拉伯人才会反对分治，而无论阿拉伯人有怎样的暴力行为，犹太人都会打击他们。如果对他们听任不管，阿拉伯人不是犹太人的对手，这是韦维尔勋爵说的，我们不应忘记。所以，为使内阁报告中关于分治的提案全面执行下去，我们可以联手犹太人，这样做好像危险性不大；那些表中陈列的维持内部安全的必需条件，其制定前提是犹太人和阿拉伯人联手与我们对抗，不管怎样我都不会接受。很明显，任何分治方案，只要犹太人不支持，我们就不会实行。

首相致自治领事务大臣 1944年1月25日

在我看来，先假定希特勒在1944年战败，再制订计划，这不能说是聪明的做法。他获得法国战争胜利的可能性还是存在的。伴随战争的，就是风险。对敌方预备队而言，快速在两个据点间转换的行动，是可以完成的。德国仍然在希特勒及其政府的全面操控之中，尽管我们已对德国进行轰炸，但是从表面上看，不会出现叛乱情况。这些相关情报是我从德国内地得到的。以我们在意大利与德军交手为例，德军的素质、军纪和作战水平，都已经在与我们较量的过程中，清楚地展现在我们眼前了。

首相致陆军大臣及帝国总参谋长 1944年1月25日

1．“盟国在地中海的军事实力”这个名称在我这里是不被认可的。不应该不和我商量就把它公布出来。

2．这个名称的不合适性可以从以下几个方面得到解释：用“军事实力”来称呼一支二十多个师组成的军队，是不合适的；马耳他岛和突尼斯全都属于中地中

海的区域，这只是举个例子，这支军队的活动区域不全是地中海；在这个区域里，还有科西嘉和撒丁两个岛；还有，除去单纯为了实现作战目的的可能性，南斯拉夫并没有划在亚历山大将军那边，而是专门留给了最高统帅。

3. 记得上次大战中，“英国远征军”因人数不断增加而把名字改成了“驻法国和佛兰德的英国军队”，根据这个先例，我任命亚历山大将军时，给他的职衔是“驻意大利盟军司令”，他也接受了。所以，这次，如果罗马战局确立，而且是不负众望的结果，也应抓住时机，适当更换名称。

首相致蒙哥马利将军 1944年1月27日

1. 看来双层甲板坦克还是不错的。请把生产大臣对它们的短期答复附加在此。

2. 那篇关于防水材料的报告，我过后也会阅读。把二十万辆车配备给一支由三十个师组成的军队，是不是太多了？假设每师两万人，那么这三十个师军队一共就有六十万人，但是，只有不到四分之三的人会真正参加战斗，而这些车辆已经占去了三十万人，因为至少要用一个半人驾驶和保管一辆车。为了保护数量如此巨大的车辆，使敌人无法夺取它们，有人建议，给每辆车配备足够步兵，步兵还要配备步枪和刺刀。

相致霍利斯少将 1944年1月28日

不宜在意大利组建地中海区域的主要司令部。如果威尔逊将军只局限在某一个地方，那么不管这个地方是哪里，都是不合适的，因为整个北非战线上的所有地区都要由他来管。意大利战场的指挥权应该掌握在亚历山大将军手中，如果由于最高统帅的司令部设在意大利而影响到他，那就不好了。人们应该千方百计把这些司令部迁移到突尼斯地区，但是我认为他们没有做到这一点。不知道有没有考虑过马耳他岛。阿尔及尔汇聚的军官太多了，他应该进行适当裁减，过后，如果其他地方都不合适，最好让他继续待在这里。

首相致内政大臣 1944年1月30日

你在1月24日的备忘录中说，在政府机密工作中有委任共产党员的情况，该备忘录我已经收到了。

至于保守成立陪审团这一秘密，我当然赞成，而且一定要做好。这一点尤其要使每一个陪审员注意起来。如果某部门所任人员中出现同情共产党者，那么最后要由该部门决定要不要制裁这个人，而该部门对议会的责任，要由其部长来承担。

一旦出现这样的事，其责任按程度可以分为三种。

陪审团的证据是军事情报局第五处提交的，那么它也应该对其负责；证据的审查、决定是否要联系有关部门，这些由陪审团来负责；如有必要，应采取什么行动？这应该由这个相关部门负责。

应该把一名熟练掌握人事问题的财政部高级代表收入陪审团，我对此表示同意，但是，如果强行使陪审团接受一名当事部门安排的代表，那我就不同意了。某一案件没有被陪审团受理时，那么嫌犯所在部门的代表就不要企图知晓前面的起诉过程了。陪审团可以视情况增加或减少一名有关部门的代表，这个权利掌握在主席手里。

首相致外交大臣 **1944年1月30日**

对于调查卡廷森林一事，我认为可以问问欧文·奥马利爵士是什么看法，不过应特别隐蔽地进行。新说法与之前的辩解吻合吗？那些桦树有人去检查过了吗？不是根据它们的生长时间进行辩解的吗？

首相致海军大臣及第一海务大臣 **1944年1月31日**

1. 海军部造舰计划马上要制订出来了，我认为，可以包括那改进过的四艘快速运输舰，不过，在对它们进行修建的过程中，为了有效利用任何可能的改进，修建完前面两艘之后，应过一段很长的时间，再修建后面两艘；另外，“雄狮”号、“冲锋”号、“征服者”号及“雷神”号这四艘已经得到议会批准但战时没有动工修建的战列舰，也应在海军造舰计划内，目前的工作只是设计好它们，一定要强调这一点。必须努力在1945年夏完成“先锋”号的建设。请告诉我什么问题会影响这项工作的完成。

2. 与我们在战争期间可以修建的战列舰数量相比，你们目前提出的订货量是多了还是少了？我对此并不知道。你们1943年的订货量是八十万八千吨的排水量，目前的情况是，只有四十万零两千吨已完成，其中三十三万七千吨已收工，按照这个速度，用两年零三个月才仅仅能完成去年的订货量，除非修建舰只的速度比1943年高出去很多。截止到目前，我们手上已经批准建造的舰只，数目就非常大了，因为我们每年的造舰计划至少有两个，这些数字是你们根本无法完成或者承受得了的。对海军来说，如果被好议论是非的人看到这种情况，就不太好了。不用说，整个新的造舰计划也会受到上述情况的制约。我认为，造舰计划不能接收下列两种舰只：所有使订单中类似舰只难以完工的舰只，无法在1944年（或1944—1945财政年度）开始建造的舰只。

3.1945年对日战争中的主力舰队经常会出现在我们的谈话中。我认为我们应该用上的舰只有：八艘战列舰——四艘“英王乔治五世”号级战列舰、“威望”号、“纳尔逊”号、“伊丽莎白女王”号和“沃斯派特”号；凡是可以调动的装甲航空母舰和辅助运输舰[①]，都要算进来；如有需要，由巡洋舰队和小型舰队提供支援。辅助舰队要一步步扩展起来，你们应制订一个相关计划。我希望今年秋季，主力舰队就可以接收“先锋”号。另外，意大利的“李特利奥”式军舰也应投入这次战役，不过你们要进行改装。请告诉我需要多长时间、多少劳力、多少款额。

4. 要不要把你们1944年6月准备好的交给美国呢？我的意见是，只要他们需要我们提供分舰队，就可以交给他们。苏门答腊的“长炮”作战计划不能受到影响，这一点是最重要的，你们一定要注意。只有这个方法才能使我们在1944年到1945年集结在孟加拉湾一带的大批陆军部队和空军部队，有效对敌运动。“长炮”作战计划必须要成为我们安排孟加拉湾与太平洋之间舰队部署的中心，只要“长炮”的其他困难可以解决，而且没有什么意外情况发生。

5.“长炮”作战计划将于11月或12月实施，届时会用到很多登陆艇，我们只能请美国参谋长联席会议适当借我们一些。我们不会遭到他们的拒绝，因为我们安排舰队援助了他们，不过，蒙巴顿海军上将已经派出军官，等他回来再决定此事。

---

① 该机构是为舰队提供燃料、物资的。——译注

6. 所幸四艘"英王乔治五世"号级战列舰中还有几艘舰只没有被战火摧毁;"纳尔逊"是现代化的，可以选出一艘、建造四艘"先锋"号的战列舰（我们要在造舰清单列出这四艘战列舰，一有时机，就要开始建造），它们要装配16英寸口径的大炮；我们还应另外要求得到两艘"李特利奥"式战舰。这些战列舰总共应该是十二艘，它们都应用来组成战后舰队。当然了，如果新发明的出现使战列舰显得老套了,就另当别论。不过目前来看,肯定不会是那样。潜艇倒是会威胁到战列舰，不过我们已经解决了大部分危险，而且与以往任何时候相比，我们更好地控制住了飞机对战列舰的威胁。在地中海,我们贡献得更多,而且为了满足紧急战争需要，我们放弃了新建重型舰只，这些理由都是难以辩驳的，所以我坚信，我们可以要求获得"李特利奥"式军舰。你们拟定我们战后——比如1947年——舰队的规模时应参考上述规模，我期待着看看它大致会是什么样子，如此一来，我在思考整个问题时，就可以更加深入了。

7. 如果让"沃斯派特"号加入"霸王"的炮轰舰队，我会赞同的，而且，我还希望"罗德尼"号也在其内。为完成这个目的,你们还可以另外调动哪些舰只呢?我猜，合适的舰上炮手、最新的训练程序、必需的落弹观察员，这些应该是你们正在绞尽脑汁想要提供的吧；你们军火充足，与敌人作战也好，轰炸混凝土防御工事也好，你们都不会缺少军火的。炮轰舰队的威力应该会施展得很充分，因为有空军的掩护。

8. 至于我是怎么看待你们在人力方面的提议的，以后我会告诉你们的。我猜，如果把你们目前的训练机构、港口、基地的人员和流动人员算在一起，总人数应该不下于十万。今后两年，我们人力储备不是很充足，在调动他们之前，你们应该先抽调这批人。那么，就要大力精简训练机构和工厂（的人员）了。

2月

首相致伊斯梅将军，转参谋长委员会 **1944年2月2日**

1. 有的时候，我们可以在其他地方取得价值不菲的收获，而为此付出的代价，却是非常微小的，甚至等于零。因为（敌人）全部的注意力都集中在其他地方，而上述地方从来没有发生过战斗，每次我们大举进攻（其他地方）时，它们就显得默默无闻，而且（敌人）在这里是缺少准备的。

2. 请对下列问题进行格外秘密地研究：

(1) 在3、4、5这三个月里，可以托名安抚摩洛哥的局势或支援“霸王”作战计划（如果没有其他名目再想这个），将英国第一装甲师、第六装甲师和南非第六装甲师调到摩洛哥去。

(2) 军队在“进攻首日”之后的第二十或三十日上下，应该已经全部出击了，在这些师被极少量的登陆艇运到波尔多之前，先派奇兵攻取波尔多。北边已经牵制了全部的敌方空军，因此应该能够完成这一举动。对主要战役而言，在法国中部和南部安插这样的部队并让他们活跃起来，其利益是不可限量的，因为紧接着会引起普遍范围的起义。

3. 此外，可不可以这样：从陆路使这些军队秘密到达摩洛哥，然后转海路，让他们特别隐秘地登上船只，在海上走一条长长的弧线，最后驶达突击地点？请对此进行研究。

4. 这些部队完全不必加入“铁砧”作战计划，所以它不会受到以上行动的影响。

5. 我们可以称这个计划为“哈里发”作战计划，美国可以在它成功之后，派遣步兵师直接越过大西洋，登上新基地。

6. 若干问题会伴随上述情况显现出来，那就是：需要用多少舰只来运输那三个装甲师？就以入主波尔多的五千名突击士兵为例，要用到多少登陆艇呢？我们当然希望这些师团登陆正式的码头。准备这些必要船只的办法是什么？怎样在敌人察觉不到的情况下使它们驶达卡萨布兰卡？一共要花费多长时间顺利实现登船、航行和下船？有一点倒是可以轻易实现，就是准备一支保护他们登陆的航空母舰舰队，因为在那个时候，我们可能已经建成了北部的海岸基地。我们一直是照章办事，把注意力集中在一个地方而忽视了别处。不要再让大好时机溜走了！那样就太愚笨了。

首相致自治领事务大臣 **1944年2月2日**

1. 必要的话，在这个周五，我们可以举行一次内阁特别会议，对轴心国外交使团留在都柏林的事进行商议。或者在星期一的内阁全体会议上再讨论，那样也行。

2．危险的情况是，他们会把英美船队运送士兵的方向泄露出去。但是，他们肯定会通过某种途径，传送我们“霸王”作战计划准备情况的情报，相比而言，这个更为危险。如果都柏林的德国和日本公使仍然不准备离开，那么爱尔兰和欧洲大陆之间的所有联系，可能就不得不在最近这几个月里被切断，这是站在军事角度上说的。现在，无论是谁，他都可以在英国得知英美近期的准备情况后，乘着爱尔兰的船只去西班牙，然后泄露消息。对德国大使而言，就算海路被全面阻断了，就算他发出的是最后一条电报，他也会在我们开始行动之前，把我们的日期通过无线电报告出去。

3．有些危险情况在我眼里是十分严重的，我打算现在致电罗斯福总统提醒他加以注意；而且，我还会请他把这件事交给参谋长联席会议，让他们去动脑筋。

首相致外交大臣 **1944年2月5日**

你的备忘录我已经读过了，你在里面提议把某些公使馆的级别提升为大使馆。

我认为，这种权利古巴也应该享有，作为“安的列斯群岛的一颗明珠”，不应差别对待它和其他某些地方。它辽阔，富庶，美丽，盛产烟草，如果升格其他地方的公使馆，唯独忽略这个岛国的公使馆，那样我们是不是就太不尊重它了？委内瑞拉自然远远不如古巴有资格。如果毫不理睬古巴，那么它就会和我们产生很大的过节。而且再过一段时间，我们最终也必须要给它应有的待遇，和其他国家并无差别。

首相致伊斯梅将军 **1944年2月7日**

不知道“哈里发”作战计划的报告写到哪里了。英国装甲部队在“哈里发”登陆时，我们也会在摩洛哥集合调集三个师以上的兵力，以应前者。如果计划人员的工作还没有结束，请再次把上面的情况转告他们。[①]

---

① 参见2月2日给伊梅斯的备忘录。——原注

首相致爱德华·布利奇斯爵士 1944年2月12日

我没有搬出内阁作战室的想法，最少我们要再遭遇一次闪电式轰炸才可以迁出，而且是和以往有根本差别的轰炸。我觉得，即使是新式轰炸，也不过是老一套。为掌玺大臣安排合适的房子是可以的。其他大臣仍然要留在原来的寓所。

首相致爱德华·布利奇斯爵士 1944年2月19日

关于战后过渡时期的住房问题，塞尔伯恩勋爵在信中阐释了他的原则，不过我认为，无法施行。货币价值已经发生变化，如果忽略这点，还是按照1939年的标准锁定地皮的价格，那么，这无异于在颁布一条法令，针对性地征收某一阶级的财产。（制定价格时）应当采用和1939年一样的实际价值，这条规定务必要在颁布法令时提出。

首相致伊斯梅将军，转参谋长委员会 1944年2月19日

1. 主要通过飞机来运输小型坦克，士兵再利用坦克战斗、转移，某种程度上还可以用来遮风挡雪。以上就是挪威的“耕种部队”在雪季的作战任务。至于它被当成执行一般任务的突击部队，那是后来的事了。这种空运坦克的方法已经进行到哪一步了？用上了多少“耕种部队”？而意大利的“耕种部队”现在到底在哪里？它的任务完成得怎么样了？

2. 在这次战争中，完全放弃“朱庇特”作战计划可不是一个聪明的办法。诚然，在1943年的时候，我们就应当收复挪威了，但是，那时存在着这一策略不被美国盟友认可的可能性，而且在国内，获得必需的支持也有困难。可能我们必须在1944—1945年的冬季，在挪威、土耳其和爱琴海包围敌人侧翼，因为我们的“霸王”作战计划可能不会顺利进行（当然这种可能性几乎没有），或者希特勒会在“霸王”战场上集结我们确实难以招架的强大兵力。我们之所以不想解散这支部队，就是因为有可能发生类似的意外。再说，在巴尔干半岛或达尔马提亚海岸以外岛屿上，消灭德国守军时，也明显可以使用它们。

3. 你对以上各节有什么意见吗？请告诉我。

首相致内政大臣 1944年2月22日

竟然会规定出一个日子，在全国范围内祈福“霸王”作战计划，这种做法大错特错。照我说，目前规定一个另外的日子来祈福或感恩，是没有必要的。

首相致外交大臣 1944年2月25日

1. 对我们的对战国，“进攻”(invade) 之。

2. 对我们要“收复”的敌人控制下的盟国土地，“进驻”(enter) 之。

3. 说到意大利，我们与这样一个国家的政府的停战协定，早就签订了。我们在意大利的推进过程，一开始是“进攻”(invaded)，渐渐就变成了“解放”(liberation)，因为它后来与我们共同作战了。

首相致外交大臣 1944年2月27日

1. 民众要求美军赔款的额度已经超过了五千美元，而按照他们的宪法，美国方面无力解决这个问题，所以，我完全赞成这些赔款由我们来立即支付。

2. 如果我找艾森豪威尔将军就莽撞驾车问题谈一次话，就可以解决由此产生的事端。只要我向他提了这个问题，他必定会在其权力范围内加以制约。我是这样想的，但是不管怎样，我们非要给他摆出这个问题不可。

3. 真的不必使这样一个又长又杂的报告在议会上完成。美方会特别反感我们这样的行为，另外，下院方面应该也没有在这个问题上给你多少压力吧，这些只是我的个人观点。我倒是想看看严格约束会有什么效果，所以乐得让艾森豪威尔那样做。同时，你在向下院报告时只需要说：超过五千美元以上的赔款，可以由我们来支付，不过只能是在国王陛下政府和美国政府取得深层接触之前——说到这样的程度就可以了。

首相致伊斯梅将军及派尔将军 1944年2月28日

不用怀疑，德国在新式炸弹的制造中，提升了爆破性能。面对这样的情况，是不是应该尽全力准备好掩蔽壕沟和抵挡爆炸气浪和弹片的掩体，来保护敌机空袭时不在勤的防空人员？当然，即使在一般情况下，也要做到这样。空袭时没有其他任务的防空人员大多是妇女，应该下令让她们躲进掩蔽壕沟，因为敌人一旦发动空袭，可能只需很短时间就可以完成——他们用上了“窗户”装置。高射炮队可以在材料齐全的情况下，自行修筑大部分的。如果要寻求外援，那么修筑掩蔽壕沟时，应尽可能优先选择最容易暴露的地点。

3月

首相致飞机生产大臣 **1944年3月1日**

谨在此送上我的祝贺，恭喜你2月份生产出了大量飞机，并超额完成任务。对于那些同样完成指标或者超额完成指标的人，请代我表示衷心的感谢。

首相致罗斯福总统 **1944年3月2日**

我建议你在一开始制订反潜艇战役的月报告时，把下列内容也包含进去：

“美国参战以来，收效最明显的一个月就是1944年2月。盟国在2月间被敌人击沉的所有船只连1943年2月总数的五分之一也不到，更是1942年2月被击沉总数的九分之一。”

具体被击沉的吨位是：1942年2月，六十五万九千五百吨；1943年2月，三十七万八千吨；1944年2月，七万吨。许多德国潜艇也被我们击毁了。这是英国方面的记录。

1944年2月船舶损失的报告中，如果相关数字在后来没有明显增长，就可以这么办。

首相致国内安全大臣 **1944年3月2日**

十分感谢你分析民间防毒面罩的调查报告。据我所知，这些防毒面罩大概可以供应十分之九的人。现在看来，配备防毒面罩的措施将会产生明显的效果，因为德国虽然可以向我们投弹，但是我们可以反投的炸弹吨数是他们的三十倍，而敌人可能在这种情况下发动毒气战，这些面罩刚好起到预防作用。

首相致艾伦·拉塞尔斯爵士 1944年3月4日

内政大臣做了一份备忘录，里面规定了一个全国为“霸王”作战计划祈福的日期，你应该看一看。我的意见是，现在人们无法知道到底会计划在什么时候启动计划，而这也是一个特殊时刻，如果真有上述行动，就会有人察觉到我们将不日发动进攻，这是十分危险的。不能打消我们军队的志气，这一点我们要尤其顾及到。[①]

首相致飞机生产大臣 1944年3月5日

以下办法是否也同样适用于英国飞机：据我所知，目前美国生产飞机时，都不涂抹油漆。第一，这样省下了时间和材料；第二，对某些类型的飞机来说，还可以提升二十英里的时速。请告诉我你的意见。

首相致军需大臣 1944年3月7日

三年以来，一直有一个垃圾堆，或者叫作废品堆，堆放在阿默舍姆和阿克斯布里奇之间的大道旁边，处理工作没有中断。那个地方叫作查尔方特 －圣贾尔斯，我每次去契克斯时都会路过那。现在，罐头盒子或金属品有没有从常年堆积的垃圾中回收？或者，和其他垃圾一样，被扔在那里？我只是路过，看不清是正在挑选它们还是摊开它们。只能看到，一直都没有结束这项工作，同时也进展缓慢。

首相致波特尔勋爵 1944年3月7日

圣詹姆士公园有一个内湖，就在它对面的草地上，也就是外交部大楼的下方，有个沙袋，它已经破旧不堪了，而且还漏着沙子；沙袋堆砌的街心掩体以及其他的障碍物也在附近。这好像是一个弃置已久的练兵场，当地国民自卫军早先曾用它操练。人们很在意这个地方，如果没有特殊需要，或者其他办法解决不了，那么就不应该把它弄得又脏又乱。

---

① 详见2月22日的备忘录。——原注

首相致财政大臣、海军大臣、陆军大臣及空军大臣　　1944年3月7日

我得知你们正在思索一个最佳方法，来小幅提升全军士兵的贴补。我始终贯彻我在改变基本薪饷方面的意见。话说回来，目前的确应该给我们自己的军队一些贴补了，长期以来一直在战争之中，再有我们这里还迎来了许多美国的军事人员，而他们享有丰厚的待遇。我只是有这样一个意见，通过增加两千万镑的年用度，来发放这部分津贴，是称得上合理的。还有，对于那些已婚人员，特别是他们当中有的人拿最低的收入，我认为应该给予特殊照顾。

你们草拟提案时，请参考以上观点，提案出来以后，务必交我批阅。

首相致陆军大臣（请军事运输大臣一阅）　　1944年3月8日

我们不能把全面装配的车辆装载上船，然后再运输出去，当然，如果进行敌前登陆就可以。

我了解到，12月31日时，就已经有二十万辆不同型式的车辆驻在地中海战场了，1月份又有一千辆左右的车辆从联合王国和北美运了过去。参照11到12月期间的损耗情况，四个月的时间会不会把这些运过去的车辆也用完。

可不可以先停止运送车辆？这个战区已经有不少车辆了，但是在其他方面就比较紧急了，它们在未来三四个月需要很多舱位。

首相致罗斯福总统　　1944年3月9日

英国的在美黄金和美元储备的问题

1. 对于美元收支的情况，你我曾在12月8日在开罗时有所争论，而且我还把一份备忘录交给了哈利·霍普金斯，这些想必你都没有忘记。对于你的意见，我的确有这样的理解：我们在这些问题上不应该接受不如法国或俄国的待遇。法国和俄国在海外债务方面，都没有抵消他们各自二十亿以上储备的项目。这些美元结余是我们的所有储备，而不是你在电报中所指出、它们是我们在美国的一份特殊资产。与这些储备相对的是负债，为了共同事业，我们已经有了至少一百亿美元负债的账目。

2. 为了答复你来电中第一段提出的问题，哈里法克斯勋爵在会谈之后，于1月8日会见了赫尔先生和摩根索先生，对问题进行了商议。摩根索先生是这样告诉他的：当下，无论是其他何种方式，他都不准备减少美元结余。哈里法克斯把这种个人保证报告给我们了。在租借物资中，有些项目是存在政治困难的，我们同意把它们从中抹去，因为我们信赖这种保证。

3. 如果我说：我们仅有的流动储备资金，就是这些美元结余，如果提议将它缩减到十亿，那么，平等对待盟国的原则就要被打破，而且和牺牲均摊、资源均供的理念，也是背道而驰的，应该没有问题吧？我们没有逃避责任，也没有妄求相安无事。我们差不多把所有可以变现的国外投资都用在这场战争上了。战争一结束，我们就会在国外欠下一大笔战争债务，在几个同盟国中，只有我们国家是这样。这仅剩的一笔流动储备资金，是要用在最紧急的时候的，我难以想象的是，如果我们花掉它，会出现什么状况。在沙场上抛头颅的英国人和美国人，会洒下同样的热血；把战争缩短一个月，省出来的用度就比这些储备资金多出去很多。在这个特别的时候，如何才能在不伤害公众感情的情况下，在会议上谈论这个问题呢？这我也不知道。

4. 我坚信你无论是发自本身，还是对美国人民，都有一种正义之心。为了使你大概了解我们的情况，所以才会不揣冒昧地和你谈论这些。

5. 我在后面还会发一封电报，请留意。

首相致罗斯福总统 **1944年3月9日**

1. 承接前电。关于我们的美元收支情况，我已经全部告诉你了。然而，你是不是只想表达这个意思：为了不让人轻易发现我们的部分美元收支情况，我们应该努力找到一种方法，并做出某些安排？我一直在想这个问题。果真如此的话，那么，斯退丁纽斯不是就要来我们这边么，只要你同意，到时我们就可以和他进行详细探讨。

2. 克劳利先生（竟然）已经在3月8日承诺把我们现在和战争初始时的美元收支数字报告给美国国会！接到你的电报之后，我们才知道这件事。很大的危险已经因它产生了。我坚信我方立场的正确性，如果明白了事情的来龙去脉，你们也可以看到的。自然地，如果每个人都知道了这件事，我们不得已就要当众表明我们自身的正确立场。我们对美国以外国家负债的数字是巨大的，请你们务必不要泄露这个数字，因为这样一来肯定会严重危害到英镑的地位，盟国在这个时期的整体实力也要受到影响。如不可避免，那么只能在绝密空间把此事的实质详细解释给听者后，透露这个数字。

首相致军需大臣　　1944年3月9日

据传，现在紧急需要，并且是日渐增长地需要一种名叫DDT的新式杀虫剂。我们达到了什么产量？够不够用？请告知。若不敷出，请想办法加快生产？考虑到其重要性，尤其对东南亚指挥部更为迫切的重要性，应该提前大量生产。

请索求实现大批量生产DDT的办法。

首相致罗斯福总统　　1944年3月10日

哈利·霍普金斯的儿子殒命沙场，我已为他撰写好碑文，并在今天派信使送去。请把它传到他养伤之处。手术过后，他还好吧？

首相致吉罗将军（在阿尔及尔）　　1944年3月10日

你的女儿是在突尼斯被逮捕的，后来被押解到了德国，她的四个孩子也在其内。现在她已过世，谨在此表达我真挚的安慰，请接受吧。

首相致达夫·库伯（在阿尔及尔）　　1944年3月10日

与艾森豪威尔谈话时，我听说，戴高乐将军也认为我们在这里进行主要战斗时，可以让勒克莱尔将军麾下的师团也加入进来。私下时你可以对他说，我对此是非常认可的。在运输各个方面还存在难处，不过我坚信，我可以克服这些困难，而且我也正在想办法。

首相致海军大臣及第一海务大臣 1944年3月11日

现阶段我们从德国潜艇上抓获的俘虏，他们性格怎样，素质怎样？其他重要作战时期，我们还有一些德军潜艇俘虏，两相比较，结果如何？请在一份简单报告中对上面的问题作出说明，并交给我。

首相致外交大臣 1944年3月11日

现在正是关键时候，我认为，此时把马利特从斯德哥尔摩调走就太可惜了。如果一个担任某一职务、属于某一司令部的军人，已经积累大量与职位相关的专门知识，同时还有具体任务在身，却要单纯因为升级军队的惯例而把他调离，这向来是我反对的行为。战争期间，国家利益要凌驾于个人事业之上。一定要给一位大使充足的时间，他才能站稳脚跟。可能他在第一年不见成效，可是在第二年，工作绩效就会显现出来，第三年，又被调离。斯德哥尔摩局势复杂，如需应对，必须留下马利特。我特别希望，并认为极有可能，最终使瑞典参战。

首相致帝国总参谋长 1944年3月13日

这究竟怎么了？竟然会有三十个人在这些猛烈的军事演习[①]中死去！他们属于哪一部分军队？怎么能让这些军队死于演习？应该让他们真实地参加某些地方的战斗。总共有多少人参加演习？

首相致枢密院议长、卫生大臣、工程与建筑大臣 1944年3月14日

我昨天听比德尔·史密斯将军说，美国军官将以近似敲诈的高价承租这里的平房和小型住所。他说，要每周二十八镑才能租一处中等面积的平房；每周三十五镑才能租他现在住的小宅院。美国人很乐意为他们住的地方付钱，但是价钱应公平合理，而且我们当然也应该公平合理。但是，我不会容忍敲诈行为，牟暴利的行为也不行。事实是怎样的？有没有改正的办法？虽然我不知道这件事是谁负责的，但希望你们加以关注，并回答我这两个问题。

---

① 一些在外约旦进行的军事演习。——原注

首相致空军参谋长及伊斯梅将军 1944年3月18日

是哪一部分驻意大利空军发布的低空机枪扫射街上平民命令？我相信，英国的飞行员不会犯下这样的罪过，尽管我很清楚，确实应该轰炸罗马的货运火车集散场地。

关于这个问题，请特别做一份报告交给我。

首相致罗斯福总统 1944年3月19日

1. 一直以来，我们在爱尔兰的进展都是参照着格雷[①]的行为的；眼前这个时候，还不能向德·瓦莱拉做出保证。只有缺乏智慧的医生才会对他的病人说：刚才我只是拿有颜色的药水来充当治愈你神经系统疾病的药。一段时间之内，让他们接着猜吧。我觉得这是最好的办法。

2. 不许英国和爱尔兰互通基本贸易，或禁止物资运出前往爱尔兰，这种做法非我所想。我真正考虑过的是，不许船舶由爱尔兰驶向西班牙、葡萄牙以及其他外国港口，直到“霸王”战役开始。虽然离港时的船只只有一个航向，但是它可以在中途改变方向。这一点务必要注意到。对飞向海外的飞机也可以采取上述措施。阻截船只应该没什么困难，但是阻截飞机时，我们就要不遗余力了。都柏林的德国公使可能会安排密使从海上或空中把我们的计划透露出去。为了避免发生这种情况，同时保卫英国和美国士兵的性命，我们才会有这些举动，而并不想与爱尔兰人交恶。我们的行为没有造成太大影响，因为从1943年初到现在，只有十九艘船只驶离了爱尔兰港，其航行加在一起也才几次。此外，切断电话路径，严格限制通讯，禁止英国和爱尔兰互通空运，这些我们也都在进行之中。我要再次强调，我们只是在自我防卫，并非心存不善。

3. 但是，如果爱尔兰人不再供应福恩斯航空港的便利条件（只是举个例子），我们就可以切断他们渡过英吉利海峡的贸易路线。我认为可以这样回应他们害人害己的行为。我们应该尝试想想经济制裁了，说不定他们现在出新招儿了。不过，

---

① 美国驻都柏林代表。——原注

我会提前告诉你，再采取这些行动的。

4. 叫我说，应该利用德·瓦莱拉这群家伙的惶恐心理，使其产生好的影响，而不应减轻惶恐。为防机密外泄，在这种影响的掩护下，我们就会在背后持续增加应对爱尔兰的措施。截止到目前，我们做到了良好的保密。

5. 赫尔先生曾有电报说："我反而觉得，我们不对爱尔兰进行经济制裁这样的想法，还是先不要对报界公开；也不应该向爱尔兰政府做出这样的保证；至少现在不应该。"所以我估计，对于上一段中的观点，议会应该能同意。希望你也持相同意见。

首相致伊斯梅将军，转参谋长委员会 1944年3月19日

战场上的参谋长和总司令似乎表面相差很大。而他们实际上是大同小异的：工作都在办公室；都要定期审视前线；敌方空袭时常威胁到他们。确实，对于集团军群的司令官来说，以上两者彼此的类似之处，很多时候对他自己也适用。就连集团军的司令官在当下运用军事艺术的条件，也和过去迥然不同。所以说，不给马歇尔将军发授苏联勋章，是没有理由的。

首相致海军大臣及第一海务大臣 1944年3月19日

这场灾难太过沉重了。请告诉我，一千零五十五名英国人还是美国人溺死了，那些部队是正在运出去，还是运回来。

应该可以多挽救一些人的，毕竟护送他们的是这样一支护航队。[①]

首相致陆军情报局局长 1944年3月19日

你在此处措辞时，正确地应该用"intense"，为什么非要用"intensive[②]"呢？

---

① 在一支护航队护送下从东非驶向锡兰的英国"赫迪夫·伊斯梅尔"号运输舰，于2月12日在阿杜岛附近被一艘日本潜艇的鱼雷击中，两分钟后开始沉没。该舰载有一千九百四十七人，包括英、美和非洲的部队及妇女服务团成员。不过该潜艇很快即被英国驱逐舰击沉。

② 中文意义为"强烈的"，后一个单词意思是"热烈的"。——译注

这两个词的用法在《现代英语用法》中讲到了，你应去阅读一下。

首相致外交大臣 1944年3月19日

在我看来，如果在战争时期有一个人，对其岗位而言不可或缺，又有丰富的知识储备，那么只有目光短浅的人，才会把他调到一个陌生的、需要从零开始的地方。据我了解，你正准备调动两位大使。真的可以说，我们现在所处的年代，在我们一生中，在历史上，都是非同一般的；在这危急时刻，尽全力为民众做贡献才是我们应该唯一追求的。

那些显有功绩且了不起的大使，都曾长年在这个岗位任职。差不多十年了，麦斯基还在美国。在英国，长期以来一直传诵着德·斯泰尔先生的名字，孩提时，我就记得他了。我想大约是在十五年的时间内，葡萄牙大使佐韦莱若一直在出使英国，可能这个时间要更长一点。此类事例数不胜数。

一位大使不能长期留任原职，外交部这是在遵奉“布金斯轮流制”原则，但是这一原则也对它产生了重大影响。因为有必要为意大利安排一位强干的外交家，所以对于你把诺埃尔·查尔斯调出里约热内卢的做法，我表示认可。这次调动，会令巴西方面心生叹息。 我就曾这样告诉自己。大使一职可能会因这次调动而变成一种“一般职位”，每个调去的大使都要面对完全陌生的环境，这当然不是我想看到的。如果事情真的发生了，我表示惋惜。如果一位大使没有犯下使他难以再胜任的过错，也没有违背政府的政策，那么一定要使他有六年任期，不能过早调回他。这是我从我长期经验中得到的主张。

首相致下院领袖及陆军大臣 1944年3月29日

我认为，我们应抓住制订陆军年度议案这个时机，纠正一下目前通用的方法：

1. 不管是补选，还是大选，为了使各个选区的各军阶的在役官兵有机会入选，应合理地保证他们的各种方便条件。这一规定要确立下来。

2. 任何议员以外的某党派在役官兵，都无权参与政治示威或政治运动。不允许他们在役期间当众演说。参加集会是可以的。

3. 选举结果公布之前，对于补选中的候选军人，从他拉票演说那天开始，或者从他正式进行其他竞选开始，准许请假。结果一出来，他就具备了议员的权利。

4. 从今天开始，解除选区内的正规军官不得入选的禁令规定，应在战争结束之前持续有效。应该使正规军官在战争结束前，和“仅战时服役”的人员在待遇方面保持平等。

5. 在部队服役的议员，不但在自己的选区，而且在任何一个选区，都可以自由发表演说。

海军部、空军部也务必按此行事。你们应该先行商讨这个问题，然后再与上面两部共同商议，并做出决定。

4月

首相致石油大臣杰弗里·劳埃德先生 1944年4月1日

3月18日，驱雾设备圆满运用在了菲斯克汤战区，二百码的能见度提升到了一千五百码，五架轰炸机借助该装置安全着陆，我已听闻，并且深为着迷。我非常高兴地看到这种装置发挥了如此优秀的作用。对于你们部门勤劳付出的最大回报，就是生命和装备都得以保全，要知道它们都是非常宝贵的。若你在这个装置还有更深入的动作，我会全力支持你的。

首相致彻韦尔勋爵 1944年4月1日

我们在意大利的土地上开战以来，伤亡怎样？请把数字交给我。首先，看看在这个战场作战的部队总共投入多少人员，再分析一下，死亡人数占多大比例，失踪（注意，投降的被俘人员失踪了，也算在失踪人数内）的又是多大。我们名声的高低，就看失踪人数所占比例了。

首相致伊斯梅将军，转三军参谋长及副参谋长 1944年4月2日

关系到“霸王”作战计划各个港口都需要支援，有必要调整联合王国的防空设施，请从多种渠道完成此事。在其他地方防空力量就可以降低一些了，至于怎样的安保工作才算合适，继续由你来负责。英国人民会大力支持我们的任何工作的，

这是不用多说的。

首相致伊斯梅将军，转三军参谋长 1944年4月2日

我认为，我们现在还可以再筛拣百分之三十毒气供应方面的人员，因为毒气已经足够了，而且已经筛拣了百分之十，其实筛拣出百分之四十肯定也是可以的。请就此问题与军需部商议，并告诉我你们的看法。

首相致陆军部长及空军部长 1944年4月2日

新式杀虫剂DDT成效出众的消息已经传到我这里。军需大臣已经接到你们的——尤其是亚洲战场上——要求，放心，肯定会完全满足你们的，因为再过一段时间，这种杀虫剂就会投入生产。

请告诉我现在是什么情况。[①]

首相致副首相 1944年4月2日

我相信，既然比德尔·史密斯会把这件事告诉我，肯定是收了太高的租金。一星期二十八镑来租一套中型公寓房间，一星期三十五镑租一所小型住宅，这是不是已经不在合理范围内了？要亲自调查这件特别的事，可以请波特尔勋爵办理。只要他过去和比德尔·史密斯将军谈一谈，就可以说，我的责任，我已履行了。[②]

首相致粮食大臣 1944年4月2日

对一个面包商的检举，不过是苛求细枝末节，你没有接受办理，而且还把规章条例中的那些过分苛责的、细小的、高傲的官僚主义条文给剔除掉了，做得好！大家会因为这些而夸赞你的。如果说损害一个享有盛名的大机关的威望，那么非这种官僚主义条文莫属了。

---

① 详见3月9日给军需大臣的备忘录。——原注

② 详见3月14日的备忘录。——原注

首相致工程与建筑大臣 1944年4月2日

得知你对我写的“特殊时期的住宅问题”的意见，我非常认可。你在修正我的稿子时，可以按你的意见处理，并请设法打印出校样来。再有，是不是“ready-made”(已完成的)这个词比“Prefabricated”(过度安置的)更合适呢？不管怎么说，我们肯定不乏更好的词。

首相致内政大臣 1944年4月3日

为什么1735年的《巫术法案》还会引用在当今的法庭中。请提交一份报告，说明这个问题。为了这次审讯，证人要从朴次茅斯被传过来；伦敦人口密度这么大，要供应他在这里两周的生活；法院还要在影响必要工作的情况下，奔波于这种冥顽不灵的迂腐行为——多少国家钱财要因为这些被消耗掉？！

首相致蒙哥马利将军 1944年4月4日

我已经再三考虑了你在前晚和我谈的第六警卫集团军坦克旅的事，我随时都有可能再和你商议，还要带上陆军部。而且，我没有撤掉这个旅的打算，这是我早就申明过的。

首相致陆军大臣及帝国总参谋长 1944年4月4日

1. 第六警卫集团军现有一个装备“丘吉尔”坦克的坦克旅，这种坦克可是最新的样式，而且，这个旅的成员曾进行了一次两年以上的训练，训练的目的是非常特殊的。我认为，不管是一般的部队，还是一个装甲师，抑或是步兵警卫队或正规步兵，把上面的旅解散了，让他们到这些队伍中，损失都是非常大的。现在，任何这方面的行动都不能进行，直到我们对此进行了全面的研究。

2. 我的构思是，让这个第六警卫集团军坦克旅和警卫装甲师的两个旅组成一个三个旅的队伍，共同参加战斗，慢慢地，它的实力会减弱到普通师，因为战斗中会有人员的伤亡、车辆的摧毁，从而得到精简。希望大家可以对此进行研究。如果真能这样，我们得到的初始兵力是非常强大的，因为所选的人才都是悉心培养出来的。相反，白白浪费其中一部分人才的做法，同时也破坏了它的完整性，这可是我们辛辛苦苦才造就出来的。我相信，你们一定会支持我的构思的。

首相致陆军大臣及帝国总参谋长　　1944年4月9日

（此电文并交蒙哥马利将军）

1. 对于你们给我提的几个问题，我已经深思熟虑过了。现在，俄国人在做的是，组建大量警卫师，那么我们为什么就不能这样，反而要缩减我们的警卫集团军呢？我们可以让正规步兵来充实它嘛。德国人正在组建近卫装甲师，看来他们在这方面也有所加强，组成这个师的大部分士兵是从飞机场和伞兵中抽选出来的身强体壮的青年，而实际上，这种师的需求不应超过步兵师。他们一定会受到这些特殊名称的激励而更加忠义。事实上，没有人会怀疑，警卫军的表现辜负了人们的景仰。

2. 因此，警卫集团军可以由抽选的正规步兵力量补充。今后，警卫集团军自己的新兵会补充进来，以维持其实力，如有必要，还可以从正规部队调用新兵。以上就是我希望看到的。然而，我已经同意做出合并两个意大利旅的决定，此事不会影响它。

3. 关于补充警卫集团军的办法，除了调用正规步兵，还有几点：

（1）我认为，那六个师编制比较小，可以精简它们，多出来的人员可以组成两个骨干师。

（2）我认为撤除第六警卫集团军坦克旅是行不通的。[①]

（3）第十装甲师的司令部及军队可以解散，但该师装甲旅应予以保留。

（4）应尽可能地把大批的皇家空军团人员——至少两万五千人，调离飞机场，一部分直接用来充实警卫集团军，剩下的合并到陆军的其他步兵队伍中。

首相致国务大臣及亚历山大·卡多根爵士　　1944年4月13日

甚至在我们与苏联合作时，共产党员也会常常向苏联泄露秘密，所以我们可以知道，现在的他们并不是效忠于我们或我们的事业的，所以，在我们所有的机

---

① 详见4月4日的备忘录。——原注

密部门中，要荡清共产党员，这一点你们应该都没有忘记。我们通知法国委员会机密情况时，一定谨慎再谨慎，因为里面有两个共产党员。

首相致空军大臣及陆军大臣 1944年4月18日

1. 我们必须在目前的陆军组编工作中想方设法节约人力，因为部队人数减少的情况已经出现，这是很严重的事。我想，我们不具备继续供养一支专门保护飞机场的特殊队伍的实力了。当时，敌人可能会向我们国家兴兵，可以说我们的生存系在战斗机机场的安全上，所以才成立了皇家空军团。后来，这个团人员越来越少了。但是，现在这个时候，就应该考虑把他们的一大部分抽出来，充当陆军作战部队。请对这个建议共同商议一下。应尽可能地使正规步兵队伍得到皇家空军团的人员补充。我的意见是，最起码要抽出两万五千人来。①

2. 请尽快把你们的确切意见告诉我，此事十分紧迫。

首相致陆军大臣及帝国总参谋长 1944年4月19日

我觉得该为马特尔着想着想了。他确实没有在俄国取得什么成就，难道就要因此斥责他吗？他们把我们的人当成狗了。以前在法国的时候，马特尔就带着他的坦克部队在阿尔芒蒂埃尔附近作战，那一仗打得很精彩。他在战前两年走访俄国陆军时提出的报告是非常具有远见卓识的。我认为，完全可以称他为优秀的军官，虽然我反对他在坦克问题上的某些意见。一定要安置好他。请告诉我你对此有什么计划。

首相致亚历山大·卡多根爵士 1944年4月19日

关于“无条件投降”

如果详细列举我们计划向德国正式提出的条件，里面肯定不会对他们做出任何保证，这一点我已经明确告诉内阁。罗斯福总统和斯大林元帅在德黑兰时，都

① 详见4月9日的备忘录。——原注

发言说，把德国分成比我预想的更小的几部分。我不能轻易断定斯大林过去谈到把数量五万之众的德国参谋人员和军事专家处死时，是不是开玩笑。当时的气氛既轻松，也严肃。然而，他还说，要让四百万名德国男子充当重建俄国的劳力，而且没有期限，这是可以肯定的。至于波兰，我们曾经许诺，会有东普鲁士偿还他们，同时，如果他们没有意见，也可以获得以奥德河线为界（的疆土）。除了这些，还有不少条款规定，其目的都是分裂德国，并且防止他在任何时候再次兴起，成为一个军事强国。

还有，我们在理解意大利人提出的“无条件投降”时，所持的态度极其宽容；让我们拭目以待，我们在罗马尼亚投降时，给他们提的条件肯定是另一个样。这些德国人都是知道的。

首相致外交大臣及亚历山大·卡多根爵士　　　　1944年4月23日

1. 使俄国尽快与日本作战是我们最重要的目标。斯大林曾在德黑兰发表一份声明，你应该没有忘记。日俄双方已经因此达成协议，如果俄国只是想借此撕毁1941年4月的俄日中立条约，那么这一协议对我们的“利益”又在哪里？很难找到。日本人希望俄国先不要破坏中立条约，这一点单从日本计划为这一协议而尽力妥协这一事实，就可以看出来。由此还说明了他们是怎么看待这一协议的。日本当然应该这样。但是，我们能获得什么“利益”呢？

2. 日本方面的动机再明白不过了，但俄国的动机又是什么呢？我个人认为那是非常可疑的。他们想利用日本应对英美两国的联合夹击而疲于奔命这个大好时机。现在，他们不就在化解与日本矛盾的地方吗？这样，希特勒垮台以后，他们的地位是绝佳的，他们可以先向我们提出更过分的要求，再去向日本宣战。当然，也有另一种可能，那就是这实际是一种迷惑日本的方法，表面上日本人得到安慰，从而误以为自己是安全的。这种做法，我本身是不待见的。

首相致外交大臣　　　　1944年4月29日

1. 你在备忘录中提议与德国就被占领国家的粮食救援问题进行谈判，我表示赞成。海军部会一步步建立“敌舰一现身就当即击沉的海域”，以使战斗更加顺利，现在来看，还没有必要谈论这个问题。

2. 我们决不会与瑞士或其他他任何一个政府进行谈判，如果他们的政策我们无法接受的话。

3. 有一点要指出，那就是，我们救助欧洲国家时，必须保证供应到我国人民，而且要按照美国已确定的配给或口粮标准。

首相致海军大臣及第一海务大臣　　1944年4月29日

日本的主力舰队在新加坡的时候，我们又有了新的信心，因为詹姆士·赛默威尔海军上将成功地突袭了萨庞[①]。

我认为，他了解这个战场，也就可以正确观察它，勇敢采取行动，所以我们才把他调过来。他准备去华盛顿，不想再承担作战指挥的任务了，是不是？

首相致粮食大臣　　1944年4月29日

1. 美国需要过量的肉类,这个问题你是不是已经在给我的一份报告中提到了。这个问题目前还没有向罗斯福总统提，因为你说你会提的，我是答应了的。我了解到的粮食部采取的政策是：我们可以答应美国对澳大利亚和新西兰提出的要求，前提是美国实现我们的愿望。然而，包括我们自己在内的相关政府，也应该可以提美国要求的数量啊。

2. 肉类已经如此珍贵，现在却有浪费现象。澳大利亚和新西兰的士兵有的从战场撤回来了，美国人心有不满。他们回来，还不是为了给美国陆军生产肉类。澳大利亚人毫不费力地如此反击美国。我早在几周前就应该给罗斯福总统去电报了，现在，如果你不能给我圆满的回答，我只好这么做了。

首相致彻韦尔勋爵　　1944年4月30日

海军部的“关于德国音响引炸鱼雷（名号蚊虫）”文件我已收到，我要知道下列想法是不是对的，才能给予批准。

---

① 苏门答腊岛上的一个海港，被日本当作加油站。——译注

我们可以用深水炸弹发射管投放这样一种装置：或者飘浮于水面上，或者悬在水里，它随落随停，还会发近似“鸟鸣”的声响；为了阻截“蚊虫”，也可以使它动起来。不妨就叫它“鸟鸣器”。如果能够准确判断敌人何时袭击，为了吸引敌人，我们可以趁机适当发射这种装置，十五枚或二十枚应该可以达到这个目的。

“鸟鸣器”也可以在我们的舰只遭遇险情时围住我方舰只。它们可能会撞击舰只，但是可以对舰尾形成很好的保护，而不会破坏舰只。

请告诉我上述构思是否可行。

5月

首相致外交大臣及霍利斯将军，转参谋长委员会 1944年5月1日

如果能尽快把巴西师调到意大利去,我完全同意。正是意大利的战事迫切需要，为了满足它，才要想尽一切办法把这个师运过去。别再说这不过是一支象征性部队的话。空军中队也可以参照上面的原则。

首相致外交大臣 1944年5月4日

我们与苏联政府在意大利、罗马尼亚、保加利亚、南斯拉夫问题上的争执已经相当剧烈了，尤其是在希腊方面。应该向内阁——可能还要向英帝国会议起草一份报告，简单解释这一情况。所有内容，一页纸应该够用了。虽然简单，但却非常重要。

总结起来，就是我们准不准备默许巴尔干国家共产主义化的问题。意大利也有可能在其中。今天柯廷先生说到这件事，我基本上是这样想的：应对此事，我们先要清晰论断，如果决定对共产主义的潜入和侵犯进行反击，我们就要和美国商量好，在我们的军事条件已经备足，在一个最佳时机，明明白白地把这个问题摆出来。

首相致外交大臣 1944年5月4日

1. 我们应不应该把我国驻莫斯科的大使唤回国内，进行商讨？请思考此事。

能与他们商量一下，我们是非常愿意的。可能现在这样做，我们就会与俄国人产生鸿沟。艾夫里尔·哈里曼正在回美国的路上。

2. 希望获知你是如何看待此事的。虽然我不怎么了解这件事，但是，我们认为，差不多要在这个时候与俄国人撕破脸了，他们就是企图使意大利、南斯拉夫和希腊共产主义化。将来会有一个时期，英国大使和美国大使都不在莫斯科，我觉得他们可能会有些不安。在我看来，要应对他们的态度，真是一天比一天难了。这件事你和哈里曼谈过了吗？希望如此。如方便，请把详情告诉我。

首相致伊斯梅将军 1944年5月7日

尽管不会刊登谈话内容，我也不想再召开记者招待会，要知道一场决定性的战役就要爆发了。我们可以把亚历山大将军的原则在战役开始的一刻，重复告知新闻界，届时，我们的战斗也会欢迎新闻记者的。令我特别担心的是，最近，不少那不勒斯发出的报道说我们就要展开进攻了，其中的一篇还出现在“柯里尔”杂志上了。好像根本不必告诉敌人何时发动进攻吧。当然了，可能这是在剑走偏锋，因为敌人有可能会断定这是一种障眼法，并觉得我们是傻瓜，但是，这样的行为是危险的。

首相致霍利斯将军 1944年5月7日

我确实曾考虑到在直布罗陀开会时耳闻的议论，对那些派到阿尔及尔的军事代表团表示反感。他们在那里根本没有实际用处，但是这干人等却蜂拥到了阿尔及尔，还舒舒服服地住下来了，为此我深表痛惜。栖身那里的人几乎全部都与战争没有瓜葛了，而且人员冗繁，他们再过去，不过是徒增人数罢了。不用多说，过去的这些军官个个薪资不菲，但也是技艺超群、经验丰富的，应该重新把他们调回来，做一些有意义的事。为实现这一点，我当然是希望当地的情况能够得到解决。可以用一千名参谋军官组建一支“神圣军团”，让他们在一些猛烈的突击战中起到带头作用，这是最佳解决办法了。无论如何，应该撤销这些军事代表团。

首相致军事情报局局长 1944年5月7日

请呈递一份报表，最准确地按照国别列举在意大利战役中牺牲、负伤和被俘人员的数字。德国的也要包括在内。牺牲人数占了失踪人数多少比例？牺牲、负伤又占了失踪人数多少比例？这两点都要尽量在报表的每一个类目中列举出来。总体而言，敌军的前线人数远远少于我们，而情况是：我们有三万八千人左右牺牲、失踪或被俘，其中牺牲者是一万九千名；德军失踪和战死的总数是五万五千名，其中有三万五千人是我们俘虏的，另外大约是两万名的牺牲人数。与美国相比，我方在整个前线上牺牲的人数与失踪人数之比，不怎么能说得过去。但是，我认为，值得称道的数字应该会在这最后一次的统计中出来。

首相致外交大臣 1944年5月7日

为什么克拉克·科尔大使在莫斯科处理事情时，会用那样的方法？真是想不透。一直以来，他显然是亲手交给莫洛托夫或斯大林电报的，而且不管见到两个人中哪一个，随便递就完事。偶尔还会等上几天，因为这两位秉权的重要人物可能会不在或不想接见。确实，他应该当面交付一些电报，但其他电报呢？他就不能指派一位官员去做吗？这种事应该怎么处理呢？请告诉我你的意见。举例来说，有些话我们已经下定决心要说出来，但是可能会因为下面的方式而气力不足：我们派去的人带着一封措辞严厉的信件在那里干等着，听对方的恐吓，之后偶尔还要道歉。我认为最好不要这样。

首相致掌玺大臣 1944年5月7日

我们就要欠印度一大笔债了，这结果多么匪夷所思啊！我猜你肯定没有对此进行过分析吧；与上次大战结束时我们欠下美国的债款相比，这次要更多，这可是我们保卫它的结果。对于这种恐怖的结果，好像你根本没有在来信中想到。

首相致海军大臣 1944年5月10日

对你4月5日发来的“蚊虫”报告表示感谢。我认为，引诱或迷乱“蚊虫”的方向，是有可能实现的，只要在适当的时候，在水中发射十五或二十个名叫“鸟鸣器”发音装置。当然了，要用深水炸弹发射管或其他发射管来投放。

“猎狐手”装置有诸多不足，比如必须使用拖曳机，而这种装置可以规避这些缺点，这点上它是很棒的。

非常高兴听说你正在对这个问题进行思考和研究。希望你可以迅速把“鸟鸣器”投入战斗。[①]

首相致波特尔勋爵 **1944年5月14日**

几个月前，我曾恳请你多建一些过度安置房样品出来。[②]据说，大约六个星期就能建造一座样品住宅；有一座建成的样品住宅正在运到苏格兰参加展览，而现在塔特展览馆就已经有一座了；另外，不日又会建造好两座，现在正在进行各种改进。尽管所建样品数量与我期望的还有差距，但是，得闻这些，我十分欣慰。你应把你的样品住宅展现在所有劳动妇女和各阶层人士面前。对于那些建设中的房屋，望你从速完工。

首相致空军大臣 **1944年5月20日**

1. 现在的条件已经与皇家空军团成立时全然不同了。我先前就向你提出了从该团中调出两万五千人，将来用于支援陆军的请求了[③]。未来的战斗会亟需他们的。这个星期三，我要在下院发言，在这之前没有时间和你详细研究此事，但是我真的很希望有机会。还有，我也已经提出了让两千名良好士兵补充警卫队的请求。他们会更好地在警卫队中发挥作用，强于围着拥堵的飞机场闲逛，来警戒已经威胁不到我们的危险。如不这样，为了尽快作出决定，下周二举行战时内阁特别会议时，就会提交此事，所以请务必按照以上说的办理。当然了，必要的人员也会被抽选出来组成委员会，我一定要解释清楚的是，该委员会向你提出深入要求一事不会因此受到影响。

2. 许多的防空团成员已被陆军从他们所在防空团抽调出来去充实步兵了；从

---

① 详见4月30日给彻韦尔勋爵的备忘录。——原注

② 详见4月2日给工程和建筑大臣的备忘录。——原注

③ 详见4月9日的备忘录。——原注

战争的现阶段来看，此举大错特错，这些卓越的皇家空军团人员承担的任务是彻底消极的。

3．去年末，我们在登陆艇方面急缺人手，海军就从陆军及皇家空军团调人了，这清楚说明了调动人员是很轻松的。参加到新的岗位时，许多人肯定会一马当先的，这一点我深信不疑。而且，给人员安排工作岗位，必须使他在那里最有效地发挥作用，这一点人们最近才有深刻的认识。

4．所以，要实现我调出两千人的要求，还请帮忙。此事时间仓促，实为紧急。

首相致帝国总参谋长 **1944年5月21日**

我们听到一个消息，不知道是不是实情，那就是因为后勤供应不足，无法使波兰第一装甲师参加战斗。我们在欧洲的实力已经太微弱了，应该使这个出色的师填充进来，适当进行调整，应该还是可以的。后勤不足到什么情况了？请告知。

首相致生产大臣 **1944年5月21日**

对你5月11日提交关于盘尼西林的备忘录表示感谢。我们自身也要制造，这一点不能受任何因素的影响，当然了，还要尽可能以最大数量从美国那里获得。如果说今年就生产出很多来，似乎办不到。

首相致桑兹先生 **1944年5月21日**

请阅读“奥康纳将军关于‘克伦威尔’式坦克的装甲防护板和逃生装置的报告”，而且明天还要提出书面意见。我有一点疑虑，可能你能帮我打消，那就是坦克下层轿厢的人员怎样在上层火药和汽油燃烧的情况下逃生？应该很难吧？

首相致外交大臣 **1944年5月22日**

1．要想明了事实正反两面，只需把奇数段落和偶数段落连起来读即可。人们是这样评价外交部的备忘录的。为什么我们不可以直接告诉对美国和俄国，我们不同意在现阶段使意大利的地位同于同盟国呢？

2. 这封电报我已从头到尾看过，它对褒贬每一种方法的论据都作了解释，然而，它的最终结论竟然是："只要具备条件，与意大利之间的部分协定就可以马上签订。"这太匪夷所思了，完全值得怀疑。这和"希特勒溃败以后，所有政府只会长期免战，而不会订阅盟约，就算他们一起开会商讨，也是这样"的说法几乎无异。

3. 我的意见是，更有魄力的做法是，言简意赅地阐明我们的立场，这样首脑方面也会轻易知道。这一点你肯定会察觉的。你有什么意见？请和我谈一谈，尤其要谈的是，你反对我的意见。

首相致外交大臣、军事运输大臣、生产大臣及粮食大臣　　1944年5月23日

应该由莱瑟斯勋爵和艾森豪威尔将军对"降低进口量以实施'霸王'作战计划"的全部问题进行协商并做出决定。但是，我已经说过，只要美国保证在三个月内补偿我们，我们就可以在未来四个月内，再放弃五十万吨的进口量。我们绝对需要的最低进口量是每年两千四百万吨。

首相致外交大臣　　1944年5月23日

我看到了一份关于俄国不久就会认可法国临时政府的文件。与罗斯福总统背道而驰，使人们认为我们与俄国同出一气，那肯定不是我处理这个问题的方法。可能斯大林还没有收到我已批准的、你交给克拉克·科尔的电报，此事干系相当重大。立即与美国商议的做法，也是不能采取的。虽然我们必须承认，俄国未曾就此和我们商量。尽管如此，那总好过联系俄国与美国对立。其实我可以完全不考虑此事。全部的西线作战任务都由两个盟国担任着，所以，俄国不具备不与他们商量就采取这一行动的权力。

首相致伊斯梅将军，转参谋长委员会　　1944年5月25日

1. 有些领土已经收复，英帝国明显要派军队驻扎过去。很难用"师"的数字来安排驻军，因为"师"字的含义是模糊的。完全可以衡量某地区的特定情况，在驱逐敌军后，相应派营、装甲车连，再掺杂装备一些大炮和坦克。这项任务由大量印度军队来承担即可，他们一定可以的。

2. 可以在最高级军事行动中运作的实体，就是一个师。它与警察部队是有根本差异的，后者是静态或机动的，目的是使动乱的国家稳定下来。大量当地人会混在这些警察部队中，而他们绝对不会考虑到动用七十门大炮的问题。

首相致外交大臣 **1944年5月25日**

在我看来，在整个机构中，武力防止战争，要由三个或四个大国来负责，他们也可以组成干事会，然而，应该让更大的、会产生实际功用的机构，来解决经济方面的问题。我们的构思并不是让三个或四个大国驾驭全世界，这一点你应该指出来的。他们如果取得胜利，就相反地要服务于全世界，承担起防止战争再次爆发的责任，这是非常伟大的。（只是举例）如果俄国或美国及他的追随者——中国，会制定某种经济、财政和货币制度，我们肯定不打算遵奉的。

统治世界上的国家，并非最高会议或执行委员会的目的，而仅仅是避免各国彼此征讨。我认为我可以有效维护这样的原则，因为我可以以这样的观点为出发点，那就是如不这样，会危害到各国家的主权。

首相致粮食大臣 **1944年5月27日**

很高兴听到你对完善食物供应问题的谈论，而且我觉得你已经采取了十分智慧的做法。生活中的细枝末节会烦扰我们，但是应该想办法消除它们，无论是在旅馆、小商店或是一般人的个人生活中，都是如此。还要故意难为别人，任何情况都一样。我们国家所从事的供应食物的工作，已经有力地鼓舞了我们，大家忘记了阶级的差别，这项工作是伟大的。有些规定很细微，实行起来又有困难，不应该因为它们而耽误上述工作。你对此事有什么看法吗？请和我说说。

首相致外交大臣 **1944年5月27日**

十分可惜的是，一封发给斯大林的、你我二人已经通过的重要电报并没有迅速传递出去。如果大使觉得这是一封非常不恰当的电报，可以提醒我们，如果情况特殊，他也可以见机行事，总之机会总是有的。但是，他完全不必等斯大林来会见他，或者恭候他从前线返回，从而使电报在长达四天、五天或六天的时间里留在莫斯科。应该有把电报当成一封信传递过去的便利，派一名穿着军服的军官就可以办到。

有时候，电报已经发出，却会由于长期收不到回电而出现误会。千万要及时传递信件，不能耽误，因为我们在接到他们的回复之前，肯定是沉默无语的，而我们一直在向错误地方向会他们的意。事实上，他们在回电里给了令人非常满意的回答。[①]

首相致帝国总参谋长　　1944年5月27日

波兰师不但是一支非凡的作战部队，而且，未来诸多事情，都要依赖波兰的灵魂，它会因为波兰师的卓越战绩而保持鲜活。因此，绝对不能使它脱离战场。请提交给我一份清单，列举出该师在后勤项目上的不足之处，车辆、军官和人员等数字，都要登记在册。

此外，可以为该师空运几支分遣队。比德尔·史密斯将军说他可以援助一手。[②]

首相致飞机生产大臣　　1944年5月27日

由衷祝贺“德·哈维兰”喷气飞机创造的飞行记录——每小时五百零六英里。请将此真挚贺辞转述给相关人员。

令我担心的是，我听说，你提议在政府新建的公司内发展喷气推进飞机。最近议论纷纷，说不应该把研究工作和发展工作混在一起，而应该双向并举。可能在很多方面，要放慢发展喷气推进飞机，这才使你探索建立新机构的必要性，并从法恩巴勒调出喷气推进飞机的研究工作，这我非常理解，但是我怀疑此举是否明智；我了解的信息是，在那里，很多稳妥的工作已经展开，同时，也方便发展引擎和飞机。[③]

---

① 详见5月7日给外交大臣的备忘录。——原注

② 详见5月21日给帝国总参谋长的备忘录。——原注

③ 详见1943年7月31日和10月6日的备忘录。——原注

首相致燃料及动力大臣 1944年5月27日

《约克郡邮电报》上说，曾经有一个户主被罚款一镑，就因为向邻居借煤，还另外交了两枚金币作为煤钱。对于这种荒谬行为，盼你阻止再生。经常会发生这样的傻事，要论大失人心，非此类事莫属，这是吹毛求疵的官僚主义。我只是把它当作一个典型例子，是某些低级官吏或委员会办的众多滑稽事的一件。

为威慑其他众人，你应对相关人员做出惩罚。

首相致海军大臣及第一海务大臣 1944年5月28日

完全不必再客气对待持续过分强横的俄国人。我们对他们没有畏惧，这一点要让他们真切感受到：他们可以在报告中引述你们实际说的话，所以最好用身体语言和神态来表达；还有，我们也可以故意礼数不周，来回应他们高级人员太过失礼的言论。

1. 再者，如果他们想要我们以某种不一样的仪式来完成“用英国军舰替换意大利军舰”的交接，为了形成良好的大众形象，可以弄得特别隆重。我肯定写信给斯大林元帅告诉他此事的。我们不应该向俄国人示敬，俄国人应反过来感谢我们。他们在交接舰艇一事上，根本连一句“谢谢”也没有说过，但是，双方低级军官应尽可能建立友善关系。将来是我们国家来主要实现他们船舶方面愿望的。如果谁羞辱你，你可以向他展示你的愤懑，为此可以索求各种方法。

3. 但是，你要注意，应大力赞赏他们有可能出现的转好的行为。

首相致盟国远征军最高副统帅 1944年5月29日

对你5月11日关于德国坦克训练站——梅里－勒－堪普的备忘录表示感谢。不用怀疑，这次十分出色地突袭了这个密集目标。这种作战行动直接导致德国军队解散，而且法国也没有因此出现伤亡，所以我们坚决认为应优先完成这种行动，已经证明这是正确的。导致法国百姓的伤亡是有限制的，你们没有一万人吧？

首相致海军大臣　　　　　　　　　　　　　　　　　1944年5月29日

一旦英国或美国的机密被这家共产党报纸的战地通讯员得到，他们会果断泄露给共产党，事实是传到俄国那里，因此，我们才不许把他们派到战场或需要维持安全的地方去。俄国政府已经下令，在这些舰只没有平安到达俄国之前，不能有丝毫泄露，必须把这一点通知到他们；这一禁令一旦得到证实，他们势必会听命的；尽管这次，他们把任何消息传递给他们的主人，都不会损害到什么。我允许他们知道这一——俄国人已规定，务必保守秘密，直到这些舰艇平安抵俄的——事实，因为他们只是为了一个要价和效忠的目标。

四

英国、盟国和中立国每月因遭受敌人袭击而损失的船舶总数

月份	英国		盟国		中立国		总计	
	船数	总吨数	船数	总吨数	船数	总吨数	船数	总吨数
1943年1月	19	98,096	24	143,358	7	19,905	50	261,359
1943年2月	29	166,947	39	232,235	5	3,880	73	403,062
1943年3月	62	384,914	53	303,284	5	5,191	120	693,389
1943年4月	33	194,252	27	137,081	4	13,347	64	344,680
1943年5月	31	146,496	26	151,299	1	1,633	58	299,428
1943年6月	12	44,975	13	75,854	3	2,996	28	123,825
1943年7月	30	187,759	26	166,231	5	11,408	61	365,398
1943年8月	14	62,900	9	56,578	2	323	25	119,801
1943年9月	12	60,541	15	94,010	2	1,868	29	156,419
1943年10月	11	57,565	17	81,631	1	665	29	139,861
1943年11月	15	61,593	12	82,696	2	102	29	144,391
1943年12月	10	55,611	21	112,913	–	–	31	168,524
总计	278	1,521,649	282	1,637,170	37	61,318	597	3,220,137

1944年1月	16	67,112	9	62,115	1	1,408	26	130,635
1944年2月	12	63,411	8	53,244	3	200	23	116,855
1944年3月	10	49,637	14	104,964	1	3,359	25	157,960
1944年4月	3	21,439	10	60,933	–	–	13	82,372
1944年5月	5	27,297	–	–	–	–	5	27,297
总计	46	228,896	41	281,256	5	4,967	92	515,119

五

有关释放莫斯利夫妇的宪法

在开罗和德黑兰会议期间，我们面临着一个内政问题，它已经到了重要时刻，而且其宪法意义是非常重要的。然而进10月以来，一直没有办理它。在此我要进行叙述，这样做只是出于正文的连贯性。

首相致内政大臣 **1943年10月6日**

医官报告奥斯瓦尔德·莫斯利爵士的健康情况时都说了什么？请告知。我收到过一些非官方报告，说他病得很厉害。这一消息在莫里森先生的报告中得到了证明。他做了释放奥斯瓦尔德爵士及其妻子的决定。我知道，因此而生的议论是免不了的。

首相致内政大臣 **1943年11月21日**

据我推测，有人会质问你释放莫斯利夫妇的问题。不用说，你应本着身体状况和人道主义的精神来办理此案。不过，为了保障普通人士的人身安全，使他们不致受到政府的迫害，英国创造了伟大的“人身保护令”和陪审制度，你可以考虑借用。政府行政部门有一种做法叫人极为愤怒，那就是，他们可以直接把一个人送入大牢而不用指出任何罪责，更有甚者，他们不允许和他同等身份的人对他进行审判，而且这种权力是没有时间期限的；纳粹政府也好，共产主义政府也罢，一切专治政府都以这种权利为基础。行政部门只有在国家面临巨大危机时，临时行使这种权力，才是合理的；就算是这样，一定要由“施行自由制度的议会”非常谨慎地阐释过这种权力，才能使它生效。如果危险时期已经过去，法庭或陪审官受理这些在押人员的罪名又不存在，那就应将他们全部释放，这和主张的如出一辙。危机时期过后，行政部门也就不具备议会批准获得的、危机时期的专门权力。在民主制度中，最恐怖的事就是因为一个人不被欢迎而拘留或监禁他。文明与否，确实可以通过它看清楚。

内阁成员对内政大臣建议的动作有很大分歧。我已经允诺内政大臣，会竭力支持他。其实，我原先只是想对这个问题进行原则上的询问，并不想参与具体案情。

首相（在开罗）致内政大臣　　1943年11月25日

我认为，"人身保护令"和陪审制度已经赋予了个人某些权利，不能因为国家处在紧急状态就剥夺它们，所以应该彻底废除法令第十八条第二款。这一点会不会遭到某些人的强烈反对？我深有疑虑。肯定会有一些人单凭一纸抓捕密令就想把他们的政敌陷入大牢，他们都受集权主义思想蒙蔽，但是，这种人还是比较少的。我十分反感这些特殊权力，并且希望战争胜利、国家安全后，废除这种权力。这一点我已多次在议会申明。然而，现阶段我又不准备守着它不放，因为这些主张与你采取的方针不符。

虽然人们现在说你不是，但是，只要你在行使权力时，是从人道主义精神出发，那么，再过几个月，人们会偿还你，他们敬重你。

首相（在开罗）致副首相及内政大臣　　1943年11月25日

1. 这种权力与英国的公众生活和整个英国历史精神是相违背的，我们完全赞成这一点，如果我们行使了这种权力，那么就要接受相应责任，但这仍然是非常遗憾的。所以我在演讲中说应该修正法令第十八条第二款，如果议会有所辩驳，那么我会强烈支持上述说法。我们一定要按照人道主义的原则，来行使这些国家情况危急时议会赋予我们的权力；但是，把行政部门的这些权力归还议会一直是我的愿望。政府更愿意终止这些权力，因为现在我们已经取得了辉煌胜利，相对先前，也处在安全的环境了。现在的条件还不成熟，还不能彻底废除这些权力，不过终会有那么一天的，我们可以坚决相信这一点。

2. 不管怎样，对于集权主义者——行政部门可以收押政敌或不受欢迎者——

的想法，我们都不应鼓励。应该欢迎的是，全面恢复英国人“人身保护令”赋予的基本权力，以及依法起诉、陪审员进行审判的基本权利。我们可能会与集权主义思想下的人产生重大分歧，因为内政部可能会违背上述总原则，而希望利用特殊手段取得对少数人的控制，我必须提醒你对此警戒。对这场争论中的我，大多下院议员和全国民众肯定会感同身受。我会努力尝试排除万难。你们要说明，被迫接受这种权力，自己也觉得痛惜，并且要郑重表达你们——在行使这些权力时，会审慎再审慎，而且遵照人道主义的精神——的决心。我认为这是最好的方法了。望你们坚持到最后。

此时，艾德礼先生报告我说，对内政大臣释放莫斯利夫妇问题，内阁已经同意了。但是，我得知还有很大一部分议会人员表示反对，争议四起。

首相（在德黑兰）致内政大臣　　1943年11月29日

1. 你必须坚持到最后，因为内阁和首相我都会支持你。绝大部分人会在你被直接反驳时，出身力挺。

2. 不必急着迅速处理好第十八条第二款的问题。然而，我的建议自然是：你要表示嘴刁之情，因为国家面临危险，你不得不行使这些权力，其实你是反感它们的，你真挚的感情是，希望朝向正轨。这种态度才是是一位民主国家大臣应该持有的。

从一般规律上讲，这场暴风雨应该停止了，虽然它给莫里森先生带来了危机，但是他毅然勇敢地进行了反抗。在危难的时候，所有不想招人诟病、不能无惧四方非议的人，是没有担任大臣的资格的。

首相（在德黑兰）致内政大臣　　1943年12月2日

听说下院也非常支持你，祝贺你。不列颠人民会敬重你的，因为你正在以无畏的精神和人道主义执行着非常有难度、惹人不悦的任务。

六

1943年6月—1944年5月，各部大臣一览表

［用斜体字（中译本用下加重点——译者）

表示的人名为战时内阁阁员］

首相兼第一财政大臣及国防大臣	*温斯顿·丘吉尔先生*
海军大臣	A.V. 亚历山大先生
农业及渔业大臣	R.S. 赫德森先生
空军大臣	阿奇博尔德·辛克莱爵士
飞机生产大臣	斯塔福德·克里普斯爵士
缅甸事务大臣	L.S. 艾默里
兰开斯特公爵郡大臣	①达夫·库伯先生
	②欧内斯特·布朗先生（1943年11月17日）①
财政大臣	①金斯利·伍德爵士
	②*约翰·安德森爵士*（1943年 9月28日）
殖民地事务大臣	奥利弗·斯坦利上校
自治领事务大臣	①*克莱门特·艾德里先生*

① 括号内日期为任命该大臣的日期。下同。如果是任满，则会在括号内说明。——译注

	②克兰伯恩子爵(1943年9月28日)
经济作战大臣	塞尔伯恩伯爵
教育委员会主席[①]	R.A. 巴特勒先生
粮食大臣	①伍尔顿勋爵
	② J.J. 卢埃林上校（1943年11月12日）
外交大臣	安东尼·艾登先生
燃料及动力大臣	G. 劳埃德·乔治少校
卫生大臣	①欧内斯特·布朗先生
	② H.U. 威林克先生（1943年9月17日）
内政大臣	赫伯特·莫里森先生
印度事务大臣	L.S. 艾默里先生
新闻大臣	布伦丹·布雷肯先生
劳工与兵役大臣	欧内斯特·贝文先生
司法官：	
检察总长	唐纳德·赛默韦尔爵士
苏格兰检察总长	J.S.C. 里德先生
副检察总长	戴维·马克斯威尔·法伊夫爵士
苏格兰副检察总长	戴维·金·默里爵士
大法官	西蒙子爵
枢密院议长	①约翰·安德森爵士
	②克莱门特·艾德礼先生（1943年9月28日）
掌玺大臣	①克兰伯恩子爵

① 1944年教育法案中，这一职称改为教育大臣。——原注

	②比弗布鲁克勋爵(1943年9月28日)
国务大臣	R.K.劳先生（1943年9月25日）
不管部大臣	威廉·乔伊特爵士
主计大臣	彻韦尔勋爵
年金大臣	瓦尔特·沃默斯利爵士
邮政大臣	H.F.C.克鲁克香克上尉
生产大臣	奥利弗·利特尔顿先生
建设大臣	伍尔顿勋爵（1943年11月12日）
苏格兰事务大臣	托马斯·约翰斯顿先生
军需大臣	安德鲁·邓肯爵士
城乡计划大臣	W.S.莫里森先生(1943年2月5日)
贸易大臣	休·多尔顿先生
陆军大臣	詹姆斯·格里格爵士
军事运输大臣	莱瑟斯勋爵
工程与建筑大臣	波特尔勋爵
驻在海外的大臣：	
驻中东国务大臣	①R.G.凯西先生（1943年12月23日任满）
	②莫因勋爵（1944年1月29日）
	③爱德华·格里格爵士（1944年11月22日）
驻华盛顿供应大臣	①J.J.卢埃林上校
	②本·史密斯先生（1943年11月12日）
驻地中海盟军总部大臣	哈罗德·麦克米伦先生
驻西非大臣	斯温顿子爵

驻中东副国务大臣	莫因勋爵（1944年1月29日任满[①]）
上院领袖	克兰伯恩子爵
下院领袖	安东尼·艾登先生

① 同日撤销该机关。——原注

图书在版编目（CIP）数据

第二次世界大战回忆录.10，从德黑兰到罗马 /（英）温斯顿·丘吉尔著；寿韶峰译．—北京：北京时代华文书局，2017.7（2020.2重印）
ISBN 978-7-5699-1648-5

Ⅰ．①第… Ⅱ．①温… ②寿… Ⅲ．①丘吉尔（Churchill，Winston Leonard Spencer 1874—1965）－回忆录②第二次世界大战－史料 Ⅳ．① K835.167=5② K152

中国版本图书馆 CIP 数据核字（2017）第 137108 号

第二次世界大战回忆录 10：从德黑兰到罗马

DIERCI SHIJIE DAZHAN HUIYILU 10：CONG DEHEILAN DAO LUOMA

著　　者 |〔英国〕温斯顿·丘吉尔
译　　者 | 寿韶峰

出 版 人 | 王训海
选题策划 | 梁明德　邵鹏军
责任编辑 | 周连杰
装帧设计 | 格林文化
责任印制 | 刘　银　訾　敬

出版发行 | 北京时代华文书局 http://www.bjsdsj.com.cn
北京市东城区安定门外大街 136 号皇城国际大厦 A 座 8 楼
邮编：100011　电话：010－64267955　64267677
印　　刷 | 三河市华润印刷有限公司　0316－3656029
（如发现印装质量问题，请与印刷厂联系调换）
开　　本 | 710mm×1000mm　1/16　印　　张 | 26.5　字　　数 | 360 千字
版　　次 | 2017 年 8 月第 1 版　印　　次 | 2020 年 2 月第 3 次印刷
书　　号 | ISBN 978-7-5699-1648-5
定　　价 | 60.00 元